浙江师范大学"十四五"规划课题研究成果

近代浙江教师教育史料选编
[1899—1949]

项建英——编

九州出版社 全国百佳图书出版单位

图书在版编目（CIP）数据

近代浙江教师教育史料选编：1899—1949/ 项建英编 .— 北京：九州出版社，2023.6

ISBN 978-7-5225-1892-3

Ⅰ . ①近… Ⅱ . ①项… Ⅲ . ①教育史—史料—浙江— 1899-1949 Ⅳ . ① G527.55

中国版本图书馆 CIP 数据核字（2023）第 102029 号

近代浙江教师教育史料选编（1899—1949）

作　　者	项建英　编
责任编辑	邓金艳
出版发行	九州出版社
地　　址	北京市西城区阜外大街甲 35 号（100037）
发行电话	(010)68992190/3/5/6
网　　址	www.jiuzhoupress.com
印　　刷	北京盛通印刷股份有限公司
开　　本	710 毫米 ×1000 毫米　16 开
印　　张	33.5
字　　数	430 千字
版　　次	2023 年 8 月第 1 版
印　　次	2023 年 8 月第 1 次印刷
书　　号	ISBN 978-7-5225-1892-3
定　　价	88.00 元

★ 版权所有　侵权必究 ★

前　言

浙江地处东南沿海，人文荟萃，文化底蕴深厚。尤其在近代，浙江培养了许多杰出人才，这跟浙江重视教师教育密不可分。而已有成果对这一领域研究还是略显薄弱，如沈雨梧《浙江师范教育》（天津古籍出版社2002年版）、张彬主编《浙江教育史》（浙江教育出版社2006年版）、何政光《浙江高等教育史》（杭州出版社2008年版）等都略有涉及。但到目前为止，还没有对近代浙江教师教育进行专门研究的专著。因此，为推进近代浙江教师教育研究，现编选《近代浙江教师教育史料选编（1899—1949）》一书，希冀对这一领域的深入研究有所帮助。

《近代浙江教师教育史料选编（1899—1949）》一书将近代浙江的教师教育分成晚清、民国初期、民国中期和民国后期四个阶段。晚清，新教育改革步步推进，公私立学校骤兴，急需大量师资。为解决师资问题，清政府先后颁布了《初级师范学堂章程》《优级师范学堂章程》《实业教员讲习所章程》等。在此背景下，浙江教师教育开始起步，从1899年浙江绍兴中西学堂招收师范生开始，到1911年辛亥革命止。这一时期，浙江高等学堂出现了师范生，浙江两级师范学堂创办，其他各府县、私人也有零星创建师范学校。整体来说，晚清是浙江教师教育萌发阶段。民国初期，《壬子癸丑学制》颁布，有关师范教育的政策法令有《师范教育令》《师范学校规程》《师范学校课程标准》等。从1912学制颁布到1921年，浙江每府设置一所师范，共

11所，还有浙江省立女子师范、台属女子师范、处属县立女子师范和嘉兴、鄞县、绍兴明道女子师范等女子师范学校。与此同时，男女师讲所也不断涌现。这一时期的浙江教师教育迎来了勃勃生机，为近代浙江的中小学教育事业奠定了扎实基础。民国中期，从1922年《壬戌学制》颁布后全国掀起了"高师改大"运动一直到全面抗日战争爆发。这一时段浙江对中等师范推行"中师合一"政策，教师教育面临困境，浙江教师教育处于低潮。民国后期，从1937年到1949年，国民政府颁布了一系列师范法令，主要有《师范学院规程》《特别师范科及简易师范科暂行办法》《修正师范学院规程》等，教师教育重新开始恢复。浙江师范学校开始脱离中学，浙江大学也成立师范学院，浙江教师教育也再一次迎来发展际遇。近代浙江教师教育紧跟国家教师教育政策法规的步伐，同时结合自身地域文化、政治、经济等特点，经过四个阶段半个世纪的曲折发展，近代浙江教师教育已积累了丰富的经验和教训。该书框架就按这四个时段建构，史料也以这四个阶段内的教师教育为主要内容进行选编。

《近代浙江教师教育史料选编（1899—1949）》一书，在每一阶段开始前都有一段导引性话语，主要介绍各个时期浙江教师教育发展的背景、特点等，使读者对每一阶段浙江教师教育概况有一大体了解。每个阶段史料的选取也都遵循一定标准。首先，选取这一时段反映浙江教师教育全貌的政策、法令、文章、时评等史料。如晚清浙江教师教育概况、民国初期浙江教师教育概况、民国中期浙江教师教育概况和民国后期浙江教师教育概况。通过概况史料的搜集，使读者对每一时段浙江教师教育有个整体性解读。其次，选取每一时段的典型学校以及学校内发生的重大历史事件、主要的教师和学生等。如晚清史料选取集中在浙江高等学堂的教师教育、浙江两级师范学堂的重要历史事件"木瓜之役"和主要教师鲁迅等；民国初期史料选取集中在浙江第一师范学校的重要历史事件"浙师风潮"和主要教师金亨颐、夏丏尊等；民国中期史料选取集中在乡村师范和国立浙江大学教育学系，乡村师范主要是湘湖师范和慈溪锦堂师范；民国后期史料选取集中在国立浙江大学师范学院和抗战时期的湘湖师范等。

整体来说，《近代浙江教师教育史料选编（1899—1949）》以时间为序，史料的编选力求在全面丰富的基础上突显重点。书中史料主要来源于晚清民国时期的专著、杂志、报纸、回忆录等。希望该书的出版，对近代浙江教师教育研究和今天浙江教师教育的发展起到借鉴和助推作用。

凡 例

一、本书以原始资料为主,亦有少量当事人的回忆录、论文等择要选录。辑录部分没有标题的,编者添加了标题;文中有些表格没有表题,编者也予以添加。加上的标题和表题,均用脚注加以说明。

二、史料原文为竖排繁体者,均改为横排简体。部分原始资料没有标点断句,添加了标点符号。对资料原文"( )"中内容,悉仍其旧。选编时有删减之处用"……"表示。

三、习见的异体字、俗字,一般均以目前通行的规范字予以统一。资料中缺字或无法辨认者,以"□"代替。漏字、错字则填写在"[ ]"。

四、选编史料的标点符号依照一般用法,原文中有明显错误的地方,均予以修正。

五、选编史料中的图表,原则上保持原貌。

六、文献出处在每篇史料后面的括号内注明,专著有书名、出版社地址、出版时间和页码,期刊有杂志名、年卷期和页码,报纸有报纸名和年月日。

目　录

一、晚清浙江教师教育主要史料（1899—1911） ... 1

（一）晚清浙江教师教育概况史料 ... 2

浙省兴办师范学堂电文 ... 2

衢州援请改试院为师范学堂 ... 3

记浙江女子师范学堂 ... 4

朱赞卿记大通师范学堂 ... 4

本司支批温州初级师范学堂监督郭凤诰呈报办理情形请饬主持禀 ... 9

本司支金衢严处公学师范简易生毕业训词 ... 9

统筹全省师范教育议案 ... 10

光绪三十三年浙省师范学堂统计表（1907年） ... 12

光绪三十三年浙省师范学堂学生统计表（1907年） ... 14

光绪三十三年浙省师范学堂岁出按学生名数平均计算表 ... 15

宣统元年浙省各属设立各项师范学校一览表 ... 16

（二）晚清浙江高等学堂教师教育史料 ... 17

浙江高等学堂缘起 ... 17

浙江（高等学堂）师范传习所 ... 19

浙江高等学堂丁未年（1907）第一学期综计表 ... 19

学部奏浙江高等学堂师范预备两班学生毕业照章请奖折 ... 20

养正书院中的师范生 …………………………………………… 22

(三) 晚清浙江两级师范学堂史料 …………………………… 25

　1. 两级师范学堂概况 ………………………………………… 25
　　浙抚张奏创办全浙师范学堂折 ……………………………… 25
　　学部咨复浙抚全浙师范学堂酌订课程文 …………………… 26
　　浙江两级师范学堂经费 ……………………………………… 28
　　添筹全浙师范经费 …………………………………………… 28
　　预备开办全浙师范 …………………………………………… 29
　　师范附属两等小学堂 ………………………………………… 29
　　初级师范学堂 ………………………………………………… 30
　　全浙师范学堂开办 …………………………………………… 30
　　全浙师范计划大纲 …………………………………………… 30
　　浙江两级师范学堂招考章程 ………………………………… 31
　　浙江两级师范学堂分科定额招考 …………………………… 34
　　全浙师范学堂校舍业已竣工 ………………………………… 34
　　全浙两级师范学堂开校训辞 ………………………………… 35
　　记浙江两级师范 ……………………………………………… 36
　　两级师范学堂回忆录 ………………………………………… 53

　2. 重大历史事件——木瓜之役 …………………………… 62
　　任期一日之师范监督 ………………………………………… 62
　　师范学堂近事续志 …………………………………………… 63
　　全浙师范大风潮纪详 ………………………………………… 64
　　全浙师范学堂大风潮续志 …………………………………… 64
　　全浙师范学堂大风潮三志 …………………………………… 67
　　师范教务长等上浙抚公禀 …………………………………… 68
　　两级师范风潮再志 …………………………………………… 69
　　浙江师范学堂风潮五志 ……………………………………… 69

两级师范消弭风潮之办法 ⋯⋯⋯⋯⋯⋯⋯⋯⋯⋯⋯⋯⋯⋯⋯⋯ 70

两浙师范大风潮余纪 ⋯⋯⋯⋯⋯⋯⋯⋯⋯⋯⋯⋯⋯⋯⋯⋯⋯⋯ 71

夏会长请派大员彻查师范风潮 ⋯⋯⋯⋯⋯⋯⋯⋯⋯⋯⋯⋯⋯⋯ 72

浙江师范学堂冲突风潮感言 ⋯⋯⋯⋯⋯⋯⋯⋯⋯⋯⋯⋯⋯⋯⋯ 73

浙江师范学堂冲突风潮感言（续）⋯⋯⋯⋯⋯⋯⋯⋯⋯⋯⋯⋯ 74

浙抚取消夏监督之用意 ⋯⋯⋯⋯⋯⋯⋯⋯⋯⋯⋯⋯⋯⋯⋯⋯⋯ 75

全浙师范学堂之现状 ⋯⋯⋯⋯⋯⋯⋯⋯⋯⋯⋯⋯⋯⋯⋯⋯⋯⋯ 76

再看全浙师范之怪状 ⋯⋯⋯⋯⋯⋯⋯⋯⋯⋯⋯⋯⋯⋯⋯⋯⋯⋯ 77

三志全浙师范之怪状 ⋯⋯⋯⋯⋯⋯⋯⋯⋯⋯⋯⋯⋯⋯⋯⋯⋯⋯ 79

袁提学与全浙师范 ⋯⋯⋯⋯⋯⋯⋯⋯⋯⋯⋯⋯⋯⋯⋯⋯⋯⋯⋯ 80

杭州师范学堂解散日记 ⋯⋯⋯⋯⋯⋯⋯⋯⋯⋯⋯⋯⋯⋯⋯⋯⋯ 80

杭州某君论师范风潮书 ⋯⋯⋯⋯⋯⋯⋯⋯⋯⋯⋯⋯⋯⋯⋯⋯⋯ 82

浙江教育总会咨抚院文 ⋯⋯⋯⋯⋯⋯⋯⋯⋯⋯⋯⋯⋯⋯⋯⋯⋯ 83

3.鲁迅在浙江两级师范学堂 ⋯⋯⋯⋯⋯⋯⋯⋯⋯⋯⋯⋯⋯⋯⋯⋯ 84

关于鲁迅在浙江两级师范学堂的一些情况 ⋯⋯⋯⋯⋯⋯⋯⋯ 84

归国在杭州教书 ⋯⋯⋯⋯⋯⋯⋯⋯⋯⋯⋯⋯⋯⋯⋯⋯⋯⋯⋯⋯ 85

回忆鲁迅先生（节选）⋯⋯⋯⋯⋯⋯⋯⋯⋯⋯⋯⋯⋯⋯⋯⋯⋯ 87

关于鲁迅：鲁迅翁杂忆 ⋯⋯⋯⋯⋯⋯⋯⋯⋯⋯⋯⋯⋯⋯⋯⋯⋯ 89

二、民国初期浙江教师教育主要史料（1912—1921） ⋯⋯⋯⋯⋯⋯ 91

（一）民国初期浙江教师教育概况史料 ⋯⋯⋯⋯⋯⋯⋯⋯⋯⋯⋯⋯ 92

筹设省立师范学校议决案 ⋯⋯⋯⋯⋯⋯⋯⋯⋯⋯⋯⋯⋯⋯⋯⋯ 92

浙江行政公署训令第3400号：令饬查照师范规程第八十三条
开具事项呈候汇案报部由 ⋯⋯⋯⋯⋯⋯⋯⋯⋯⋯⋯⋯⋯⋯⋯⋯ 92

浙江公立女子公立师范学校附设师范讲习科暂定简章 ⋯⋯⋯ 93

全浙教育私议 ⋯⋯⋯⋯⋯⋯⋯⋯⋯⋯⋯⋯⋯⋯⋯⋯⋯⋯⋯⋯⋯ 94

改革现行师范教育制私议 ⋯⋯⋯⋯⋯⋯⋯⋯⋯⋯⋯⋯⋯⋯⋯⋯ 98

关于女子师范教育之意见 ······ 105
今后学校训育之研究 ······ 108
改革师范教育的意见 ······ 112

（二）浙江第一师范学校史料 ······ 120

1. 浙江省立第一师范学校概况 ······ 120

浙江省立第一师范学徒招考简章 ······ 120
咨浙江巡按使省立第一师范学校本科毕业生准予备案文 ······ 121
浙江省立第一师范学校（杭县） ······ 121
浙江省立第一女子师范学校（杭县） ······ 122
浙江省立第一师范学校校歌 ······ 123
校训解释 ······ 123
1915年3月始业式上校长训辞 ······ 125
毕业式校长训辞（1915年7月） ······ 126
乙卯学年终业式校长训辞 ······ 127
始业式训辞（1915年9月） ······ 128
入学式校长训辞（1915年9月） ······ 129
浙江省立第一师范学校教生实习规程 ······ 131
一师十周年纪念会开会辞（1918年5月） ······ 134
浙江省立第一师范学校壬丁同学会简章 ······ 135
五四运动后之浙江第一师范 ······ 136
试行自治制 ······ 138
浙江省立第一师范学校学生自治会宣言书 ······ 140
浙江省立第一师范学校试行学科制说明书 ······ 143
浙江省立第一师范学校第六次本科及第二部毕业生名单 ······ 147
浙江省立第一师范学校沿革 ······ 147
浙江第一师范回忆录 ······ 158
浙江一师校史志要（节选） ······ 166

2. 重要历史事件 ·· 171
　随感录：浙潮第一声 ·· 171
　全国学生会反对"读经案"的表示：致全国教育会联合会书 ······ 172
　浙江变了！ ··· 173
　浙江第一师范学校底去年今日 ·· 174
　浙江第一师范之查办案（节选） ····································· 176
　学生与文化运动 ·· 177
　浙江学潮底动机？（节选） ··· 180
　浙江教育界事件与浙江学生（节选） ······························ 183
　"浙一师学潮"的前前后后 ·· 186
　记浙江第一师范学生对反动教育当局的斗争 ····················· 211
　浙江省立第一师范学校中毒案之毒物鉴定书 ····················· 219

3. 教师与学生 ·· 227
　我所知道的经亨颐（节选） ··· 227
　追忆大师 ··· 232
　夏丏尊先生传 ··· 234
　悼夏丏尊先生 ··· 235
　四大金刚 ··· 239
　新的四金刚 ·· 241
　我的读书经验（节选） ··· 243
　杭州一师时代的朱自清先生 ··· 244
　我之学校生活 ··· 248

三、民国中期浙江教师教育主要史料（1922—1937） ············ 259

（一）民国中期浙江教师教育概况史料 ····································· 260
　浙省施行新学制标准（节选） ·· 260
　浙江师范学校独立问题 ··· 263

浙江师范教育独立的必要 ………………………………… 274
　　整顿本省师范教育意见 …………………………………… 276
　　浙江省师范讲习所科目学分暂行标准 …………………… 279
　　浙江师范教育现状及改进意见 …………………………… 284
　　我对于浙省办理师范教育的两种主张 …………………… 289
　　三年来浙江中等教育概况：整顿师范教育 ……………… 293
　　今后的本省师范教育 ……………………………………… 301
　　浙江省师范教育之回顾与前瞻（附图表） ……………… 304
　　本省师范教育与义务教育 ………………………………… 325
　　本省小学师资的需要与师范生的训练（附表） ………… 327
　　对于补救本省小学师资的意见 …………………………… 345
　　中等师范教育（节选） …………………………………… 350

（二）民国中期浙江乡村师范史料 ……………………………… 357
　　乡村教师应有的精神 ……………………………………… 357
　　浙江省立乡村师范学校共同生活会组织大纲 …………… 360
　　浙江省立乡村师范学校组织大纲 ………………………… 362
　　湘湖教育建设 ……………………………………………… 364
　　考察江浙乡村师范教育报告书·湘湖 …………………… 373
　　考查江浙教育报告：浙江省立乡村师范 ………………… 379
　　二十一年度湘湖师范工作报告撮要 ……………………… 385
　　湘湖师范创建五十周年回忆 ……………………………… 391
　　省立慈溪锦堂乡村师范学校概况 ………………………… 401

（三）国立浙江大学教育系史料 ………………………………… 421
　　浙江大学教育系关于教育心理之实验 …………………… 421
　　国立浙江大学教育系学程纲要 …………………………… 425
　　国立浙江大学教育学系培育院筹备经过 ………………… 434
　　浙江大学教育学系近况 …………………………………… 440

四、民国后期浙江教师教育主要史料（1938—1949） ········ 441

（一）民国后期浙江教师教育概况史料 ········ 442
师范教育罪言 ········ 442
今后简易师范的课程问题 ········ 447
浙江省师范学校指导毕业生办法 ········ 456
修正浙江省各级师范学校毕业生指派服务办法 ········ 458
略论师范学院制度 ········ 459

（二）抗战时期的湘湖师范史料 ········ 462
浙江省立湘湖师范筹设短期师资训练班经过 ········ 462
湘湖师范兼办社会教育概况 ········ 475

（三）国立浙江大学师范学院史料 ········ 483
增设师范学院 ········ 483
分校代电总校 ········ 483
教育部致龙泉分校电文 ········ 490
全国第一届高级师范教育会议本院院务报告 ········ 490
院务报告：民国二十九年四月王院长提出于全国
第二届高级师范教育会议 ········ 491
《国立浙江大学师范学院院刊》发刊辞 ········ 501
《国立浙江大学师范学院院刊》弁言 ········ 501
国立浙学大师范学院之回顾与前瞻 ········ 502
抗战期中教育系之动态 ········ 505
史地系沿革 ········ 507
理化系概况 ········ 508
理化系在湄潭 ········ 512
抗战期间的浙大心理实验室 ········ 514

后 记 ········ 519

一

晚清浙江教师教育主要史料

1899—1911

鸦片战争打开了中国大门，随之中国遭遇数千年未有之变局。面对西方坚船利炮的冲击，中国有识之士开始痛定思痛，认为中国危机的根源就是教育不兴，而教育不兴的主因是没有师范。因此，晚清政府大力发展师范教育，认为师范教育是教育之母，《奏定学堂章程》更是把教师教育制度化。在此背景下，晚清浙江教师教育开始萌芽。1899年，绍兴中西学堂开始招收师范生；1905年，浙江高等学堂设立师范完全科和师范传习所；1906年，浙江两级师范学堂筹办并在第二年开始招生；1907年，浙江女子师范学堂创办；等等。据《浙江教育官报》统计，到1907年浙江师范学堂已达33所，师范生1364人，[①] 晚清浙江教师教育已初显规模。这一时期主要收集有：晚清浙江教师教育整体概况、浙江高等学堂和浙江两级师范学堂的教师教育等史料。

[①] 《光绪三十三年浙省师范学堂统计表》和《光绪三十三年浙省师范学堂学生统计表》，《浙江教育官报》，1908年第4期，第15—18页。

（一）

晚清浙江教师教育概况史料

浙省兴办师范学堂电文

浙抚张筱帅履新时即饬就清泰门内购地建造师范学堂，通饬各属保送学生并出示招开在案。兹奉学部电咨当即据情照复电文如左[1]：

学部致浙抚院电：方今振兴教育以小学堂为基础，而教员亟须养成，故师范尤要，应请迅将省城师范名额尽力推广，至少设一年卒业之初级简易科生五百人，以养成小学教习。并设二年卒业之优级选科生二百人，选科中分四类：一、历史地理，二、理化，三、博物，四、算学，每类学生五十人，以养成府立师范学堂中学堂教习，并附设五个月卒业之体操专修科，授以体操游戏教育、生理教授等法，名额百人，以养成体操教习，至如何筹办先请电示。其游学预备科如未设立，暂可从缓。现在请以全力注重师范，五个月内本部当派视学官分省巡视专此电商。学部效印。

浙抚复学部电：学部鉴，效电袛悉。敝自去腊到浙，知浙省尚无师范专校，焦急万分，而财计奇窘，偿款协款日迫追乎，断无兴举之力。惟此校不办，兴学焉有师资？极力图维，暂挪蚕学馆发典生息洋六万元为建造之费，派员赴鄂参酌堂式。地已购定，赶先开工，落成尚需时日。其常年经费饬裁

---

[1] 当时报刊文字为竖排，且从右至左，故称下文为左，下同。

敷文等三书院，年约万余两，每年捐公费一万两。原拟师范生三百人，而开办常年各费尚有不敷。俟开学有期，再行奏咨立案，实缘限于财力仅能办此。以后筹有的款，再照来电扩充，诸维亮察。敦个印。

（《时报》，1906年5月18日第3版。）

衢州援请改试院为师范学堂

浙省各属士绅因科举已废，争请以办考经费组织学堂，今衢州詹绅熙邀同公正各绅议援邻郡之例，请以试院改设师范学堂，专丁赴省具禀外，复投本管道府署叩呈，略云：

为援案公请拟改试院为师范学堂，拨用办考经费，迅赐饬办以惠新旧学界事。窃自科举既停，学堂不广，学费既难于筹措，师范更无所取资。伏查学务纲要，师范一科本为办学堂者入手第一义，迄今日而甫设师范，为时已迟，第亡羊补牢，及今设立师范当以广筹经费为第一义，前金华合郡士绅公请改试院为师范学堂。并请拨用办考经费禀，由（抚宪或学务处）沐恩批准在案。衢属事同一律，兹查有衢属五邑合届岁科两试办考经费，共钱贰万贰千五十串，另单呈电应请将此项经费充为师范学款，其学舍亦仿照金郡以试院改造。查学堂章程，每县应设初级师范生一百五十名，衢郡五邑应得二百四十名，目下因停考而失业者，合新旧学界计之，何止万余，类皆向业无方，谋生乏术，非照章广设师范为之容纳，何以平旧学之怨仇，而期新学之普及，今为急则治标之计，衢属应首设简易师范，收二百四十名，一年卒业，三、四年后，各属初等小学堂略足分派，再办完全师范与优级师范，以为各生出身地步。试院屋宇宏敞，略加修改，尚足应用，而仍可为日后视学官驻节之地。至此项办考经费拨用后，再有不敷，查有坐落杭垣西龙试馆一座，由已故湖南提督罗大春捐助，今科举既停，此馆亦归无用，尽可变价，仍应照案西六龙四分别拨用，以资津贴。绅等管见所及，未敢缄默，相应援照金华禀准成案，（除禀明抚宪外），所有拟改试院为师范学堂，拨用办考经费，恳请核准立案，迅赐饬办以浃舆望而广师资。事关学务至计，仰祈察核照准施行，实为公便。

(《时报》，1905年12月12日第3版。)

记浙江女子师范学堂

光绪三十年，由邵章、陈敬第、孙智敏、胡焕、钟濂、郑在常、袁毓麟等呈请浙抚聂缉椝开办杭州女学堂。开办费由官绅乐捐。三十三年正月，郑在常呈请提学使支恒荣改办师范，仍附设女子两等小学堂并创设保姆传习所暨蒙养院，开办费即在是年岁入款内支用。校址原在积善坊巷，三十三年迁银洞桥，三十四年迁杨凌芝巷。经费岁收藩库拨款一千八百元，五成歇费，约四千元，学生学费约一千元，蒙养院在内。学级分师范一级、高等小学二级、初等小学三级、保姆科一级，学生共一百余名。

（龚嘉俊修，吴庆丘等纂：《杭州府志·学校志》卷十七，清光绪二十四年修，民国十一年排印。）

大通师范学堂

朱赞卿

我年青时，常与表兄王秉彝通讯，或者到他家住几天，看看民族英雄葛云飞坟墓，谈谈求学志愿。他是已解散的绍兴府中学堂第九期学生。从他的谈话中，知道徐锡麟之为人。据秉彝说：锡麟鉴于甲午以后国势日蹙，赴日求入联队，不许，投考振武学校，又因目短视，未录取。归国后蓄意仿照"振武"办一个学堂，定名为大通师范学堂。他邀集同志，筹集经费，订定章程，呈请立案。并拨到山会豫仓为校舍。到了房屋修竣，校具齐备，教师聘定，登报招生，开学典礼告成的那一天，他想洗足了，不料皮鞋已不能脱下，因为他一意办学，各处奔走，两个月中没有很好地睡觉，两足肿溃流脓也不知道。又说：锡麟刻苦勤学，自制浑天仪，又绘制绍兴地势图，他还画了一个侵略我国的外国人形象，作为练习射击的枪靶。他对待学生像亲生子女一样，往往在夜阑人静时，轻轻地走到学生宿舍，见有手脚外露的，为之盖好被褥；蚊子相扰，为之掩好床帐。……

……

一九〇七年农历正月二十八日，接到王秉彝来信，知道大通招考新生的日期，乃于二月初五日前往应试。录取后，初九日迁入大通学堂。初十日上午行开学典礼，所行的是军礼，所奏的是军乐，来宾为绍兴府知府贵福、山阴县知县和府教育会长王佐。十三日起上课，课程分国文、英文、日文、舆地、历史、教育、伦理、理化、算术、博物、兵式体操、器械体操、琴歌、图画等十四门。校长为黄怡（字介卿），教职员有姚勇忱（教国文）、贾凤斋（教英文）、陈培之（教日文）、朱襄（教舆地及历史）、姚定生（嘉兴人，教教育及伦理）、蔡禄浓（教伦理）、范震亚（教理化、算术及博物）、单鹿恩（教兵式体操）、董建侯（教兵式体操）、徐世佐（教器械体操，兼庶务）、许之华（教琴歌）、张光耀（教琴歌）、顾延坤（教琴歌）、孙××（教图画）、陈超苏（监学）、唐生（鼓号）、秋誉章（秋瑾之兄，所授课程大约是史地）等。上面这些姓名和职务，是从我保存下来的当年日记簿上录下来的。其中思想前进、积极反清的当推姚勇忱、单鹿恩、姚定生三位老师。

我入校时，徐锡麟已赴安徽，对于大通师范学堂势不能事事遥制。校中有一个董事会，其中有名誉董事、常务董事及董事等名目。在董事会里最重要的人物是秋瑾，她是同盟会会员，在反清活动及学校的发展上起了很大的作用。孙俭卿，绍兴孙端镇人，是个当商，据说他是一个捐班官，学堂经费由他负责。姚定生、黄怡、竺绍康、王金发等，都曾为徐锡麟创办大通师范学堂出过大力。姚勇忱大概也是其中的一员。

同学中水乡人少，山乡人多。奉、诸、新、嵊的同学说一是一，说二是二，大有"瘠土之民好义"的风气。起床、熄灯、上课、下课都用步号，清越可听。催起号角一鸣，立即把被褥捆好。鞋子一律放在门外，不得在室穿脱。除星期日外，每天第一课起，三课兵式体操，要跑到几里路外的大校场去操练。有时朝露未干，青草没胫，教师喊五百、六百米达卧倒、预备放，学生们不问马尿牛粪，毫不犹豫地卧倒下去，并假想敌人在前，眼亮手准地动作起来。遇到大雨就在饭厅上操击枪柔软或在走廊四周做跑步。我们所用的枪，是从俄国买来的老毛瑟后膛炮，分量是很重的，所以操击枪柔软最累人，左手把枪托在手上，伸直作瞄准状，教师不喊放，当然不许缩转来，手臂酸得不得了。还有跑步，开步大不行，小也不行，慢不行，快也不行。教师说一分钟走多少步等于几里，要这样作战时才有用，这两项课程最吃不消。此外，还有星期一、三、五的一小时器械体操，有很高的天桥，极长的溜木和平台、铁杠、木马、秋千、铁环、跳远等种种设备，应有尽有。我从小多病，这样一二个月以后，身体反而练得强壮起来了。教师很认真严厉，譬如开步走走得不好，他就用指挥刀（未开刃的）敲你的腿。夜间打行军，你爬不上山，他就把你一推；泅河，你不敢下水，他也把你一推。由此可见，大通在那时已经军事化了。

　　上课后不多几天，问题来了。街头巷尾发现了几张揭帖，意思是：大通学堂是个"匪窠"。同学们一听到这消息，就发狠耐心地调查，都怀疑是著名劣绅宗阿八所为。自农历二月二十四日起，通过学堂当局，第一步，全体同学上门去质问他，他避不见面。第二步，报告府教育会，要求彻底查究，主持公道。不料会长王佐是善于吃绅士饭的，一味敷衍拖宕。第三步，就是二十八那天，我们举了代表，迫使府教育会勒令宗阿八出席，同他谈判，午后开始，迟至黄昏时分他还是一味狡赖。我们挟着他的左右臂，送他到山阴县，交与知县发押严办，但是没有下文。于是全体同学又开紧急会议。有一个同学说，我们告到知府那里去。也有同学说，官和绅士一鼻孔出气，告也没用。另外一位同学说，大通既然是"匪窠"，为什么开学的时候知府也来参加典礼，知府岂不是与匪同类吗？最后多数决定用全体学生名义向绍兴府知府贵福递了一个黑壳禀（这个禀是我和同学俞奋写的）。以后每天去看批示老是看不到，等得不耐烦了，到了二月晦日，由我起稿写了一个函件给贵福，其内容是："……生等二十七日奉上禀帖一件，至今未蒙钧示，事关全体学界，岂可置之不问，大公祖振兴学界不遗余力，必能深维始终。生等宁闻明教，延跂为劳。伏乞大公祖即时裁复，不胜祷盼恳切之至。……大通学堂学生代表俞奋、朱家骏（朱赞卿原名）等叩禀"。

过了一二天，仍然杳无消息。我们一面上课，一面交涉，把匿名揭帖三纸交与校方请予协助，集合全体同学去见知府。我们在门房里静悄悄地等了许多时候，忽然听得里面叫嚷起来，屏门豁然大开，贵福跑到门口说："你们不配来见我，你们不安心读书，管什么揭帖？可见你们不安分，快回去，快回去，可恶！"这时，许多同学都呆若木鸡，只有甲级级长俞奋侃侃与之分辩，大意是名誉为人生第二生命，是可忍孰不可忍，假使有人对大公祖贴揭帖说是贪官污吏，大公祖能无动于衷么？后面许多同学说："对啦，对啦，人同此心，心同此理啦。"但是他不答复，只说："不安分，快走！"砰的一声，屏门依旧关起来了。

夏季大考的前夕，传说校方派人在诸、新、嵊、金、衢、严、处等地方招收新生，要办一个大通师范学堂附设体育专修科。不多几天，果然到了八九十人，住在诸暨册局里，由校方指定同学四人教授体育课的初步动作。到我们大考完毕出校，他们都携带被铺书籍用具迁进校里来了。他们之中确有善于拳术的，能以极粗大的门闩开四门而呼呼有声。

我们平时总是以反清为中心活动，尤其是痛骂曾、左、彭、李。我们都是要革命的，但是校方少有表示。只有放假的前夕校长和姚先生对我们个别谈话时，要我们在必要时，必须依照通知上的地点集合勿误。当时同学中多以意气相投的五人合摄一影，背面书写姓名、籍贯、三代履历，并有"但愿同日死"的誓言。我和俞奋、张佐、俞梦春、王如纶就做过这样的事。

秋瑾是每天来校的，朝来晚归。她坐一只中号花浪船，两名船夫把她接来接去。她一上岸，一直踱进校长室或者教员室。她并不兼课。她的身材不高大，高鼻梁，时常梳一条辫子，着一件鱼肚白竹布长衫。脚虽缠过，但着一双黑色皮鞋。所以有人说她是男装到底的。但是头是不剃的。她自己起了个别号叫竞雄，因为她愤激于当时男女不平权，她的装束也含有这种意义。

有一天，张佐邀俞奋和我到姚勇忱先生家里去谈。姚先生说："广东人孙文是救中国的一个大伟人。"我们说："是不是孙文？"他说："就是他。他的主张就是驱除鞑虏，恢复中华，建立民国，平均地权。团体的名称叫革命同盟。"并且说："秋先生也很崇拜他。"过了几天，我们向姚先生要求加入，姚先生说："这不是儿戏，加入时要宣誓的。"他并严肃地说："如果加入了，以后不信不忠，有始无终，要受大众处罚。"我们说："这是当然的。"后来我们照式各写了一张誓约交与他。他说："绍兴方面是黄校长主盟，浙江方面是秋董事主盟。"我们才知道同盟会是这样一回事。

徐锡麟在安庆刺恩铭事发后，浙江巡抚张曾敭密令二标标统李益智率领弁目士兵三四百人星夜渡江前来围剿大通。先是浙江招练新军两标，先招弁目生二班，一班是蒋尊簋主持的。是年三四月间，蒋率领弁目生至绍台一带招募新兵。他在绍兴城中住了一个时期，他的弁目生多半是大通的老学生，和我们的二年级生是老同学，所以彼此往来，交谊颇深。另一班是李益智主持的，与大通无联系。后来以这两班弁目生为基础，扩充为八十一标、八十二标，蒋、李二人皆任标统。张曾敭所以不派蒋尊簋而派遣李益智带兵围攻大通，可见是有原因的。

这天，住在大通学堂里的人们，早饭刚刚吃过，那砰砰的步枪声从东面鲤鱼桥传过来了，一阵紧一阵，有的人以为躲在屋子里是不行的，还是跑出去的好。可是大通那么大的一片房子，只有一个大门，没有边门后门，大家只好都从这一个大门往外跑，一刹那间两个专修科学生中弹了，其中一个是腹部中了弹，跳到河里就死了。不多时，李益智的部队把大通围得铁桶一般，阖城大小文武官员都到了。什么名册呀，文件呀，书籍呀，老毛瑟枪呀，夹壁里的一箱一箱子弹呀，凡是可疑的东西和人们，都捆载的捆载，逮捕的逮捕了。最后，贵福和山会两县知县坐堂会审秋瑾。他们用推测式的话来问秋瑾，都被秋瑾予以反驳。后来贵福把供招掷下来逼她画供，秋瑾提笔写了"秋风秋雨愁煞人"七个字。贵福想以秋瑾的血来染红他的顶子，毫不犹疑地命令山阴知县把秋瑾绑到轩亭口斩决了。从此，徐锡麟艰难缔造的绍兴大通师范学堂也就随着夭折了。

（中国人民政治协商会议全国委员会文史资料研究委员会编：《辛亥革命回忆录》四，北京：文史资料出版社1963年版，第143—149页。）

本司支批温州初级师范学堂监督郭凤诰呈报办理情形请饬主持禀

禀悉所陈各节均有见地，惟学科一节拟增加钟点缩短年限，虽为一时变通起见，而能否按照章程实行修了未据，将分配钟点详晰开列，碍难据请详部至维持经费预定校舍，划清界限各层应否照此办理。仰温州府会商，各绅切实筹议禀候核夺定案，该训导既主持师范务，当实心实力，认真经理以庚续孙绅未竟之业，以求副该属学界之望是为至要，仰即一并转行知照缴。

（《浙江教育官报》，1908年第3期。）

本司支金衢严处公学师范简易生毕业训词

昔子舆氏有言曰：人之患，在好为人师。良以师也者，传道修德授业解惑。前以继往圣，后以开来兹，关系至大，担荷至巨也。况今日者环球大通，美雨欧风靡焉渐被，新知识若何而能使灌输？旧习染若何而渐使变化？对于儿童之身体，何以使之发达坚强？育此儿童之性情，何以使之温良纯谨？一切模型规范涵养薰陶须于教师是赖焉。诸生担簦负笈肄业于公学者仅两学期，时间至促也，归而为地方尽义务谋教育之普及，责任又至重也，以至促之时间，肩至重之责任，得毋以材力勿胜蹈。子舆氏所讥为诸生虑乎，使者以为无虑也。商书云：若升高必下，若陟遐必自迩，运行潦而勿辍，必混流乎大江。勤一篑而勿休，自均高于峻极。诸生在堂时间，虽促于天算、舆图、矿植、博物、理化，诸学科未必遽能深造。然天下事不患底蕴之难求，特患始基之不立今。诸生以一载之诣力，钻研铢积，既有途径之可寻，即不难合辙造车，极升高陟遐之趣。孟子云：自得则居安，居安则资深，功非可一蹴而几，理不难相因互彻也。且诸生生长金衢严处，亦知金华先世有仁山先生其人乎！践履笃实讲贯精详，晚年掌教于丽泽书院，一时从之游者无不薰德，善良闻风兴起。至今虽时阅数百年，而景行高风，犹令人低徊不能置也。愿诸生勤勉淬砺，归而求师，无自暴自弃，上以继先哲之遗，下以荫后来之福，使者于此有厚望焉。

（《浙江教育官报》，1909年第6期，第29—30页。）

统筹全省师范教育议案

理由

（一）浙省学务五六年来鲜见进步，议者遂主张改良私塾、创办单级小学种种方法以图补救，然徒法不能自行，苟无谙习教法之人，虽有良法仍无实际，查浙江全省小学不下一千三四百所，倘不及早改良，贻误国民，阻碍宪政，实非浅鲜，欲整顿之舍废，储办学人才，别无他道，此师范教育所以急宜注意也。

（二）光绪二十九年，颁布学堂章程于学务纲要，载明宜首先急办师范学堂，又限定每省必设优级师范学堂一所，每州县必设初级师范学堂一所，现在浙江省城两级师范学堂虽已开办，而初级师范学堂非但各州县未闻设立，即由一府兴办者亦属寥寥，此千百之小学将何所资以取师乎，办学无师安能收效，是宜依据部章，参酌本省情形，别订办法，期可见诸实行，此本议案提出之理由也。

办法

（一）每府应照章设立初级师范学堂一所，其学额暂以每府需用小学教员人数定之限，宣统二年成立，如需用小学教员较多，亦可酌量地方情形量为添设。

（附说）师范生人数本视学龄儿童人数而定，大约学龄儿童与每年师范毕业人数为二千与一之比，实仍由学童人数以推定需用教员人数，现在尚未实行，虽强迫教育，户口亦未有确实调查，不妨经从现用教员以定师范生人数，其比例为二十分之一，惟目前各处所用教员恐尚未尽合格，亟应广为造就，拟暂定每现用教员十人必有师范生一人以上俾资汰易学堂稀少之区，全府需用教员不过四五百人，师范学堂设一所而已足，然亦有一邑需用教员多至三四百者，皆是宜各就地方情形酌量设办，以期供求之适度。

（二）每府设立之初级师范学堂一律先办二年简易科，其兼设完全科者听。

（附说）奏定学堂章程初级师范五年毕业，又设简易科一年毕业，均以养成初等小学及高等小学教员，学部续订师范给奖章程，限初级师范简易科为二年以上。查日本师范简易科毕业期为二年四个月，专以养成寻常小学教员，按诸课程之必要，亦以一年为期。为太促现在全省初等小学共有一千三百余，所需用教员甚多，若期以五年似又缓不济急，应即先办两年简易师范以应急，需待毕业人数渐多，再行酌量改办，其兼办完全师范者自可听从其便。

（三）规定初级师范二年简易科课程。

（附说）奏定学堂章程所列初级师范简易科课程，系属一年毕业。现在学部虽限简易科为两年以上，而为明定课程及各项办法，应由提学司通饬各邑。劝学所速将此项师范学科程度及招考资格毕业服务各项办法，拟呈订定颁行，俾各地方所办师范不致自为风气，以收统一整齐之效。

（四）师范教育经费除各地方自筹不足外应由省中拨款补助。

（附说）师范不立，各处无数小学堂办理不能合法，是无数经费均虚掷也。师范经费宜先各项学堂筹之，各地情形不同筹款亦难悬定。惟查各邑考试经费，前年由潘学宪详定，五成提省办学，五成留本地办学。拟将此项优先拨充师范之用以外，可筹之款为各地方所特有者尚难悬计，应各就情形酌办，惟此项学堂为救济现办小学而设，不可稍涉迟缓。倘各地方实在无力筹款与办，应由省中拨款补助，俾得依期成立。日本兴学之初，饬各府县开设师范学校经费不足者，由国库支给之用，能收教育之成效。浙省中央教育经费，虽未可遽言充足，而由各地方提拨者为数颇巨，应不难设法补助。

（《浙江教育官报》，1910年第17期，第96—97页。）

光绪三十三年浙省师范学堂统计表（1907年）

所属地	初级完全师范	初级简易师范	传习所	讲习所	计
省城	1				1
金衢严处四府		1			1
杭州府	1	1			2
余杭县		1			1
临安县		1			1
宁波府	1	1			2
萧山县		2			2
余姚县				1	1
嵊县		1			1
台州府		1			1

续 表

所属地	初级完全师范	初级简易师范	传习所	讲习所	计
省城	1				1
金衢严处四府		1			1
杭州府	1	1			2
余杭县		1			1
临安县		1			1
宁波府	1	1			2
萧山县		2			2
余姚县				1	1
嵊县		1			1
台州府		1			1

备考：

一 各初级师范学堂于省城高等学堂附设者一所，金、衢、严、处四府公立中学附设者一所，台州、衢州、严州三府暨太平县中学堂附设者各一所，余杭、太平、龙游、淳安、桐庐五县高等小学堂附设者各一所，萧山县两等小学附设者2所，统计附设者凡十三所。

一 初级师范学堂完全简易两科并设一处者，计杭州、宁波、金华、严州、处州五府各一所，故分之共为二十五所，合计只有二十所。

一 各师范传习所于永康县高等小学附设者一所，缙云、遂昌两县两等小学附设者各一所，统计附设者凡三所。

一 传习所、讲习所等除已入统计共八所外，其附见劝学所一览表暨教育会一览表者，仍共有五所（於潜1，山阴3，平湖1）。以本届未经填送一览表均不入统计。

（《浙江教育官报》，1908年第4期，第15—16页。）

光绪三十三年浙省师范学堂学生统计表（1907年）

所属地	初级完全师范	初级简易师范	传习所	讲习所	总计
省城	39				39
金衢严处四府		120			120
杭州府	29	90			119
余杭县		12			12
临安县		32			32
宁波府	44	51			95
萧山县		28			28
余姚县				24	24
嵊县		40			40
台州府		81			81
太平县	16	22			38
金华府	116	84			200
金华县			37		37
兰溪县		23			23
永康县			62		62
衢州府		43			43
龙游县		12			12
常山县			46		46
严州府	20	11			31
淳安县		31			31
桐庐县		12			12
温州府				49	49
乐清县			27		27
处州府	55	61			116
缙云县			33		33
遂昌县			14		14
统计	319	753	219	73	1364

（《浙江教育官报》，1908年第4期，第16—18页。）

光绪三十三年浙省师范学堂岁出按学生名数平均计算表

所属地	初级完全师范	初级简易师范	传习所讲习所	总平均数
省城	123.025			123.025
金衢严处四府		57.291		57.291
杭州府	69.579	69.579		69.579
余杭县		41.666		41.666
临安县		49.562		49.562
宁波府	79.673	79.673		79.673
萧山县		106.464		106.464
余姚县			40.375	40.375
嵊县		43.100		43.100
台州府		42.629		42.629
太平县	53.562	88.045		73.524
金华府	25.385	25.385		25.385
金华县			28.081	28.081
兰溪县		33.391		33.391
永康县			17.500	17.500
衢州府		86.348		86.348
龙游县		82.166		82.166
常山县			19.152	19.152
严州府	16.258	16.258		16.258
淳安县		83.000		83.000
桐庐县		59.416		59.416
温州府			53.773	53.773
乐清县			54.111	54.111
处州府	33.870	33.870		33.870
缙云县		22.454		22.454
遂昌县			43.714	43.714
总平均数	49.729	57.658	32.269	50.662

备考：

一 前表所列各学堂，凡于他类学堂附设者，据各属所送一览表，其岁出各款率与所附之校合填一处，惟台州、严州两府及余杭县造送之表分别填写。本届办理统计皆先按本校学生名数与所附之校学生名数，将岁出各款平均约计，求得本校岁出之数，再将此岁出之数与本校学生平均计算求得表内所填各数。

一 凡初级师范于一所中分完全简易两科者，均按各该堂全校岁出总数与两科学生总数平均计算，故表内虽分两格填，而平均数则上下相等。

（《浙江教育官报》，1908年第4期，第18—19页。）

宣统元年浙省各属设立各项师范学校一览表

地别	校址	名称	学额	开办年月	发起人姓名
杭州省城	下城福圣庵巷	公立全浙初级师范学堂	分简易、传习所两科共二百名	宣统元年八月	高等预科毕业生朱鸿达
绍兴府	府城原办会稽高等小学堂旧址	山会两县初级师范学堂	先设简易科	宣统元年正月	劝学所总董杜子棫等
萧山县	劝学所内附设	公立师范讲习所	一百名	宣统元年	劝学所总董陈大俊等
天台县	劝学所内附设	官立师范讲习所	三十名	宣统元年四月	知县刘铭彝
淳安县	县城两等小学堂内	初级师范简易科	二十名	宣统元年正月	知县吴叡

（《浙江教育官报》，1910年第18期，第114—115页。）

（二）

晚清浙江高等学堂教师教育史料

浙江高等学堂缘起[①]

陆懋勋

光绪甲午，朝廷以朝鲜之役受东邻侮，士大夫撄心发愤，以求自强之道。知列雄之养其力，韬其锋，一试而不可御者，实惟其教育之周于国民，自普通以逮专门，精密而竺挚，万众一心，弗得弗措。盖国民之精神成于社会之智识，基诸学校之教育，教育者，图强之嚆矢也。吾浙人民爱国之心向郁勃不可以遏，秀颖之士尝胆习苦，冥求西文西学，以蕲尺寸之效。其时风气闷窒，艰于师资。墨守旧习者，复诋诽之，摈击之，有志者皇皇无所托。二十二年丙申，嘉定廖中丞抚浙，卓识远见，筹强国之箪，曰先储才。知彼知此，通中西之邮，以求实学而济时用，庶乎其可也。乃以二十三年丁酉正月，就因事籍没之普慈寺，改建黉舍，名曰求是书院。延美国学士王令赓授英文、格致、化学，以中教员授算学及经史，暂定学额三十名，招举贡生监年二十以上、文理通畅者考充之。人给月饩五元，月试年试更奖以银。岁筹常费九千贯。二月开学，专折奏明。时则朱侍郎智力赞成之。杭州府林太守启总办此事。中丞以懋勋粗有知识，饬膺监院之任。草昧权舆，流俗骇诟，

[①] 该文涉及教师教育的部分内容。

表里荆棘，支柱为难，而学风喁喁之进步綦迅。二十四年资送高材生陈榥等五人于日本肄习专门学，是为中国学生留学东洋之始。懋勋改任总理，陈上舍汉第为监院。添筑外院学舍，增额四十八名，为内院升补之预备，人输岁修银二十四元，膳资自给。二十五年改外院额为六十名，录多未冠者。西学而外，兼课经史文学，以固根基。二十六年选送内院学生十人于京都大学堂，又资送蒋尊簋等高才生十八人于日本，分习科学。二十七年定学额为一百名，免外院生修金。是年懋勋以供职词馆，谢事入京，由监院代理，劳吏部乃宣接充总理。时奉诏将省城书院改设大学堂，十月改求是书院为浙省求是大学堂，改总理为监督，任抚部道镕专折入告。二十八年去求是名称，为浙江大学堂，额定百二十名，时岁费达三万元有奇。二十九年遵奏定章程，凡省会所设学堂，定名曰高等学堂，即于是月改称浙江高等学堂，聂抚部缉椝陈奏更正。三十年陶部郎葆廉接任监督，部郎延唐广文咏裳为助，整饬学风，力趋纯正。广文办学湖州，部郎辞任，聂抚部复奏调懋勋承之。三十一年扩充学额为二百名，分高等预备科百四十名，师范完全科六十名。又于校东设师范传习所，定额一百四十名。其时附设师范者，以教育基于小学，欲广兴小学，必多储教材，而一省尚无师范学校，高等内院生年长蕲速化，因时因人，鼓之舞之，变而通之，不得已也。是年又设高等小学堂一所于田家园，额五十名，会城内外分设初等小学十所，额共二百名，累年经费已筹定年额银三万有奇。是时懋勋与项副理藻馨殚力精画，事求其备，用主乎节，凡为教育大局计，非仅仅为一校计。而岁费则以一校所夙有者，酌剂支给，无滥无匮，盖自此校内外学额已达五百九十名矣。三十二年吴庶常震春赓理其事，懋勋于是综计先后谬膺斯任六年于兹矣。浙中山川秀灵，人才钟毓，而学术一新，翘材负异者，蹳屏而入扶桑之域，继且游学欧美，肩项相望。迄今成名发业，内而理财经武培拥国力，外而佐折冲于坛坫之间者，皆震烁人目，则咸溯源于求是教育之验。独懋勋以不才之木，浮沉仕路，渺无树立，学问之大，亦不克有尺寸之成就，能无恧然。纪其端委，如梦如寐，敢质诸曩时同学同事者。时宣统三年五月也。

（龚嘉俊修，吴庆丘等纂：《杭州府志·学校志》卷十七，光绪二十四年修，民国十一年排印，第2—3页。）

浙江（高等学堂）师范传习所

浙江高等学堂招考师范预备两科，定额二百人，以各州县应考者不下千人，当事者恐有志之士无从就学，特分设师范传习所，以速成法教授修身、教育学、国文、历史、地理、数学、理化、博物、心理、图画、体操、唱歌、各种普通学，限一年卒业，卒业后给予证书，咨请学务处，分送各州县小学堂充当教员。现定学额百名，免缴学费，惟考取后，填愿书时应缴保证金十二元。此项金，卒业后仍行付还，所中不留膳宿，各生均于左近赁屋居住，每日按时到所听讲云。

（《教育杂志（天津）》，1905年第6期，第46—47页。）

浙江高等学堂丁未年（1907）第一学期综计表

校地	本堂坐落省城内仁和县境东里上四图，地名蒲场巷，所有校舍计头门三间、礼堂五间、讲堂十座、食堂两处、事务室二间、监督教员办事员住室二十八间、学生自习室二十二间、学生寝室三十五间、图书仪器室十四间、养病室十间、浴室八间，其余各室共五十间，总共一百九十五间，又有体操场二所。
沿革	本堂原为求是书院，于光绪二十三年四月创设，至二十七年十月改称浙江大学堂，二十九年十一月改称浙江高等学堂，三十一年二月分设师范完全科、高等预备科，均自六月留学期满后起算，定为三年六学期毕业。又于是年四月附设师范简易科，定为一年二学期毕业。现在师范完全科、高等预备科二年生均届第四学期，预备科一年生届第二学期，师范简易科第三班现届第二学期，应于本年四月毕业。

续表

职任	监督一人、教务长一人、各科教员十七人、办事员十人
学额	原定四百名，现有三百零二名，四月间师范简易科第三班生五十五名毕业后，拟再招添预备科新班生一百二十名。
选录	前因各府中学堂尚无毕业升送之人，高等正科势难躐等办理，因仿京师大学堂之例，分设高等预备科，系照中学程度，师范完全科系照初级师范程度，所有学生多系原在本堂肄业之人，嗣后陆续招考，并行文各府升送，均取其普通科学已有门径，或在中学有一二年程度者，俟明年预备科第一级毕业，彼时各府中学堂应亦有毕业升送之人，即当开办正科，停招预科。
学级	师范完全科、高等预备科均分三级，以两学期为一年级。现在完全科有二年级一班，计三十八名；预备科二年级甲班五十名，乙班四十八名，一年级甲班六十名，乙班五十名；师范简易科第三班五十五名。
经费	每学期额活支一万四千二百七十元零四角，但如修理校舍，添置教育用品等均不在内。

（《学部官报》，1907年第42期，第472—473页。）

学部奏浙江高等学堂师范预备两班学生毕业照章请奖折

浙江高等学堂系由浙江大学堂改设，光绪三十一年（1905）春分设师范预备两科，酌量学生程度定师范科为完全初级课程，预备科为补习中学课程，均定为三年毕业。现经举行毕业，计师范科取列最优等李福年等六名，优等黄寿曾等三十名，中等史纶等二名。预备科取列最优等宋其辉等六名，优等邵家驹等四十七名，中等郭衡等二十九名。请准照初级师范学堂中学堂毕业奖励章程请奖等因到部臣等查该堂师范班学生均系肄业三年，定章初级师范完全科应五年毕业，该班年限不足，应准按照二年以上之简易科章程给奖，惟考列优等之陈颉亮一名肄业未满一年疑难一律给奖。又臣部历届办理各省高等预科毕业奖案，皆以该生等入堂，在奏章未颁以前，肄业满足四年者方准给奖，该堂预备科毕业学生八十二名，惟考列优等之连煦恩、良陆、朝俊三名，考列中等之钟善继、柯国璋二名，入堂在奏章未颁以前肄业，已满四年，应准援案给奖，其余学生七十七名止准援案升学不给奖励，以上毕业各生除照章不给奖励者毋庸置疑外，其应行给奖。各生自应查照奏定初级师范简易科中学堂奖励章程办理，所有该堂师范科取列最优等之李福年、何敬煌、陆左升、裘嗣芬、蔡锡侯、江步瀛等六名，应比照初级师范中等奖励办理，作为师范科贡生以训导用，令充小学堂及程度相当之各项学堂正教员，俟义务年满以应升之阶尽先补用。考列优等之黄寿曾、陶赞尧、楼凤翼、王凝、李钟鹏、金学俨、席鸿、程祥芝、张德海、周冕、陈渡堵、福诜、金殿华、徐霖、王会云、周锡飞、刘沅、孙鹏、王景韶、孙献琛、范宗成、李寿鹤、吴光明、徐浩然、胡绪昌、朱凤祺、徐伦选、许祖谦、徐桂森等二十九名，应比照初级师范下等办理，令充小学堂及程度相当之各项学堂副教员，俟义务年满，作为师范科贡生奖给训导衔，其预备科取列优等之连煦恩、良陆、朝俊三名，应作为优贡中等之钟善继、柯国璋二名，应作为岁贡均分别收入所升学堂肄业，再臣部于光绪三十四年十二月附奏各省中学堂毕业自宣统元年起，扣足五年始准给奖一折奉旨依议钦此该学堂高等预科毕业系于光绪三十四年十二月报部在新章，未经颁布以前故仍援照福建等省预科请奖成案办理，以后中学毕业请奖自应恪守新章不得援此为例如蒙。俞允即由臣部咨行浙江巡抚遵照办理，所有浙江高等学堂师范预备两班学生毕业照章请奖。缘由谨恭折具陈伏乞。奏宣统元年九月二十九日奉旨依议钦此。

（《政治官报》，1909年第737期，第7—8页。）

养正书院中的师范生[①]

  我在头班半年不到,和汤杜两位同学的成绩又超过了其他同学,忽然把我们三个加了一个特班生的头衔,却仍在头班里读书,这是在前清光绪二十七年上半年。下半年书塾里又出新花样了,加设师范生六名。备班学生一班,备班取来的都是现在初小一二年级。师范生呢,并非另开一班,也不增加教育科目,就是给我和汤杜两位同学,和还有周继善、叶诚然、龚寿康三位同学(都是头班生)加了一个职务,叫我们去教备班学生,不过不算正式教员,所以特立这个名目。

  我们在备班里,一面是教师地位,一面还是同学地位。我们对于这班里的小兄弟,真是看得和自己的兄弟一样。而我们的教法,不但用了陈老先生教我们的方法,"不愤不启,不悱不发,"我们和他们真德谟克拉西。我们有时设了一个问题,反而自己退下讲台来坐在学生位子上,请他们里面自动要说话的上去互相质问辩难。所以他们也和我们亲热得要死。他们里面有一个杨崇英,是书塾总理的孙子,不过十二三岁,先和我在新四班里同学,他后来告退了,这时重复进来,他每次能够侃侃而谈。还有一个傅孟,也是了不得的。

  这时,我们书塾里还没有体操,我们到求是书院里去看了一番,不胜欣慕之至,就由高级同学发起向总理上书,请求增加体操科目。起初总理以为这是不需要的,后来终究被我们的"绝妙好词"感动了,增加了体操。我对这事,倒大感兴趣,翻杠子,荡秋千,居然第二手。

  我们又发起组织同学了,一个现在学生会似的组织,由我们几个高级同学来领导,虽则形式上很不完全,精神上倒很团结。我们几个人常常晚上到

[①] 题目由编者另加。

年级较低的同学宿舍里集合他们，作演讲辩论，很似现在的座谈会。

照例，每年端午、中秋、年底三个时间，要由杭州府、钱塘县，仁和县轮流来考试。他们拿了卷子回去，评定了次第，五名以前都有奖金。有一回轮到钱塘县，知县黄大华先生，倒是一个有学问的，可是他偏闯了一个乱子。他随意把我们升降了，头班的降到三班，四班的升到二班，平日成绩好的偏偏都落入次等。我们大哄起来，好在校方并不依照他的评定办理，我们大家却都不愿意接受他的奖金。说也可笑，一共也不过五六十块钱银元，我们却要办一个藏书楼了。汤尔和会刻图章，他就牺牲了石头一方，刻了皆大欢喜楼藏书七个字，捺在买来的一些当时新出的课本书籍上。那时杭州出了一份线装书式的白话报，其实都是求是、养正两校的教员的作品。我们就定了几份，供给同学看看。

这时，我的十七岁光阴过完了，养正书塾也改为杭州府中学堂，我们六个师范生都要在明年（光绪二十八年）暑假毕业。校方预定派我和汤杜到日本去留学，我们约定去学陆军，学了回来就好革命。（后来汤尔和曾去日本，一度进成城学校。）可是将要毕业的前两个月，却给我们一个留学的根本打击。

事情是这样的：我们同学们合理的思想发展了，我们组织起来了，对于校方古典式的一切会表示不满。在历史上，学生一进了校门，除了工友们以外，都是师长，尤其是在四十多年前，师字是和天地君亲成了联系的，杭州人，家里往往供着一块天地君亲师的牌位，便可以晓得师字的尊严，所以书塾里的职员，人人自以为师，个个自以为长。我们塾里一位学正先生（类似现在的庶务主任），真是神气，大家就把他作了攻击的对象，但是平常对他还是礼貌不衰。

廿八年清明时节，西子湖边，山盘翠髻，水皱青丝，柳似舞腰，桃如含笑，怎不逗起我们的春情。向来清明、立夏这些节日是放假的，这年却改了规则。我们向学正先生要求，请向监督（改学堂后总理也改叫监督）商量，仍旧放假。他说:"不行。"自然大家不高兴。我们几个师范生却有点不师范了。就和几个头二班里的同学请了假,溜到西湖上,赊了几匹马,大家轻衫软策,游山玩水,好不赏心悦目。哪里晓得半路上碰着了学正先生,三名轿夫,一乘快轿,冲到我们马前,来个照面。彼此来不及招呼就过去了。这日晚上,我们就听见这位学正先生在那里和教员们说我们不遵规则,还形容我们两句话,是"扇子扬扬,马鞭挥挥"。我们想他也何尝守规则,大家就有了一肚子气。

(马叙伦:《我在六十岁以前》,上海:生活书店1947年版,第12—16页。)

（三）

晚清浙江两级师范学堂史料

1.两级师范学堂概况

浙抚张奏创办全浙师范学堂折

张曾敭

窃维自强之道，以造成国民为始基，兴学之方，以养成教员为急务，是以奏定学堂章程载明急办师范为入手第一义。浙省地滨江海，风气早开，自科举奉停，公私学舍林立，然学科程度之未能合格，实由教员、管理员骤难得人。虽高等学堂向亦附设师范，并前经选派百人赴日学习，然卒业期远，既无旦夕可程之功，且人数无多，亦不足供通省教员之用。此臣自去腊到任以来，于全浙师范一事，所由汲汲皇皇而谋其始也。惟是欲办学堂，须筹经费，以浙省帑项奇绌，平日无大动作，出入尚苦不敷，岂能更谋兴作。第深知此事不容稍缓，不得不别筹经费以应急需。爰时旧存之敷文、诂经、学海三书院一并裁撤，每年约可腾出膏奖等银一万余两。又司关向解臣衙门公费每年划捐银一万两，自臣到任之日起算，以为常年经费。又提还书院生息存本洋六万元，并据前出使法国大臣孙宝琦捐助洋银一千元，以为开办经费。经画初定，乃议创建。盖学堂虽重在精神，然形式之与精神互为表里，此次开办师范，实为全浙模型，其势不得简略。本年正月，即经臣派员前往沪鄂调查学堂，建筑新式，凡管理卫生务取适宜，声浪光线一一研究，绘图归报，以资仿效。并购日本雏形一具，以资参酌。原议就清泰门内择地购建，勘估动工既有日矣。三月间复准学部电咨推广省城师范，至少设初级简易科生五百人，优级选科生二百人，并附设体操专修科百人等语。在部臣之意，为各省造成教员，所定八百人之数，诚不为多；惟臣审度浙省财力，暂时实难如额。然使地段太狭，即无以为他日推广之基。原勘清泰门内之地，计其容积，仅足造三百人之学堂，两旁悉属民居，无可展拓，再三相度，惟旧有贡院占地极为广阔，地势亦属爽垲，科举既罢，此为虚设，就改学堂，最为适宜。且拆卸号舍，所有瓴甓木石，就加选用，于开办经费不无少裨。并咨调浙绅候选道江苏候补知府陆桂星董理建造，加派官绅稽察，现已鸠工庀材，按图建筑。此臣筹办师范学堂之大略情形也。至学堂所需管理员、教员，得人不易，容臣广访订定。俟学堂落成有日，即饬各属保送师范生，届时考验入堂。其学科程度，悉遵定章办理，名额暂以五百人为率。其常年经费，部臣截拨科场之款，惟赈给贫生银每年九百余两，尚属有著，合之前筹两款，每年仍只二万余两，开办经费亦尚不敷，均须陆续议筹。以后经费稍充，仍当补招足额。其各府县师范学堂及传习所，并经通饬，广筹设立，务期数年之后，一省之教员，足以敷一省中小学堂之用，于以益宏教育，造成国民，用副朝廷兴学图强之至意。至学堂详细节目及续筹经费，应俟开学时分别奏咨。

（《浙江教育官报》，1908年第1期，第3—5页。）

学部咨复浙抚全浙师范学堂酌订课程文

为咨复事。准咨开：据提学使详称，浙省前奉奏明建设全浙师范学堂，已将工竣，定于本年下学期开学，延聘监督，将应订章程规则，妥为酌定，拟办在案。兹准邵监督咨：以学堂设立先，须订定章程，而章程中最要者莫如课程。参酌浙省情形，拟将优级选科之四科目，略为变通，遵照奏定章程内优级本科办法，改为国文英文科、历史地理科、数学理化科、博物科四项，订定科目时间，详列表格，咨请转呈核定示遵前来，合将送到原呈，详候咨送学部，迅赐核明等情到本部院。据此，咨请查照核明示复等因，并据该监督呈请酌订师范课程，呈请批示等情先后到部。查本部颁行《优级师范选科简章》，为急于养成初级师范及中学教员起见，较之《奏定优级师范学堂章程》分类科毕业年限缩短一年，所收学生，既非由初级师范暨中学堂毕业，故课程不得不略为变通。分类科第一类以国文、英文为主课，即原呈所称文法字义宜求沟通之意，然必宽以年限，始能融会贯通，断非二年所能深造。现在此项教员最为缺乏者，正以此学难于深通之故。选科简章不列此科，以此项教员非取诸完全分类科，别无速成之法。又选科分数学理化为二，亦因科学过多，以根柢不完之学生，二年之久，不易兼习，且简章中理化本科兼授数学，数学本科兼授理化，亦自有互相补助之益。此项简章于年限长短、科目繁简，颇费斟酌，不难遵办。至该监督所称选科各种教室、教员、教具之配置，必须与本科事事直接，将来改为本科方无窒碍等语。查教室、教具不同之处，惟理化、博物二类，此二类分类科、选科课目略同，当无窒碍。且分类科与选科程度确有浅深，教员之配置更难预定。该学堂如因文学教员过于缺乏，可于简章四科之外增置一科，遴选已习外国文字之学生，益加深造，进以中国文学，俾能贯通。另拟课程，由提学使司详部核定。本年北洋师范学堂于选科简章四科之外增立文学教育一门，经部核准，自可援照办理。原表课程所开有哲学一科，查光绪二十九年正月管学大臣议复湖广总督会奏兴办学堂一折，有钦定学堂章程无取哲学者，所以防士气之浮嚣，杜人心之偏宕等语，未可以意增添，致违成案。相应咨复查照，转饬行知该临督遵办可也。须至咨者。

（《四川教育官报》，1908年第3期，第1—2页。）

浙江两级师范学堂经费[①]

光绪三十二年（1906）浙江巡抚张曾敭奏请以省城贡院旧址改建，建筑经费银十三万两，以书院生息存本六万元，抚署公费银一万两，裁并三书院常年费银九千九百七十四两，钱二百千，售出围场旧料一万余元，革守文锦罚款银四万两，分别拨充。三十三年冬（1907），招优初两级及体操专修科学生共六百名，三十四年（1908）春校舍落成，四月十五日开学。经费每年计五万三千一百八十余元。藩库解丁漕平余一万二千元。书院加额膏火一百二十四元，学租赈贫六百八十六元，运署加盐斤加价一万二千元，厘饷局解书院膏火六千六百三十七元，敷文书院拨息款二百元，各州县解膳费四千一百十一元，闰月经费五千二十六元。学级分优级初级两类。

（龚嘉俊修，吴庆丘等纂：《杭州府志·学校志》卷十七，光绪二十四年修，民国十一年排印，第6—7页。）

添筹全浙师范经费

浙江王运司咨复藩司略谓接准来移省城全浙师范学堂，除各属派解贴膳等费外，每年应需常年费银四万一千余两，现在已筹定的款拟于藩司衙门丁漕平余项下提银一万两，运司衙门盐斤加价项下提银一万两，裁并诂经、孝廉、敷文三书院原有经费银九千九百七十余两又钱二百千文，又学租项下赈给贫生银八百八十余两，核计尚短银一万两零迭。经本司移请添筹补助，无论如何为难各再筹解五六千两，请于月内解司备给，嗣后按年汇同前款拨银一万两，分两次解司以备按季给领。各情查全浙师范学堂不敷经费款关紧要

[①] 题目由编者另加。

合再勉力筹借，仍于盐斤加价内每年添解银五千两，合共常年经费银万五千两，即自本年为始照数筹解并希会衔详办云。

（《北洋官报》，1908年第1866期，第12页。）

预备开办全浙师范

全浙师范学堂开办即，所需建筑等款尚短三万两左右，前经张中堂饬每生缴学费四十元，再由州县筹给足数，兹悉信方伯以现在学生多寡未定，由州县分筹又恐以款绌为词，因特详请饬由运库盐斤加价项下筹拨二万两于司库丁漕平余项下挪足一万两云。

（《北洋官报》，1907年第1469期，第10页。）

师范附属两等小学堂

光绪三十一年（1905）由浙江高等学堂监督陆懋勋创办高等小学堂一所，名曰浙省高等小学堂，又设初等小学十所以为升级之地，其费皆由高等学堂常款内撙节划拨。三十三年监督吴震春将初等小学改作五所，三十四年印经费减少将初等小学归并高等小学之内，定名为两等小学堂。宣统元年（1909）正学改为附属师范两等小学堂，始租田家园民屋继移杨凌芝巷，自光绪三十四年（1908）浙江两级师范学堂校舍落成并建附属小学堂一所，遂以此移入经费岁收师范学堂拨付三千七百余元，学生纳费一百十余元，学级分为高等初等两级。

（龚嘉俊修，吴庆丘等纂：《杭州府志·学校志》卷十七，光绪二十四年修，民国十一年排印，第7页。）

初级师范学堂

在仁和县治大东门直街奉化试馆后移至金衙庄,赁周氏水香阁,由沈炳经创办,及汤寿潜等赞助而成,开办经费初由捐助后由沈炳经筹措于光绪三十一年十月开办,岁收学生学膳宿费四千八百余元,余项俱无学级,简易科二班一年毕业甲班五十名乙班五十余名。

(龚嘉俊修,吴庆丘等纂:《杭州府志·学校志》,光绪二十四年修,民国十一年排印,第8页。)

全浙师范学堂开办

全浙师范学堂下学期可以开办,业经浙抚张中丞照会,聘请邵伯䌹太史为监督,兹由提学司刊就图记一颗文曰,浙江两级师范学堂监督之记即日照送开用。邵太史原办杭州府中学堂,现因师范校舍尚未造成,所有开办一切事务暂借中学堂为全浙师范学堂临时事务所。

(《北洋官报》,1907第1423期,第12页。)

全浙师范计划大纲

全浙师范学堂张中丞拟延请邵伯䌹太史为监督,邵太史先拟定计划大纲六条如下:

一科目 照部章办优级选科二百名,初级简易科五百名,体操专修科一百名,附属两等小学四百名,四种合成一千二百名。

二学生 用分县定额法,大县保送二十四名,中县保送二十名,小县保送十六名,择其明普通学或中文经史,具有根柢者分别考取详送到省,由监督按额考选入学,其年龄自十八岁起至三十五岁为止,每选入一学生由该县会同地方绅士在宾兴项下筹解饭食,杂用书籍衣服等费年合洋八十元,其无宾兴款者准加各项租税作正开支。

三经费 常年经费约每月四千两，共计岁支银四万八千两，遇闰照加开办经费，计校具费银五千两，仪器书籍费银五千两，开办前薪工杂用及赴日本订聘教员译员川资等项五千两，共计一万五千两，此款需尽四月内照发。

四期限 考取学生期五月上旬，订聘洋员期尽六月内办妥，开校期八月中下旬。

五奖励 学生奖励查照部章办理，惟教员奖励必先咨部声明，从优方足以资访聘，优级教员译员三年毕业后请奖，初级简易两届毕业后请奖，不愿得奖者给以出洋官费或劳金。

六小学 本堂附属小学以贡院旧屋改造，各州县由学务公所绘图颁行，一面送师范生，一面即由劝学所划定学区，按式建筑小学以此为州县之成绩，期以一年由省视学巡视之。

（《北洋官报》，1907第1378期，第11—12页。）

浙江两级师范学堂招考章程

一、科目

本堂开办之始遵照部章先设优级选科、初级简易科、体操专修科三项。优级选科分理化、博物、历史地理、数学四本科。理化本科分物理、化学、数学、地文四门；博物本科分动物、植物、地质、矿物、生理卫生、图画、物理化学七门；历史地理本科分历史地理、法制、理财三门；数学本科分数学、理化、天文、图画、簿记五门。本科之通习科分伦理、教育、心理、论理、英文、日文、体操七门。

本科之预科分伦理、国文、数学、历史、地理、理化、博物、英文、图画、体操、音乐十一门。

初级简易科分修身、经训、教育、国文、历史、地理、数学、理化、博物、图画、音乐、习字、体操十三门。

体操专修科分体操游戏、教育、生理、数学、图画五门。

二、年限

前项三科办满四年停止，优级选科之本科两年毕业，预科一年毕业，初级简易科两年毕业，体操专修科半年毕业。

三、名额

优级选科拟额三百名，分两期招足。初级简易科拟额七百名，分三期招足，体操专修科拟额一千名，分八期招足。

四、年龄

十八岁以上三十岁以下为合格

五、资格

不论举贡生童，凡身家清白向无嗜好及刑伤过犯，中学具有根柢者为合格，能通普通学尤佳。

六、体格

相貌端正，气体健全，身长适中，素无痼疾，目力强而声音清亮者为合格，临考由校医检查。报考时应各持四寸半身之照相片注明姓名呈堂备核。

七、考选

优级预科、初级简易科、体操专修科三项学生，除省城招考外，复由各府檄各厅州县出示招考，先期到省报告厅候本堂考验，按府分额取列。但各厅州县有备文保送到堂者亦一律收考。考试之法，优级以国文、国史、英文、数学为普通标准，以地理、西洋史、理化、博物为特别标准；初级以国文、国史为普通标准，以英文、数学为特别标准；体操专修科以国文为普通标准。普通标准应考者最宜注意特别标准考否听便。

八、挑选

优级之博物、理化两本科开办之始，拟不设预科，暂由初级简易科毕业或各府中学堂及与中学程度相等之学堂有两年以上学力，各生不论人数多少，由各府选送到堂按优级考试法分别取列。

九、保证

每生考入后应各取公正殷实之绅商二人为保证，但其一必有住所于省城者。

十、费用

除体操专修科不令住舍，无膳宿费外，两级师范生悉令住舍，照部章应免收各费。每取师范生一人，除遵部章于入堂时，由该生自缴保证金十元外，各由该生本籍地方官筹备常年膳宿杂费洋四十元。此外，校服体操衣帽靴裤等亦由堂发给领用。惟书籍费多寡无定，应令自备。

十一、奖励

优级选科毕业，考列最优等者，作为师范科举人以各部司务补用令充中学堂。初级师范学堂及程度相当之各项学堂正教员，俟义务年满，以应升之阶分别京外分部分省尽先补用。考列优等中等者给及格文凭，令充中学堂及程度相当之各项学堂副教员，俟义务年满，作为师范科举人奖给中书科中书卫。考列下等者给及格文凭，准充小学堂及程度相当之各项学堂副教员。考列最下等者给修业文凭。

初级简易科毕业，考列最优等者作为师范科贡生以训导用，令充小学堂及程度相当之各项学堂正教员，俟义务年满，以应升之阶尽先补用。考列优等者给及格文凭，令充小学堂及程度相当之各项学堂副教员。考列下等者给及格文凭，考列最下等者给修业文凭。

体操专修科毕业，考列中等以上者，令充小学堂及程度相当之各项学堂体操教员。

十二、义务

优级选科师范生有效力全国教员职事之义务，其年限暂定为五年，不限本省。初级简易科师范生有效力本省教育职事之义务，其年限暂定为四年，限定本省。考选之时，应各具义务愿书存堂备核，但尽义务年内仍由各地方学堂酌给薪资。

十三、余义

外省生有合格投考者，限定优级选科作为自费生，附学等第奖励比照本省办理。旗生准照本省例有考取者，一律作为官费生。

(《秦中官报》，1907年7月第1期，第22—26页。)

浙江两级师范学堂分科定额招考

浙省前奉张中丞以筹兴教育应先造就师范，故即奏改贡院为学堂，聘定邵庶常章为监督，通饬各属保送学生，其大略各条例下：

一、优级选科四年毕业，学额三百名。初级简易科两年毕业，共招一千名，分期招足七百人，余三百人以自费生补入。

二、学生入学由州县保送以外，仍在省城招考，所取之额，按府分大小县分匀派。

三、学生各费，以前任廖中丞奏提各属漕丁余钱十万串，曾有一半拨还原县，现拟仍以此款提省，充作师范经费。

四、学生入学先由监督考验，再请抚台复试。

五、考试之期拟在八月中旬，开校约九月中旬。

(《北洋官报》，1907年第1411期，第11页。)

全浙师范学堂校舍业已竣工

全浙师范学堂校舍业已竣工，于四月十五日开校矣。处州教育会因地瘠民贫，至今尚未成立。现经常太守与学界诸绅筹议开会公举谭献为正会长，项华黼为副会长，其经费将处属括厦青松龙三卡厘捐项下带收学费拨用已会议章程十四条禀，由该府通禀各上合批示立案，并请颁图记以资信守。宁波府中学堂业已告成于二十五日行开校礼，是日来宾甚多，相继演说，毕奏乐致谢词而散。德国教士崔明道君就处州耶稣教堂附设两等女学一所，招足高等学生二十名，初等四十名，已于三月初五日行开学礼，初六日上课。

(《奉天教育杂志》，1908年第6期，第203页。)

全浙两级师范学堂开校训辞

学必有师，下至曲艺且然况于士，是校自规划缔构，以迄于成，以迄于开校，为时几屡阅寒暑矣，以浙省经济困难，官绅仰体。朝廷作育人才至意，不惜累万金钱，冀以扩张教育之前路，局中用心之苦，当为诸生所共谅。则凡诸生来学于是校者，宜如何精研课程，谨守规则，为全省教育发达厚植其基础，一切败礼蔑义放弃天职之为，似不必为诸生虑顾，本司恭读上年十一月二十一日内阁钦奉。

上谕有比年以来，士习颇见浇漓，每每不能专心力学，勉造通儒，动思踰越范围，干预外事各等语。窃以为上项诸弊皆学堂偏重智育而于德育一端不深讲求之故。盖信道不笃则志浮，持身不固则气暴，审理不明则所行皆悖。若是者，虽复禀赋优异，技能卓绝，适为离经叛道，好言生事之阶，一朝失败，无论国家所必斥，乡里所不齿，抑亦海外诸邦所窃笑也。考日本为教育新盛之国，其宗旨亦率不外养成道德匡救青年。中国教育仍在幼稚，方针一失，误入歧途，北辙南辕，害其有已。况诸生阶级虽分，他日之为人师则一形端者，影直种佳者果良，程功之初，岂可不先自决定趋向于？

谕旨所谓以圣教为宗，以艺能为辅，以理法为范围，以明伦爱国为实效者，兢兢焉三致意乎！夫浙省自宋元以来，金华、姚江诸大儒，后先辉映，宗其学者，类皆有德业事功，文章气节，诸生穆然，乡先生之遗风可知理学一途，原非只尚空谈无裨实用。彼泰西哲学家一中国理学家耳，泰西之文明，道于哲学中国之文明，何尝不发源于理学。世以讲学为诟病者，不善学者之过，岂讲学之过乎？且本司之为此言，亦非欲诸生墨守旧闻，日趋虚渺而流陈腐也，学堂修身以外，所列各科类，皆足以辅助性功，增长知识，但于艺术则日启其新，于道德则必仍从其旧。穷本末而权重轻，是在诸生善自为谋耳？语曰：师道立则善人多。今日为诸生入校之期，举凡校规教科皆揭示于堂，毋庸更为诸生赘述，诸生惟懔。

天语之明训，守圣经之微言，承乡贤之学派，探西哲之名论，庶几国粹保存，师资美备，异日本身作则，钱江流域遂为中国教育完善之区，是则本司所厚望亦诸生及全省士民之幸福也夫。

（《浙江教育官报》，1908年第1期，第1—2页。）

记浙江两级师范[①]

郑晓沧

第一章 引言

我在1957年冬撰就《浙江兴学史的一段——林启在浙江教育史上的地位》一文，把求是书院、养正学塾和蚕学馆这三个教育机关的历史扼要地予以溯述。另一个浙省重要的学校，莫过于浙江两级师范。当时规模的远大，校舍的宏敞，不但为浙省冠，抑且为东南所少有。辛亥革命后一年，遵当时教育部的办法，结束优级部分，专办初级——也即我们所称的中等师范。当时各省之高等学校均令停止招收新生，另取集中办理制。其自求是院递嬗蜕变而来的浙江高等学校到民二年底（1913）也完全结束。两级师范则改为初级，后依省内府属次第，称"浙江第一师范学校"，简称"一师"。一师因师资、地点及旧日规模等关系，尤为浙省教育重镇，且渐为浙省新思想的一个中心堡垒。所以今天对这一学校，探讨其历史，是很有意义的。

我的探讨年期的范围，将从两级师范的筹备（1906）至1923年为止。

[①] 节选自郑晓沧所著，原题目为《浙江两级师范和第一师范校史志要——近代浙江地方教育史资料之一》，本题目编者改加。

1927年以后，浙江省会的中等学校分并离合，组织和人事上的变迁殊多，且在若干年间一师只为一中之一部分。直到1931年浙省教育厅另立杭师于法院路，继复为另造新校舍于南山路（现为浙江美术学院的一部）。当时闻确有一部分师生并入新校。但两校历史是否蝉联，余曾以问长久服务于杭师的教职员，亦不能对。所以我叙述浙一师的校史，只及1923年为止。以后至1931只记组织与领导人的变更而已。

正如我上所举的研究一样，现在要找成文资料——章则、规程等，均已渺不可得。故不能不询诸当时的师友。多数亦已衰老，记忆难免有误。惟当时久任一师教职的老教师姜丹书（敬庐）先生曾于十年前写成一些文篇，现存浙江图书馆，实为难得的重要史料。我也就近常向他了解一些有关一师的情况。浙江博物馆、浙江图书馆、浙江省文物保管委员会和杭州大学图书馆我都曾前往搜求，各有所收获。北京钱均夫业师、上海丰子恺先生以及杭州吴克刚、潘天寿、陈叔谅、夏璞山、蔡孟谋、沈景秋诸先生等，均曾应我的恳求供给过我一些资料，或答复我一些问题。校、系党政领导对这项研究工作也寄以关切支持，我在此谨致感谢。

年代相差四五十年，许多文物已经湮灭，所以就这时赶紧搜集，写出一部分，尤有必要。补充，订误，是所望于来者。

第二章　筹备

据杭州府志（吴庆坻主纂）卷十七，"浙江两级师范学堂"一条下，载：

"光绪三十二年（公元1906年）浙江巡抚张曾敫奏请以省城贡院旧址改建，建筑经费银十三万两，以书院生息存本六万元，抚署公费银一万两，裁并三书院常年费银九千九百七十四两，钱二百千，售出闱场旧料一万余元，革守文锦罚款银四万两，分别拨充。"

以下又载：

"三十三年冬（1907）招优初两级及体操专修科共六百名，三十四年春

（1908）校舍落成，四月十五日开学。

"经费每年计五万三千一百八十余元。（内计）藩库解丁漕平余一万二千元。书院加额膏火一百二十四元，学租赈贫六百八十六元，运署加盐斤加价一万二千元，厘饷局解书院膏火六千六百三十七元。敷文书院拨息款二百元，各州县解膳费四千一百十一元，闰月经费五千二十六元。"[①]这里有需要说明的几件事：

第一，当时创办高等学校，必须经由督抚——即一省最高行政官——向朝廷奏准。可是，我们也不能认为建校的动机是纯起于当时的巡抚的。无宁说是起于地方的若干所谓'士绅'而得到巡抚的支持的。虽然如此，当时的巡抚张曾敭对于师校的建立，总算是颇积极的。有两件事上可以看到。筹款里既包括了抚署公费银两。再则他对校舍以为"不宜简陋"，要"建设完全"。[②]那所校舍的规模，在当时不能不说是宏伟的。

第二，当时学校等经费，由公库统支的不多（这里，只藩库解丁漕平余银一万余元是由公库统支的）大部分均须专筹的。学校兴，书院废，所以关于学校的经费，每每从书院经费上去调拨，这，在浙江前几年开始办理的求是书院（实际是学校）时也是如此。建筑费也要专拨，其中一部分，也是从书院项下来的。简直可以说，主要是从这方面来的。一个学校成立时，首须筹有经费，常年费和开办费，其次则为校舍校址。当1923年时，浙江曾筹议设一大学，定名为杭州大学。校址由官厅拨给了万松岭敷文书院一带，但经费则因省议会不愿筹措，所以终究成为泡影。

第三，约在此十年前，已设立的蚕学馆、求是书院和养正学塾，校舍都非特建。其中求是和养正可说是利用旧有校舍而办起来的。可是两级师范的校舍是特建的。这也标明那时浙江省对兴起学校是具有热诚和期望的。这是在庚子辛丑以后，比较在甲午以后，国家形势更属危险；而且已经经过了戊

---

① 龚嘉俊修、吴庆丘等纂：浙江《杭州府志·学校志》，光绪二十四年修，民国十一年排印。
② 陆桂星编：《建筑全浙师范学堂征信实录》，宣统元年铅印线装，第13页。

戌以后，这时来办理新政——包括学校——更觉义无反顾。所以那时浙江在教育建设上确［像］是想大做一番的。

第四，有宜特别提出的，则师校校址原拟在清泰门内关王庙一带购地，并有孙宝琦一万元的捐款①（是否以地价作款不明），并已委员勘估。后以铁路轨线未定，并奉学部电催推广师范学额，张曾敭乃明谕决就贡院改建。这是富有意义的一件事，是标志着教育史上一大转折点，是说明科举已被决定废止了的，代之而起的乃是学校。科举有一千三百年的历史，各省均有一个贡院，浙江的贡院大约有一万余个"考棚"，每三四年会聚各府州县的生员廪贡等前来考试，约举一百余人（大约百人中取一人），所谓"举人"，得向京师"会试"。清季国势积弱，危如累卵，始废八股，改以策论取士，后来张之洞等以为不废科举，学校难兴。先定逐次减少中额，继则感觉得这一办法，还嫌太慢，因此奏请毅然立废科举（会衔折上首衔却是袁世凯。又原来表示抵死反对废科举之军机大臣杭人王文韶那时亦适已离开了中枢）。居然在1905年下诏停止，大概也还是迫于情势吧！但在当时也不能不视为尚有决断的举动。翌年浙抚决定奏请改造贡院为师范学校，即在科举的废墟上建立起一座规模宏远的学校来，这也称志着一个新时代的开始。各省贡院均有一个明远楼，以资瞭望而便稽察。浙省贡院拆造后，仍留明远楼以存古迹。这是一师校友明远学社命名的由来。这一所楼在日寇撤退时闻已荡然无存了。

张曾敭不久以事去浙。继任的巡抚冯汝骙视察时，以为规模太大。即当时号称开明之抚幕张让三也以为"一个师校何必如此！将来毕业生到各府州县后，转觉有无从下手之感"云云。②

现在要问：为什么在这时要急于办理师范教育？浙省师范教育，在此以前，有无端倪？案"师范学校"（l'ecole normale）之名实仿于法兰西而直

---

① 陆桂星编：《建筑全浙师范学堂征信实录》，宣统元年铅印线装，第13页。
② 同上。

接则来自日本。至于"优级""初级"之名，则系按照癸卯（1903）修订的学制。庚子以后，国人已认识到兴学的重要。兴学之机一动，也就感到培养师资的迫切。奏定学堂章程奏上时，内称"办学首重师范……兹另拟优级初级师范学堂及任用教习各规程"，所以那时全国渐渐明了师范教育的重要和迫切。先于两级师范之设立，浙省的注意师范教育，于以下数事可以见到：

1.1905，浙省公费选派百名留学日本，专习师范，所谓"百名师范"，期以三年回国。例如其中有黄百新、朱宗吕等。但也有改习他科的。

钱家治先生说，在此以前，1903年浙选派求是养正学生若干人赴日本留学时，也是以习师范相期，但其中有若干人改辙。

2.浙江高等学堂（即求是所改）曾设师范科，三年毕业。毕业一班，约三十人。又曾设师范讲习科，短期毕业，毕业两班。这又可见要求师资之迫切。

高等学堂并且也办了模范小学，由一所以至十所。分布杭州。

3.当时杭州有一所私立的"初级师范学堂"，为沈炳经创办，汤寿潜等赞助。先在大东门奉化会馆，后移金衙庄，赁周氏水香阁为校舍。靠学费、常年费列四千余元。简易科两班，一年毕业。似不久即停闭。

4.女子师范。先是留日学生由于孙江东、袁文薮等的策动，妇女方面高氏、钟氏的热心等赞助，踊跃输将，创设杭州女学校。到1904年由邵章、陈敬弟等呈请浙抚聂辑椝立案开校。越二年，郑在常等呈请提学使支恒荣改办师范，并附设女子两等小学校，经费年需六千余元。藩库所拨，不满三千，其余大部由郑在常等筹备。

两级师范学堂筹备期间除筹划经费，建筑校舍，物色人材外，并也派了王廷扬两度赴日本考察学务。

癸卯学制中"学务纲要"内专列一条，题为"各省办理学堂员绅宜先派出洋考察"内称，欧美道远，而"日本断不可不到。此为办学者入门之法，费用万不可省。学堂所重不仅在教员，尤在管理学堂之人必须有明于教授法管理法者从事，未办者方易开办，已办者方能得法，否则成效难期，且滋流弊"。

王东渡后，特访东京高师，向留学那里的浙人士多所咨询。闻当时接触最多的是经亨颐、许寿裳、钱家治、张邦华等。开办后数年间，虽监督（即校长）时时更易，但教务领导方面，即属于以上诸先生。而且辛亥以后，校长也即是经先生，直至民国九年（1920）为止。

呈请起造校舍之翌年（1907）邵监督乃向各县招生，闻其招生揭帖，遍及各县各市镇。考生及期群集杭州，闻达万人。但当举行入学考试时，监督已易喻长霖。

有一事与校舍建造有关的，亟须附记在此。1908年阴历四月十七日开学不过两日，忽然二门架梁脱榫卸下，伤一学生（名劳寅恭）。当时我正肄业浙江高等学堂，听了以为校舍甫成即发生坍塌，全部工程怎样呢？岂不危险！这种感觉一直影响我对于那群房屋的看法。这次为搜集资料，承文物保管委员会陈叔谅先生示我以当时对工程负责的陆氏兄弟（桂星、锐星）两人所辑的《建筑全浙师范学堂征信实录》，曾经仔细看过，因为它反映了筹备时期的一些情况。现在事隔五十余年，且列举有种种事实证据，以减少其对于事故应负的责任，但究系一面之词。后来王监督为了这事，从上海请来了一个工程师（或工作包头？）李国庆来勘察。李初亦谓工料坚固，但施工甚差。王即约李修改以期牢固，修改费约二万，杭知府卓孝复派由陆氏兄弟负担。陆氏无法不从，但后来还是极口呼冤。查看"征信录"，可以见到当时学校筹备的一般情况，又于"安全教育"上可以得到不少启发。例如，承造二门的木作头邹东生在仁和县供称"前因急于开学，遵饬赶造，不料木质潮湿，一经日晒风吹，致镶榫渐宽，猝尔坍塌"。陆谓"坍塌系木匠失铰螺钉所致"。其他当有种种关系——例如事权方面，前后意见的不一致等——均足影响工程。总之，安全为建筑上级重要的标准。而且不论新旧房屋均有时时予以检查的必要。

闻得在此以前，两江师范、苏州师范、南京法政都曾发生过。我亲身所经历的是在1928年春季南京大石桥中大附小部中年级教室的梁断屋倒。当时老师黄竞白甚为机警,他听到屋响见屋顶将下坠,即喊令学生快匿桌下,因是只一女生眼角受伤,后来而且完全医好。杭州省教育会也曾断过梁,压下来的地方正是演讲台上;又闻得某校往某处旅行,借宿于某校。是夜某校屋倒,将一部分学生压死。所以我们教育工作者,对房屋的安全问题,是需要提起警惕的。

第三章　设置——学级学科

校名"浙江两级师范学堂"因癸卯(1903)学制中师范有优级初级之别,而是校则并两种而兼有之。优级所以培养中学师资,而初级所以培养小学师资。

先述这校对于优级部分学级的设置。

1906年,因中学师资缺乏,急于培养,许各省变通正式学制而设立选科,内预科一年,本科二年,共三年。入学资格为初师简易科毕业及中学二年级以上学生。浙两级师范开学头二年的优级开班即照此办法。所谓"选科",功课不如"分类科"的完备,毕业年期则大大缩短。

依此,1907年招优级选科生二百名。明年开学后,教务长经亨颐知道进校学生虽于文史尚有根柢,但于新知修养太浅,因再举行甄别考一次,考六门,即英、数、史、地、理、博。数理化与外国文太差的凡一百二三十人左右须遵章进预科一年,翌年再升入本科。其余约七十四人则径入选科的本科,二年毕业(1910)。

是校优级选科即设数学、理化、史地、博物四科。翌年(1909),又因选科各班尚有余额,大约也因省内已经有了一些新学科程度较高的学生,也许因为社会上的要求,所以又招收五六十插班生,即直升入"选科"的,以略补缺额(各科人数见另表——本章末)

到了1910年,学部为提高程度以期确能胜任中学教师,下令停办优级选科,不再招生,而须按照学制,办理补习科、公共科,最后升入分类科,凡共六年之久，与选科办法大异。浙两级师范先于1910招收中学三年以上学生，成立补习科一班约三十余人，又于次年（1911）招收中学毕业生成立公共科一班。后一班即于1912送往北高师。前一班则于1913于浙师读完公共科后方始送往。

优级部分或高师部分到民国初元告结束，就浙师讲，第二届公共科于1913年送往北高师后结束。但图画手工专修则仍留置本校。到1915年后，校遂完全办初级师范。

所以浙江两级师范的优级师范可说是办过选科两届（倘每科作一班算，计合八班），公共科两届（一班从补习科开始），图画手工专修科一班，共计十一班。估计学生约共四百余人。（详细统计见本章之末）

……

最后我根据壬子年（1912）十月所编浙江两级师范学校同学录，统计学生人数（至1912止）如下：

1910—1911年浙江两级师范学堂学生毕业人数[①]

优 级：	庚戌第一次毕业（1910年）	辛亥第二次毕业（1911年）		总计
	1908年入学后两年毕业者	1908年入学后三年毕业者126或125	1909年考入者61或62	
史地科	18	50		68
理化科	22	48		70
博物科	24	50		74
数学科	10	39		49
合计	74	187		261
选科未毕业离校者（史地）1人。				

[①] 标题为编者所加。

优级公共科修了生保送北高师者（壬子，1912年，夏）	11
公共科未了出校者	17
高师豫（壬子十月犹在校的）	49
优级补习未了出校者	30
图画手工专科（壬子十月在校学生）	29

60（保送入北高师假定49人数不变）
47（未了出校者）

以上合计为398（优级选科，公共科、画专，已未毕业及已未修了的），其中已毕业261，已修了一阶段送北高师60。

1912年前浙江两级师范学堂总共毕业学生数[①]

初　级：	
初级（1908年进校，1910年毕业）	265（当时分五班编组）
初级未毕业离校的	57
体操专修	61
体操英数专修	36
以上共计（1912年前）	419

两者小计：97

壬子十月（1912年）同学录所载，当时在校师生数统计：

1912年浙江两级师范学堂在校师生数[②]

教职员	37
图画手工专科学生	29
高师豫（即公共科）	49
师豫（1912年招）	108（双班）
师本一（1911年招）	41
师本二（1910年招）	47
总共学生	274

---

① 标题为编者所加。
② 同上。

说明：当时因选科与初师二年制的五班及体专二班已毕业；优级高师部分已停止招生；初师尚只到三年级，故学生不多。以后初师五年完，即使双班，也只四、五百人，所以校舍后二进，拨与他校用了。

第四章　行政组织

清季学堂的首长称监督。他是对上级官厅和对社会负全校责任的人物。人事的处理，秩序的推持，教育方针的实施——是他的重要职责所在。他自有一班襄理、佐理的人员。他或者只是总持关键性的事务，但他或者是"巨细必亲"。有的主严格，有的主宽大。有的多主张，有的听众论。作风可能不同，学养威望等也自有参差，但自必须能够负起全校的责任来。

清季浙江两级师范的监督，兹按其任事的次序，略述其任职的久暂，与其在职时的重要事迹：

Ⅰ、清季浙江两级师范学堂的监督。

邵章（伯䌹），第一任监督。是浙江兴学初期颇为活跃的人物。也有过办学经验（蚕学馆）。他成进士后，曾往日本习法政一年。

浙江两级师范筹备开始后一年（1907）四月他奉委为监督，五月到任，八月辞职北行。决定班级设置和招生办法。仿佛招生揭贴上是用他的名字的。对校舍建筑指示须添造教员宿舍等项。他是仁和名学者邵懿辰（位西，1810—1861）之孙，后曾辑其祖父的遗稿，为《四库简明目录标注》（1911），足为读书津筏。

喻长霖（志韶）任监督不过三月，光绪三十三年（1907）十月来校，十二月廿二日去职。入学考试是他所主持的。

他是光绪乙未（1895）榜眼，原籍黄岩，长住省会。有《惺誃斋存稿》刻于己亥。多酬应文字，聊存一生梗概。

王廷扬（孚川）未到任前已被命派往日本考察教育，并向留日学生咨询办法和校舍建筑事项。在任约一年半（光绪三十三年〔1907〕年底接事，宣统元年〔1909〕四月廿五日离校）。光绪三十四年（1908）二月又东渡有所询商，是积极筹备开学的人，也颇多主张，例如，饭桌主用方桌，洗澡主用池浴。开学不久，门楼倒坍；筹谋筑固，不避劳怨。曾以丁忧请假，提学使请教务长钱家治暂代数月。原籍金华，长住省会，晚岁有关于论语的著作及乡邦文献的搜辑，约在1934年逝世，葬于杭州。

沈钧儒（衡山）任期约在己酉年（1909）之下半，他同时为咨议局副议长。成进士后也曾往日本肄习法政约一年。早有民主思想，旋因被推举为众议院议员，辞职北上。一向注重体育，自己也积极锻炼，今年（1959）已八十六岁，现尚健旺。近有方叔武所笔记的"沈钧儒先生的健身方法"一小册。

夏震武（伯庭，涤庵，1853生，1930卒）富阳人，为"理学家"，时任省教育会会长，提倡所谓"廉耻教育"，原负重名，但甫到任，拟谒圣礼及与教职员相见礼与教师意见不合，教员离校，课务停顿，势成僵局，因而辞去。这是一回新旧思想斗争，也是一次反封建思想的斗争[①]。多数教员包括教务长许寿裳（季茀）与多数学生站在反夏的方面。夏辞后，许亦辞去教务长之职，以明本无禄位思想。夏的门人为编有《灵峰先生集》。

袁嘉穀（树五）提学使，初到任，适遇此风潮，感无法解决，因以提学使名义权代，而请孙智敏（廑才）代理，孙已身兼数职，不能长久兼任；因徐改聘定超（班侯）继任。徐为致仕御史，翌年（1911）秋，武昌起义，不久浙亦光复，徐即辞去，但徐任期在诸监督中为较久的。民七、八年间由上海拟回温州过新年，海轮失事，全家沉没。

辛亥以后，民国成立，学堂改称学校，监督改称校长。以后校长资格，不再受过去科举出身的限制。

……

[①] 详见张宗祥：《回忆鲁迅先生》中所说的"木瓜之役"，《东海》，1956年第1期。

第五章　教科科目

分优级与初级。兹本当时所施行之章程，并参以咨询所得，各科约略如下。各科教师，也就校友录及各人记忆所及，予以附注。

I、优级

补习科——大约如中学，兹从略。

公共科——八个科目：

1.伦理修身——王葆初（志新）等担任

2.群经源流——马叙伦（夷初）、郑永禧（渭川）

3.中国文学——徐道政（平夫）、沈尹默

4.日语——夏铸（丏尊）

5.英语——范允兹、沈英斋等

6.论理——钱家治（均夫）

7.数学——胡濬济（源东）等

8.体操——陈景鎏、胡麟阁、张希青等

日语似不作必修。却也有德语——屠开泰担任。

选科（即分类选科）

各科所从同的：

1.教育学——钱家治或中桐确太郎。

2.心理——许寿裳（季茀）

3.英语——教师名见上

4.体操——教师名见上

按照部定分类科章程并有伦理学与经学、国文。但浙师选科未设此等科目，想因选科为时已短，故从缺。

其他则：

史地科：

历史——章嵚（菊绅）章先生似只任本国史，西洋史教具列有邱古云、夏廷璋二人。日人铃木克己亦教西洋史，又钱家治曾教外国史地。

地理——张宗祥（阆声）、凌庭辉

法制经济——徐令誉、陈树基、易宗周等

生物学——杨乃康（莘耜）等

数学科：每周数学占16小时，科目与师资如下：

大代数——胡濬济（源东）

解析几何——同上

微积分——冯祖荀（汉叔）

物理——朱宗吕（渭侠）

天文——（教师未详）

又有簿记——黄广（越川）、周器书、薛楷

英文——（教师未详）

理化科：

物理——朱宗吕

化学——张邦华

数学——胡濬济（源东）

生理——周树人（豫才即鲁迅）

图画、手工，并以德语及生物为随意科目。

博物科：

植物——铃木龟寿、叶墨君

动物——本多厚二郎

矿物——本多厚二即或木村卯三

生理——周树人（鲁迅）

图画，但并无农业大意一类学科，固为时间所限，实亦不无微憾。

补习科与公共科课程颇重语文（国文每周6小时；英文，12；到公共科后并有德语6）数理较少，但有论理与伦理。伦理由经先生教。

图画手工专修科（1912—1915）：

西洋画——李息（叔同）

手工、图画、美术史——姜丹书

中国画——樊熙

用器画——薛楷

音乐——周承德（逸生）等

内图画除中国画与用器画外，包涵：素描、水彩、油画。

手工则有：

小细工一年（有纸、绳〔纽结〕），豆，粘土，石膏，竹工，木工（一年），金工（一年）——线金工，板〔钣〕金（铜皮，焊），铸工，锻工等。要直贯到小学与幼儿所需的。

……

第六章 师资

初开办之二三年中，有不少日籍教员[①]。凡有八人，以博物科为最多（铃木龟寿，木村卯三、本多厚二），图画、音乐亦有日籍教员。而教育教员中桐确太郎尤为人所称道。此等日籍教师类皆有一定的专业造诣和修养，庄严肃穆，教学上颇能负责，难得告假。动植矿等教学，皆注重标本，并也联系本地实际，鼓励采集。某次日籍教员班上，一学生打了呵欠，教员认为不敬，诉于学校领导。其时教务长为许寿裳，许亦主张应予惩处，故予以记过处分。学生不服，则均各记一过，几酿风潮，旋经晓谕说服。

日人教授，必须有传译。当时任译事者，如周树人（豫才，其后笔名

---

① 案办学初期高等或中等学校聘请外籍教师者颇多。例如两江师范、江苏师范、浙江高等学堂多如此。南洋公学与浙江高等学堂后期并聘有西籍教员。

鲁迅），任动物翻译，杨乃康（莘耜）任植物翻译，钱家治（均夫）与夏铸（丏尊）任教育论理等翻译。凡任各科翻译者，并须兼任笔译，写讲义。

当时以师资缺乏借才异地为非计。梁启超曾反对聘师异域，他所帮同起草的壬寅学制，便以"办理优级师范，要以他日师范和中学师资不须借资外国为有成效"。倘以此为标准，那末确有成效了。因为，就浙师论，到了1911年，日本教员几已全部回国了。

当时学校极重讲义，各科几全有其讲义，难得用书本——只数学、理化、外语等则或用书本。此种风气绵延甚久，至1920间中等学校且犹如此。或用石印，或用铅印。此种办法，不尽有利。例如书写错误，印刷不清。有些讲义，到了后来，并无创见。还不如使用书本，另添补充材料之为适宜。

鲁迅先生除任翻译外，也教生理学和化学。对生殖系就并未予以略去，在当时世俗以为骇怪。他先曾和学生相约，就是"不许笑"。他说："一笑就坏。"他在这方面的讲义，是以"了"代男阴，以"也"代女阴，以"㐄"代精虫，还见到太炎先生说文学的影响。他的动植物是以文言文编的，当时学生很赞佩。（许寿裳先生的心理讲义，则是四言一句的，惜未见及）他也做化学实验。

那时他初从日本留学归来，年廿九岁，原来是想习医的。在浙师留一年（1909秋至1910暑假）后改就了绍兴学校的教职。现在杭一中（校址即以前浙师校址）有鲁迅亭及鲁迅纪念室。

他在校时工作甚勤，除教课外，仍钻研中国文学。那时他的兴趣渐已移于文学一途。《域外小说集》成于是年，其时他尚在日本，且闻初版印于日本。他在校时每深夜才睡，爱吃杭州著名茶食麻酥糖和条头糕，并吸香烟。侍候他的工友陈福常给他布置好。[①]

[①] 林辰：《鲁迅事迹考》，王冶秋：《辛亥革命前的鲁迅先生》，夏丏尊：《鲁迅翁杂忆》（见茅盾、巴金等：《忆鲁迅》，北京：人民文学出版社1956年版）。张宗祥：《回忆鲁迅先生》，《东海》，1956年第1期。并据堵申甫先生所述。

这些是文化革命主将游学日本归国后第一年生活的缩影。

后来杨、钱、夏诸先生均担任更重要的职务，卓然有以自立。夏先生并曾任斋务员，在后期曾为学生失窃事而感到烦恼：这在当时的其他学校里也是有的。夏先生对学生的道德熏陶是深感兴趣的，这从他的译作，例如《爱的教育》和他自己的言行里可以看到。

那时有不少师资是和浙江高等学堂相通的。例如史地方面的章嵚、张宗祥，数学的胡源东，博物的铃木龟寿，音乐的元桥叉敦都是两校合聘或共通的。此外，则师范的沈尹默也曾教于高等，高等的丁颂伊、屠开泰也曾教于师范。

关于中国文学方面，前有马夷初、郑渭川、单不厂、刘子庚等……

艺术科师资有姜丹书（敬庐），李息（叔同，1880—1942）等。姜任图画与手工，李任西洋画与音乐，均为多方面的人才。李旋剃度出家为僧（1918），时年只三十九岁。经校长习物理，又精篆刻，工书法。五十岁时开始作画，结"兰之友社"，提倡艺事。本校毕业生艺术和文学的涵养，固自有其根源。以下谈毕业生时当涉及之。

第七章　学生

那时凡是师范生不但免除学杂费，也免除膳宿费。浙师开始时，每人发操衣、校服与皮鞋。理论上虽亦有半费自费的规定，但实际等于具文。惟自1922年后，高师多改用自费，只免学费。即普通师范也渐多由免费改为半费或自费。

又原规定毕业须得服务若干年，开始时规定有长至七年的；1929年规定完全师范毕业的须有服务一年以上的证明，才得投考大学，高等师范阶段亦有相似的规定，可是此事也未尽能贯彻施行。

浙两级师范毕业生中优级选科两班及图工专科毕业生多服务于中学及师范，初级毕业的则多服务于小学。这时学校方兴也正需要各级各项的师资，也有服务于教育行政方面的，有些人或负笈东渡，更求深造，但不多，也有完全脱离教育方面的。

回忆1919—1925年间我每来浙江时在省教育会见到的人有不少是两级师范毕业的。我在1925年回到浙江来任杭女中校长时，当时三十余同事中，有五六人是优级师范选科毕业的，其中二人且担任极重要的职务。从这些回念中，就一个学校举例，也就见得浙江两级师范对本省教育事业关系的一斑。

第一次招生时，闻报名应考者数以万计。我初不之信，继而听到金华一府报告者达三千（榜亦按府发），以此类推，万人之数是可信的。资格原极宽，年龄从18岁至40岁。廪贡生监可投考初师，学校毕业或在中等学校肄业若干时的均可投考优级。在学期间，既极优遇，其考入优级的，两三年毕业后便可取得"举人"的头衔，倘成绩列最优等，进京复试及格的可得"中书科中书"，系是"五品"。即使到了1906年以后，初级毕业的，也有"科名"，在当时尤为社会所重视。（张之洞意欲以此为重饵，使知识分子群趋于学校的一途。）况且科举已停，知识分子舍此亦末由，所以应考的人，如此踊跃。一共取了六百人，等于百人中取六人，大非易事！也几于所谓"青钱万选"了！校内师资亦多一时俊彦。因此毕业之后，成材者众。除服务教育事业外，也有转入他业的，或从事政治的。在新政方兴的时期，许多方面成了重要的角色。

我这次为这个学校，编了一张年表，末一行举列着这一学校的一些毕业生或肄业生，只要是社会知名的，存在或已故，均择要列入。这样我想也有好处。每个学校的毕业生是常具有各种不同的人物，这也是客观的事实，况且经过了五十年，这二千余人中的工作思想，依现在的评价标准，自有不同。有一些人在某一时期某一方面曾起过一些作用，不管他怎样，或应如何评价，我就所知择要写下，以资反映。其特出的，我凭主观，举述如下：

例如优级史地科的邵瑞彭（次公），淳安人，毕业后不久被选为众议员。他曾勇敢地揭破了曹锟的贿选，声闻全国。他的学问，据闻由于在北京时频与学人相接触，闻特别是利用了郎园主人所收藏的书籍，学乃大进。他钻研齐诗，尤以词名世（有《扬荷集》《山禽余响》），曾任北京师大及河南大学教授，抗战初期，卒于开封。

……

（《杭州大学学报》，1959年第4期，第153—173页。）

两级师范学堂回忆录[①]

姜丹书

关于此题，已有郑晓沧先生撰《浙江两级师范和第一师范校史志要》载于杭州大学学报（一九五九年十月教育专号），似无再写此文之必要。但以我在此校任教十四年（清宣统三年——民国十三年）之久，认为尚有可以补充或校勘之处，故不惮烦琐写此，详其所略，略其所详，以资参互考订，亦有裨益。

清光绪三十一年，废科举，兴学堂。翌年（1906），浙江巡抚张曾敭奏设"浙江两级师范学堂"于杭垣贡院旧址。贡院是科举时代常设的乡试考场，所占地面甚大，场屋亦甚多。首先聘请浙绅邵章（伯䌹，仁和人，翰林）、喻长霖（志韶，黄岩人，榜眼）、王廷扬（孚川，金华人，进士）等相继为监督（校长），实行筹备。拆旧建新，规模宏大，为大量培养第一批中、小学师资的教育学府。

一、建置

就房屋言，仍以贡院四至为范围：南至横大路（名贡院前），东起贡院

[①] 节选自姜丹书所著，原题目为《浙江两级师范学堂暨第一师范学校回忆录》，本题目是编者另加。

东桥桥脚，沿河（后填没，成为西健康路）向北，盘绕至梅东高桥边而向南转弯，乃沿中河经平安桥至贡院西桥脚，仍复与南面横大路相接。在此长方形界址上筑成一圈外围墙。

大门朝南，开在横大路上，拱式门头，铁栅门，中间正门是双扉，左右边门均单扉。门头上横列着"浙江两级师范学堂"八个大金字。虽有后门在最北的梅东高桥边（开出去即今体育场路），但为太平门，平日关锁着不用。

大门进去，中间是长而直的石板甬道，两边各植柏树一行。两边柏树外又各有一道内夹墙，直达门房及轿厅。门房左右有两列相对的平屋数间，为普通会客室等用。西边的内夹墙与外围墙之间是大操场，其北面有一个阴雨操场。东边的内夹墙与外围墙之间是附属小学，称"模范小学"。它是两等小学，班级甚多，故其房屋亦颇大，是口字式的二层楼洋房，楼上楼下都可团团通行。抗日战争中被寇毁（全部校舍被占为敌军司令部）。

轿厅北接着一大排正屋，是二层楼洋房。楼上中间是三开间通敞的会议厅兼大客厅。其上耸起一个大钟楼，装置着大自鸣钟。其前面伸出一个拱式阳台。左右两边各有八个房间，皆是教习房，各人独用一间（我始终住东楼楼门口第二间）。楼下两边间数与楼上相同，主要是职员住兼为其办事室，但也有少数教员住此。

再进去是一座口字式的二层楼大洋房。楼下正中伸进去是一个空廊的大礼堂。其上横头设置一个大讲台。当中固然是空廊的，但四周有边楼，有栏杆，四面可以团团通行。此边楼的上横头设置一个享龛，供着孔子牌位。若在礼堂内有什么演讲或表演时，可容多人在边楼上听或看。

这座口字式的房屋除礼堂外，四周上下全是各科班的教室、实验室、理化博物等等设备室、琴室以及教员预备室兼休息室、教务处办公室等。若以今日的名称称之，可叫教学大楼。这些设备室内的器械、药品、标本等等，应有尽有。

除普通教室以外，有三种特别教室。

其中图画特别教室有两个，即在此座大楼的楼上东北隅，一个是玻璃屋顶，三面采光的，另一个是一面采光的。另外还有一个石膏模型陈列室。

手工特别教室，在教习房之东，隔开了一大块空地，故在实习作业时，声浪不会扰及他处。共有三大室，都是平屋，四面凌空。一个最大的是木工及其他细工教室。一个是金工教室。一个是成绩陈列室，兼标本陈列室及材料、工具储藏室。所储藏的东西亦颇多。

这些图画、手工特别教室，都关系到我少壮时十四年的生活史，故我对于其他、其事、其人、其物，尽管相去了几十年，还是感念甚深，永不能忘！

音乐特别教室，在手工教室之北，亦隔开了一大块空地，声浪不会扰及他处。这是一座方形的四面凌空的升罗底式的平洋房，著名的艺术大师李叔同在此教导琴歌七年。

此室偏西南前面有一座图书馆，当时称"藏书楼"，所藏新旧图书不少。

口字式房屋再进去，有一字式的二层楼洋房六座，一座一座平行挨排地向北直伸进去。楼上都是学生寝室，楼下都是自修室。在两级师范初开学时，有学生六百名之多，自需要这么大才能容纳。至宣统三年暑期前，大多数学生先后毕业出校。所剩肄业的人数不多，故于民国元年，划出最后的二排给高等学校用，自己只留四排，以备以后改为第一师范时发展人数之用（高等学校搬入后，另在平安桥边的西围墙上开一大门出入。不久该校结束，又递给甲种商业学校用）。

这六排房屋再进去，便是一大块空地，作为校园。有些从旧贡院拆出来的碑石都存置在内。后来第一师范利用这个校园作农业试验场，各个班级分别认定一块，种植些花木蔬菜等类。我常常带领学生去这里练习水彩画写生。

为六排房屋之东，是厨房及膳厅，颇大，当然是平屋。

以上这么多房屋，皆有回廊连通，雨天可不走水路。

又这六排房屋之中，当时尚有一座历史性的纪念物——明远楼。此是旧贡院的遗物，作为古迹而保存的。其基地约有三间见方，是飞檐耸起的三层楼。在以前举行乡试作为瞭望防弊及吹号筒传声达远之所（各省贡院内都有这个明远楼）。后不知何时拆毁。

该处在民国十六年时，改设浙江省立杭州高级中学，即今杭州市第一中学最前身。

二、在两级师范体系下的设科开班

清季学部（民元改称教育部）所订学制，师范教育分两级：

（甲）优级师范——培养中等学校师资

（乙）初级师范——培养小学师资

有些省份，是优级、初级分别设校的，但浙江是两级合设一校，故称两级师范。优级是分科的，各有专业。初级是不分科的，各课通习，不设专业。

优级师范部，又分选科和分类科两种。选科：规定三年（不设预科者则二年）毕业，第一年称预科，第二、三年称本科。分类科：规定六年毕业，第一、二年称补习科，第三年称公共科，第四、五、六年称本科。此校起初为需才孔亟，只设优级选科，稍后才添设优级补习科和公共科，未及办到分类本科就结束了（详后）。

初级师范部，起初也是为了需才孔亟，先办二年制的简易科，同时开五班，约三百多人。光绪三十四年四月入学，宣统二年夏毕业。

起初又设体操专修科二班，约共百人光景，是一年制，光绪三十四年四月入学，宣统元年夏毕业。接着又招体专二百名，此是二年制，宣统元年入学，三年夏毕业。此科实是速成的专科师范性质。

光绪三十三年冬第一次招生，共录取六百名，作一、二、三比例分配，除分编上述的初师三百名及第一届体专一百名外，约有二百名光景编入优级选科（其后因有余额，曾招插班生若干）。这批选科分为四个科目，即四个专业：一为史地科；二为数学科；三为理化科；四为博物科。此四科同时各开二班，共计八班。因为所招学生质量有不同，经过了甄别，提出其中有相当的科学程度者编为一级，省去他们预科一年，而作为二年毕业，此为第一班。四科共四班，于光绪三十四年四月入学，宣统二年夏毕业。其余的另编为一级，照规定肄业三年，此为第二班。四科共四班，于光绪三十四年四月入学，宣统三年夏毕业。

那时所定报考资格，除高等小学毕业（甚少，那时法令作为秀才）或中学毕业（更少，作为廪生）及其相当程度者外，尚有许多生员（附生，即秀才、监生、廪生、贡生）或童生（与考而未考得秀才者）等。故新知识和旧根柢的程度颇不齐，而年龄大小亦颇参差，反有许多老大哥而编入初级班的。此是新旧交替、青黄不接时一种应有的情况。

以上所说的初级班、体专及优级选科各班，在宣统三年夏以前皆先后毕业出校。所剩下的只有一班优级公共科，一班优级补习科，两班初级师范。

这班优级公共科，是宣统三年夏招进的，至民国元年秋遵教育部令送入北京国立高等师范学校分科编级，继续肄业。又，这班优级补习科，是宣统二年夏招进的，至民元秋升为公共科，至民二秋送入北高师分科编级，继续肄业。

这两班初级师范，其中前一班是宣统二年夏招进的，后一班是宣统三年夏招进的。他们在招进时，作为三年制。至民元变更制度，遵照部令改为五年制的本科师范（以下叙述在后面第一师范系统内）。

民国元年春重新开学后，经亨颐校长以中等学校的艺术师资非常缺乏，要开一班三年制的图画手工专修科（以图画、手工为主科，音乐为副主科），先嘱我拟出一个方案，而后议决开办。此时废除了优级师范名目而改称高等师范，故其全称为"高师图画手工专修科"，在当时仍属于两级师范系统。是年夏招进学生二十九名（皆中学毕业或同等程度者），秋季开班。至民国四年夏，毕业了二十四名，为：金梦畴（咨甫，武义）、吴梦非（名翼荣，东阳）、潘均（绍兴）、周敬敷（子叙，黄岩）、王国桢（天台）、杜振瀛（丹澂，嵊县）、丁克绪（萧山）、朱稣典（名宝铣，杭县）、张联辉（名拱璧，东阳）、郭志闳（伯宽，金华）、顾华昌（骑风，武义）、邱志贞（梅白，诸暨）、徐小涛（名葆玚，上虞）、徐炳荪（命由，武义）、朱宗培（霭孙，杭县）、周玲荪（名景鉴，海盐）、李鸿梁（绍兴）、赵鸿恩（杭县）、吴南章（名耀赤，龙游）、章友绥（哲卿，诸暨）、吴绍曾（龙游）、张玉书（名兆麟，金华）、虞肇周（莆寄，东阳）、金玉相（名琢章，金华）。另外尚有朱宝书（森玉，嘉兴）、都念祖（海宁）、陈伟（杭县）、罗志洲（道进，绍兴）及杜某五人未毕业出校。

关于此科的情况，另详于《浙江五十余年艺术教育史料》一文中，可参阅。

此校自光绪三十四年四月开学起，至民国二年夏将最后一班优级公共科送入北高师止，计六年，这是两级师范时代。此后，乃是改组而为第一师范时代。

三、两级师范历任监督或校长任内大事记

校舍建置及设备，是邵、喻、王三监督任内筹办的。设科开班和招生办法，是邵任内（光绪三十三年四月至八月间）制定的，实行招生是喻任内（光绪三十三年九月至十二月间）办理的。嗣后至三十四年四月十五日实行开学，乃是王任内（三十三年十二月至宣统元年暑期间）之事。开学后二日即发生了二门内塌梁的险事，幸仅有轻伤，经医而愈，未成大祸。追究包工责任，以罚款并赔修了事。

先是，王监督在筹备期间，曾两度赴日考察学务。与留学东京高等师范学校的浙籍学生经亨颐、钱家治、许寿裳、张邦华等商谈。并邀高年级生经亨颐请假回来协助，即任为教务长，参加建校计划。约一年后，经仍去补修学业一年，于宣统二年三月间卒业回来（日本东京高师学年交替在阳历四月初），重任教务长。

王监督于宣元四月下旬奔丧告假离校。是时，钱家治已由东京高师卒业回来，继经氏为教务长。提学使支恒荣（湖南，翰林）请其暂代监督，但钱只允代行其职务，而不肯居代理监督名。

是年夏，第一班体专毕业。同时又招进体专新生二百名，作为第二届。

钱暂代不久，王监督以守制辞职。提学使改聘沈钧儒（衡山，嘉兴，进士）为监督。同时钱辞教务长，而以张邦华暂代。既而以许寿裳为教务长。未久，沈以被选为众议院议员赴京，辞职，乃又改聘夏震武为监督。

夏震武（字伯庭，号涤庵，别号灵峰，富阳，进士）是理学家，俗称道学先生。才到任，欲依古制行谒圣礼及与教职员行相见礼，颇不合时宜；且开口就说"诸位的位置一概不动"等语。教务长许寿裳不惬意，所有教职员亦皆哗然，认为是复古、开倒车，且侮辱我们是饭碗主义，乃相率辞职出校，为消极反对。学生亦大多数反夏。闹得甚大甚僵，结果夏辞职。此实是早期的一场新旧思想冲突和反封建礼教的斗争（这场风潮，当时同人戏称为"木瓜之役"）。

是时，提学使袁嘉谷（树五，云南，翰林）初到任便遇此事，极难应付，乃自以提学使名义权兼监督。既而聘请孙智敏（廑才，杭，翰林）代理。夏既去，许教务长亦不肯复职，由杨乃康代理教务长。孙不久又以忙告辞，乃改聘徐定超（班侯，永嘉，进士，年老以御史致仕）为继任监督。此皆宣统元年下半年搭着二年春初之事。

徐监督接任后不久，经亨颐即由东高师卒业回来，杨辞教务长，复以经重任之。同时，叶熙（春台，金华，拔贡）为斋务长，何立斋（温州）为庶务长。前面所述最初所招的初级师范班、第二届体专及优级选科各班，皆是他任内先后办毕业的。

宣统三年八月十九日武昌起义，各省响应，划历史阶段的"辛亥革命"从此开始，校中师生员工全体拥护革命。至局势紧张时，学校暂停课改办"学生军"（不仅是本校学生）在校训练。徐监督归温州本乡参加革命，而经教务长守校应付，亦参加革命。九月十五日杭州光复，成立浙江军政府，推派经亨颐总绾教育行政。事定后，徐监督去职，即任命经亨颐接任浙江两级师范学校校长（改学堂名称而为学校，改监督名称而为校长，改优级师范名称而为高等师范以及废除高等学校监督必须是进士出身的制度,皆自此始)。

民国元年初,经校长辞去政务,专心办学。四月一日(初行阳历)开学复课,教职员、学生齐集,重振旧业,进行教学。在此新国体、新政府、新气象中,精神面貌无不焕然一新。

是年秋,在高师方面,添开一班三年制的图画手工专修科,已详于前。同时在初师方面,亦大量招生,扩充学额(详后)。

民国二年夏,如前所述,既将最后一班优级公共科移送北高师后,即结束了两级师范名称而改称"浙江省立第一师范学校"。但高级图画手工专修科仍附设在内,至民四夏毕业止。

以上这许多毕业生出去服务后,已相应地解决了当时本省中、小学校教师的需要。还有少数服务于外省的。

……

四、校中有关人物和人事志略

只就我所知道的、记得的或问明的而言,故不完全(前已列及而无必要重述者不复列)。

两级师范初开时,有几位日本教习。如:铃木龟寿、本多厚二郎、木村卯三,皆博物教习,后由叶谦(墨君,慈溪,留日东高师,博物科卒业)、杨乃康(莘耜,吴兴,留日本早稻田大学博物科卒业,先亦兼为博物翻译)接替。中桐确太郎为教育教习,后由钱家治(均夫,杭,留日东京高师,史地科卒业,考授文科举人)、许寿裳(季茀,绍兴,东京高师史地科卒业,考授文科举人)、经亨颐等接替。元桥义敦为音乐教习,后由周承德(佚生,海宁,留日)接替。吉加江宗为图画手工教习,后由我(姜丹书,敬庐,别号赤石,现籍杭市,原籍江苏溧阳,两江优级师范图画手工科毕业,考授师范科举人。工龄届五十年后,以南京艺术学院教授退休居杭)接替。富长德藏为体操教习,后由陈景鎏(燮堂,浦江)等接替。

修身、伦理教师为王葆初（志新，金华，北大毕业）、马叙伦、经亨颐等。

国文（包括经学）教师为郑永禧（渭川，衢州，解元）、马叙伦。

英文教师为范琦（允兹，杭）、沈灏（英斋，吴兴），皆上海圣约翰出身。

日文教师为夏铸（勉旃，后作丏尊，上虞，留日，兼日语翻译）。后为一师学、舍监兼语文教师。又后为上海开明书店编辑所所长多年。抗战中被寇劫去，威胁利诱，不屈，连日本话亦不肯出一言，终释。

数学教师为胡濬济（沇东，慈溪，留日物理学校）教解析几何，冯祖荀（汉叔，杭，留日帝国大学）教大代数及微分积分，兼教天文学之球面三角，经亨颐教近世几何，丁仲英（江苏吴江）教立体几何。胡因病刖一足，装假大腿兀一撑棍而行，民二调为北高师教授。

历史教师为章嶔（厥生，杭，举人，教本国史）、邱古云、夏廷璋（舫苏，杭，留日早稻田大学）、钱家治（教西史）、张廷霖（屏青，杭，留日早大，教西史）。钱后任教育部督学多年，走遍各省，曾简任某省教育厅厅长，不就。

地理教师为张宗祥（阆声，后作冷僧，海宁，举人，教本国史）、凌庭辉、许寿裳（教世界地理）、钱家治（教世界地理）。

物理教师为朱宗吕（渭侠，海宁，留日早大）、胡濬济、经亨颐、许炳堃（缄夫，后作潜夫，德清，留日，工科）。许为浙江工业学校校长多年，培成许多工业专门人才，贡献甚大。抗战初起，为僧以遁，脱险至沪，服常服。

化学教师为张邦华（燮和，海宁，留日东高师数理化科，卒业，考授理科举人）、朱宗吕、周树人（豫才，笔名鲁迅，绍兴，留日医科）、刘熊甫（宁波，留日）。周亦兼教生理，并兼日语翻译。后成大名，为世界崇敬的革命文学家。

法制经济教师为徐令誉、陈树基（嘉兴，留日法政学校）、易宗周。

簿记教师为黄广（越川，余姚，留日）。

以上所述是辛亥革命以前的大概情况。以下是民元以后的大概情况。兹先从高师图画手工专修科叙述起。

西画（包括素描、水彩、油画）及音乐教师为李叔同。

手工教师是我和日本人本田利实。

国画教师是樊熙（羲臣，杭人），山水、花卉均能，为戴醇士嫡传。

用器画教师是薛楷（恪加，温州，留日）、吴宗濬（逸民，吴兴，留日，考授工科进士）。二人皆工校教员来兼课。吴后兼办武林铁工厂，仿制成许多织绸机械，如提花机、钢筬等，皆是我国从前所不能制者，故为日货的抵制品，贡献甚大。惜早逝。

图案教师郑素伯（吴兴，留日），亦是工校教员来兼课。

教育教师是范承祜（均之，鄞县，留日东高师）。

此外，民元二年间，有德文教师屠开泰（上海），法文教师赵志游（宁波），大约所教是公共科。

（姜丹书：《浙江两级师范学堂暨第一师范学校回忆录》，1962年3月写于杭州宅舍。）

2.重大历史事件——木瓜之役

任期一日之师范监督

浙省两级师范监督自沈衡山太史辞职后，即举总教育会会长夏涤庵君接办。兹悉夏自兼任全浙师范监督后，不满众意。昨初十九钟，系接管校务之期，不图到堂时已晌午，而检点校具接见学生，一若新官接任态度。是日夏入堂时，随带教育会会员十余人，当时校中人本已咄咄称怪。乃至讲堂与各教员行相见礼，鞠躬后，默坐片时。夏知大众有不豫色，然复加以长揖。次言该校种种腐败，非急于整顿不可，故本监督于昨日函告前监督，将礼节单一切揭示。各教员以为揭示之说，只能对于学生，以故愤愤。而夏又言该校腐败，已达极点，决须如此办法。教员部以为信口诬辱，且一校腐败完全责任均在监督，其所言尤为不当。立请将何项腐败说明，否则全部停课。夏大窘，仅云我可辞职。学生以年假伊迩，力请办法，尚未得有端倪。

今日十一，堂中业已全体罢课。新监督与教员部代表分谒中座，各学生纷至茶寮酒肆遣闷。据云，似属另函致提学使，然袁文宗须十五接篆，兼任提学使李廉泭不免为难。而八月间全浙教育总会有哄闹解体之事，九月间两级师范学生有殴辱监督之案，今又演成如此怪剧，有任期一日之监督，浙江学务失败至此，恐非立宪前途之福云。

（《时报》，1909年12月26日第3版。）

师范学堂近事续志

两级师范学堂因新监督侮辱教员，全体罢课。兹悉自十一日起，所有该堂教员公函及监督意见书，已纷见报章。而中丞主张勒令解散，已嘱袁提学极力调合。无如监督动作皆非，各教员脑部中已受许多恶障，断非一二好话所可解决。昨日教员部代表许寿裳等已公电学部。各学生稍知学业者，仍温习自修，其余均散布于酒楼剧馆。堂役、斋夫、执事人等均患饭碗不牢，缘一官一令，恐再换监督，又多变换。而袁学使甫经接任，于浙江学务党派一切茫然。但学务公所人员半系教育总会职员兼任，恐浸润之谮，仍为若辈所笼络，浙江学务糜烂，已达极点，未识何者贤能，稍可挽此残局否？附全浙师范学堂教员上学部电。

学部堂宪鉴浙江教育总会会长夏震武，新充两级师范学堂监督，侮辱教员，斥逐教长，继该会员蹂躏师校，学宪调停，监督坚不承认，教员全体辞职出堂，许寿裳等禀鉴。

（《时报》，1909年12月30日第3版。）

全浙师范大风潮纪详

全浙师范学堂沈监督钧儒选充咨议局副议长后，经增中丞函请总教育会长夏震武君兼管，定初十日接办。先一夜交来手书两函，书中言明日清晨到校行礼，请贵堂前监督揭示教员、学生云云。是日，夏监督随带多人到堂，据云系十一府代表，堂中人本已诧怪。夏监督与沈君晤谈数语，即率众人礼堂，请沈君传令全堂职员、教员及学生等到礼堂谒见。各教员大愤，公举代表，诘问随带多人及揭示传见之理由。夏君谓此系照例应办之事，并谓师范腐败过甚，故须公同调查云云。全体愈愤，谓教育总会有维持全省教育之责，既云腐败已久，何不早加整顿，而必挟新监督及十一府代表之势焰，压迫全体，奴视教员？如夏君能指出腐败确据，同人立刻自行出校。全体学生闻之，亦为不服，风潮乃愈形激烈。经斋务、教务两长极力排解，谓今日之举，关系全校职员名誉，必求恢复而后已，然必求文明对待之法，旋经大众决议，一律罢课。夏监督见势不佳，挟同代表先赴府院禀诉，为先发制人之计。而全体职员亦要求沈监督领衔，群赴抚院剖白，谓系新监督无礼太甚，尚未知如何了结也。

（《申报》，1909年12月25日第5版。）

全浙师范学堂大风潮续志

全浙师范学堂风潮剧烈情形，已两志前报。兹闻是日夏监督上院辞职，以教务、庶务两部捐不点交为言。增中丞谓，此系小事，何必辞职！夏遂归，径函辞去教务长，并致教员、学生各一函，而全体教员亦以监督无礼情形，函禀增抚。现经增抚命署学使出为调停，尚不知能宁人息事否？兹将各函照录于下,亦可见两方之意见各执也。

师范教员全体上增中丞书

敬启者:本日新监督夏涤庵先生莅堂,先于昨日致函前监督沈衡山先生,并礼单一纸,托代揭示。函中并不分教员、学生,一概云揭示而已;礼单内亦不注明时刻。教员等自清晨静候至十时已过,新监督始至,邀同教育总会会员十六人,莅堂调查。教员等遵照所定礼单,由旧监督介绍接见,讵知新监督并不自遵礼单,迟之又久,并无介绍接见之事。教员等以为新监督初至,不能不与谋面,乃齐集会议室,托旧监督邀请相见,寒暄既毕,因问今日莅堂礼单,通告教员、学生概用揭示,窃所未喻。新监督云,礼节单理应揭示,而终不言其理由。教员等虽颇骇诧,然以事小,遂亦不复相问。乃谈及今日邀同多人至堂调查之故,监督怒云:"师校名誉甚坏,教育总会理应调查,并行整顿。"教员等谓:"调查一事,无论教育总会会员有此资格与否;至于整顿云者,乃监督之专责,不能旁贷于他人。总之,所以须调查而整顿之者,多为名誉甚坏故,然名誉甚坏四字,与学堂全体大有关系,而教员之负担尤甚,请即明示证据,藉自反省。"不谓新监督盛怒之余,遽斥教员为失礼,顿足而起,力言"学校名誉甚坏,理应调查,理应整顿"。声色俱厉,不顾而出。

教员等窃思人生名誉为第二之生命,今监督并未表示确实证据,于心窃有未安。名誉所关,一时无从质证,不得已,敬求中丞转问监督,请其明示证据,以付公论。如曲在教员,教员等决不敢辞其咎,若曲在监督,谅必别有处置之方。此时年假已近,教员等并不敢牺牲全校功课,虚掷光阴,徒以曲直未分,殊难缄默,除函禀提学司外,为此冒昧备函,径陈钧座,敬求示复,无任仰跂待命之至!

夏监督致许教务长书

季茀教习足下,足下所以反对监督者有三。一谒圣,二礼堂相见,三验收校具款项。自天子以至庶人皆有谒圣之礼,足下以教习而反对谒圣,是谓非圣无法；礼堂相见教习居左，监督居右，宾主之礼，天下之通礼也，足下一教习而反对行礼，是谓蔑礼；验收校具款项，事界之事，非教界之事也，足下以教界而干涉事界，是谓侵权。有此三者，已不足以辱师范，而加之以连日开会相约停课，顿足谩骂，则直顽悖无耻者之所为。我师范学生夙重礼教，必不容一日立于学堂之上矣，请即辞去，无以污我师范，专此奉布诸希垂鉴不一。

夏监督致各教员函

震武承乏师范进校之日，欲与教员职员率领学生行谒圣礼，并派员验收校具，此亦监督所应为之事，而诸君误以派员为干涉验收为调查，极力反对。夫以派员验收触诸君之忌，其反对宜也。学生有何嫌于诸君而令人不得上课，误此至可宝贵之光阴，宜非有心教育者所忍出矣。愿诸君以学生为念，照常上课，毋因震武以误学生幸甚。

夏监督致全体学生函

震武承乏师范诸生以礼相见，谒圣之时秩序肃然，非震武之德足以感诸生，诸生诚知以师范自重。震武益不敢不勉思，所以为诸生谋改良进步，而不意以此触教务长之忌，相约停课。震武自知诚意未孚，即向抚学使曲意挽留辞不获命，震武不敢肖以报诸生。教务长既反对震武其必辞去明矣，其非反对之教员必不附和教务长，以误学生。今与诸生约，七日以内教员上班，诸生则仍听讲。或有教员不上班，则愿诸生自习，使人知诸生能以表率自处，保全名誉，毋令诬蔑诸生者得以实其言焉，幸甚。

（《申报》，1909年12月27日第2版。）

全浙师范学堂大风潮三志

全浙师范学堂冲突情形,已两志本报。兹悉前昨两日,经提学使与陆春江中丞、吴雷川太史、姚作霖中翰等极力调停,尚未和解。此事复杂纠纷,几非局外人所能置喙。姑将全体教员上学部电暨提学使与监督往复书函录下:

师范教员上学部电 学部堂宪鉴:浙江教育总会会长夏震武新充两级师范监督,侮辱教员,斥逐教长,纵该会员蹂躏师校,学宪调停,监督坚不承认,教员全体辞职出堂。许寿裳等禀鉴。

提学使致师范监督函□顷晤教,甚快。归读手示,祗悉一切,辞退教长,乃监督全权,司中本无权干涉,惟既承见示,则亦不能不略贡其愚。窃谓学生全体系在教务长,骤更此席,窒碍甚多。况时逼岁除,得人不易,而教务长关书,皆订至岁暮,若暂迟月余,俟明正再定去留,似乎稍有把握。季茀顷来,词气之间,亦颇近理,许以三日内复信。新教长未到,旧员不能离堂也。惟尊处既已发表,自难收回成命。可否由弟与春师,暨雷川、作霖诸公,从中代为转圜,以维大局。作为俟得入后再令出堂,尚祈酌示。弟为全体大局起见,且恃在知爱。故敢渎陈,务恳鉴原,不胜企祷。

师范监督复提学使函 来示为教务长委曲斡旋,具见维持学界之盛心,曷胜钦佩!惟君子爱人以德,不闻以姑息。许君当日如此决裂,万无再留之理,听其辞去,即所以为许君地也。否则,不为许君存一分廉耻,即为弟留一分地步。将来百事无可整顿,弟惟有告退而已。

(《申报》,1909年12月29日第2版。)

师范教务长等上浙抚公禀

许寿裳等

窃师范监督夏震武初九日函致沈监督，内附礼单，托代揭示。函中并不分别教员、学生，一概云揭示而已；礼单内亦不注明时刻。寿裳等自清晨静俟至十时已过，新监督始至，邀同教育总会会员十六人，莅堂调查。寿裳等遵照所定礼单，肃候前监督介绍接见。讵知新监督并不自遵礼单，迟之又久，并无介绍接见之事。寿裳等以为新监督初至，不能不与谋面，乃俟监督谒圣之后，齐集会议室，托前监督邀请相见。入座后，因问："今日莅堂礼单，通告教员、学生，窃所未喻。"新监督云："礼单理应揭示"，而终不言其理由。寿裳等颇为骇诧，然以事小，遂亦不复相问。及谈及邀同多人至堂调查之故，新监督怒云："师校名誉甚坏，教育总会理应会同调查。"寿裳等谓："调查一事，教育总会会员有此资格与否，今且不必论，至于整顿云者，乃监督之专责，不能旁贷于他人。总之，所以须调查而整顿之者，都为名誉甚坏故，然名誉甚坏四字，于学堂全体大有关系，而教员之负担尤甚。请即明示证据，藉自反省。"不谓新监督盛怒之余，遽斥教员为失礼，顿足而起，力言"学校名誉甚坏，理应调查，理应整顿"，声色俱厉，不顾而出，并即揭示停课半天。

至晚，学务公所李、殷两委员莅止，传学宪李命：次日一律照常上课。教务处遵即发出上课揭示。讵意十一日八句钟，夏监督忽有三函到校，一为斥逐教务长寿裳者，一为责备教员全体者，一为劝令学生全部自修者。寿裳等奉函后，进退维谷，然终以堂中主权属于监督，监督既劝学生自修，则已不愿寿裳等上课。正在踌躇之际，而夏监督又将致教员、学生二函印成分布。寿裳等见此情形，若再上课，未免颜厚。盖自二函印成分布后，外界已咸知师范监督之斥逐教员矣。是以十二日，李前学宪莅堂慰留，并命住堂三天，静俟办法，寿裳等敬遵宪命。讵意十三日午后，监督又来揭示：次日午后住堂办事，一面函致教员，责教员全体辞职之过激。名为慰留，仅以"可以不辞"一语令即上课。寿裳等因于十四日上午，禀明钧座暨前学宪李、新学宪袁，一律离校。寿裳亦别具一函，禀明辞去。

窃思监督与教员意有不合，本可辞职，寿裳等既已退校，似可毋庸置辩。惟名誉实为人生第二生命，关系甚大。今监督到堂之始，即以名誉甚坏一语轻率诋毁，寿裳虽离师校，仍在学界之中。此种诬言，未敢默受。为此，除电禀学部暨公禀学宪外，环请宪台大人昭雪，以维学界，而示大公。不胜感激待命之至！

（《申报》，1909年12月31日第2版。）

两级师范风潮再志

两级师范监督夏震武与教员、学生冲突一事，学生曾联合二百余人，两次哭诉学务议长置之不理。刻闻全省学界接准嘉、湖两府教育会通电，决议齐集省垣，公开大会，议逐监督，维持师校。已到者共六府，俟十一府代表到齐，即行定期开会。本日全堂学生缮刊警告，声讨夏震武九大罪，遍致绅、商、学、军各界以求公评。省城各学堂亦于昨天在仁钱教育会开会一次。如何办法，尚未揭晓。或云仍须俟各府公裁议决云。

（《申报》，1910年1月4日第2版。）

浙江师范学堂风潮五志

浙省师范学堂风潮，迭纪前报。兹闻仁钱教育会连日开会集议，均以夏监督滥用威权，蹂躏师校及教育总会，干预师范学堂为愤，刻已联合各学堂教员具呈抚宪。增抚函致提学司，亦以提前放假为夏监督咎。惟夏监督则谓此事系抚宪之意，故复增抚函中，有"究竟钧处有无赞成之言？台衡一诺，南山不移。若尊恉游移，而令夏武强受捏造之咎，汤镬可蹈，幽明可质。惟当轴图之"等语。

二十一日，提学使批各教员公禀云："提前放假，显违部章，兴学为本署司目的，凡有不合部章者，必实行干涉。此次两级师校之事，已由司酌拟办法，详请抚宪察夺示遵。仰即知照。"

二十二日下午，各校教员复在仁钱教育会开会，共五十余人。先由王伟人报告学宪批词，且云：夏监督违背部章，提前放假，于各校皆有关系，故开会研究。今学宪既云，凡有办理不合部章者，必实行干涉，则此二日中必有办法，不如静候消息。旋有多数教员云：年前日子无多，若再迟延，恐师校无开课之日，拟欲一律停课要求。后有某教员谓，不如共拟一函，与姚作霖先生，请其转恳学宪，速布办法。若二日之后办法不满足，再行激烈之举动。大众赞成，遂散会。

又闻提学使请撤换监督之详文业已到院，惟抚宪尚未批准，并闻夏监督昨已上院辞职，不知确否？

(《申报》，1910年1月6日第2版。)

两级师范消弭风潮之办法

浙省两级师范学堂风潮叠志前报。日前高等学堂监督吴雷川太史、中学堂监督姚作霖中翰同谒抚宪，质问是否保全学堂，抑仅保全夏监督？请示方针。抚宪因即函致提学使，另拟办法。近来仁钱教育会仍连日开会，各学堂教员暨本堂学生，分别递呈官场，亦知此事非可含糊了结，遂决计撤销监督，以息风潮。闻昨日袁学使已经照会夏绅，略谓：奉抚宪谕，师范学堂事，由本署司暂行兼理云云。并闻定于二十四日二时接任，拟即上课开考。惟已离堂者有五百人左右，想各教员热心教育，必能连袂而来，绝大风潮可从此消灭矣。

(《申报》，1910年1月7日第2版。)

两浙师范大风潮余纪

浙抚学司决议撤销夏监督，弭息师范风潮各节，已纪昨报。廿三日，袁督学即照会夏监督，定于明日移交。廿四日下午二时，袁提学到师校，偕同学务公所委员殷墨卿、李芸松、孙和叔、祝凤楼等，与夏监督办交代。有顷，夏至，独坐职员室。学司往晤，即请本堂文案李君接洽一切。惟器具清册未检点，又请会计虞君来。虞云：自夏监督接手后，用去英洋一千六百元。闻旧存学生保证金，亦均用去。又夏监督薪水洋二百元，闻已分捐入国债会及教育总会云云。学司语夏云："先生幸勿以此为介介，此事大家明白，与先生名誉无所关系。兄弟实无欺负先生之心，对天可表！先生倘再办下去，恐不免过劳，实亦可为先生解围也。"夏色甚厉，曰："兄弟之名誉原不足惜，但愿此后师范日见发达，勿似今日才好！"时会计虞君缮就某项账折，尚未盖戳，夏急欲回教育总会，学台劝止之。随将各项清册详核一过，始送夏监督出门。

学司旋拟揭示三纸，亲携至礼堂与诸生相见，共到二百余人。学司登台演说，略云："学堂以学生为主体，学生以功课为目的。兄弟于本月十二日到浙江，而师校之事已于初十日发见。不料夏监督专以停课放假为主见，与兄弟宗旨相反。兄弟为兴学而来，在此十余日中，除师校外，竟无暇及于他事，心中懊恨至极！今风潮已定，抚宪命兄弟暂行接办，一面仍请议长商议，即日延聘监督来堂，敦请教员，俾便克日上课。惟望诸生以后勿党同伐异，但得有监督来堂，诸生可勿问其为何党人，总以有课可上为目的，勿再使兄弟见此不幸之风潮。"言至此，悲泣良久。已而又曰："总望诸生勤学，以兄弟之心为心，并将此意告诸父老。"云云。

(《申报》，1910年1月8日第2版。)

夏会长请派大员彻查师范风潮

教育总会夏会长咨呈浙抚文云：窃震武谬蒙委任，监督师范，自十一月初十日任事，至二十四日撤销，半月之中，风潮叠起，上累贵抚院部知人之明，下为报、学两界集矢之的，办理不善，无所逃罪。惟推原风潮之起，由前监督、教长、教员力拒调查所致，其所以力拒调查者，盖有不可调查之隐。否则，人言[籍籍]，该前监督等夫岂无闻？幸得调查以明心迹，何反拒绝？

震武于十一月二十二日，曾胪举师校腐败实据，函请贵抚部院急派公正大员，会同教育总会调查。并谓所言如虚，当伏毁人名誉之罪，非一辞所能谢责；所言如实，则前监督、教习败坏学校，必当按法惩处。嗣奉钧函，不置可否，并准学习抄详照会，撤销监督。以学司而详请撤销监督，虽为从来未有，自震武始，亦何不可！惟是监督可撤，是非必不可不明。否则，以败坏学校之监督、教习而不惩处，固无以服震武；以毁人名誉之监督而仅撤销，亦无以服该前监督等。震武身虽去职，而是非一日不明，此心一日不服。鼎镬可蹈，方寸难诬。究竟师校是否不腐败？震武是否毁人名誉？誓必穷极根株，解决明白而后已。敢请速赐选派公正大员，将震武前函明陈腐败实据，彻底清查，虚坐实究。

又，师校学生有职员、教员腐败一览表，于该校腐败情形，言之至详且尽，亦请一并饬查。惟教育总会会员屡经《全浙公报》指为震武私党，应请毋庸会同，以免借口。为此，呈请贵抚部院监核，并附呈职员、教员腐败一览表，伏祈照准施行。

（《申报》，1910年1月11日第2版。）

浙江师范学堂冲突风潮感言

醒

比者浙江两级师范学堂监督与教员冲突，遂起罢课散学之风潮。问其致此风潮之由，则曰："监督到堂行礼不依规定之时间也，传见学生与谒见教员不分尊卑也，行礼甫毕，即声言欲清查校中之账目也。"以此区区细故，致酿成绝大之风潮，亦可谓性喜冲突，善起风潮者矣。吾于此事之是非曲直不暇详论，但此次风潮其果有益于浙江学界乎？！抑有益于师范学堂乎？！且此次风潮之结果，即使监督获胜教员失败，试问监督有何荣光乎？即使教员获胜监督失败，试问教员有何荣光乎？记者不敏，今敢武断之曰："事至于冲突，则两造必无是非曲直这可言，徒妄逞意气互宣丑态以为快事耳，诚不值识者之一粲。"日昨报载夏监督已经撤销，将师范校事暂由学司兼理，不日行将开课，深望教员学生从此泄其愤愤之气，努力方来而赎其前愆也。

我国初办学堂时罢课散学之风潮时有所闻，自停科举以来，此风稍稍息矣。推其引起风潮之由，或学生因课务与教员冲突，或学生因饮食细故与职员冲突，或学生因规律过严与监学冲突，皆系学生与校员之冲突也。至校员自相冲突，且新监督与旧教员于相见之初，即起冲突，则未之前闻，不图于夙称开通之地，而竟演此怪剧也。

自师范学堂酿成风潮后，监督一方面，谋所以抵制之方，教员学生一方面，谋所以攻讦之术，省城各学校教员亦相继开会，谋所以调停之策，各府学界亦先后开会，谋所以解劝之法。或以口舌，或以笔墨，纷纷扰扰，精神为之一振，何其不惮烦劳一至于此也！使反其道而行之，于全省改良教育、普及教育之方针而开会研究之，或于全省高、中、小各学校教授、管理、训练之方法而开会研究之，且移其好冲突起风潮之真心诚意而为之，则所得效果必有十倍、百倍于彼者。今智不出此，一遇冲突风潮之事，则无论当局者旁观者莫不此倡彼和，攘臂奋呼，大有食不甘寝不安之概，人人争先恐后，跃足于是非曲直之场。呜呼！诸君亦知费此大好光阴，耗此可贵精力而为无意识无价值之举动，果有何益乎？抑饱闻欧西学者之言论，欲求建设事业，必先之以破坏乎？记者诚百思不得其故也。

（《申报》，1910年1月13日第2—3版。）

浙江师范学堂冲突风潮感言（续）
醒

吾今不暇推究此次风潮之孰是孰非，但论因此风潮而各方面所受之损失，师范学堂因此风潮而罢课散学，则有害于学生之课业。省中大小各学校教员纷纷集议办法，今日发传单，明日开大会，置本校事务于不顾，则有害于省城各校学生之课业。全省各府学界，因此冲突风潮亦相率开会，集议调停之策，则有害于全省各府教育之进步。且监督为一校之主任，教务长为教员之领袖，教员又为学生之表率。今监督与教务长教员互相冲突，其何以示学生以规范乎？至教务长与监督冲突，竟率同学生罢课散学以壮声势，我更不知其可矣。又师范学堂为中小学堂之母，无论职员学生对于各学堂均负师表之责。今起此无谓之风潮，其何以风示全省学界乎！至师范学堂大起风潮，反恃各校教员出而调停为师范争胜利，吾尤不知其可矣，而当局者竟兴高采烈乐此不疲，诚不知其用意之何在也。匪特如此而已，学界居各界之首，所谓最通达事理者也，官绅诸界偶有乖谬之举动，学界自负纠正之责，工商诸界苟有暗昧之行为，学界又担指示之任。今操守不严，躬蹈覆辙，其有何辞以对官绅工商诸界乎。此后遇有地方公益事务，倘又复自诩曰学界，学界吾诚不得不代为汗颜矣。且现在社会之舆论对于学堂，本有反对之意，凡办学者即使竭力尽心，公而忘私，勤慎将事以求成效之彰彰，在人耳目犹恐，不能取信于人。今置正当事务于不顾，反演此种种怪剧以耸人之听闻，吾不有社会之舆论又将何如也，或曰浙江师范学堂之起风潮已屡见不一见矣。初开办时，即有塌屋之风潮，今岁咨议局提议师范经费时又有对抗咨议局之风潮。今兹又有监督与教员之冲突风潮，此后种种流传，吾知其冲突风潮将层出而不穷也，且匪特师范学堂而已。秋间，浙江教育总会开大会时亦起冲突，何浙人士之性喜冲突一至于此也。虽然是，岂浙省大局之福耶？

吾观浙江师范学堂之冲突风潮，而又念及各地学界之现象矣。浙江师范之冲突风潮，犹其暴露于外人所共见者耳。此外，各地学界之无形冲突，更不知其几何而验证屈指计也。学生与教员冲突、教员与监督校长冲突，私立公立学堂与官立学堂冲突，乡镇学堂与城厢学堂冲突，学堂与劝学所教育会冲突，劝学所又与教育会冲突。不问其办理学堂之进步退步，但见互相冲突而已矣。所谓和衷共济，推诚布公，谋教育之发达者，诚渺不可得也。余非故为此苛刻之论以为一网打尽之计，试问各地之学界何一无此现象？我言及此，不得不为我国教育界之前途危矣！我国自兴学以来，已将十年，试问教育之成绩何在？其有裨于国家社会者果有几何？年来，各地学界之现象日趋败坏，当事者不思挽救之方亦已过矣，乌可同室操戈而又加之厉哉！诸君须知冲突者不祥之事也，各种事业一经冲突，必阻碍其进行之进度。非特如是而已，官司绅工商诸界均不能免此病。他姑不论，如粤汉铁路江西铁路等屡屡部突，迄今未见成效。呜呼，诚可痛也！我国人不除此办事冲突之恶根性，恐国事终无起色之日也。用着此篇，警告国人。

（《申报》，1910年1月14日第3版。）

浙抚取消夏监督之用意

萧山举人黄元寿昨天具禀抚宪，为夏会长震武保全名誉，当奉增中丞批云：

夏会长生平行谊事实，早已脍炙人口，取销监督，原因系为保全夏会长名誉起见。学堂监督与从前书院山长不同，山长只须于旧学渊通，道德夙负，监督则旧学而外，兼以新知。即以伦理一项而言之，有社会之伦理，有国家之伦理，范围较大，非笃守程、朱所能包括；程、朱若生于今日，必不仅以旧学见长。夏会长行谊卓然，兼以前署提学司之揄扬，是以经如其请。到堂因与教员龃龉，本部院将谓夏会长人望允孚，且至诚足以感人，决不至始终决裂，是以竭力挽留，冀得和平了结。乃数日以后，学生秩序紊乱，甚至互相争殴。学界风潮每由学生而起，此次独出于教员、管理员，来年开课，使学生又出而效尤，势必构成厉阶，徒生嚣竞。师范为全省教育之根本，行政官岂能毫无办法，徒守中立？迟决一日，则多一日之风潮；早决一日，则少一日荆棘。取销监督，则夏会长得保其从前道德之名誉，仍可发挥其廉耻教育于教育总会之中，不至因小小龃龉，致滋口实。是本部院牺牲行政官之名誉，所以为夏会长计者，不为不周。该举人所禀各词，本可存而不论，但本部院一片苦心，不妨尽情倾吐，以释群疑。仰即传知学界，使服膺夏会长者，无改其平日崇拜之诚可也。

（《申报》，1910 年 1 月 27 日第 2—3 版。）

全浙师范学堂之现状

全浙师范学堂以新旧监督交替，致起全校大冲突，业纪本报。兹闻该校全体教员都已星散，夏监督到堂后一时无从措手，竟揭示停课，令学生自习，以为目前搪塞之计。其到堂第一日，学生群集监督室，诘问嘉府学生宋文保被诸暨学生许国贞殴辱事件之办法。监督茫然不知所对，但曰："我已知道，当设法处置而已。"学生大不谓然，谓"既有办法不妨明白宣布"。监督不得已，乃曰："记两过可也。"学生更愤，以为事理所在断难含糊了事，监督竟束手无策。其时旁立之嘉兴人严某（教育总会会员）仍出言代监督调停，学生遂诘问曰："足下在师校中为何种人，吾辈所未悉。为庶务长乎？则请精理出纳可也。为斋务长乎？则此事与斋务无涉。为监督之跟随乎？则伺侯监督可也。欲与吾辈交言，未免太不自量。"严面红耳热，无辞以对，乃向监督问曰："足下以电话唤我来，果何事？"监督答曰："原欲请足下来帮忙。"学生以外人干涉校事，愤不可言，对监督曰："办学堂与经营店铺异，非可随便唤人来帮忙者。严某何人，可干涉校内事乎？"严某乃出。学生调之曰："此之谓真无廉耻可也（语出夏监督莅堂训词）。"时已天晚，乃有富阳学生何景械、夏树善向众学生长揖曰："请诸君稍退，让夏监督安安稳稳吃一顿饭。"学生咸嗤之以鼻。及监督晚饭时，何景械、夏树善两人旁立门侧，一若为监督之门卫也者。如遇进见之学生，则以监督吃饭不许进见等语厉声相斥。两人自此遂获小监督、副监督之称。全堂播为佳话。又闻监督到堂后，堂中教员部既阒其无人，办事部亦残缺不全，事务所中只有一人，呼唤不应，茶水不备，彳亍徘徊，大有进退维谷之势。延至夜深一时许，私自忖度曰："不如归休"，遂去。其对于许国贞事，微露惩罚之意，谓将记二大过以儆。诸暨人大不服，昌言监督要记我们过，应先自己记过。我们的事情，只要你自己想去。监督闻之，恐再有冲突，乃姑缓发表。前日午后，有学生二百余人偕至学署，当面禀请上课，学台大加称许，且云抚宪也是责成他从速上课，不然，学堂要监督何用。现闻教育会已拟定夏定侯为斋务长，金文田为国文教员，叶仰高为一斋监学，想不久即入堂受事矣。

（《神州日报》，1909年12月31日第3版。）

再看全浙师范之怪状

十五日晚，忽有一不知谁何之人，到校传集各室长开会，学生向之诘问曰："君系何人？"来人含糊答应，不肯自道姓氏，但曰："斋务长一席兄弟本不敢担任，不过为夏监督传暂缓上课一语来耳！"（此人闻系夏超，即前曾护送夏监督进校者）学生众口同声，谓此事已有揭示，更无需足下传语。且曰："足下口中虽如此说法，而实则以斋务长自命，谓之无廉耻可也。"又问：

"足下向在何处？"据云教育会会员。学生云："此系师校，非教育总会。"夏无言。学生又问曰："近日斋舍中毫无秩序，失去物件不少，来者既为斋务长，应有办法。"夏连声云："吾弄不来，我要去的。"学生乃散。

又闻夏超在会议室时，宣布十八日日本教员先行上课，其余功课暂缺。植物科某生曰："日本教员所任功课，植物一科为最多。如一科上班，无以对同学，故十八日非全体教员尽行上课，则植物一科亦难听讲。"闻此言后，其余诸科学生皆赞成。夏乃默然。

十六日午刻，夏监督到堂。学生又因嘉兴学生被殴一事前去请示。监督云："现有十府代表来说，当日两面互殴，故必须两面记过。"学生即问代表姓名，监督出红纸一页，上载杭州俞蔚芬、湖州潘藻、绍兴周一蜚、宁波朱孔杨、金华徐晋杰、衢州袁以烁、严州徐作霖、处州季子英、温州倪陈琏、台州张鼎臣。湖州学生即诘问潘藻：谁举之为代表者？我等万不能承认，必须取消。于是各府同学皆大声曰："必须取消。"季子英更自行声明取消，并问监督："此十人之姓名何人交付监督者？"监督连称："我去商量！我去商量！"自挟护书匆匆出校而去。监督去后，学生遂至斋务长夏超处诘问，夏更出言不逊，学生益忿不能平，遂共相扭扯，夏乃逃去。

其时又有行李一肩进校，学生问之曰："此系何人之物？此地并非客店，何以突如其来？"旁有人对曰："兄弟自教育总会来的体操教员，行李即兄弟的。"时门房亦来问曰："无论何人，进出皆须挂号。"学生于是大哄。彼自命为体操教员者，乃不得不逡巡偕行李而去。

又闻十五夜间，有池某者到堂运动职员，并问此番教员何故全体辞去？其中有一二人可挽留否？职员中有答之者曰："别无他法，只有夏监督辞去监督一职，为最善之法。"池某乃垂头丧气而去。闻监督本意以为该校功课甚浅近，教员尚容易拉凑。及到堂调查功课单后，始知非常为难，而各处所派之运动员，又毫无头绪，故今已踌躇无计矣。

第一斋之新管理亦于十五夜到堂。旋请各室长十余人至室中开会，桌上置盗牌香烟四匣，人奉一支，烟雾充溢，彼此各无一言。人遂以香烟会名之。

是日傍晚，有总教育会会员某，在粹芳茶店遇二三人，昌言师范学堂风潮之历史。并云：监督已聘之充某科长，现在教员尚少五人，以地理一席为最要，曾托代为罗致。最好先有一人即日到堂，更为监督所欢迎。言次，某友托其代谋职员，某即一力担承，并嘱其速来谒见，自当力为说项。言毕，遂互约赴聚丰园膳去。

是晚八时，诸暨学生阮致和又在堂内殴打优级生毛辀，全体学生愈怒，佥谓："夏监督纵容劣生，凌虐同学，我人一日不可复居。监督既置之不问，则当直接禀提学司。"噫，该校之现象纷扰如是，洵最近学界之一大怪剧矣。

（《神州日报》，1910年1月1日第3版。）

三志全浙师范之怪状

十七日，有教育会会员蒋缵堂招呼学生到教育会集会。问之，屡言此刻学生必须要求放假，即望诸生回校运动全体上禀学司为要。学生回校后，细想此言颇无理由，且恐为提学所叱，遂作罢论。

同时夏监督之同乡及诸暨学生在教育会秘密集议，竟昌称全体三百人名义，具禀学司，要求放假。内有江梁津等百余人，闻亦被捏名列入，现均愤愤不平，决议自行取消。

有沈翔甫者，曾劝夏监督辞职，乃有五六人从旁力阻。且云年假在即，一面已运动学生要求放假，此二月之修，我等何可轻放？故必须留任。又云：不辞则各宪其奈我何？夏监督闻之，遂迟疑不能决。夏监督自十六日出堂后，绝迹不敢再至。前夜殴打毛辀事件发生，学生至教育总会请监督，数往而监督瑟缩不肯外至。现在堂内已无主体，事务所内阒其无人，不日即有溃乱之虞，可为痛哭。十七日，学务公所特派委员到堂察看情形，因问明日是否上课，有某学生言，堂内办事无人，明日势难上课。向例次日上课，先一日缮写处必须预印讲义，今则寂然。闻教员聘定者，尚无一人，而学司又限令监督，于十八日一律开课，竟不知如何下台也。

日来该校以管理无人，秩序大乱，斋舍中时有失物之事。前夜有一学生失去皮袍一袭，又有一学生脱靴上床，睡至天明，遍觅缎靴不见，盖已不翼而飞矣。放假七日之效果，如是如是，可叹也。

(《神州日报》，1910年1月2日第3版。)

袁提学与全浙师范

闻全浙师范监督夏震武与全体教员大起冲突，因而停课解散后，全省学界大动公愤。嘉湖两府首先电禀大吏，请予严究。省垣各学堂亦于十九、二十日两次集议于仁钱教育会，联合十三校公禀抚、学两署。顷奉袁学司批，谓："高等学堂教务长王嘉榘等呈悉。提前放假，显违部章。兴学为本署司目的，凡有不合部章者，必实行干涉。此次两级师校之事，已由司酌拟办法，详请抚宪察夺示遵，仰即知照"云云。又批要求放假之周一蜚、姚夒等禀云："年终在即，学期考试于该生等成绩关系至重。且提早放假，按之部章，亦属无此办法。仰仍候该监督设法上课可也。"

(《神州日报》，1910年1月7日第3版。)

杭州师范学堂解散日记

全浙师范学堂新监督夏君震武，于十一月初十日接事。先一日致函旧监督沈君钧儒，言明日清晨到校行礼，请为揭示教员、学生，云云。教员已甚不悦。及届期，夏监督到校。随带教育总会会员十六人，面对教员言：师范学堂名誉甚坏，教育总会理应调查，并行整顿。教员愈不悦，谓名誉甚坏四字，甚有关系，请即明示证据。夏亦怒，遂拂袖而出，并即揭示停课半日。是晚，旧提学使委员至教务处商议，令次日即上课。各教员皆应允。

十一日，夏监督至抚署辞职，增中丞不允。夏遂作一函致教务长许君，责以三罪：一非圣无法，一蔑礼，一侵权，令即辞去。又致各教员一函，令即照常上课。又致全体学生一函，令七日以内教员上课，诸生仍听讲，如教员不上班，则愿诸生自习。教员得函，愈不平，遂即停课。是日，教员并以监督对付情形禀告浙抚，增中丞命提学出为调处。

十二日，旧提学使及新学使所派委员二人，暨议长、议绅到校，挽留教务长及教员，令即上课。教员言夏监督已将致教员及学生之信印成分送，是斥逐教员事早已宣布，万不能再留，当将关约缴还。经学使及议长等再三慰留，且许以三日内当有办法。教员等乃允暂留。是日，夏监督又致书教务员叶某，略言教务长所任各科，暂听阙如，各教员功课未便久旷，云云。

十三日，夏监督又致函各教员，责其辞聘之非，无一引咎之语。

十四日，各教员遂全体辞职出校，并电禀学部，公禀浙抚及提学使，请为辨名誉甚坏之诬。

□□日，夏监督复揭示提前放假，定于明年正月十六日开堂，再补行大考。

十九日，省城各学堂在仁钱教育会开会集议，全省学界亦议齐集省城，公决维持之办法。

二十一日，提学使发出各教员禀批，不以夏监督提前放假为然，有"提前放假，显违部章"之语。闻浙抚增中丞亦不谓然。

二十二日，省城各教员复行集议，公决催请提学使速行宣布办法。

二十三日，提学使照会夏监督，略言奉抚宪谕，师范学堂由本署使暂行兼理，云云。并由浙抚照会孙崖才太史智敏为会办。

二十四日，遂由袁提学使到校接办。

按：历来学堂之风潮，皆起于学生，惟此则起于新监督与旧教员之冲突，为向来所无，故杭城教员颇视为重大问题，纷纭许久，仅乃宁息。平心而论，师范学堂诚宜整顿，然当俟之布置妥帖、情形稔熟之后，非可卤莽从事。今夏监督于接任伊始，揭示礼节，将教员与学生同一看待，斯已大伤感情矣。复又蜂拥多人至校，对于诸教员面诟其名誉极坏，有如声罪致讨然，不复为教员留余地。斯即隐忍一时，日久亦终必决裂，固可断言者矣。若夏监督者，其亦学养不足者欤！

（《东方杂志》，1909年第6卷第13期，第470—472页。）

杭州某君论师范风潮书

浙江师校风潮扰攘旬余，始行平定。其中有近因有远因，姑述于下。

师校开课，不过年半，而监督已易五人。初为邵伯䌹，反对党于组织总教育会时，当场攻击，邵君不安于位而去。继之者为俞志韶，俞亦不为彼党所容，乃举王孚川。王君深知反对党之将为难，乃曲意敷衍，究以校中之教员、职员有定，不能满彼党之欲，而王君又去。沈君接任，反对党中沈楼祝诸人终以不得与闻校事为憾，于是重发起教育会，举夏为会长。无非欲利用为傀儡，冀以查账为名，即可挨身入内，谋一席之地，而夏某不察，反以彼等为谋主。诚哉自取其咎，此远因也。

至近因各节，杭报已详载之。而夏某最失策者，约有数事：

一、笔墨之结怨。道学之名，本遭人忌，况夏不但自居为通学，并以此责人。"廉耻教育"之谈，播于人口，指斥教员为尤甚。其失一也。

二、办事之棼乱。师校教员薪水为通省冠，而功课最少，如图画不过一星期六点钟，而月薪有七八十金、百二十金者，其他可知。厚利所在，人谁不趋！故夏初接手时，即有人在外招摇：某任教务长，某任斋务长，某任庶务长，某某任某科教员。实则夏之心腹不过数人，职员、教员需数十人，毫无预备，遽欲更换。其失二也。

三、手段之太拙。夏到堂接任，随带教育会会员十六人，称为代表，定欲查账。不知教育会系评议机关，非行政机关，师校归提学司监督，教育会何得干涉？且既曰查账，亦当身在校中，令新旧会计清算，乃将一切账簿项款，携之而出，有此理乎？至于教员停课，尚可挽回，夏忽写一谕与学生云：教员不上课，无碍诸君可以自习，以一星期为度。是非教员不上课，实监督令学生不上课也。继以学生要求上课，无法可想，遂假中丞之谕，提早放假，愈弄愈拙，直待撤销而后已。其愚真不可及。其失三也。

目前善后之策，必一面撤销教育总会，而后彼党之窟穴清，一面核减教员薪水，而后彼党之觊觎息。否则或近朱，或近墨，有一党为德，必有一党为怨，其风潮正未已也。

（《教育杂志》，1910年第2卷第1期，第7—8页。）

浙江教育总会咨抚院文

为咨呈事。窃敝会长试办三月，期满已久，微效全无。内疚已甚，已于去冬十二月初旬登报告退。旋以副会长未允驻会代理，不得已请贵抚部院派员接收。贵抚部院既不加允，曲意挽留，会员复不见谅，登报诘责。敝会长进退两难，审度数四，不能者止，圣有明训。三月之中，愆尤丛集，谤议交加，获戾多矣。量已揆时，决无留理。现由会员集议定于二月十五日开会公举，其未公举以前，照章仍请副会长孙绅延翰代理，会董汤绅寿潜、陈绅黻宸等协力维持。并于会员中公举贵绅、林绅祝宸、张绅傅保、蔡绅汝霖为干事员。教育总会铃记一颗，清册一本。源丰润教育总会存款折一扣，计洋二百零三元零陆分七厘。源丰润展览会存款折一扣，计洋三百元。图书馆铃记一颗。清册一本。源丰润存款折一扣，计洋八千六百四十八元，另现洋四十七元五分三厘二毫四丝。铁路股票十六纸，计股本洋二千七百五十元。田地房产新契三纸，旧契十封，执照八张。田地房产、学租、路股暨收租、完粮清册一本，租折三扣。三忠祠印刷所图书板片十二万三千一百六十一块，内一百五十七块，系接收后检出黄氏书板片二千八百七十一块。藏书楼各书首页版头一千二百九十四块。匠头郑正泉切结二纸。报恩寺发行所存书一万一千二百三十四部，图一百七十四张。添发印订未讫各书五百九十部，计成本洋八千一百六十九元零四分三厘五毫八丝。其余一切簿册文牍器具，均交由会董暨干事员逐件点收，暂行管理。俟二月十五日公举正会长后，即由会董暨会员商同副会长移交正会长。

敝会长凤性迂执，动与时忤，去留无足轻重。总会为全省教育所系，贵抚部院雅意振兴，必能熟权轻重，筹拨的款，使来者有所凭借，不至束手坐困，一切废弛，以负贤长官振兴教育之雅意。除咨学司外，为此咨呈贵抚部院查照施行。颁至咨呈者。

(《天铎报》，1910年3月19日。）

3.鲁迅在浙江两级师范学堂

关于鲁迅在浙江两级师范学堂的一些情况

杨莘耜

我于一九〇三年去日本留学，一九〇七年回国。杭州浙江两级师范学堂一开学就去了。当沈钧儒做监督（校长）、许寿裳做监学（教务长）时，鲁迅适从日本回国，很快他也去这所学校工作了。鲁迅教的是生理卫生课，同时兼任植物课的翻译（当时动植物课教师是日本人，动物课翻译由我担任）。每逢星期天，他便带领学生去野外采集植物标本，而我就背着猎枪去打鸟，做动物标本。

第二学期发生了"木瓜之役"。这大概是一九〇九年冬天，沈钧儒监督辞职，由夏震武继任。夏到校的一天，要我们教员都得衣冠端正地去礼堂参见他，并指责"你们这个学校办得很不好"。当时我们许多人连辫子都没有，怎么能按他的要求把衣冠戴正呢？所以听了他的话，只是哈哈一笑。去见他的时候，他还说我们队排得不好，于是大家就吵了起来。鲁迅等非常愤慨，大家相继罢教。在这种情况下，夏震武的态度仍然非常顽固，竟说"兄弟不敢放松，兄弟坚持到底！"以后这句话就成了鲁迅常常摹仿作为笑谈的资料。

"木瓜之役"结束后，由孙智敏暂代监督，时间很短，不久即由徐廷超（班侯）接任。这时，许寿裳又到日本去了，鲁迅也离开杭州回到了绍兴，由我暂代监学。我想请鲁迅回来，记得当时还没有汽车，我是乘了脚划船到绍兴去的，鲁迅不肯回来，说："我家里还有娘，我勿去哉。"他还提醒我："徐班侯该佬倌也不好弄的，你要当心点。"因为徐是官僚，曾做过清朝的御史。

（这是上海师大中文系《鲁迅年谱》编写组的访问记。南京师范学院编印：《文教资料简报》，1977年第69期。）

归国在杭州教书

许寿裳

一九〇九年初春，留欧学生监督蒯礼卿辞职，我的学费无着了，只好把欧游临时终止，归国来担任浙江两级师范学堂的教务长了。鲁迅对我说："你回国很好，我也只好回国去，因为起孟将结婚，从此费用增多，我不能不去谋事，庶几有所资助。"他托我设法，我立刻答道："欢迎，欢迎！"我四月间归国就职，招生延师，筹备开学，其时新任监督是沈衡山先生，对于鲁迅一荐成功，于是鲁迅就在六月间归国来了。我在《关于"弟兄"》文中，有一段说道：

……鲁迅在东京不是好好地正在研究文艺，计划这样，计划那样吗？为什么要"归国，任浙江两级师范学堂生理学化学教员"呢？这因为作人那时在立教大学还未毕业，却已经和羽太信子结了婚，费用不够了，必须由阿哥资助，所以鲁迅只得自己牺牲了研究，回国来做事。鲁迅在《自传》中，所谓"终于，因为我的母亲和几个别人很希望我有经济上的帮助，我便回到中国来"，"几个别人"者，作人和羽太信子也。……

　　鲁迅教书是循循善诱的，所编的讲义是简明扼要，为学生们所信服。他灯下看书，每至深夜，有时还替我译讲义，绘插图，真是可感！到了冬天，学校里忽然起了一个风潮，原因在于监督易人：衡山先生被选为咨议局副议长了，继任者是一位以道学自命的夏震武，我们名之曰"夏木瓜"。到校的一天，他要我陪同谒圣，我拒绝了，说开学时已经拜过孔子，恕不奉陪。他很不高兴，我也如此。接着因为他对于住堂的教员们，仅仅差送一张名片，并不亲自拜会，教员们大哗，立刻集会于会议厅，请他出席，他还要摆臭架子，于是教员们一哄而散。我因为新旧监督接替未了，即向旧监督辞职，不料教员们也陆续辞职，鲁迅便是其中之一。教员计有朱希祖、夏丏尊、章嶔、张宗祥、钱家治、张邦华、冯祖荀、胡濬济、杨乃康、沈朗斋……统统搬出了校舍，表示决绝。夏震武来信骂我是"离经叛道，非圣侮法"，简直是要砍头的罪名，我便报以"理学欺人，大言诬实"。使得他只好勉强辞职，我们便回校，回校后开了一个"木瓜纪念会"。

　　鲁迅最富于正义感，义之所在，必尽力以赴，不畏强御而强御畏之。那时候他在家乡也遇到这样的事：他的外家在安桥头，《社戏》中所描写的乡间景色，便是这里的景色。其舅氏鲁寄湘是个书生而擅长中医，和中药店伙章某相友善。章某怂恿他在镇塘殿开个药店，章某自荐可以任经理；其地离安桥头不过三里，舅氏可以随时前往，为人诊病，以资消遣；言之成理，小店遂开成了。不料章某自便私图，在几个月内就盗弄一空，舅氏看事无可为，赶快把店铺收歇了。章某还不满意，看得舅氏忠厚可欺，又怂恿孙断市。有大势力的孙某，假借市商务分会的名义来反对歇业，定期开会，通知舅氏出席，打算和他为难。舅氏大窘，特地来和鲁迅商量对付之法。鲁迅说这事理直气壮，毫无可怕，我就可做你的代表出席。届时，鲁迅便单身独往，等候到晚，竟没有一个人来会，鲁迅自行回去了，此事也就风平浪静了。

鲁迅极少游览，在杭州一年之间，游湖只有一次，还是因为应我的邀请而去的。他对于西湖的风景，并没有多大兴趣。"保俶塔如美人，雷峰塔如醉汉"，虽为人们所艳称的，他却只说平平而已，烟波千顷的"平湖秋月"和"三潭印月"，为人们所流连忘返的，他也只说平平而已。

（许寿裳：《亡友鲁迅印象记》，上海：峨嵋出版社1947年版，第36—39页。）

回忆鲁迅先生（节选）

张宗祥

鲁迅是我一九〇九年在杭州认识的朋友。那时他和许季茀、张燮和、夏丏尊诸人一起来杭州浙江两级师范学堂教书。他教生理学和化学。我那时教地理，住在高等学堂里面。因为教课很忙，一星期多至三十二小时的课。有几个月，甚至于星期日，还要到师范传习所之类的地方去上二三个钟头，所以没有机会可以谈天。到了沈衡山先生要交卸监督职务，夏震武来接替监督掀起极大风潮的时候，我们是站在同一战线上才认识的。他给我的印象是沉默不名言、冷峻少结交的一个学者。

现在我来谈一谈两级师范学堂"木瓜之役"。夏震武是自以为一个理学大儒，一生以尊经、尊王为主的人物。我们在前清末年的教书匠，除了一班"禄蠹"之外，没有一个不提起皇帝就头痛，提起政府就眼乌的。而且师道自尊的架子也很不小。历来新监督到任（当时名校长为监督），先要拜见拜见各位教师，教师眼中看监督就有点等于一般官僚，倘然谈话不投机，或者有点外行，就有点爱理不理，尖刻一些的简直要挖苦几句了。夏监督到校之后，教务长许季茀就拿了一张教师名单去和他接洽，他就很不客气地说另有指示，季茀只好退出。接着就有一张手谕下来。内开：一、定某日在礼堂与各教师相见；二、必须各穿按品礼服等等。这一来可就放了大炮，而且炮也炸咧。第一，要教师在礼堂见监督而且要穿礼服，这就等于下属见上司的"庭参"；第二，袍挂、大帽，不但有的人很少，就有，也不愿意穿这种服饰（内中张燮和、夏丏尊二人还有一条假辫子，季茀和鲁迅连假辫子也没有）。因此，以季茀为首认为监督对教师不礼貌，全体教师罢教，向提学使提出辞呈。其所以要向提学使辞职而不向夏某辞职，是因为他藐视我们，我们也不理他。全校学生无课可上，集合起来向提学使请求设法上课。夏监督方面当然也有几位随着进校的人和几个同乡的学生，为之出力奔走，想分散教师的团结。自然有几个和平的，表示只要大家上课他也没有意见。碰到鲁迅和我，就不客气来一顿"冷嘲热讽"。因之对方就用梁山泊上的混名编排了三个人：许季茀是"白衣秀士"、周豫才是"拚命三郎"、张冷僧是"霹雳火"，还有一名"神机军师"象是说许缄甫的。相持一两星期，政府邀请杭州耆绅如陆春江之类，到校挽留诸教师；教师听了一番"冠冕堂皇"的官话之后，大家就拿出聘书向桌上一放说：我们如再就职，人格何在，既上堂亦难为学生表率，正愁无处辞职，今官厅耆老均在，请即从此告别。大家就起身出屋。生学等知已无望，更连日向官厅请愿要求早日复课。又数日，忽然发出通告提前放寒假（其时距寒假尚有月余）。于是省城各校教师联名呈请提学使以为不合章则。记得是一篇"四六"，故友张献之主稿的，末二句说"方期落笔，而成竹在胸。岂意图穷，而匕首忽见"。夏氏至此万不能留，乃辞职离校，官厅以高等学堂监督孙智敏暂行兼代。是役告竣。同志者二十余人合摄一影而无题名，我乃题之曰"木瓜之役"。盖夏氏木强，鲁迅等均呼之曰"木瓜"，从此凡同在照片上的人，相遇则呼曰某木瓜。今所存在的木瓜，仅有许缄甫、杨莘耜、钱均甫和我四人。张燮和在解放后未通消息，不知还在否？

"木瓜之役"以后，鲁迅便到绍兴去教书，我也到北京去了。又过一年，我回杭州，鲁迅仍在绍兴。秋天武昌就发生革命，杭州也独立了。在年底时，沈钧儒组织教育司，设在九峰草堂，我参加了。第二年鲁迅也来杭参加了，他管的是社会教育，我管的是全省中学。相见的时候，他第一句就说"冷僧，我真利害，从强盗手中要出钱来，维持了中学。"（这个时期绍兴是军政分府，任分府的是王金发。）因此我们又相叙有一个多月。后来他被南京教育部找去了（其时蔡孑民先生任部长，许季茀任参事）。这一节历史，现在写鲁迅历史的皆略去了。连许季茀写的年谱中也没有写，大约因为时间太短吧。

（《东海》，1956年创刊号。）

关于鲁迅：鲁迅翁杂忆

夏丏尊

我认识鲁迅翁还在没有鲁迅的笔名以前，在宣统年间杭州两级师范。他叫周树人，字豫才，校里都叫他周先生。他给校中生物科学方面的日本教师翻译，还兼任教生理卫生。周先生在校里很受学生尊敬，他所译的讲义被人称赞，对于古文的造诣，在当时出版的域外小说里已经显出。周先生教生理卫生时，曾答应了学生的要求，加讲生殖系统。全校师生都为惊讶，他却坦然，只对学生提出一个条件，就是在讲时不许笑。他曾向我们说："因为讲的人的态度是严肃的，如果有人笑，严肃的空气就被破坏了。"他写的讲义非常简短，而且还故意用古语，如用"也"字表示女阴，用"了"字表示男阴，用"㐌"字表示精子，未听讲的看来好比一部天书。他那时虽尚年青，风采和晚年差不多。衣服向不讲究，从端午到重阳老是一件洋官纱长衫。民国十五年秋，从北京到厦门教书，经上海时还是一件羽纱长衫。他的吸卷烟是有名的，这几年在内山书店见到他所吸的总是金牌品海牌，在杭州时强盗牌和条头糕是他每夜必备的粮食。在同事中他是最会熬夜看书的。他赠我《域外小说集》一部，使我眼界为之一广。五四以来，他在文化上思想上很努力启蒙工作。他曾学过医学，据说曾解剖过不少的尸体，不过对于青年的妇女和小孩的尸体，当开始破坏的时候曾感到不忍的心情，尤其是小孩的尸体，非鼓起勇气，拿不起解剖刀来。周先生除非在诙谐的时候，不大露大笑。对于官吏似乎特别憎恶，常摹拟官场的习气引人发笑。现在大家知道的"今天天气……哈哈"一类的摹拟谐谑，那时从他的口头已常听到。他在学校里是一个幽默者。

(《文摘》，1937 年 1 卷 1 期，第 121 页。)

二

民国初期浙江教师教育主要史料

1912—1921

辛亥革命推翻清王朝，中华民国成立。1912—1913年，中华民国教育部颁布了《壬子癸丑学制》，规定初级师范学堂改称师范学校，优级师范学堂改称高等师范学校。浙江师范教育也随之进行了改革，原两级师范学堂优级部分并入北京高等师范学校，两级师范学堂初级部分改称浙江第一师范学校，并按省政府《筹设省立师范学校议决案》规定每府设置1所师范，共设立了11所师范学校，另外还专设女子师范学校。民国初期，浙江中等师范形成相对独立的教师教育体制，对外引进先进教育思想和理念，对内营造和谐新型的师生关系，蓬勃的教学改革，畅通无阻的府县师范联结等等，教师教育迎来了勃勃生机，为近代浙江的中小学教育事业奠定了基础。这一时期主要收集有：民国初期浙江教师教育整体概况史料、浙江第一师范学校概况及重要事件、教师和学生等史料。

（一）

民国初期浙江教师教育概况史料

筹设省立师范学校议决案

第一条　师范学校悉遵部颁教育令办理之。

第二条　每旧府属各设师范学校一所。第一师范学校设于杭县；第二师范学校设于嘉禾；第三师范学校设立于吴兴；第四师范学校设立于鄞县；第五师范学校设立于绍县；第六师范学校设立于临海；第七师范学校设立于金华；第八师范学校设立于衢县；第九师范学校设立于建德；第十师范学校设立于永嘉；第十一师范学校设立于丽水。

第三条　前条师范学校已设立之地方将其原有者改为省立未设者。民国三年七月一日以前一律成立。

第四条　新开办之师范学校其校舍以旧有考棚书院衙署等修改之。

第五条　师范学校经费由省税支给之。

（《浙江公报》，1913年第449期，第2—3页。）

浙江行政公署训令第3400号：令饬查照师范规程第八十三条开具事项呈候汇案报部由

令

　　第一师范学校校长　　　　经亨颐

　　第四师范学校校长　　　　孙　炳

第五师范学校校长　　　　孙奠胥

第七师范学校校长　　　　王葆初

第十师范学校校长　　　　王绍志

第十一师范学校校长　　　朱　泉

教育司案呈查师范教育令第二条第一项省立师范学校应由省行政长官规定地点及校数，报告教育总长，分别设立。兹查本省省立各师范学校尚未报。部合亟令行该校长仰即查照师范学校规程第八十三条之规定，将各事项详细开具呈候汇案转报。切切此令。

中华民国二年十月九日　民政长屈映光

（《浙江公报》，1913年第597期，第2页。）

浙江公立女子师范学校附设师范讲习科暂定简章

宗旨：本科专收学有基础之女子，讲习教养儿童之理法，以短期养成多数女教员，促进女子教育普及为主。

学级及学额：定七十五名（每县一人）分编两级

学科：伦理、教育、家事、国文、习字、数学、博物、理化学初步、生理卫生之大要、图画、手工、乐歌、游戏体操、女红

以上各科目中乐歌游戏体操视生徒之年龄体格择习

资格年龄：身体健全，品行端正，并须有高等小学毕业之国文程度，然年在二十岁以上三十五岁以下者为合格。

修业年限：本年春假后开课为始业期，民国四年暑假为毕业期。

编级试验：俟保送来省齐集后举行编级试验（前项试验为国文程度为标准）。

纳费：除学膳费一律免收外，征收杂费（每月六角）及预存费（每学期六元备制校服并课业用品之用盈还亏找）。

保证金：入学前每人预缴十元，除中途自行告退外，毕业时照数发还。

校址：省城横河桥女子师范学校内

附则：关于生徒应守之细则详见本校章程。

（《浙江公报》，1913年第372期，第17—18页。）

全浙教育私议

经亨颐

在浙言浙。吾浙之风土，吾浙之人才，吾浙之物力，均不亚于他省；而名山胜水，徒供游览，文士名流，迭闻他适。物产不谓不丰，财政恒虞支绌。军事费占其大半，司法扩充，犹不遗余力。是谓"不教而诛"之政策。呜呼，吾浙之教育！呜呼，吾浙之前途！

吾观今日浙江之教育，而悲将来之浙江。教育者，根本之事业，基于今日而期于将来者也，早为之图，犹虑不及，因循以往，复何收效之足云。事业之兴，有二要素，曰人与经费。有人而后有经费者，社会事业也。有经费而后有人者，公家事业也。教育固社会之事业，亦公家之事业，二者不可偏废。而今日浙江之教育，此二要素，可谓俱无矣。立法机关之议及财政，恒以教育费作有无伸缩之计。济济多士，有慨于故乡之事无可为，连袂而去，教育界将成空谷，不其殆哉！为今之计，正本清源，对于教育，须有一定之计划，使经费不虚掷，人才不星散，为第一要义。而目前之最大障碍，所以恒起争执者，无非区域问题。虽不独教育事业为然，而于教育尤属无谓也。

区域之阻碍，首曰府界，临时议会虽已废之，而事实上精神上迄犹牢不可破。二曰东西界，天然之钱江，划成浙东、浙西两派。三曰杭州界，杭垣附于省垣，近水楼台，杭人以固有权利而排外府，外府以利益均沾而排杭。是等之卑见，稍知大体者，皆视为毫无价值。夫吾浙以七十五县组成，省垣为行政之中枢，即为七十五县之公共地。凡省垣中应如何计划设立学校，当视为七十五县之公共事业，不得视为杭县一县之事业。即如小学校，当以省费设立之。若囿以杭县之名义，归为杭县之事业，则七十五县之人民聚居于省垣者，其子弟将无就学之所矣。

施教育区首宜划分学区，以便统计。其划分之法，可仿选举区，而省垣当作特别论。以七十五县划为四区，而以省垣作为中区。省垣中户居繁盛，小学校之可为七十五县公有者，惟两级师范之附属小学，且地点偏僻，聚居省垣者之子弟，岂尽足以收容？故中区宜由省费添设小学校至少六所。杭县之第几、第几小学，尤当分设于乡间，亦所以弥其城乡之争执。目下中学校之设，显然以府域分为十一所，而第一中学实不得视为杭府之中学，与其他十所情形不同，亦当作为中区之公共中学。中区而外，既分为四区，每区应设一所或二所，却不必限定，当以就近小学之发达为衡。高等小学之毕业生，施教育者当有必使其升入中学之责任，不得听中学之取舍而置之不顾。中学校招取学生，倘以高小毕业生之报名者过多，选取其少数而弃其多数，必致小学失败，惹起社会之不信任，大为教育前途之阻力。添设学额，或添设学校，行政上之统计不可不注意也。

学校教育，由小学而中学而高等专门而大学，不谓一律并重。小学不可不提倡，以其为国民之基础焉；高等专门或大学亦不可不提倡，以其系地方之文化焉；至中学则不待提倡，介于小学高等专门之间，但须施教育者加以注意。小学与高等专门苟能发达，则中学有必然发达之势。吾故曰每区应设几所，暂可无须规定，以教育眼注视小学与高等专门可也。

……

小学、中学之筹设如是。小学取促进主义，中学取自然主义。小学如能发达，中学亦必发达。中学如能发达，则高等教育尤不容缓。自中央临时教育会议，规定高等教育地点，忘及吾浙。姑勿论其计划之失当，而浙中人士，因是咸抱消极主义，文化坠落，必将大受其影响。行政机关闻之，犹且欣然，喜其经费之可节省，事业之可简便，待中央之命而行，方谓可告无罪于吾浙。虽然中央划定高等教育地点，不及吾浙，并不禁吾浙不得办高等教育也。中学毕业生欲入高等，必须远适南京、北京，讵有不半途而废者乎？甘小就而误大成，人才之不出，文化之退步，自此昉焉。目前本省之所谓高等教育者，如法政专门、医学专门、高等学校、两级师范，皆以门楣已张，维持现状而已。高等学校已停止招生，当然处消极之地位。两级师范，当时优初级合办，本属权宜之计，今已改优级而为高等师范，改初级而为师范学校，岂犹可以两级名义总其称？及早划分，方为永久之计。否则无非待中央之并为国立，而与高等学校同归于尽。难者曰：太过不及，其弊相等。以吾浙一省之范围，中等教员之需要，及财政之关系，设立一高等师范，似不相吻。此言不为无理。高师办法，依新颁部令，共分六科，本科每科须二十人，合全体百二十人。即每年须有百二十人之入学，有百二十人之毕业。以吾浙近状而论，中学毕业生固无如是之多，中等教员亦无须如是之多。虽然，犹有说焉。

教育永无进步则已，中学校岂以十一所为极大限？计划在今日，收效犹在数年以后。高等教育，同组人数，断不宜多。部令定二十人以下，谓至多不得过二十人之意，非至少必须二十人也。近状与希望，截然为二问题。至高师虽分为六科，而分别各科之性质，适半属于文科，半属于理科。竟可仿大学办法，分为文科高等师范、理科高等师范。吾浙认办其一，或文科，或理科。他省效之，尽可联络，以学生互相交换，则人数与经费，各减其半，均恰好地步，且办理上亦有种种方便。事半功倍，既无人才缺乏之虞，复无教员充塞之事。

……

高等师范、医学专门、法政专门，此吾浙已有之学校，属于高等教育者，均有维持之必要。而所以增进文化、聚育人才者，犹有吾浙特有之美德，亦不可不以教育眼而加以注意。西湖具天然之雅，历史之光，岂徒供文人骚士之游览，遂足尽其风趣？因地制宜，以之设立美术专门学校，提倡美感教育，谁曰不宜？夫美术学校之设立，有二目的：曰以地力之美而设立美术学校以利用之，曰以地方之不美而设立美术学校以鼓励之。前者精进主义，后者开化主义。吾浙而无美术学校，辜负湖山，岂不可惜？天然图画，点写不尽；音歌啸傲，山谷共鸣。不能分立美术、音乐为二校，暂不妨列音乐为美术学校之一科。长堤柳影之间，多一点缀，较之红砖叠叠之新建筑，相去不知几何也。

高等教育，吾浙之不可少者，如美术专门、法政专门、医学专门、高等师范。前三者均无中等学校之必要，而师范教育，中等重于高等。吾浙师范学校之设立，至今日尚无一定办法。自前清咨议局而临时议会，皆因地点之争执而废弃之。吾姑不论地点而论办理之情形。与其单组进行而设二校，不若双组进行而设一校；与其各处单组进行而设四校，不若于省垣双组进行而设二校。何以故？师范学校之入学生，取自高小，而高小之毕业程度，甚不一致。例如英文，高小毕业生，有已习者，有未习者，入学试验，无此科目。倘仅录一组，则学生之程度不齐，教授为难。其他如数学，亦有是弊。若双组进行，便可依程度暂分，徐图适合。且省垣为全浙之中区，省垣之方言当为吾浙之标准语。集各属人而聚居数年，融化方言，亦为统一国语之好机会。吾故曰与其分设于各处，不若聚设于中区，而耿耿未除之府界，亦可以免矣。欲实行强迫教育，养成临时师资，又作别论。经常之师范教育，以现状论之，则于中区先设双组进行之二校可也。

……

试而进论女子教育。……古者官师分途，而吾曰官师分性。女子对于国家当负担立国立家之根本事业，自胎教而家庭教育，而学校教育、社会教育，惟女子足以胜任。高官莫如大总统，何莫非女子之胎儿，尤当为女子之学徒，军事吏治均出自教育，大处落目，参政权轻如敝屣耳。

今日之女子程度尚不逮，教育事业，男子姑为之越俎代谋。女子教育当以开拓女子师范为唯一之方针，以冀及时交代，无论小学、中学、大学，尽以女子执教鞭，则吾愿始偿。吾浙之女子教育，由公家设立者，仅一女子师范。此届议会，甫有女子中学之议案，而即时废弃不能成立。所以废弃之理由，若谓女子教育不必扩充也，则吾复何言。若谓女子教育暂不必设中学，仅以女子师范，而女子高等师范，则吾极赞成。洵若是，则当以女子中学之经费而添设女子师范。

女子以教育为己任，此女子对于国家之义务也。师范而外，女子亦不可不别图生计，则曰女子职业学校，亦必不可少。职业学校与实业学校不同，实业学校如农工商，亦均非女性，省垣有私立女子实业学校，其内容为职业。男子既有实业学校，女子当有职业学校，至少省垣当由公家先设一所。

……

呜呼，坐而言易，起而行难。有其事无其人，有其人无其经费，有其经费无其精神，亦徒呼负负也。然天下事未可概作消极观。始创之事，必多未良。惟其未良，可以改良。必欲一举而臻美备，则成立无日，进步无望矣。吾浙不乏热心教育之君子，倘无下怀相洽者，盍让我以坐而言之易，而匡我以起而行之难。馨香顶礼，全浙幸甚！

（《教育周报（杭州）》，1913年第3、5期，第1—7页。）

改革现行师范教育制私议

经亨颐

现行师范教育制，有改革之必要，近日教育界，几成一致之论调。夫现制曷为须改革，是盖确见有不改革之窒碍与夫不可不改革之理由。概括言之，现行师范教育制度，受中学之牵制，其教课与程度，皆与中学比较而定，非由理想而定。故现行之师范教育，可谓无独立之精神。师范毕业生，有入高师之资格，因此一说，遂致师范课程，强与中学相混合。顾小失大，莫此为甚。师范毕业生，以服务社会，任小学教员为原则。故师范教育之责任，在教授学生以小学教员所必需之知识，为小学正教员所应担任之学科而已。养成小学专科教员，已非师范教育之专职，而况高师入学所应有之知识，谓必于师范学校教授之，宁非大谬！故余对于改革现行师范教育制之意见，从根本着想，得二要领：

（一）与中学脱离连带比较之关系。

（二）师范学校之组织及考查成绩宜特别规定。

由第一要领，得下之三种意见：

（一）废止第二部。

（二）缩短年限，为四年毕业。

（三）修改课程，减少外国文。

试依次述其理由。查师范学校第二部之办法，取中学毕业生，授以中学所无、师范所有之教课，移花接木，冀得有第一部同等之人才。此制日本有之。而揣其所以设第二部之原因，其为小学教员不足用欤？抑为中学毕业生过多欤由后之说，不合我国近情；由前之说，不合教育原理。教育者宜有特别品性，即师范生宜有特别训练。中学校之训练，与师范学校之训练不同。以中学四年毕业，加以师范第二部一年，纵或可与第一部得同等之学力，决不能得同等之品性。是第二部毕业生，不能认为稳定之教育者，则因教员不足用之目的，而设第二部之说为无理由。至如中学毕业生，我国今日正无虑其过多。且毕业各生于小学教员，多非其所愿。即强使就范，而教育界固未甚欢迎也。

近时各师范学校，皆未办第二部，其理由尚不在此。教员未实行检定，中学毕业生，欲为小学教员，自信已绰有余裕，不愿再入第二部；而为师范校长者，又以仅仅一年之训练，于完成教育者之人格，殆无把握，故多未办第二部。今从根本解决。师范因与中学课程大略相同，致有此移花接木之办法。今既主张与中学脱离连带比较之关系，则各学科与中学异其程度，异其教授法，支分派别，性质截然不同，虽欲办第二部亦不可得矣。

第二部既废止，则修业年限，必多于中学一年又奚为哉。理想之师范教育，决无比较中学及其他中等实业各校必须增加一年之理由。所以定为五年者，亦以与中学比较牵制，故留第二部之余地耳。中等实业，养成中等专职之人才；师范学校，养成小学教员，亦为中等专职之人才。同是中等教育，修业年限，似宜一律；且缩短为四年毕业，决无程度不足之虞。普通学科，宜重形式的教授，程度不妨稍低。其课程标准，宜另行规定，庶师范教育有独立之精神，关系于教育前途岂浅鲜哉！

况欲普及教育，师范生宜及早养成，缩短一年，则国家以同样之经费，可多得五分之一之人才。吾国近时之国民程度，以四年毕业之师范生，出而任小学教员，决无不合。现行师范课程，学生之精力，大半用于英文。若英文减少，即缩短一年，其他成绩，尚可望优于从前。故减少英文，为修改师范课程之第一条件也。

师范生曷为习英文，大可研究。或谓与中学比较及为入高师之预备，尚宜增加英文时间，固属谬论。又或谓高小有英文一科，师范生不能不学英文，其说亦未正当。据余之经验，如现制教授英文，毕业后未必能胜高小英文专科教员之任。语学与其他科学不同。高小之英文教员，确非师范生所必须担任，不若另聘专科教员之为愈。洵如是，则师范生无习英文之必要，何如毅然除去。近时教育界持此主张者亦不乏其人，惟管见则仅主减少，尚非绝对无外国文也。四年平均每周二小时，亦不可少。世界变通日繁，普通名词及学者姓氏之拼音，亦有能读之必要。但其目的，非为授人，聊具常识而已。

次由第二要领更得下之三种意见：

（一）以省为师范学区，每省由部任师范校长一人。

（二）师范学校均设立于省垣。

（三）考查成绩宜特定主课。

师范教育既尚独立之精神，则主持师范教育者尤不可无统一之训练。

倘省自为令，校自为风，则师范生不一其品性，即教育者不一其意见，大非教育之福。各省师范学校，或多至七八处，而彼此极少联络之机会，其内容各不相同，恐欲谋教授之统一且不能，更无论训练。师范教育，训练重于教授。一校之训练，以校长为其中枢。而为校长者，性情知识容有不同，且既有主持一校之权，难保不孤行己意，不屑取法于他人。纵有公共议行之事件，而愿者遵之，不愿者仍各行其是。群学不明，精神涣散，此吾国人之通病，所无容深讳者也。夫师范教育，为国家事业，宜全国统一，不宜委于省行政之下而散设各处任其分裂。第以何法统一之？曰研究会也，曰校长会议也，皆属形式之举。我国近情，法令与实际，不相符合。引用同一条文，往往因人而异其解释，我行我事，阳奉阴违者，不知凡几。是故以法令统一之，曷若以人统一之！法令可以统一教授，不能统一训练。欲训练统一，则非有统一之人不可。师范学校不能直辖于中央，不得已以省为学区，仍由部任师范校长省一人，专任一省之师范教育，则全国统一之宗旨，犹庶几近之。

师范校长，既省仅一人，则师范学校不宜分设于各处，宜一律设于省垣。统计全省需用小学教员之数，分为数所。其名称不曰某省第一师范、第二师范，而曰某省师范学校第一部、第二部。各部置主事一人，承校长之旨，主持各部教授管理等事项。校长则以训练为首务，发挥一致之精神，巡回而督率之，期于全省师范生品行学业得齐一之成绩，故师范学校非尽设于省垣合而为一不可。而所以从宜合而为一者，非以仅便校长一人之督率已也，尚有其他至要之理由在。

师范教育与普通教育性质不同，学生人数宜有一定之计划，不宜少亦不宜多。少则不足用，多则不能用。中学校之所以分设各处，以学校就学生也。若师范学校，当以学生就学校，无须以地方争。一省之师范生，全省各处皆当服务。顾欲使全省各处皆可服务，又有一至要之问题，即语言是也。如吾浙各旧府属，方言各异，甲地之师范生，往往不适用于乙地。语言之不统一，实为教育之大障碍。欲有以统一之，不得不于师范学校特加注意。听其分设各处，从乡语授乡童，则国语永无统一之希望。集各处学生，在省垣昕夕相处，至数年之久，先以陶成一省之普通语为目的（浙江第一师范学校以能讲省垣普通语为考查实习成绩之条件），使乡音土语，渐移默化，而后统一国语，易以着手。故师范学校一律设于省垣，实有融化方言、统一国语之大作用寓乎其中也。夫统一国语为教育上最要问题，亦为最难问题。骤其收效，决无方法之可言。惟有自师范教育入手，乃能致渐移默化之功。舍此可断言无统一之时期也。

尤有进者，一省之师范生，共同相处，皆为同学，可免毕业后意见之分歧，乃服务竞争之恶现象。教育之效果，于教育者一致精神中得之；倘意见不一，何异数学之正负相消，成效更于何有？现在师范学校分设各处，恐将来各校毕业生日益增加，各以母校而生派别，籍贯问题、区域问题，随之而起。其结果此派彼攻，彼派此击，将演成倾轧排挤之风，门户党派之忌。纵事实或未必致此，而以吾国人之习惯揣之，不能不为此过虑。若以省为师范学区，籍贯区域，可一律打破。近人言教育者，每有普及师范教育之说，此言实根本于籍贯区域之谬见而来。须知师范教育，无所谓普及，但求足用可矣。各处之风俗习惯不同，职业之趋向自异。倘某处师范志愿者少，教育将听其不发达乎？必无是理。假普及师范教育之美言，拟于省垣外各旧府属遍设师校，实属谬妄。若以校数增多为教育成绩，更不敢赞同。合全省需用师范生之数，设学校于省垣，至多设至六部，必已足容。省垣为首善之区，聘请教师，参观学校，尤多种种便利也。

师范学校之宜特别组织，由于师范生之宜特别陶成。师范生既宜特别陶成，故考查成绩，亦不能与中学校一律办理。学校非徒授知识已也，人格之养成，本宜注意。至师范生则须出而为小学教员，种瓜得瓜，种豆得豆，其影响及于社会尤为重大，故师范生宜特别注重操行成绩。查部章操行成绩考查规程，学业仅能及格而操行列丁等者，不得升级毕业。学业虽不及格，分数相差不及十分之一，而操行列乙等以上者，亦得升级毕业。较诸前清，品行并入修身计算，已加注意，但其效力不过升级毕业一时之关系。而办理不认真者方且因此开舞弊之门，此大不可也。夫学生成绩，当然合学业操行二者而言，似不必作进退活动之规定。师范生既特重操行，至少须以操行学业平均计算成绩。至考查操行之宜慎重，校内全体职员，固当负完全责任也。

他如学业成绩之考查，部章以平均分数及格与否为准，亦有未妥。学生平时之自习，恒有偏性，未能平均注意。往往有自恃某科成绩尚优，他科虽零分亦无妨者。甚至年复一年，竟舍他科不习，而升级如故。师范生毕业后，以小学正教员为当然之任务。小学正教员必须担任国文、数学二种。而此二科目易生偏性，往往喜习国文者嫌数学，喜习数学者嫌国文。若仅以平均分数为准，恐师范毕业生将有不能胜小学正教员之任者，于师范教育之宗旨，不几名实不符耶？故师范学校宜特定主课。拟以国文、数学、教育三门为主课，有一门不及格者不得升级毕业，庶使主要之科目不至或有偏废，亦根本改革之一端也。

减少英文及特定主课，皆使师范生志愿稳固之必要条件。或虑师范学校不重英文，恐入学者减少，于学校发展有碍。此种影响，容或不免。然学生即减少，而其志愿较为稳固。察近来师范学校新入学之学生，大都随意投考，初无何等之斟酌，以为课程与中学相若，仍视为普通教育。求其为研究师范教育而来者，十不获一二。故未毕业以前，实未可认为师范生，盖其志愿多未稳定，恒有中途托故告退者。入学人数与毕业人数相差之巨，此为根本之原因。国家栽培师资，收效如此，宁非大不经济！纵有追缴学膳费之规定，已属消极之末策。课程修改后，与中学截然二途。在志愿未定者，不敢以犹豫之态度姑为一试。既入学者咸抱一教育为己任之宗旨而来，在学四年，安心学习，其成绩必当优良。加以特定主课，尤足为师范生具有应用学力之保证，于任用问题，亦大有关系也。

以上由二要领，具六种办法，皆对于师范学校而言。最后就高等师范亦稍有意见。近时有创废止高师之议者，姑无论能成事实与否，而教育界有此动机，殊为可慨。夫学校之设，断不仅以学力相较，以师范教育徒为授与知识而设，则不特高师可废，即师范学校亦何尝不可废。如以养成教育者人格为前提，则高师与师范学校皆有特别办理之必要。日本若溪赤门之事，为生活问题，非教育问题，识者讥之。有师范教育之特别名称，当有师范学校之特别设置。高等师范，为中等教员之所自出。若仅就知识论，大学毕业生，固有过之无不及。惟大学分科过多，中等学校若用大学毕业生，势将聘多数教员分任，未免于教课有寸断片裂之虞。查学制，大学而外，有各种专门学校，阶级与高师同，诚为养成实用人才而设。否则既有医科大学，医学专门亦可废；既有法科大学，法政专门亦可废。况乎师范生有特别品性之要求，彼谓高师可废者，实局量偏浅之见？仅知其一，不知其二，无足道也。

高师必不可废，即所以保持师范教育之特长。主持高师者，既宜注意于此点，而高师与师范学校，尤贵有联络之精神。由此要领，对于高等师范之办法，有下之二种意见：

（一）高等师范分设文科、理科，各省得联络分办。

（二）各科均宜以教育为主要科目。

高等师范，系分科办理，此与师范学校所不同。查现行制，高师分为六科，文科、理科适各得其半。除中央宜完全筹办一校为全国模范外，此外不必规定地点，即责成各省师范校长另办一高等师范部，或文科或理科。招生时，仍宜六科志愿并收。本省如办文科，则以理科学生送于他省，而再收他省之文科学生，合人数约五六十人。此法于浙省近情，甚为适合。他省虽未知如何。料无大差。今昨两年，浙省代招北京高等师范学生，投试者颇多，纯为中学毕业生师范毕业生之竞争试验，约七人中始取得一人，不无辜负青年入学之志。我国近情，专门学校恒苦于招生不易。

故遇有中学毕业生，即来者不拒，如高师之竞争入学，可谓绝无仅有矣。

或疑如此办法，似恢复前清两级师范之制，是又不然。盖两级师范之缺点，在两级学生共同一处教授，今则另设一部，决无此弊。且师范教育之精神，得以一贯。中央虽规定高师地点，迄未实行，其原因为经费无着。如各省连络分办，是项经费，当然由省行政费支出，而各省仅办文科或理科，亦轻而易举。近察各省有虽非部定地点依旧办理高师者。然一省之财力，究未能完全设置。故分科改办，亦适合各省之实情。在中央可不筹经费而高师遍国，在各省平均负担而教育得以发达。法令与事实不致有所抵触，且易于实行。目下或未能各省一律照办，且需用中等教员亦不须如是之多，则此省之毕业生，尽可服务于他省，本不宜以省界分畛域也。

高等师范与师范学校，皆宜特重训练，故同一校长，尤为得宜。其注重操行，固当与师范学校更高一层。学业既分科，各科均有主要科目，则对于教育一科，或不如师范学校学生之专注。因专科学问程度较高，兴味注意，不无为其所夺，此高师学生之通病，不可不积极的纠正。故非亦以教育定为主要科目不可，庶高师毕业生，皆能胜教育教员之任，而教育专攻科之设可以免矣。

（《教育周报（杭州）》，1915年第94期，第1—11页。）

关于女子师范教育之意见[1]

经亨颐

女子师范四字，宜扬读师范二字，抑读女子二字。女子师范为特殊之女子教育，非一般之女子教育。余已论一般之女子教育，宜取贤妇良母主义，而女子师范教育，断不仅以贤妇良母四字概括之，致失师范教育之本意。如谓女子师范亦仅以贤妇良母为唯一之要旨，则女子师范毕业生，其足迹仍不出家庭宜其为少奶为夫人。不复问社会上之教育事业何贵乎？女子师范学校曷若改为女子中学，盖女子中学与女子高等小学，当然以贤妇良母为唯一要

---

[1] 节选自经亨颐所著，原题目为《关于女子教育及女子师范教育之意见》，本题目编者改加。

旨。女子师范之学生自高等小学而来，非径自不良之家庭而来。所谓贤妇良母主义之教育已受之数年，至入师范学校，为受师范教育之时期，与男子乎何异？

女子师范与男子师范仅异一字，而此男字女字，亦非男女二字之全称，故非就一般教育以论男女之区别，仅就师范教育以论男女之区别。例如蒙养园，宜于女子不宜于男子。教课之略有区别，部章已有规定，如男子师范习农业，女子师范习园艺、家事。其他论男女个性上之注意，则男女师范分别办理，仅可异其训练方法。论男女生理上之注意，则女子师范之兵操可免，其体操时间较男子师范可减。除此个性生理二点之外，女子师范与男子师范决无有办法不同之理由，如谓女子师范寄宿舍之组织宜仿家庭制，则男子师范寄宿舍之组织亦宜仿家庭制。女子有家庭之责任，男子何独无家庭之责任？家庭中有女子，家庭中岂无男子。无男子之家庭为无父无兄无弟无夫无子之家庭，今日社会上认为不幸之家庭。女子师范之寄宿舍中无男子，其仿家庭制亦仿不幸之家庭而已，于教育何取？于社会何补？女子师范寄宿舍之组织宜仿家庭制，此言实近咒诅，否则亦属戏谑。谁为父，谁为兄，谁为弟，谁为夫，谁为子，角色不齐，将如梨园之假饰。抑或合并男子师范共同组织，岂不可笑。他如器具之陈设、食事之组合，倘如家庭之琐细，学校将不胜其烦矣，乌乎可。又所谓模范家庭者，亦属非是。自称模范，不知令何人模之范之，此意殊不明了。夫家庭之组织与家庭之经济及其他原因有密切之关系。社会上无数之家庭均不相同，决不可强使之同。故组织模范家庭，令一般社会之模范之，不特自信太甚。抑亦不揣事实之空谈而已。如谓令女学生将来作家庭之模范，学养子而后嫁，固无不可。特恐模范之主观过强与其实在之家庭未能近似时，则余上述偏于部分的和好之过虑，即自此启其端。原模范之意，不尚丰而尚简，不尚奢而尚俭，无论极简极俭之设置，应有尽有，已不能适合于一般社会。吾浙女子师范学校，因绌于经费，贷大宅为校舍，余病其非宜。盖学校之生活，亦有共同相处之特色，女子师范生将来亦有创办学校之责任，何必以家庭之范围囿之也。

吾国家庭之习惯，男子除负担经费外，几绝对不负其他琐细之责任。在殷富家之子弟，竟不知家事之内容，而其女子却不若是之甚。余且谓男子教育宜稍输以家庭日常之知识，以分女子之苦。檀那归来，跪迎于户，此日本家庭之恶习。彼以日本女子师范有此办法为论据者，实女子教育之根本意见大相反对。吾国之女子教育、女子师范教育皆绝对不宜取法于日本。盖社会之习惯不同。日本之贤妻良母，与余所主张之贤妇良母，意义亦大不同。所谓家庭主义者，与模范家庭及家庭制之意义又不同。家庭主义为抽象的，模范家庭与家庭制均为具体的，故家庭主义，不特一般之女子教育宜遵守，即女子师范教育，亦非废弃。余已声明非绝对不宜取家庭主义，为不宜绝对取家庭主义。若模范家庭与家庭制，不特女子师范所不能行，即一般之女子教育，亦不能行，行之亦有名无实自欺欺人而已。

家庭主义，以抽象的训练则可，以具体的组织则不可。女子师范之家庭主义，更不必特加注意，如为训练起见，则余敢陈一意见。女子师范校长及学监教员之家庭，当然有模范家庭之资格，可令女学生轮值服务，一举两得，于事良便。如校长、学监、教员之家庭不克为模范家庭，则以若而人组织模范家庭。所谓模范家庭者，亦可想而知矣。余非孜孜好辩，实于理论上有所不容，或谓今日社会之情形，事事依据理论，将百废莫举，虽然理论即自事实发生，于理论未能适合于事实，亦未必尽妥。因不能适合，遂弃理论而仅顾事实。此消极的办法，为教育上所不取。愿当世教育家共商榷焉。

(《教育周报（杭州）》，1915年第109期。)

今后学校训育之研究

经亨颐

吾国办学已数十年,训育岂无研究,何待今后。自经此次五四运动学生风潮,凡教育当局者,无不以恢复原状为言,则今后之学校,亦依然如故,何必特别有所研究。虽然,今后二字,究以何为标准?五四运动学生风潮以前,早见有今后之教育今后之人生等文句,形诸篇章及各名人演说,盖指欧战以后而言耳。兹题之所谓今后,虽若指五四运动学生风潮而言,要之其根源仍当视为欧战以后,并非以浅近之心理,讳言五四运动学生胜利,不愿因此促我研究也。或曰今后学校,固当改革;但因学生风潮而改革,决不相宜。盖恐嚣张无可言训育也。故必倡言恢复原状。宁俟恢复后再改革再研究。此仍不失教育者自高自下之心理,与学生闹意气而已。甚且并学生风潮以前本有今后如何改革如何研究之动机,反因此而辄止。倘果能恢复原状,教育当局者,或不免自鸣胜利,而忌其改革,忌其研究,则此次学生风潮,洵为教育改进之阻力矣。此余之所深虑,不得不有所陈述也。

蔡孑民先生致全国学生函中,虽亦有恢复原状一语,决无上述之心理。原状、原状,究指如何原状而言?自余思之,原状云者,开校上课而已。至其他遵守校规,服从命令,余岂不赞成,惟有紧要一语,要求学生恢复原状,教育当局者万万不可恢复原状;教育当局者如仍恢复原状,可断言学生万万不能恢复原状。故今后学校训育,有研究之必要。欲研究今后学校之训育,盍一回顾从前学校之训育。余尝闻参观教育者之言,询问各学校训练情形,多以管理或规律为答。又尝闻中等学校教员之言,小学校训练不良,故中学生难以约束。又某部视学前在会演说,赞述日本学校中之训育曰:"学监坐而办事,学生经过其后一丈以外,相向行礼,而学监不觉。"如此性质之训育,即从前学校之原状。概言之,以服从二字,为训练之终极目的而已。

夫训练论中非无服从二字。第训练论中之所谓服从者，不过由他律进于自律之初阶，与法则上之所谓服从，截然不同。法则上之所谓服从，为学校对于学生强使服从。训练论中之所谓服从，为学生对于学校愿意服从。善言训育者，学生对于学校愿意服从，犹虑依赖不能自立。至若学校对于学生强使服从，此不得谓训练，即压制而已。是故压制不能，造成依赖。盖一则法则上之服从，一则训练上之服从，根本两歧。即一则教师本位之训育，一则学生本位之训育。教师本位之训育，无关于学生。故今后训育之第一要义，须将教师本位之原状，改为学生本位，自此始有训育之可言。余故曰从前无训育，今后有训育。

学生本位之训育，颇不易言。而于此次学生风潮，默察种种行为，彼谓嚣张不可收拾，而余则谓学生本位之训育，得所着手。余并不阿［呵］护学生，暴动殴人，决非所宜。试观各处协助学生之函电，究根据如何理由，不妨汇集而细审之，大异小同，皆以学生行为，认为纯洁，无其他一利禄之私为交换条件而已。余就将此纯洁二字，作为学生本位训育之入手方法。如何能使学生时代纯洁之精神维持至毕业后而不失？于今日之社会，高谈其他各德目，犹如油纸设色，且多不合时势，非先使心地光明不可。平心而论，今日社会中，谁能以纯洁二字超过学生？即校长教员，亦恐不及，其他政客污吏无论矣。虽然，学生纯洁之精神，斯时犹不在各人之品性上，不过在抽象学生之名词上，一经毕业，即失却此精神，而与社会同流合行。今日之所谓卖国贼，何莫非当时慷慨激昂之留学生？尝闻赞许此次学生者曰，今日社会，无人能做事，厥惟学生。自余思之，此言亦可作讥笑解，今日学生能做事，他日非学生便不能做事。必须改为今日社会无人做事，惟学生出身之人能做事，余心始安，学生始有光荣。总之在校为学生，与将来在社会做事，切不可判若两人。当如何使之合为一人？今日抽象学生名词上之纯洁精神，如何使之印入于具体各个品性之上？觅不到这一种接合剂，即无所谓训育。此接合剂要即学校与社会之接合剂，学生时代，不使其在社会服务，故学生之精神，永不出学校以外，永不能印入于学生之品性，永不能适用于社会。故今后学校训育之方便，当使学生服务社会为第一要义，养成其纯洁之品性，为学校社会过渡之作用，奈何一般教育当局者，但知恢复原状，仍思将学生牢牢关住在学校，不准服务社会。以为学生一出校门，必致扰乱，非根本禁止不可。因噎废食，实不解其用意之所在。上海某校长在学生联合会演说，有云今后学生，当使负监督选举之责，可谓得其要矣。官厅议会闻之，必将斥为荒谬。吁！是恶学生之纯洁，甘使社会不纯洁也。冲突何自起？起于反向，夫亦纯洁与不纯洁而已。

上所述为今后训育之方针。试进言今后训育之责任。每晤教育当局者，佥曰今后难言训育，吾辈不能负完全责任。余要还问从前训育，何尝容易，何尝负责任。余深恨负完全责任一语，作无交代之结局。况训育可否负完全责任乎？师弟[生]之关系，今昔不同。昔人终身一师。某为某之师，某之师为某，行为举动，无不确肖其师，视师之一生，终身学之不及，而青出于蓝之望绝矣。人生之发展，为倒缩退步的状态。今则不然：各时代之学校，有各时代之师，即终身多师，不特校内多师，且有校外无形之师：随风逼来随潮涌来之师，更不及防。故今日为校长者，犹本昔日终身一师之义以施训育，以为我校之学生，由我负完全责任，惟我之训是听，不准听校外他人之训，尚可得乎？包办训育，换言之，即专制训育。学校教育之性质，本不如是，非今后始宜改革也。一校中亦有多师，各教师训练之方法，亦容有不同。故教师本位之训育，万不能行于今日之学校。本位太多，万难一致，终身多师，此其身为学生之身。故学生本位之训育尚焉。以各教师之本位论，可不必负完全责任，但不能不注意各教师本位以外，影响于学生者如何。无形之师，随风逼来随潮涌来之师，实为教师与学生共同之师。既为师便无师，不负责任的，漫言负完全责任，无所谓难。今后之训育，只须言负责任，不必言负完全责任。故余又曰从前训育难，今后训育易。

负完全责任之训育，其弊之最著者，莫如操行成绩之评定。甲乙丙丁，究不知如何写得出来。某生为甲，某生为丁，非负完全责任，曷能决定。而某生某教师定为甲，某教师定为丁，则将如之何？平均而定为乙或丙，实属儿戏。且学校中之操行成绩，与其毕业后在社会之能力及信用，多不相合。尝留意各小学校操行最优者为何如人，指而睨之，类皆文彬彬者，毁言之，即本驼是也。今后学校，竟可废止操行考查，免使教育者昧良心，失信用。为必须造表报告官厅，是奉承一法字，不顾蹂躏一德字。教育行政上要此甲乙丙丁之表册，不知究有何用处。如谓某校甲等多于某校，即视为训练成绩优于某校，亦应官厅自己设法考查。各校各自所定，标准方法均不同，何得为凭。或曰："废止操行考查，则汝之所谓训育，直是不负责任也。"余应之曰："训育之责任，是否在考查操行，非先有训育之实质，徒事考查之形式，试问所考查之训育，是谁之训育？考查天然之训育，考查本能之训育，抑考查自己所教化之训育，如有教化，不在考查。"又或谓废止操行考查，管理学生，无所借以处分。盍一察近来学生之心理，对于操行成绩，已视为全无价值矣。当学校始创时，但闻学生计较操行分数，今则寂焉无之。初以为公平心服焉，殊不知不屑计较，视为无足重轻也。近来中等学校学生之态度，类多如此。即对于学业成绩之竞争，亦不如从前之热心，试验亦多流弊。学业成绩考查，纵不能废止，而毕业或学年变更时名次等第之表示，亦可不必。学生名单，始终以姓字笔数为顺可也。

从前无训育，今后有训育。学生本位之训育，方法上即所谓指导是也。从前训育难，今后训育易，不必负完全责任之训育，作用上即所谓陶冶是也。曰指导，曰陶冶，训练论中习见习闻。教师本位之训育，决不得谓指导；负完全责任之训育，是禁止陶冶，余亦今日始觉悟者也。或曰："指导与陶冶，无所凭借，如何交代？行政上所定各规程，直接所以取缔学生，亦间接所以取缔教师，使之不得不交代，以促其不得不注意也。"吁，为教师者，必待行政之取缔，实已失其教育者之资格。官厅常以法外行为四字，为加罪于人之口头禅，请勿加罪于教育者。夫法外行为与不法行为，意义不同。道德之范围，大于法律。法外犹有道德，道德即未来之法，道德以外，始为不法。若不予教育者法外道德之余地，断断焉拘守法则是务，直可谓死教育死训育而已。余敢立一新定义曰："教育者，纯洁无私之法外行为也。纯洁之学生，惟纯洁之教师可以训练。欲使学生服务社会，教师亦必先自服务社会。"谨愿当世纯洁之教育者，服务社会之教育者，有以匡我不逮也。

（《教育潮》，1919年1卷3期，第41—46页。）

改革师范教育的意见

经亨颐

我国现行师范教育的制度，都说应当改革，应当改革，已经听得多年了。教育会联合会中，屡次提及这个问题，可惜所提出的枝枝节节，不过课程的修改，没有从根本想一想。研究师范教育的制度，就是要研究师范学校的设置和名称究竟对不对。如师范学校的设置和名称，根本的不对，那是仅仅修改课程一定不中用的。什么叫做高等师范？又叫做师范学校讲习所？这种名称，不消说得，都是抄袭人家的，糊里糊涂沿用了多少年，现在应该已经觉悟。从前或以为法令的东西，不好随便更改，总说"为慎重起见"，再看看世界大势，再听听教育家的研究，其实终有一天要改，究竟等到几时？我已经心焦起来。如今欧战告终，思潮革新，万难遏止，难道还不是决心应当改良的时候吗？改革是总要改革的。就是全体的学制，也有许多不妥的地方。我要先把师范教育来研究，因为"师范是教育之母"，师范教育和全体的学制，好在没有什么多大的关系，可以分作两个问题讨论。全体的学制暂时不改，或将来实行修改，师范教育上都有说法可以解决的。最要紧的是义务教育年限问题，也有说明在后面。师范教育为什么要改革？应当把现行师范教育的缺点，一一写出来，给大家看看，再把必革的办法，和大家商量。

高等师范的名称，实在很不妥当。我并不是主张废止高等师范，是主张废止高等师范的名称，要废止高等师范名称，就要改革高等师范的内容，减少高等师范的责任。师范两个字，已经是非常尊重的，再加高等的形容词，好像富贵再加一个大字，总统再加一个大字。这种重叠的名称，不知道是什么意思。日本近年来为高等师范的问题，一方面倡废止论，一方面倡不可废止论，说得天花乱坠，无非是赤门茗溪两派饭碗里面的话，并不是从教育原理和师范的责任上面着想，我很不佩服。平心而论，现在的高等师范要算教育精神唯一的机关，实在是勉强的。据我想起来，研究纯正教育和各科教授上需要的教育原理，是两个问题，不能混在一起的。高等师范的各科毕业生，至多明白各该科教授上需要的教育原理罢了。各科教授上所需要的教育原理，和担任教育学，教授纯正教育原理，一则是形式，一则是精神，实在是不同的。现行的法令，凡是高等师范毕业生，都允许他能担任师范学校的教育教员。但事实上请他们担任教育一科，都是怕试试的居多，非有一种特别的努力，是不敢担任的，这也难怪他们不能胜任。要晓得高等师范各专科的学生，在学的时候，各专科的课程，实验哩，演习哩，已忙得不得了，分一点精神注意教育，是很难得的。凡百学问，自己略略能明白，未必就能够教人。所以现在的高等师范，要算教育精神唯一的机关，是很勉强的。怪不得高等师范里面还有叫做教育专修科的办法哩。

高等师范学校里面，办教育专修科，好像是矛盾的。不是教育专修科的学生，明明不是专修教育，高等师范的各科，办他做什么？各专科的专门程度，一定比不上大学。所以倡废止高等师范的，就根据这个理由。但是现在想起来，这个理由却不能算充足。因为高等师范的各科，虽不是专修教育，但是在各中等学校教授各科，到底不可不明白各科教授上需要的教育原理。况且大学的分科办法，是全凭学理的，和中等学校分科担任的办法，一定不能适合。所以我不是主张废止高等师范，就是不主张废止高等师范的各分科。我要废止高等师范的名称，究竟是什么道理呢？就是要废止冒充专修教育为教育精神唯一机关的责任。但现在高等师范既然办了教育专修科，好不好维持教育精神唯一的机关呢？这个问题，据我看来，也是勉强的，且有流弊。现在高等师范办了教育专修科之后，恐怕各专科的学生，对于教育的注意，比从前更要退步了。且教育专修科的名称，终觉得有些不三不四，不如爽爽快快把教育精神唯一的责任归到大学里去。大学里面应该正正当当设一教育科。高等师范的高等两个字，讲文法，讲性质，讲责任，都应当废去，干干净净的称为师范学校。不过师范学校所养成的教育，分为几种，养成的年限，分为几期，这一种养成中等学校教员的师范学校是最后的，应称为"第三期师范学校"。

现在的师范学校，就是养成高等小学教员和国民学校教员的师范学校，有什么不妥当的地方呢？据我看来，就是一个学校，一样课程，养成两种教员，是很不妥当的。现在师范学校学生的心理，毕业之后，叫他去做国民学校教员，都有点不愿意。国民学校的教员，本是不容易做，但不容易做的，是方法问题，不是学力问题。叫大学毕业生去做国民学校教员，也是不容易的。现在师范学校的课程，为养成国民学校教员，实在太不经济，为养成高等小学教员，却未必能胜任愉快，毕业后要去升学，更觉得不充分。一个学校里面的学生，毕业之后，有三种式样，做校长的实在是办不了。俗话说："一个和尚挑水吃，两个和尚抬水吃，三个和尚没水吃。"师范学校有三个目的，恐怕都不能够达了。这三个目的当中，养成高等小学教员和升学的两个目的，还可以勉强相合。带着一个国民学校教员的目的，实在是不能相合。所以我的主张，要把国民学校教员和高等小学教员分别养成的。现任不是还有讲习所的办法吗？讲习所的毕业生，也可以做国民学校教员。难怪师范学校毕业生不愿意做国民学校教员。有的说师范学校毕业生，也有优劣，高等小学教员和国民学校教员，听他自然淘汰罢了。这个理由，是很不充分的。一个学校里面，同时毕业的学生，虽不能说没有优劣，断不应当如此存心。大学的毕业生，也有优劣，各专门学校的毕业生，也有优劣，听他自然淘汰到哪里去。无论师范毕业生，或专门学校毕业生，将来成功不成功，可听他自然淘汰,最初的服务问题,不能就说淘汰不淘汰,这是法令上应当明明白白规定的。做国民学校教员和高等小学教员,所需的学识,的确是不同,恐怕还要比做高等小学教员和做中学校教员相差得多哩。

现在高等小学的毕业生程度不够,这是和国民学校连带观念的缘故。前清有两等的合称,是袭用日本寻常、高等并设的制度。现在初等小学已经改称国民学校,高等小学的高等二字,本来没有根据了。从学制系统上看起来,国民学校是独立的高等小学应单称小学,和中学、大学是联合一气的。譬如树体,国民学校是根,小学中学大学是干,其它的各种学校是枝叶。所以国民学校的性质和高等小学的性质,是不同的。高等小学的性质和中等、大学的性质,倒是同的。叫师范学校毕业生,做国民学校教员,又做高等小学教员,又做中学校教员,性质还是相同,不过是学力不同。不知道制定这法则的人,是什么用意?恐怕还是两等小学的旧观念还没有改变哩。有的说,并非是两等小学的旧观念,这是义务教育问题,将来义务教育终要增加年限。据我想来,这也不成问题,义务教育增加几年几年这是指被教育者一定要受几年教育的意思,并不是施义务教育者一定要教几年的意思;学生本位和教师本位不可看错。现在规定国民学校四年,高等小学三年,如以四年为义务教育,这是偶合,如要增加,应当体察国民经济力,一年一年的增加。据教师本位的观念,恐怕不加则已,一加要加三年,这是极没有道理的。所以我的意见,义务教育的年限加不加和师范教育没有什么关系,加一年加二年,都是学生就学的问题,不是教师的问题。义务教育几年,一定要同一个教师教了,也没有这种规定。假使将来要连中学归到义务教育,难道也是一个教师担任到底吗?总之现行的师范学校目的不清,师范毕业生资格不明,这种师范教育,要算"教育之母",这是"妾身未分明"的母,"何以见姑嫜"。我所以主张养成国民学校教员和高等小学教员分别办理,高等小学应正名为小学,养成小学教员的师范学校,称为"第二期师范学校"。

再要讲国民学校教员是怎样养成呢?先想想现在的国民学校教员是怎样

养成。现在的国民学校教员,一种是师范学校毕业的,一种是讲习科或讲习所毕业的。师范学校是五年毕业,讲习所已经办过的,只有一年毕业,入学的资格,讲习所还不及师范学校。这两种人,学力相差很多,叫他一样的服务,好像把国民学校的教员,不论精粗美恶和盘收拾的样子,糟极不糟极。这种法令,简直是欺人的,试平心想想,国民学校的教员当然是要郑重的,但也不能有多大的期望。近来一般看待国民学校教员,有的看得太轻,有的不免看得太重。究竟裴斯泰洛齐这样人物,不可以期望一般人的。国民学校教员,理想应当如何高,责任有如何重,这是不管他的死活,随口说说的。国民学校教员的理想和责任,不过是国民学校教员的理想,国民学校教员的责任,究竟不能把教育全部的理想,教育全部的责任,加在国民学校教员身上。我要为国民学校教员辩护辩护。国民学校教员的理想和责任,是要提开讲的,所以国民学校教员,一定要另外养成的,养成国民学校教员的场所,却不能看轻他叫做什么讲习科讲习所,也应当称为师范学校。这种师范学校,公家恐怕设立不得许多,更要希望社会自谋进行,就是要提倡私立,和前面两种师范学校,也应当有联络,称为"第一期师范学校"。

现行师范教育,还有一个大大的缺点,就是没有联络。不但国立高等师范和各省师范学校,没有联络,就是各省的师范学校,也没有联络。我所说的联络,并不是要主张一致,主张一致不一致?在今后的教育,实在不成问题。因为照现在学制系统上看来,师范教育,都是旁支,没有自己独立一个系统。我所主张的联络,就是要把师范教育,另立一个系统,特别叫做"师范学制系统"。这是什么意思呢?我已经说过,大学应设教育科,这教育科入学资格,当以第三期师范学校毕业的为原则,第三期师范学校入学资格,当以第二期师范学校毕业的为原则,第二期师范学校入学资格,当以第一期师范学校毕业的为原则。但升学的方法,不是第一期师范一毕业,就升入第二期师范,要规定服务几年,也要经过竞争试验,从第二期师范升入第三期师范,也是这样办法。凡是人都有上进的志趣,应当使他有发展的希望。做国民学校教员的,就此终身,没有一点变化的余地,这也是造成死教育的一个原因。试看现在的国民学校教员,就是师范学校毕业生,都是寒酸气哭盈盈的居多。虽则升学并不禁止,要晓得光阴要蚀耗,课程有重复,照现在的法则,他们在学的时候,早早存了一个不想进取的观念。升学当作例外,和升学当作原则,精神上思想上不晓得差得多少。我并且主张师范学校不用毕业的名义,一则师范两个字是很尊重的,哪里好讲毕得业来;二则毕业两个字是止境的表号,譬如第一期师范修业期满,不过第一期名义的期满,不是师范名义的完毕。第一期师范期满以后,在社会服务,要使他存一个不是止境的观念,这个不是止境的观念,就能够引起研究必要的观念。请大家想想,教育的效果,无形之中,收得极大极大的好处了。

我这样的办法,却有二点,一定有人要责问的。第一是服务的人数不能够确定,第二是入学的人数未必会过额。我先把第一问题来研究,服务人数,供求适合,这是统计上一句大约的话罢了。人生问题供求适合简直是不可能的,社会上纷纷扰扰的究竟做什么?我从前主张师范学校不准私立,并不是师范专利,也是服务供求的问题。有一句俗话:"数了和尚做馒头。"师范生要用几个,养成几个,不可少也不可多,比不得中学应当依就学的多少设立学校,师范学校应当预计需用,限定招生,这话现在想来也不对了。教育事业究竟是社会自己的事业,预计是预计,事实是事实,况且现在教育上理想的预计,公家的力量,能够办得到吗?所以师范学校无论第二期第三期都可以私立的。社会上没有需要,也不见得有人提倡私立师范学校,就是师范生已经足用,也何妨使他们竞争竞争,服务需要若干人,仅养成若干人,难道个个可以保好的吗?

第二问题,且看后面所拟的办法。总之师范学制独立的意思,要使师范生升学,光阴不蚀耗,教课不重复。现行的师范教育,处处绝了师范生进取的路,照"师范是教育之母"这句话讲起来,岂不是绝了教育进取的路吗?

最后还没有讲到的,是课程标准,应该怎样?课程一定要联络,是不消说得的，暂不仔仔细细的列表，大略说起来，有好几个要点。一、从前所没有的教课，现在应当加的，就是公民科。二、从前所有的，现在应当减应当加的，就是外国文。公民科的教材，可以照直进办法的，第一期师范和第二期师范，是容易区别，容易联络。外国文的问题，可以把从前的难点解决，第一期师范，简直没有外国文，第二期师范，是要极注重外国文。别的教课，都容易支配，没有什么大问题，最要紧是教育的教课，照前面所说的办法，是要分四种程度，而且不许重复。我们想来是可以分别的。第一期师范，注重方法，第二期师范，注重理论，第三期师范，注重各科教授法。大学的教育科，那是教育精神唯一的机关，要创造思想，介绍新说，负完全责任，叫做"无尽藏"就是了。

我现在把办法写在后而：

一、国立大学应设教育科，全国分为五大学区。

二、高等师范学校，改称第三期师范学校，养成中等学校科任教员；师范学校改称第二期师范学校，养成小学（高等小学）教员；讲习所改称第一期师范学校，养成国民学校教员。

三、中学教员小学教员的程度，应较现行高等师范学校、师范学校毕业程度增高。

四、第三期师范学校的办法，分预科、专修科、研究科，每省应设立一所，其经费由省税支给，国家税补助。

（一）预科修业年限二年，中学毕业生入之。

（二）专修科修业年限三年，第二期师范学校修了，服务一年以上者，预科修了者，及小学教员检定及格者入之。

现行高等师范分科的办法，是没有道理的，为什么地理历史哩，数学物理哩，叫做本科。体操哩，图画手工哩，叫做专修科？第三期师范学校是分科的办法，不管怎样分法，都是专修科，约略分起来，写在下边：

1.史地国语科。

2.农业博物科。

3.图手音操科。

4.外国语科。

5.农工商科。

6.数理化科。

（三）研究科修业年限，分为一年二年两种，第三期师范专修科完了者，研究一年教育伦理哲学等，可以兼任第二期师范学校教育教员及各中等学校修身教员；又第二期师范完了，服务二年以上者，研究二年，亦得任第二期师范学校教育教员及各中等学校修身教员。

五、第二期师范学校修业年限三年，第一期师范完了服务一年以上者，及国民学校教员检定及格者入之，前二年不分科，第三年酌量小学专科教员科目或其他地方需要科目，分为二科以上，各省设立所数暂以道区为准，其经费由省税支给。

六、第一期师范学校，修业年限三年，小学毕业生入之，每县由县税设立一所以上。

（《教育潮》，1919年第1卷第4期，第53—62页。）

（二）

浙江第一师范学校史料

1.浙江省立第一师范学校概况

浙江省立第一师范学徒招考简章

一、要旨　本校奉省长令，以浙江两级师范学校划分改办以造就小学校教员为目的，本年度暑假后学年开始，应添招预科新生为欲入本科第一部者，施必需之教育。

二、学额　定八十名分两班教授。

三、资格　凡身体健全、品行端正，在高等小学校毕业或年在十四岁以上与有同等学力者均得投考。

四、考试科目　在高等小学毕业者，试国文、算术二科；非由高等小学毕业者，试国文、算术、历史、地理、理科等，以高等小学毕业程度为标准。

五、报考日期　凡志愿入学者须由各该县行政长官备文保送，限于八月三十日以前，将公文文凭及四寸半身新照片一律呈校报到，九月一日上午八时起举行试验，无照片者概不备卷。

六、入学准备　考取后须邀同住居本城妥实保证人来校具保证书及本生志愿书等。

七、费用　除入学时应缴保证金十元外，须随缴制服费洋十元，课业用品费洋五元，学膳费免收。

八、毕业　预科生修业一年升入本科，修业四年毕业，毕业后应遵章在小学校服务。

（《浙江公报》，1913年第531期，第14—15页。）

咨浙江巡按使省立第一师范学校本科毕业生准予备案文

为咨行事准咨陈开案，据省立第一师范学校校长经亨颐详称，案查本校本科四年级系前两级师范于清宣统二年七月招取入学，由本校接续办理至本年暑假，修业期满应授科目对照新旧部章均已授毕，前经详准举行毕业试验，在案兹除董翊汉一名因病未与。本学期试验应俟病愈补试，另行详请核办外，理合将试验完毕各生，考查操行、学业、实习成绩及格者王寿侯等三十七人，开具毕业表，详请察核转咨等情，到署相应连同毕业表备文送请察核备案等。因并毕业表一册到部查该校毕业生王寿侯等三十七人修业年限及毕业成绩核与部章相符，应准备案，相应咨请，责巡按使转行饬知可也。此咨浙江巡按使。

（《教育公报》，1915年第2卷第4期，第119页。）

浙江省立第一师范学校（杭县）

校长经君往北京公干晤学监王锡镛君，校址前系两级师范，民国二年（1913）始改今校，学生共十级本科（一）（二）（三）（四），预科各两级人数约三百八十。招生每次收八十人，而报考者约在五百上下，是以分正式复试，复试时如学生容止、装束、语言、志愿、家庭状况均详加询问始收录。礼堂极宽敞，楼上下可容千余人，余设有手工、乐歌、图画、博物、理化、历史、地理等，特别教室暨雨中运动场。校训标以"勤、慎、诚、恕"。参观各级体操用器画、历史、国文、法制、说文等课，课外有校友会、运动会之组织。寝室每室十八人，自修室每室二十人，为数均觉稍多，因限于地方莫可，如何学生私物并无专处收藏，是以寝室内、秩序上、洁净上稍差。成绩如织纸、石膏、工烧、客工、图画均优美。校后面新开校园一处地约三十亩刻正在经营中，一面分植花木，一面作学生徒步运动场，参观时有数生正从事修理。处处利用学生以辅学监舍监之不足，学生对于学校之服务亦甚勤恳。

(《京师教育报》，1916年第36期，第20—21页。)

浙江省立第一女子师范学校（杭县）

校长叶谦君赴北京公干，晤教员朱光勋君。本科四级预科一级，学生人数约百七十，均住校。年费三万元。

曾毕业保姆班四次，简易科四次，讲习科两次，本科一次。据最近之调查，因家庭关系不出服务者二十一人，充教员者一百二十人，升学者七人，留学校任事者五人，历次毕业有不敷各处延聘之势。因届时由省公署知照，各属聘用故也。

设有理化音乐手工特别教室，前为游息室，山石曲折花木葱杂，至为有趣。间设风琴数架，令学生随便练习。

设雨中运动场，体操用具均陈置附近廊中，缺自修室。

学生必经之廊下悬二十四教育大家之肖像及种种之格言。

成绩如水彩画、编纸等均优美。

参观第一年数学，第二年球竿操，第三年家事，第四年外国史预科国文。

每届毕业前先遣学生赴他处参观，再在附属小学实习。

(《京师教育报》，1916年第36期，第21—22页。)

浙江省立第一师范学校校歌

夏丏尊词，李叔同曲

人人，代谢靡尽，先后觉新民。

可能可能，陶冶精神，道德润心身。

吾侪同学，负斯重任，相勉又相亲。

五载光阴，学与俱进，磐固吾根本。

叶蓁蓁，木欣欣，碧梧万枝新。

之江西，西湖滨，桃李一堂春。

（此歌1913年春作于杭州浙江一师。杭州一中七十五周年校庆筹备办公室编：《杭州第一中学校庆七十五周年纪念册》，杭州：杭州一中七十五周年校庆筹备办公室1983编印，第240页。）

校训解释

经亨颐

家有懿训则昌，国有懿训则强，惟校亦然。准乎时地，对乎社会国家，不失之远，不失之迩，播之嘉种，以期有秋，标兹德目，发为校风，有厚望焉。周书曰：业广惟勤。韩子曰：业精于勤。勤者事之宝也，则取之。

一言不审，人其我尤；一行不谨，终身之羞。言行，君子之枢机，慎其尚矣。诈伪虚妄，以之修己则无成，以之处世则病，故有取乎诚。称物平施，善与人同，待人如己；孔耶合德者其惟恕乎。谨以今日圣诞宣示校训，爰先引经义而为之解释如下：

勤 《论语》言敏不言勤，敏即勤也。子曰：学而时习之。又曰：好古敏以求之者。

又曰：学而不厌，诲人不倦，何有于我哉。孟子述子贡之言曰：学不厌智也，教不倦仁也，仁且智夫子既圣矣乎。夫曰时习，曰敏求，曰不厌不倦，皆勤之谓也。

慎　《论语》孔子答子张曰：多闻阙疑，慎言其余，则寡尤；多见阙殆，慎行其余，则寡悔；言寡尤，行寡悔，禄在其中矣。又答子路曰：暴虎冯河、死而无悔者，吾不与也，必焉临事而惧、好谋而成者也。此虽不明言慎，而曰惧曰好谋，则慎之意也。诸葛武侯自言一身惟谨慎而已，其善学孔子者欤。

诚　诚者真实无妄之谓。《中庸》述孔子之言曰：诚者自成也，诚者非自成已而已也，所以成物也，不诚无物。孟子曰：诚身有道，不明乎善，不诚其身矣，是故诚者天之道也，思诚者人之道也，至诚而不动者未之有也，不诚未有能动者也。其言与《中庸》甚合。又曰：万物皆备于我矣，反身而诚，乐莫大焉。

恕　《论语》曾子曰：夫子之道，忠恕而已矣。子贡问曰：有一言而可以终身行之者乎？子曰：其恕乎，己所不欲，勿施于人。又对仲弓问仁曰：己所不敏，勿施于人，在邦无怨，在家无怨。《中庸》述孔子之言曰：忠恕违道不远，施诸己而不愿，亦勿施于人，此即大学絜矩之道也。孟子亦曰：强恕而行，求仁莫近焉。

夫六行九德德目多矣，岂此四字，之外不必尽乎，而核以师范之性质，则惟此四者尤当勉焉。而曰孜孜也不厌不倦，勤之至也；寡尤寡悔，慎之效也；成己成物，诚之极也；尽己及人，恕之行也。苟能是，是亦足矣。

（《浙江省立第一师范学校校友会志》，1914年第3期，第6—7页。）

1915年3月始业式上校长训辞

岁历更新，第二学期又如期开课，想诸生年假回里者，家庭间父母兄弟姐妹，必以异常亲爱之情相待遇，此固无关于殷富贫寒，皆一致者也。第家庭以此亲爱之情相待遇，不知诸生之心理如何？诸生之家庭状况固不同，其稍殷富者，恐不免有少爷回来之习气，绝然换其学生之面目。于今日之社会程度、学校程度，亦无足怪，以近来之学生本与少爷无大殊，学校中不有学生少爷之称乎？余于此不能已于言。

少爷之名称，全然依赖父母，享现成非分之福，实为无用之代名词。所谓耐劳之气质，无从说起。其与学生之名称，绝然反对，诸生亦当知之。以绝然反对之名称，竟联称之曰学生少爷，岂非大谬。而今日各学校之学生，余谓称以学生少爷，名实并无不符。何则？学生本无少爷之态度，学校中且教之使为少爷。贫寒子弟在家庭间向无少爷之习气，一入学校居然学习而成少爷者不少，洒扫一切，家庭上之操作父母当之，而学校中则有校役，于是以家庭无仆隶为不满足。其结果本非少爷之学生，而传染学生少爷之习气，对于家庭施其少爷之态度矣。此学校与社会之不接近，社会对于学校之不信用，近来学校教育成绩之不良，此实为一大原因。诸生为师范生，当于此加之意焉。

即就本校而论，学生少爷之名称固早废，而余谓学生少爷之习惯犹未除也。此固与训练之程度有关系，亦与学校之进步有关系。本校自两级师范改办以来，不谓无进步，而与理想的学校，与理想的师范学校及师范生之本分，则相去尚远。但观去年开运动会时之状况，认为诸生自动之精神颇有可嘉，尤希以一时之兴味，成为经常耐劳之习惯。不特余所深望于诸生，诸生亦当自勉。查本校内部各部分，如事务上、教务上、舍务上，数年以来之比较，似关于舍务缺点最多，校长之不及注意亦有之。自本年当对于舍务加以整顿，校长之劳苦宜加增，学监之劳苦宜加增，而诸生亦因有劳苦之加增。

首拟于组织上着想，所谓职生之分担，已制定寄宿舍规程二十条，级长及教室值日生规程八条，即须宣布。大致除例有室长外，有舍长周番生、自修室值日生、寝室值日生、教室值日生等职生之加设，其任务详载于规程之内，自本学期即拟实行。希诸生深明近来学生与社会不接近之弊，革除近来不良学生之习气，认为师范生之本分，教育者之天职，耐劳耐苦，其小焉者耳。

（《浙江第一师范学校校友会志》，1915年第5期，第39—40页。）

毕业式校长训辞（1915年7月）

书记笔录

校长训话诸生闻之已五年矣，关于学生之本分、师范生之天职、教育者之责任，以及时势之要求、社会之趋向、思想之新潮，于教课中、于仪式中已述其大概，诸生若能领悟而精益求精，已不愧为教育者。今日毕业式，犹有不容已于言者，与平时训话稍异其趣旨。盖平时训话多取积极方面，今日临别之言则为消极方面。不言诸生毕业以后理当如何，欲言诸生毕业以后勿宜如何，且理当如何实行过当时，亦有陷于勿宜者，不可不注意也。

教育者须具高尚之品性，余尝言之，第高尚之意义决非自命不凡、与世不融之谓。教育者之品性理当高尚，而高尚过当则勿宜也。自命不凡，与世不融，高尚过当，将流为名士派。名士派非不足尚，无如近时之自号名士者，皆伪名士也。伪名士曷为乎来？必其有所欲而不遂，取消极态度，对于社会、对于国家表示异常冷淡之概。教育界而有是人，岂教育界之福耶？奈伪名士恒躲入教育界，教育者受其影响，或不免自怨不得志而同化为伪名士。此今日教育界之至可虑者也。

教育者决非名士可为，何况乎伪？教育者与世无争，决非与世不融，欲实行其教育之目的，且须屈就与一般人民相交际，此名士之所不屑为，而教育家所不得不为。教育者无所谓不得志，因不得志而闷恨以待，一旦钻谋得计即易其本来之面目，放浪邪侈，无所不至，此伪名士之所乐为，而教育家所不屑为。诸生其共勉之。"屈就"二字之意义，非敷衍也，非自侮也，亦非以生存竞争之紧张而自甘退让也，今日之社会，人人抱莫大之欲望不自知，谁非屈就？余之所谓"屈就"者，以极限之条件，经济的方法，希其成功之意。即为办学校，必须洋房、必须完全设备、必须若干经费，否则不愿接手，我国教育不普及之原因，此其一端。成立一学校，殊不容易，此教育者之不愿屈就以成其事业，卒之不得屈就以旷其职位，不利于社会，不利于个人，莫此为甚。其他关于心性修养上不及详述，一言以蔽，无忘校训："勤、慎、诚、恕"四字可也。

（《浙江第一师范学校校友会志》，1915 年第 6 期，第 5—6 页。）

乙卯学年终业式校长训辞

书记笔录

光阴荏苒，忽忽一年又已终业。此学年中诸生等一般之操行、学业颇有进步，而于特殊之情形，有不容已于言为全体诸生警戒者，即少数学生有无故旷课之事。此风固不自本学年始，而本学年中若有增多之势。余揣无故旷课者之心理，无非依赖法令，不及授课时间三分之一，虽旷无碍，无所谓有故无故。又或以某教课素非所愿，平均及格已能升级毕业，则某课绝对不上，自恃不致留级。此种不良之意志，甚为诸生不取。

要之旷课仅受扣分之处分，即仅受学业之处分，至无故旷课则不特受学业之处分，且当受操行之处分，此不得不特为提醒。本校操行之注重诸生当已知之，学生成绩操行、学业并重，故操行化为分数，至可与学业相对平均。而实际操行之关系于成绩，且不独如此，有学业既受处分操行再受处分，无操行既受处分学业再受处分。且考查法亦不同，学业为历年平均，操行为逐年参考。例如第一学年之优点，在学业成绩直可与第五学年相平均而得其补助；在操行成绩仅于第二学年参考之，若第五学年之结果不良，则第一学年虽优亦无效，反之第五学年之成绩果优亦不咎其既往。此可见操行与成绩关系之重，师范学校原当如此。

无故旷课，受双方之处分，此不过法则之制裁，余所耿耿者且在实际。查故意旷课之科学，多为数学或体操。夫数学为小学正教员所必需担任之学科，师范本科毕业生而尚不能胜正教员之任，将何以自处耶？体操为本校所注重，尤为时世之要求，不可或忽。余料将来师范教育必有主课之规定，即国文、数学一门不及格不能升级毕业，待法则取缔而不得不然，抑亦失其自律之价值矣。据教务处报告，本学年无故旷课者，有吴维桢等19人，嗣后务各加勉。

宜警戒者警戒，可奖励者奖励，余既言诸生之宜警戒，尤喜言诸生之可奖励。查本学年中一次不缺课者有袁喜聪等7人，一次不请假者有金义庄等12人，勤学可嘉，堪以奖励。但请假或有出于不得已，而不得已之请假，在学生时代当不多，以余思之，不过自身疾病，父母大故而已，其他事件例假中行之，已绰有余裕，本无屡次出校之必要，而一次不请假者亦仅12人。俞子祥、何宝运二生，始于昨日下午请假一次，虽不在嘉奖之列，此次请假外出，或因将归购物，亦可视为例外。可见理想的条件之满过，殊非易易。第以请假与旷课较，则不旷课为尤难，盖现行校规，请假必须经学监之许可，旷课尚无此等手续，竟能不旷课，是纯为自律的行为，此余所最希望于诸生者也。

（《浙江第一师范学校校友会志》，1915年第6期，第6—8页。）

始业式训辞（1915年9月）

自本学年始，本校内部情形有较从前格外纯粹之二点。一为高师图画、手工专修科已毕业离校。该科为前两级师范之未了事，附设于此，本为权宜之办法，虽事务上本系分立，而于本校教授训练亦不能谓绝不相关，自本学年始，纯然为第一师范矣。一为在校诸生，四年级以至预科，自今年始皆为余一人所招入，精神上似较为齐一，吾浙各校满足此条件者亦不多。性质愈纯，关系愈切，而希望与责备亦因而加进焉。

查上学年留级人数，未能较去年减少，且大半为旷课扣分所至，光阴可惜，嗣后宜格外注意。余极不愿诸生有留级之事，更不愿诸生因品行有留级之事。旷课扣分而致留级，实因品行之留级也。本校法则留级之处分亦重在品行，诸生能注意品行斯可矣。次言学业上之注意。部章虽尚无主科之规定，但自教育原理而论，非特师范学校，即小学校教科亦有轻重。所谓基本的教科，无论知识，无论技能，无论实质，无论形式，皆不可偏倚者，厥惟国文，立于各科学基础之上，而不能以科学之法理相绳。其不可思议之妙，可意会而不可言传，要非自律的追求，不能得也。且有鉴于去年毕业生状况，以国文之良否为聘请第一条件，与本校国文成绩之信用大有关系。嗣后诸生宜格外注意，以成此信用。其他各科成绩，弊在未能平均，余亦不希望一律平均，反涉消极。故自本学年起，拟定修身、国文、教育、数学四门为主科，有一门不及格者不得升级毕业。并非本校之单行办法，实对于部章之施行细则，诸生其各加勉，特于始业式明言以提醒之。

此次教育部召集师范校长会议，力求改进现行规程，或将有所更变，国家之注重教育亦可想见。此行极有价值，所以谋教育上精神上之一致，国耻问题尤有密切之关系，诸生其领悟之。

（《浙江第一师范学校校友会志》，1915年第7期，第3—4页。）

入学式校长训辞（1915年9月）

今日为新生入学式，故校长之训词对于新生为主。诸生入校，今日听第一次之训话，试先与诸生言师范学校之特质。师范学校亦为中等程度之学校，且课程多与中学校比较而定，故料诸生之所以投考师范学校，或视师范学校与中学校相仿，其有以教育为目的而来者，不数数觏。此次入学试验复试口答，曾以此意问诸生，而诸生多以费省为答，可知诸生之来此师范学校，尚非正确之志愿也。以诸生高小毕业之程度，责以教育之重任，固非其时，而今日既入此校，首令诸生改换从前之观念者，须知师范学校之特质。未入学以前之诸生，与今日已入学以后之诸生，于人格品性及对于社会之责任，绝然不同也。

师范学校与中学校，全无连带比较之关系。师范学校培植国家需用之人才，中学校培植国家所有之人才，意义当然不同。至减收经费，不过行政上一种之方法，即国家之优待教员者，自师范生入学之始已受及之，决非仅为诸生求学便利之意。倘志趣不定，即处此一日，改入他校，便为辜负国家。故既入师校，不能不有永为教育者之决心，不能不有非为教育者不可之觉悟。今日在礼堂第一次相见，入学式中诸生总代之答词，不啻对于本校宣誓。自今日校长承认诸生为同志，在学仅五年，为期甚短，当以教育者必须之知识，及教育上至要之理法，以恳切之意，渐次授予诸生。校长以何等慎重之手续，举行入学试验，于五百余人中仅取得八十人。诸生入学困难，而校长选取诸生则更难，非难在观察诸生正确之学力，难在观察诸生正确之志愿。一榜之揭示，深虑有志教育者之反被摈弃，而贸贸者仅以学力优胜而及格。所希特入诸生，志愿稳定，则虽有被摈，余亦不以为歉。

诸生入学于此，既宜知师范学校之特质，尤当曲体选取诸生之苦心。第念诸生从前之习惯、家庭之状况各不同，固不无优良之点，而衡以师范生之品性，教育者之人格，须精进以求者，正未有限。校长一人之训练暨诸先生之指导，亦不过提其大纲，最重要者莫如诸生之自动能力，而本校固有之校风，亦可为同化之亲利剂。在校诸生，对于新入学诸生，皆有先辈之资格，四、三年级诸生，尤应补助校长及诸教员指导之所不及，新入学诸生宜听从之。同学之感情逾于兄弟，爱字为教育之要诀。本校以此旨为训育之中心，即有时不得已出之以干涉手段，亦决无丝毫恶意于其间。在校诸生，固已领悟，新生等亦当先明此意，庶以后听校长暨诸先生之训话不致藐藐也。诸生勉旃。

(《浙江第一师范学校校友会志》，1915年第7期，第4—5页。)

浙江省立第一师范学校教生实习规程

一、浙江省立第一师范学校教生实习规程

（一）本科四年生于第二、第三两学期内举行实地练习。

（二）第二学期实习事务，第三学期实习教授、管理、训育等事项。

（三）第二学期实习事务，每周定为二小时，第三学期实习教授、管理、训育等事项每周定为三小时。

（四）关于实习各项规则，教生应恪守之。

（五）教生实习时需受附属小学校职员之指挥监督。

（六）实习成绩之考查，别以规则定之。

二、教生通守规程

（一）依规定之时间至附属小学校，并签到字于出席簿。

（二）练习时不得迟到早退或缺席。

（三）如因事故发生前项情事者，须先时向附属小学主任声明。

（四）指定之事务学因级及科目不得私行交换，授业时间亦不得更擅。

（五）暇时得参观教员或他教生之教授。

（六）禁止通信或访问于儿童之家庭。

（七）未得附属小学校职员之许可，不得伴儿童出校。

（八）逐日应制教务要览，呈请各课职员或级任教员检阅，至学期终时汇缴附属小学主任，转呈校长。

三、事务实习规程

（一）将生分属于各课，由各课职员指导之。

（二）各课事务更番练习，其次序临时酌定。

（三）事务上应用之表簿，不得抛散。

（四）练习时严杜越权及推诿等情。

四、教授实习规程

（一）教生分属于各级，由级任教员指导之。

（二）各级教授均须轮替练习，依人数之多寡分配。其分配法由校长与附属小学主任商酌定之。

（三）教生轮替，不依一定之次序，由级任教员临时指定之。

（四）实习开始之一二周内，教生列坐于教室后方参观。

（五）实地练习时，各教生均须依预定之教授周录制作教案，呈级任教员检阅。

（六）制作教案，须依附属小学规定之教案成式。

（七）教生授业时，级任教员宜在教室后方视察。

五、批评会规程

（一）批评会专以指导教生练习，并讨论关于教授、管理、训育等事项。

（二）批评会分二种：

（甲）学级批评会；（乙）一般批评会

（三）学级批评会每周二次，由级任教员集所属教生开之。

（四）一般批评会每周一次，由附属小学主任集级任教员及教生开之。

（五）本校教育教员均须列席批评，学级批评会不在此限。

（六）教生于练习上有所心得，须另本记录，提出于批评会，以资考证。

（七）批评会之记录，临时择教生中二人任之，须于次日誊清交主席，作为实习批评案。

（八）批评之顺序如左：

1. 教生自陈；

2. 教生相互批评（先后次序由主席指定）；

3. 级任教员；

4. 附属小学主任；

5. 本校教育教员。

六、实习成绩考查规程

第一条：本规程依部颁《学生学业成绩考查规程》第十九条特别规定之。

第二条：实习分数由下列职员记载之。

1.校长；

2.教育教员；

3.附属小学各级任教员。

第三条：以校长所记之分数，教育教员所记分数之平均数，附属小学各级任教员所记分数之平均数，此三数之平均数为实习分数。

第四条：实习分数应占毕业学业成绩三分之一。

第五条：附属小学专科教员，关于该科教生实习时亦须记分数，交由级任教员汇核之。

七、教生实习分配法

第一条：教生全体分为四组。其二组各分为三小组，又二组各分为四小组。

第二条：分三小组之二组，以第一部高等科（三学级）与第二部分初等（一学级）交换实习。分四小组之二组，以第一部初等科（四学级）与第二部高等科（一学级）交换实习。

第三条：实习期间以十星期为限，各二组之各组，五星期互易。

第四条：第二部以一组一学级，第一部以一小组一学级，分配实习之。

第五条：实习第二部时，得以各组之半数赴第三部或未经实习之各级参观。

第六条：各小组之组成，得听教生之便。

（《教育周报（杭州）》，1915年第76期，第32—34页。）

一师十周年纪念会开会辞（1918年5月）

光阴荏苒，经十年如一日。本校自戊申开创以来，历任职员，历届毕业生、修业生，不下千数百人。平时均羁于职务，吾浙交通又阻，叙少离多，今日十周纪念大会，远来者亦颇踊跃，可谓本校未有之盛事。亨颐忝为现任校长，且为创校时之一人，略述开会辞，以伸纪念而表欢迎之意，使在校诸生亦知本校创立之由来，与当时维持诸君之苦心，并为本校共图将来发展之进步。十载光阴，回首如昨，而十年以前之社会情形与教育状况，却与今日大有不同之处。当本校开办之时，本省官立学校尚少，两级师范以贡院改建，为全省之创举，其内容之复杂，办理之困难，决非一、二人所能支持。开校以来，职员进退固多，要知在校任事一日者，皆对于本校有维持之功。因思人生之原则，即从人字形体可知，其构造最简单，自两笔而成，普通写法稍有长短，短者依于长者，而长者亦借短者以支存。锥形之切面，皆为人字，即将人字以垂线为轴，回转百八十度，即成锥体。可悟人之所以立于世者，由多数之同人彼此依存。此锥可喻本校，开创以来之同人，无一不有维持之功也。此锥形又自其横切面观之皆为圆，近尖端则切而愈小，反向延长，则切面之圆为无限大。又可悟既由维持诸君立成此锥，助成此校，而历届毕业生则皆为增高此锥增大此横切面之要素，凡曾在本校肄业诸君，无一不有增高增大之力。所可感者，人生非合群不成，吾人皆正在此锥范围之内，向尖端进行乎？抑向无限大进行乎？前者切面愈进愈小，事事不满意，而生活日蹙，流于消极，未见其可，必也向无限大发展，而愈滋迷惑，在所不免。处今日时务，抱积极主义者，恒为冷淡派所笑，而自己之面积日渐缩小不知也，及达尖端，时与人世相隔绝。开会纪念，果何为哉？孔子云：再思可矣。诚以三思之方向，偏于尖端，不思者欲切面骤大，亦不稳健，再思之状态，即继续依次增大其面积。凡我同人，协力进行，不独本校之幸也。

（《浙江第一师范学校校友会志》，1918年，第14/15期，第11—13页。）

浙江省立第一师范学校壬丁同学会简章

一、定名　本会定名为浙江省立第一师范学校壬丁同学会

二、宗旨　本会以联络感情，研究学艺，俾得相互通问并促进教育事业为宗旨

三、会员　凡为浙江省立第一师范学校第三次毕业之同学得为本会会员

四、职员　会长一人，干事五人，内会计一人，书记庶务各二人

　　甲、选举：会长干事均于常年大会时选举之

　　乙、任期：均一年得连举连任

　　丙、任务：会长总理会务并兼编辑主任，干事各司所事

五、经费　分基本金、常年金二类

　　甲、基本金：存会内起息除特别事业外不能支用

　　1.入会捐　小洋三角于入会时缴纳之

　　2.名誉捐　无定额

　　乙、常年金：为一年度之费用有余得移至来年支用

　　1.常年捐　每年大洋一元于开常年大会时缴纳之

　　2.临时捐　临时酌定

六、集会　分大会、临时会二类

　　甲、大会　一年一次于暑假期内择日举行之，会址日期由会长决定，于开会前一月由书记通告之

　　乙、临时会　会长临时酌定由书记通知之

七、事业　分三类

　　甲、刊行杂志　每年二期，细则另定之

　　乙、研究会　于常年大会期内举行，细则另定之

　　丙、其他　随时由会员提议，经大会议定后实行之

八、通讯处暂定会长所在地

附则　会场恒在杭州

本会章程有未尽处得于开常年大会时修改之

（《壬丁》，1917年第1期，第44—45页。）

五四运动后之浙江第一师范

杭州浙江第一师范学校，自五四运动以后，很有许多改革的地方，现在把改革的内容，探录如左。

（一）自治会。该校最重要的改革，就是自治会。自治筹备的手续，先由教职员会议议决学生自治大纲9条，把学校行政和学生自治的范围划分清楚，在礼堂中对学生正式宣布。学生自从自治大纲宣布以后，就开全体学生大会，选举自治制起草委员20人。一面推举筹备员8人。起草员连日开会，经过两星期的时间，拟定自治会章程草案，印刷分配各学生，并请职教员加以指导批评。草案分配以后一星期，再开全体学生会，通过草案，并选举职员，自治会于是正式成立。兹把该会的内容，分权限、组织两项，写在左边。（一）权限，该会自治权限，大略属于下列5项：（1）关于衣食住的事项，如寝室、自修室、厨房等一切事务；（2）关于精神修养事项；如研究学术，发表思想等类；（3）关于社会服务事项；（4）关于课外作业和储蓄贩卖等事项；（5）关于同学行为的惩戒。其余为教科支配成绩、须查任用人员经费财产等，均属于学校行政，但自治会亦得陈述意见。（二）组织，该会设干事87人，分总务、经济、卫生、学艺、劳动、社会、服务、纠察、审理9部，每部又分各股，执行该会一切事务。又由各部干事，各推出干事2人，组织职员会，议决全会进行事项。干事均由会员用无记名连记法直接投票选举，任期以一学期为限，不得兼任。在一学年中，每人仅得当选一次。每学期开始时，举行会员大会，每月开职员会、各部干事会一次，但均得开临时会。职员会、干事会的主席，均由临时推举，闭会复仍继续负责，至下届开会时新主席推出后为止。现在各校举办自治会的，实在很少，当该校组织自治会的时候，北京南京高等师范学校的自治会，都没有成立，所以议拟章程，可以取法参考的很少，觉得非常困难，他们所定的章程，可以说是大半由于自己的创造。记者把章程的内容，仔细研究起来，觉得以下五端，很可以供教育界的讨论。（1）权限问题。该会自治的权限总算不小，如向来最容易闹风潮的饭厅厨房，管理最难的斋舍，学生出入的门禁，校长职员最易受"中饱"嫌疑的膳费，均由自治会管理。（2）首领制度，往往容易发生少数人专制的流弊。该会因为顾着这种流弊，所以不设会长、干事长，干事会职员会虽是临时主席，但负责时间很短，和各团体的首领不同。（3）该会职员人数很多，任期又短，限制兼任连任，使全体学生都有办事的机会。（4）现在各团体的组织，往往分评议、执行两部。实际上不免时有冲突。该会职员会的人员，就从执行的干事部举出评议、执行两部分，不致隔膜。（5）该会章程规定会员都有劳动的义务，劳动的结果，作为该会公共经费。以上五端，都是和现在学校自治会的办法有些不同，究竟对不对？要等到该会实地试验以后，才可以下判断。

（二）书报贩卖部。该校书报贩卖部，是由少数学生所自由组织的。这个贩卖部，对于该校，可说是有极大的效力。该校改革的动机，大半由于学生的自觉。学生自觉的原因，都由于新出版物的购阅，而供给新出版物的机关，就是书报贩卖部。听说该部现在书报的销路，计《星期评论》180份，《教育潮》120份、《民国周刊》120份、《建设》35份、《少年中国》50份、《新青年》50份、《新潮》80份、《解放与改造》80份、《平民教育》90份、《曙光》20份、《星期日》30份，该校学生欢迎新出版物的情形，也可以想见了。

（三）国文教授。该校暑假以后，对于国文教授，颇有改革。关于教授一方面，取研究的态度，以如人生最有关系的各种问题为纲，选择关于一问题的材料（都从杂志当中采取），印刷分送学生，使学生自己研究，教员随时指导,并和学生讨论。至于作文一方面,学生作白话文的,已占全数十分之九。

(四)劳动团。该校学生因为劳动是神圣的事业,应该在学生时代实行起来,所以现在已经组织5组劳动团,每组团员约10余人。除假日及雨天以外,每日于上课以后,实行劳力的工作30分钟。劳力所得的结果,充作公共费用。劳动种类,分种植、整洁两种,第5组的劳动团,就是专司揩地板洒扫等事。团员得以自由出团。

(五)出版物。该校出版物,只有《校友会旬刊》一种,文字统用白话,并用横行,其中材料,以学生的文章占多数。

(六)学科制。该校职教员,因为现在的年级制,在实际上有种种不便利的地方,所以主张自9年1月起,实行学科制,现已特开职局会议,议定实行的办法。

(《时事新报(上海)》,1919年12月15日第1版。)

试行自治制

(10月16日正式宣布)

本校向来训练学生的方针,原要养成自动的能力,自律的习惯,互助的精神,以达到"自治"为主的。不过实施的方法,难得妥当,所以不能满足理想的要求。近来把这个问题在职员会里协商了多次,决定将管理学生的范围酌量解放,交付学生试行自治,暂定"自治大纲"九条:

一、学校事务分学生自治与学校行政二部。

二、学生自治,以全体学生组织之;学校行政,以全体职教员、事务员组织之。

三、自治制度,听学生自行议定。

四、学校对于学生行为不妨碍学校行政者,概不干涉。

五、学生对于学校行政,不得干涉;但得陈述公共意见,供学校之参考。

六、学校对于学生自治有缺陷时，仍负劝导扶护之责。

七、学校职教员及事务员另组织一团体以备学生之顾问，并得由学生自治团体陈请代判其所不能解决之事。

八、学生自治范围如左。

  1.关于身体健康之事项；

  2.关于研究学术之事项；

  3.关于发表思想之事项；

  4.关于涵养德性之事项；

  5.关于衣食住之事项；

  6.关于课外作业之事项；

  7.关于社会服务之事项；

  8.关于校内整洁之事项；

  9.关于同学行为上之惩处及劝诫事项；

  10.关于储蓄及贩卖之事项；

  11.关于同学课外出入事项；

  12.关于同学自治之其他事项。

九、下列各项为学校行政，不在学生自治范围之内：

  1.学级之编制；

  2.教科之支配；

  3.学业之考查；

  4.升级留级之处置；

  5.毕业修业之评定；

  6.入学退学之允准；

  7.学生服制之规定；

  8.学校经费及财产之处理；

  9.休假日期及典礼之规定；

10. 关于职教员及事务员之去就；

11. 儆戒；

12. 修学旅行；

13. 体格检查；

14. 缺课考查；

15. 关于学校行政之其他事项。

（《校友会十日刊》，1919年第2期，第131—132页。）

浙江省立第一师范学校学生自治会宣言书

我们人是有物质和物质的本能的；也有精神和精神的本能的，因为有物质和物质的本能，所以能够养自己的物质而且能够和他人互养；又因为有精神和精神的本能，所以能够治自己的精神而且能够和他人互治。但是各人都有各人的物质和物质的本能，各人都有各人的精神和精神的本能，所以各人应该各养自己，不应该为他人所养；应该各治自己，不应该为他人所治。学校里的学生也有"物质和物质的本能"和"精神和精神的本能"的，可是因为他们还不到生产的时代，所以虽有物质和物质的本能，却不能养自己的物质而且和他人互养。至于学生——人——的精神生成是完美的；他的精神能力不过为扩充他完美的精神之用，换句话说：就是学生既然有精神和精神的本能，一定能够治自己的精神而且能够和他人互治的；这是从我们人的本身方面证到我们应该有自治组织的第一种理由。

人类的文明是逐渐进化的。——这句话在十九世纪的时候达尔文已经证明过，可以无须我们说明了，——我们是现在时代的人，应该适应现在时代文明的生活；凡在奴隶制度、压制制度、阶级制度，下面的生活，都不过是半开化或未开化时代的人类适用的，我们当然不应该去干；那么适应现在时代文明的生活是什么呢？就是人人自由，但是我们要达到"人人自由的目的"的第一种要件，就是先要人人自治，现在世界的潮流，愈激愈烈了；我们试仔细考察"这个潮流的重要质素是什么？"看来不外是要离脱他治，光复自治：这是从我们人类进化和世界潮流方面证到我们应该有自治组织的第二种理由。

我们中国的历史是一部专制的历史，历来中国的国民是一种被治的国民；专制政体造成了一部专制的历史，历史中的万恶君主，造成了一种被治的国民；数千年来人人是站在被治的地位，没有自治的机会。自从"辛亥革命"以后，我国的专制政体，一变而为共和政体；君主国体，一变而为民主国体了，但是民主共和的国家，完全要以人民为国家的本位的，试看我国此刻的现状，不论政治上，法律上，仍旧还是少数人操纵多数人；多数的国民，仍旧还是站在被治的地位；"为国家的本位者"的头衔，早已剥夺得不留痕迹；这样"形存实亡"的民主共和国，你看究竟是什么造成的呢？不消说就是因为国民没有自治能力的缘故。倘使国民都有自治的能力，难道这些少数人果真敢操纵我们多数人吗？所以以后多数的国民，要完全不受少数人的操纵，掠夺，压制，和完全保存自己"为国家本位者"的头衔，以实现真正民主共和国的精神，不是先养成自己的自治能力不成功的：这是从我们国家的政体和国体方面证到我们应该有自治组织的第三种理由。

学校可以说是国家，世界或社会的缩影；学校的学生就是国家世界或社会里面的个人；我们既然承认上面所说的国家世界等都应该有自治组织几句话是不错了，——不过世界，国家的幅员太大，我们一时不能做到，那么学校应该用自治的组织，养成个个能够自治的学生，创造理想的"自治组织的国家，世界，或社会"的缩影，去实现理想的自治组织的国家，世界或社会决不是能够敷衍得过，以为现在没有受到"奴隶的，压制的，阶级的制度"所激成的反抗，就算完事；学校的学生应该：一面，负改革现在社会和现在自己学校里的一切"奴隶的，压制的，阶级的制度"的责任；一面，为自己尽学习理想的"自治组织的国家，世界或社会"的个人生活的义务，决不是能够容忍得住现在一切"奴隶的,压制的,阶级的制度"下面的摧残操纵掠夺,就算完事。所以学校比较国家,世界,社会更加要有自治的组织;学校的学生比较群众,更加要有自治的能力。我们学校是师范学校,师范学校更是将来理想学校的模型;所以我们师范学校,不但能够做得一般学校的事情就算完结,而且更加应该指导一般学校,也用自治的组织,养成个个能够自治的学生,创造理想的"自治组织国家,世界,或社会"的缩影,去实现理想的"自治组织的国家,世界,或社会",师范学校的学生,不但能够负一般学校学生的责任,和尽一般学校学生的义务,就算完结,而且更加应该:一面,负指导一般学校的学生,也负改革社会或自己学校里一切"奴隶的,压制的,阶级的制度"的责任;一面,尽指导现在一般学校学生,也为自己尽学习理想的"自治组织的国家,世界,或社会"的个人生活的义务,所以师范学校比较一般的学校,更加要有自治的组织;师范学校的学生,比较一般学校的学生,更加要有自治的能力:这是从我们自己学校的本身方面证到我们应该有自治组织的第四种理由。

我们创办这个学生自治会,就是根据以上所说的四种理由,我们的宗旨是:要尊重个人的人格;发展互助的能力;养成自治的习惯;练习共同的生活;建设模范的社会。我们的希望是:要用自治的组织,养成个个能够自治的会员,创造我们理想的"自治组织的国家,世界,社会"的缩影,去实现理想的"自治组织的国家,世界或社会",而且使一般学校里也用自治的组织,养成他们个个能够自治的学生,创造他们"自治组织的国家,世界,或社会"的缩影,去共同实现理想的自治组织的国家,世界,或社会。

(《教育潮》,1920 年第 1 卷第 6 期,第 96—98 页。)

浙江省立第一师范学校试行学科制说明书

（甲）理由

一、可免除学力之偏向。

二、可免除优等生之抑进或劣等生之不及。

三、可免除全体学科之留级。

四、可免除年级之界限。

（乙）办法

查现行师范学校学科计十九门。因其分科过繁，时数嫌多，教材欠当，以致感受教授上之支离，学习上之困难，应用上之缺陷。为谋学科制健全起见，特拟变更如左：

一、学科与教材应行归并或增删之。拟改为左列八门学科：

（1）教育科。教材除原定外，增授社会学与儿童研究（入心理学），并将原有修身科之伦理移入本科。

（2）国语科。原有国文科因注重国语教授，改称今名，教材为速写、语法、修辞法、读解、作文五目。原有习字科归并本科速写范围内。原有读经科归并本科读解范围内。

（3）数学科。教材除原定外，增授三角大意。

（4）外国语科。设英、日语二项。英语教材，分为必修与加习二种。必修教授时数，较前减少九分之一，教材须精选之，日语完全作为加习（必修与加习之理由及办法详后第三款）。

（5）理科。归并原有理化科、农业科及博物科中之动、植、矿三目，地理科之地文一目，改称今名。教材须精选之。并增授实验。

（6）艺术科。归并原有图画、手工、音乐三科，改称今名。本科教材各分为必修与加习二种。必修教授时数较前减少七分之二，教材须精选之。

（7）体育科。归并原有体操科及博物科中之生理、卫生二目，改称今名。教授时数较前减少三分之一，教材须精选之。每日举行朝操二十分钟，以资锻炼。

（8）公民科。归并原有修身、历史、地理、法制、经济五科，改称今名。内法制、经济教材须增加一倍。历史、地理教授时数，较前减少七分之一，教材须精选之。

二、依教材精选之结果，全体学科教授总时数，必修规定为六千一百二十小时，较前减少七百六十时，俾学生得充分自习。

三、为养成小学校专科教员（英语或艺术），并便利升学或研究起见，特定加习办法如左：

（1）外国语、艺术二科得加习之。

（2）上列二科，仅许择一加习，以免每周授课时数之过量。但每科内之各项，得任意选习。

（3）加习时数规定如左：

外国语科一千时：英语五百时；日语五百时。

艺术科六百时：图画二百时；手工二百时；音乐二百时。

四、各科教材依其性质分为学目，每学目依其段落又别为学分，各科共计六十五个学分，另加教育实习五个学分。

五、谋学习上之便利。编学分为甲乙丙丁戊五组，但得依学生之学力，酌量进退。

六、各科编级人数，必修至少三十人，加习至少二十人。如人数过多时，得由该科主任参照学科性质并酌量校内情形，临时定夺。

七、各科教员，参照该科总时数预编教授要目。

八、各科设学科主任各一人，其职掌另定之。

九、排列日课表之条件：

（1）每周授课时数，至少二十四时，至多三十时，但戊组在二十小时左右。

（2）各学科每日均须排列一时，以便学生按其程度学习。

（3）每时学科内应注明组别及学目。

十、教生实习办法：

（1）设实习主任一人，其职掌另定之。

（2）各学科主任分担指导及考查教生之责。

（3）实习以各学科完全修了者为限。

（4）实习在每学年第三学期行之。

十一、各学科设研究室，以便学生课外研究，由各学科教员指导之。研究室之细则另行规定。

十二、学业成绩考查法，由全体教职员另定之。

十三、转学生须于每学年开始时方得收受。

十四、毕业年限最短三年，最多不得过七年。

十五、学分中如有不通过者，不得毕业。

各科课程表

学科	学目	学分	总计时数
国语	修辞	1	40
	读解	5	440
	语法	1	80
	作文	5	200
	速写	1	40
数学	算术	2	240
	代数	2	240
	几何	2	200
	三角	1	40
英语	读本	3	240
	文法	2	160
	书法	1	40
	作文会话	1	40

续表

学科	学目	学分	总计时数
教育	心理论理	2	160
	教育原理	2	160
	教育史	1	40
	教授法	1	80
	管理法	1	40
	社会学	1	40
	哲学	1	40
	伦理	1	40
公民	法制经济	2	160
	礼法	1	40
	地理	2	240
	历史	2	240
理科	物理	2	160
	化学	2	160
	植物	1	80
	动物	1	80
	矿物	1	40
	地文	1	40
艺术	乐理弹琴	1	120
	唱歌	1	80
	自在画	1	120
	图案用器	1	80
	手工	2	200
体育	普通操	2	320
	兵式操	2	200
	生理卫生	2	80
农业	栽培通论各论	1	100
	蚕桑畜牧		
	森林制造农具	1	100
	土壤肥料气象经济		

(《浙江省立第一师范十日刊》,1920年第1期。)

浙江省立第一师范学校第六次本科及第二部毕业生名单

王洪剑　王龙玉　孔庆恒　石　樵　吕锄梅　朱培昌　朱孟迁　李文恺
李增荣　沈宗汉　李能枝　吴克刚　吴宝谦　周元祥　周亨任　周荣生
宜钟华　俞　鸿　胡国琛　俞培恩　施乾昌　俞迪生　施　祥　徐麟书
侯进化　徐　浩　黄宗正　陶秉珍　章高义　商　逵　陈龙文　黄性纯
黄集成　冯长裕　张志雅　张　范　张　萃　张　问　傅彬然　贾祖璋
赵益谦　赵范卿　寿文祥　寿健行　赵　城　赵　彬　赵世纲　叶作垣
叶熙明　潘天授　郑兆麟　蒋　锴　楼　深　楼观沧　楼辉煌　楼宗德
戴太镕　钟英如　应寅恭　龚济谦

（以上本科）

方明矩　王希成　毛仁美　朱仁五　朱身钰　朱开初　朱绍铣　余梦龄
周　彬　周学恕　金德周　竺焕陶　胡尚志　莫善承　徐　俟　凌荣宝
孙世优　张民襄　张承耀　裘成勋　虞开锡　郑明德

（以上二部）

（《教育公报》，1921年第8卷第3期，第145页。）

浙江省立第一师范学校沿革[①]

董舒林执笔

辛亥革命后，本校优级师范停办，专办普通师范，因而自1913年起，校名改为"浙江省立第一师范"。

改制后的第一师范，其第一、二、三届学生，即原两级师范于1910、1911、1912年招进之初级师范学生。"一师"于1913年招的为第四届生，学制均为五年，入学资格仍为小学毕业。

一师校长经亨颐，提倡德、智、体、美四育，尤重德育。德育，他称

[①] 节选自《杭州第一中学校庆七十五周年纪念册》，题目由编者另加。

为"人格教育"。他认为师范生如不具备高尚之道德品质,便不配为人之师表,"教育者须具有高尚之品性"。一师校歌中即有"陶冶精神,道德润心身"之语。他主张用发展之眼光看待学生之品行。学生之品行如先优而后劣,则劣;先劣而后优,则可不究既往。品行优良之学生,于学期终了,每人可得奖学金三银元。但品行之价值不是金银所可衡量的,经校长每于终业式训词中说明之:"奖励之用意,在未受奖励的多数人。"

一师的校训为"勤、慎、诚、恕"四字,在校训的熏陶下,学生逐步养成了勤奋学习、勤俭劳动、慎重工作、忠诚爱国、严己恕人、生活朴素,及师生之间互尊互爱的良好风气。

音乐、美术为美育的重要内容。1912年夏,经亨颐亲自到上海请了艺术大师李叔同来担任音乐和图画教师,增添了图音课的设备。当时计有钢琴两架,风琴五十余架,专用美术教室三间,音乐教室一间,还专门雇佣一位体格健康、发育匀称的青年男子为人体模特儿,供美术课素描教学用。又在音乐教室周围种了许多花草树木,使成为一个优雅美丽的花园。李叔同本人之涵养,其道德文章,堪为学生之表率,故图画音乐课,在学生的心目中成为与语文数学同等重要的功课。

本校从两级师范到一师,所聘之教师多为学问渊博,知识精湛的名师,加之图书仪器之完备与校舍之宽广,为全省之冠。因之素为各地青年学生所向往。据经亨颐在《杭州回忆》一文中说:"第一师范以后的学生,个个是我亲手招进来的,报名人数与学额差不多要二十与一之比,无论何人送来的条子一概不理。"他认为"招进来的新学生基本好不好,和学校成绩好不好大有关系。"招生考试的第一关把得好,保证了一师学生的质量。

一师学生家庭出身较为贫苦,贫苦家庭出身的学生较能吃苦耐劳。浙东许多学生来校时,都是自己挑着行李翻山越岭,然后从船埠头乘船来杭州的(那时尚未有铁路和公路)。

学生一律住校,免交膳费和学费。新生交制服费十元,每人可领夹的和单的校服各一套（夹的是黑色，单的是白色）、帽子一顶、棉大衣一件。校服破旧如需添制，须另交费。学生在学期间，一律须穿校服。

学校规定：学生自修和用膳时及入寝后，不许讲话，不许发出响声。大家都能自觉遵守。舍监（相当于训育主任）夏丏尊和二位先生，住在学生宿舍旁边，熄灯后，到宿舍和自修室巡视一番。自修室和寝室的清洁卫生工作，堵申甫都由学生自己负担。广大的后校园，在两级师范期间，来不及清理，瓦砾成堆，荒草没径，野兽出没（两级师范时期，博物教师杨乃康曾用猎枪打死一只狐狸）。到了一师时期，由学生开辟为果园和菜园。学生分片包干，自觉荷锄浇粪。

一师领导不主张以频繁的考试来提高学生的成绩，故一个学期只有一次大考，除此之外，没有任何形式的考试；毕业时尚有一次毕业考。但学习空气浓厚，学生平时能自觉勤奋学习。

一师的课外活动也是丰富多彩，十分活跃。有从两级师范时期绵延相传下来的"校友会"组织，有李叔同任指导老师的各种艺术团体，如"桐荫画会""漫画会""乐石社"（从事篆刻）和音乐团体，并在校内外举行音乐会和画展。校友会设文学、自然科学、体育等各种组织，开展活动。五四运动发生后，各种社团组织如雨后春笋，大多属于政治和新文化方面的，不胜一一列举，比较著名的有施存统等少数学生办的"书报贩卖部"，推销《新青年》《星期评论》和马克思的《资本论》《科学的社会主义》等书刊。有俞秀松、施存统、傅彬然、周伯棣与甲种工业学校学生沈乃熙（夏衍）和省一中学生查猛济、阮毅成等人办的"浙江新潮社"，稍后一段时间有潘漠华、冯雪峰、汪静之等创办的"晨光社"与"湖畔诗社"，等等。

一师校长经亨颐在五四运动发生后，积极支持学生投身到运动中去，并把由他主持的省教育会的机关刊物《教育周报》（他又兼省教育会会长）改为《教育潮》，鼓吹新文化。他提出"与时俱进"的口号以迎接时代的新思潮。他在学校中进行教育改革。他的种种改革措施深受一师与杭州进步师生及文化界进步人士的欢迎与支持。一师的师生积极地参加"五四运动",受到反动守旧官僚政客的深痛恶绝[深恶痛绝]。他们采用种种卑劣的手段来查办一师,并出动数百名武装军警,妄图用武力强行解散一师,后来在一师师生英勇而坚决的斗争下,在全国各界舆论的声援下,终于打退了反动势力的进攻,保住了学校,保住了浙江新文化运动的主要阵地(详见《震撼全国的"一师学潮"》一文)。一师师生反对反动当局摧残教育的斗争,当时被称为"一师学潮"或"一师风潮"。斗争延续了几个月,是1920年全国学生运动最突出的事件之一。它为省维护和推动了新文化运动的发展,培养了许多人才,在我国学生运动史和新文化运动史上写下了光辉的一页。为此,新中国建立后,浙江省人民政府确定一师校舍为省级文物保护单位。

从1920年下半年开始,一师试行学科制,减少课程和授课时数,增加自习课,并成立国语、美术等研究室,请朱自清、姜丹书等教师主持,学生自愿报名参加。其活动情况,国语研究室为例,该室分演讲、讨论、研究三项。演讲由本校或请校外名人担任,每二周一次;讨论,由参加的会员共同进行,无定期;研究,由会员就下列各项目自选一种或二种进行之,项目计有:散文、诗歌、小说、戏剧、语法等。

这种减轻学生课业负担,引导与培养学生对某项课程的特殊爱好,没有升学率比例数字的压力,加上其他的一些原因,可能就是造成一师培养许多杰出人才的重要原因。

就一师原来的办学目的与培养目标来说,是造就合格的小学教师,但是后来,在革命斗争的锻炼中,出现了许多全国知名的革命家、文化家、艺术家、诗人、科学家、教授、学者等等。

一师共有十三届毕业生(从第十届开始以省一中师范部的名义毕业),毕业生的总数为857人,如将1915年毕业之高师图音手工专修科29人、1919年招的二部生22人和1922年

招的师范讲习科学生43人计算在内,则为951人。毕业生大部分任小学

教师，也有少数任中学教师或教育行政工作的，其中有少数进本国高校或出国留学继续深造的。一师的广大毕业生在普及与提高浙江省的小学教育上，是起了很大的作用的，浙江各县的小教界都留下了一师学生的足迹。

一师著名的教师计有：

经亨颐——字子渊，两级师范第一任教务长，辛亥革命后任校长，后复蝉联一师校长，至1920年3月离去，前后在本校任职十三年。他是民主主义教育家，中等教育改革的先驱者。他兼教数理及伦理学课。讲伦理课时，妙趣横生，深受学生之欢迎和尊敬。大革命期间曾任中山大学校长，国民政府常务委员。"四·一二"及"七·一五"政变后，不愿在蒋政权中为仕，后在沪以出卖书画金石为生。

李叔同——我国著名的艺术大师，在我国近代艺术史上占有重要地位。1912年至1918年在一师任音乐和图画教师。他以高尚的道德修养和精湛的艺术造诣而受到学生的崇敬，他的讲课使图音不感兴趣的学生，也能听得入神。他为我国的艺术界培养了许多优秀人材，如吴梦非、刘质平、丰子恺、潘天寿、沈本千，等等。目前我国音乐美术教育界的佼佼者，大多为他的再传子弟。风靡一时的歌曲《送别》《春游》等，皆是他在本校任教时之创作。

陈望道——1919年秋至1920年4月在本校任语文教师，在一师积极参加五四运动，与刘大白、夏丏尊、李次九四人被称为"四大金刚"。受新思潮的影响，约在1920年1至2月间，他利用寒假假期在义乌家乡全文翻译了《共产党宣言》，中国人才第一次看到这一马克思主义经典著作的全译本。他还是1920年夏中共上海发起组七个成员中的一个。他又是教育家和语法修辞学家，长期从事教育工作。

胡公冕——1912年至1922年在一师任体育教师，专教兵操。1921年10月由陈望道介绍加入中共。曾赴苏留学，参加北伐军，任北伐军东路军前敌指挥部政治部主任。"四·一二"后，遭到通缉，不久，即失掉党的组织关系。1929年冬，他回到浙南家乡建立农民革命武装，后发展为红十三军，被党中央任命为军长。解放后任国务院参事。

刘大白——语文教师。任教时间与陈望道相同，后来浙高时期，也一度在本校任教。他是我国早期著名白话诗人。离校后曾与学生宣中华、魏金枝、唐公宪、钱义璋等人在萧山创办《责任》，写了不少政论文章和新诗。新诗以《田主来》和《卖布谣》最为著名。解放前曾出版诗集多种。

夏丏尊——原为两级师范教师，在一师时任舍监兼国语和日语教师。离校后曾在白马湖春晖中学任教。他的散文《白马湖之冬》，曾选入中学语文课本。后来他在上海创办开明书店，任编辑。教育方面的译著颇多，以《爱的教育》最为著名。

朱自清——著名散文作家。1920年秋至1923年在本校任教，与刘延陵、叶圣陶三人同为晨光社顾问。与叶圣陶同住一室，二人联灯共床，曾一起泛舟西湖。朱自清有诗："西湖风冷庸何伤，水色山光足徜徉。归来一室对短床，上下古今与翱翔。"

叶圣陶——当代著名作家和教育家。约1921年10月至1922年2月在本校任教语文，是由朱自清特地专程去江苏把他请来接替即将赴美留学的俞平伯的。他在本校任教时间虽短，然写作甚勤，计写了《一粒种子》等童话、小说和儿歌作品十多篇。后被北大聘去任教。

俞平伯——五四运动时，为北大新潮社健将，著名诗人、教授和红学专家。1920年夏至1922年初在本校任教。在俞平伯赴美留学前夕，朱自清、叶圣陶与许若昂等三位教师于1921年12月31日与他合影留别志念。

刘延陵——语文及英语教师，在本校任教时间与朱自清相同，后来在本校浙高时期也曾任教。他与俞平伯、朱自清、叶圣陶四人，曾于1922年1月创办《诗》月刊，为我国新文坛上第一个诗刊，由叶圣陶、刘延陵主编，编辑发行所即在本校。叶、朱、俞、刘四人，都是文学研究会会员，故《诗》刊从一卷四号开始，改为文学研究会出版刊物。一师师生前后参加文学研究会的尚有陈望道、刘大白、夏丏尊、丰子恺等人。刘今仍健在新加坡。

一师稍早一点的著名语文教师为郑渭川、单不厂（音"庵"）、刘毓盘。他们三人的国学根底都很深厚。单与刘两人后都在北京大学任教，著述颇多，也是北大名教授。

姜丹书——从两级师范至省一中，均在本校任教手工和图画课，是手工专家，著有《艺用解剖学》等著作。对本校掌故甚为熟悉。

本校一师时期的师生，在五四新思潮的冲击下，在五四运动的锻炼和考验下，不少人走上了革命的道路。

除陈望道外，学生俞秀松、施存统也是党的上海发起组的成员。现按历届毕业顺序将学生中主要人物作简单介绍如下。

成为中共早期党员的主要人物计有：

华林——二届毕业生，1920年入团，1922年入党，曾任杭州地委宣传委员，上海执行部长江巡视员等多种党内职务。

杨贤江——三届毕业生，1922年入党，曾任上海兼区执委。从事青年学生方面工作。"四·一二"后，被迫去日本。他从学生时代起即异常勤奋，著作等身，是我国第一位马列主义教育理论家。1931年8月9日，因积劳成疾病逝于日本。解放后［被］追认为烈士。

王贯三——第一届毕业生，大革命失败后，曾任中共浙江省委秘书长，后失关系。

宣中华——六届生，1924年加入共产党，也是跨党的国民党员，曾任国民党浙江省党部常务委员，国民党省党部内中共党组书记，国民政府浙江政治委员会常委，是浙江革命的主要领导人。"四·一二"反革命政变后在上海被杀害。他的照片与事迹陈列于上海龙华烈士陵园。

徐白民——六届生，曾任上海兼区执委，党办的上海书店经理。

叶天底——七届生，曾与张闻天等共同创建苏州独立支部，任书记。后因病回浙江上虞故乡，带病建立中共上虞县委，任县委书记。1928年1月在杭州陆军监狱被杀害。

俞秀松——七届生，1920年夏中共上海党组发起人之一，因年龄最小，党就叫他负责组织社会主义青年团（简称S、Y，后改为共产主义青年团，简称C、Y），并担任临时团中央书记。杭州的团组织就是他亲自建立的。他参加过北伐、工人运动，后来党派他到苏联去学习和工作，抗日时期被王明等陷害，死在苏联。1962年被追认为烈士。

赵炳焕——七届生，早期社会主义青年团员，曾任杭州团地委秘书，大革命期间曾为上海总工会秘书，与汪寿华同志在一起工作。解放后任浙江省人民政府参事。

郭静塘——八届生，1920年参加社会主义青年团，解放后曾任浙江省工业厅厅长。

汪寿华（何景亮）——八届生，1921年和胡公冕、华林、俞秀松、谢文锦、梁伯台等数人到苏联学习，任远东工会中国工人部主任和海参崴工人苏维埃委员。五卅运动后回到上海，任中共上海江浙区委常委并代理上海总工会委员长，是上海工人武装起义的领导人之一。1927年3月21日第三次武装起义胜利后，被选为上海特别市临时政府委员和上海总委员工会委员长。1927年4月11日被杀害，其事迹与照片陈列于上海龙华烈士陵园。

施存统——又名施复亮、方国昌，八届生，与俞秀松同为《浙江新潮》社支柱。自该刊第二期上刊了他的《非孝》一文后，全国大哗，毁誉交加。后他与俞秀松、傅彬然、周伯棣四人约在1920年初学期结束后即赴京参加工读互助团。1920年6月回上海与陈独秀、俞秀松、李汉俊等起草中共党纲，但不久他即去日本建立党组织。在团的一大上被选为团中央书记。解放后曾任国务院劳动部副部长，民建会主要负责人。

魏金枝——八届生，入党时间不详。在校时曾与同学钱耕莘（耿仙）、钱苇南（义璋）等人从事工人运动，编辑浙江印刷公司工人报纸《曲江工潮》，又曾组织理发工人罢工。在校时爱写新诗和小说。《留下镇的黄昏》《七封信的自传》都曾得到鲁迅的赞扬。解放后在上海文联工作，任《收获》编辑。

寿朝法——八届生，1926年入党，大革命失败后，失掉组织联系。1938年重新入党，解放后任西北航空学院院长兼党委书记等职。

梁伯台——九届生，1921年赴苏学习。1922年入党。1930年回国在中央苏区工作，历任中华苏维埃共和国司法部部长、内务部代部长、二次全苏大会秘书长、法令委员会主任、司法人民委员（司法部部长）、苏维埃大学委员会委员等职。主力红军长征后，为江西中央分局成员，任苏维埃共和国中央办事处主任，留守赣南，领导游击斗争。1935年3月，在率部突围时，激战中不幸左臂负重伤被俘，在江西大余英勇就义。

张本芝——九届生，一师毕业后在萧山东乡任教，从事秘密革命工作。1926年底，受宣中华的派遣，回嵊县建立国民党县党部，以代替由国民党右派所控制的县党部，和当地土豪劣绅反动势力作斗争。蒋介石发动反革命政变后，他被嵊县当地反动势力所杀害，年仅廿五岁。

赵平福（柔石）——九届生，在校时参加"晨光文学社"。作家，是鲁迅的亲密战友和学生，1931年被杀害于龙华，是著名"左翼作家联盟"五烈士之一。鲁迅曾写了《为了忘却的记念》和《柔石小传》悼念他。赞颂他"无论从旧道德从新道德，只要是损己利人的，他就挑选上，自己背起来"。他的事迹也陈列于上海烈士陵园。

潘漠华——原名潘训。十一届生，在校时为"晨光社"主要发起人，也是参加"湖畔诗社"的主要成员。诗人，1933年去天津，为北方"左联"的主要负责人。1933年12月，任中共天津市委宣传部长时被捕。1934年为抗议反动派的虐待，在绝食斗争中牺牲于狱中。

黄恒全（日初）——十一届生，地下党员，是以诸暨县民众教育馆馆长的公开身份，从事党的工作，掩护地下党员。他创办永宁合作社，为农民服务，价格较市场便宜；他又以合理价格收购、转销农产品，使农民免受投机奸商盘剥。当时一袋米（一石六斗），他的合作社卖8元，投机商要卖十多元，而质量还是合作社的好。合作社到年终，每个农民社员都可分到红利。因此，深受农民的欢迎，但却为反动士绅所仇恨。1938年9月，被反动士绅暗杀，农民自动来送葬者有数千人之多。粉碎"四人帮"后，他被追认为烈士。

方山（贾兰坡）——原名国迪，字小小，金华人。十二届生，未毕业。1923年入大学，1926年曾在上海闸北区等地作工人运动。后调杭州任中共杭州地委宣传部长，化名贾南坡。不久被捕入狱，1930年8月27日壮烈牺牲。这次同时被害者共十九人。

一师学生通过自学或继续深造，在学术上有成就的，为数不少，主要的有：

吴梦非——高师图音专修科毕业，李叔同的学生。1919年创办上海专科师范学校，后改为上海艺术大学，培养了许多音乐美术人才。同时他还办了中华美育会，主编《美育》会刊。1930年译著了我国第一部《和声学大纲》，写了全国通用的音乐教材《初级中学音乐》四册，《师范音乐》三册，《简易师范学校音乐》四册，《初中乐理教本》两册。他曾在我校浙高杭高任教，解放后任浙江省文化局秘书，省文联组织部副部长，上海音乐学院教务处副主任，写了《音乐知识手册》和《中国音乐史》（未写完）。

刘质平——三届生，李叔同的学生。1919年与吴梦非、丰子恺同创办上海艺术专科师范学校（为我国首创的培养音乐、美术、手工师资的学校）。1921年秋至1931年夏，协助刘海粟办理上海美术专科学校，兼任教授、艺术教育系主任。后在许多艺术院校任教。解放后在山东师院艺术系任教，为我国著名艺术教育家。音乐著作甚多。

陈兼善——三届生，国际知名鱼类学家。1982年从美返国，定居上海，在上海自然博物馆工作，著书立说，将为祖国渔类事业的发展作出大贡献。著作甚多。

朱文叔——三届生，自学成才，为我国著名的教科书编辑，语言学家。

丰子恺——五届生，也是李叔同的高足，为我国著名的漫画家，又是著名的音乐家、散文作家和翻译家。著［作］甚多，有《子恺漫画集》《缘缘堂随笔》和［译有］《源氏物语》等等。

田锡安——五届生，亦善画，曾赴日本学习经济学，但主要成就为我国第一张儿童报纸——《儿童时报》的创办人和编辑。

潘天寿——六届生，也从李叔同学画。但他爱好中国画，在本校求学时，作画甚勤，自学成才，为国际知名之国画家。

傅彬然——六届生，自学成才，为著名之编辑。

贾祖璋——六届生，为现代著名的生物学科普作家，著作甚多。他的作品，文字优美，《南州六月荔枝丹》一文，选入高中语文课本。

范尧生——七届生，五四时期为全国学联报主编。做学生时善文能写，译著颇多。曾与邵人模合译《儿童学》一书，在商务出版。惜才华初露，即早逝。陈望道曾著文痛哀。

曹聚仁——七届生，自学成才。著名作家、记者、教授，著作甚多。

沈炳铨（本干）——九届生，自学成才，画家。茅盾称他的画"诗文并茂"。曾任世界书局广告部主任。

汪静之——十一届生，自学成才，为著名的"湖畔诗人"之一，教授，退休前在全国作协工作。所著诗集《蕙的风》，二十年代曾风靡全国。

冯雪峰——十二届生，自学成才，诗人，作家，著名文艺理论家，鲁迅的亲密战友与学生，鲁迅研究专家。译著甚多。又是著名的无产阶级战士，参加过二万五千里长征。三十年代代表党中央驻上海，参加"左联"的领导工作。

以上所举校友事迹，难免有疏漏之处，盼校友补充订正。

本校自两级师范以来，对体育运动十分重视。每周有三节体育课，课外活动由校友会和学生运动部安排，有各种体育活动。学校每年春季举行远足、秋季举行运动会各一次。在1916年举行的全省第一次中学运动会中，一师得竞技运动和团体运动总分第一名。一师的足球队是出名的，曾战胜省内外一些校队。革命先烈谢文锦、汪寿华、俞秀松，当年都是出色的足球运动员。

（杭州一中七十五周年校庆筹备办公室编：《杭州第一中学校庆七十五周年纪念册》，杭州：杭州一中七十五周年校庆筹备办公室1983年编印，第4—17页。）

浙江第一师范回忆录

姜丹书

前浙江省立第一师范学校，为过去十余年前的一个寻常中等学校；然这个寻常中等学校，却具有几分"怪杰性"的；所以学校虽成过去，而社会人士尚往往记念着。

《越风》编者黄萍荪先生指定这个题目，向我拉稿，我以不文，且又不大好写，所以再三辞，无奈他亦再三拉，拉拉不已，我乃问曰：第一师范的遗老遗少颇多，何以偏要拉着我呢？他笑而答曰：因为你任职最久，所知较详，……哦！讲到这里，我倒慨然自任，我的确是先第一师范挂招牌而进，后第一师范落招牌而出，一口气十足做了十四年的老饭桶（民国前一年起至民国十三年止），肚皮里不无些小掌故，姑效那唐朝的白发宫娥，闲话这第一师范。

第一师范的前蜕后化

民国元年春间新挂招牌的浙江省立第一师范学校的前身，就是同时新关门的浙江两级师范学堂。这个"堂"字和"校"，便显示着两代学制蜕化的痕迹。（前清各级学校，都称学堂，民国元年始改称学校。且所谓省立国立等字样，亦自民元起才有这个崭新的名目。）当时浙江十一府，各有一所省立师范，此十一之一的第一师范，本无他种特别，不过因得承袭前身所遗下的一笔大家产（两级师范是包含优级初级而言。——前清优级师范即民国学制所改称的高等师范，当时办有数学、理化、史地、博物、体操等专科，至民元易牌为第一师范时，犹带办一班高师图工科，故校舍甚大，各种设备甚富。——两级师范，先为三年制的，后改为五年制，初称完全科，旋改称本科师范。），所以校舍特别宏大，设备特别丰富；又因居于省会，且承袭着历朝产出人才的淘锅的贡院遗址，居然像煞是个"大阿哥"的样儿。

可惜这个大阿哥的寿命，共只十二岁。到了民国十二年的下半年，因兴行"中师合并"制，被名叫"第一中学"者一口吞在肚子里。那时尚有正在肄业中半生未熟的几百个分子，就在这赛过晚娘的肚皮应育而成。

第一师范的校长人物

民元，由前两级师范教务长经亨颐氏改任为第一师范校长，至民八寒假止，教厅改任王更三氏，再四辞未受职。又改任金布氏，未克正式接事。改由陈成仁氏代理一个月。嗣又改任姜琦氏继，至民九暑假止。改任马叙伦氏继，至民十一暑假止，改任何炳松氏继，至民十二暑假止。以后改组为第一中学。

第一师范的人格教育

民二三间，江苏省教育会首倡"职业教育"，浙江省教育会则相对的倡导"人格教育"，其时，浙江省教育会的领袖，即第一师范校长经亨颐氏，他曾以自己的教育主张，实施之于自己所绾的学校，熏陶淬励的结果，颇著一些成效。现在约略追述如左：

（一）校训为"勤慎诚朴"四字，平日训练，即以此四字为归。

（二）经氏自己的性情，殆可称为"刚直不阿，真实无妄"，就此以身作则。——下一些注脚吧：他对于"声色"，非常之端正。他对于"货利"，非常之干净。他对于"事理"，剖析得明白。他对于"用人"，大公无私，既信不疑。他对于"行政"，从大处着眼，先潮流一步，他所认为"是"的或"非"的，主张石硬，别人不易左之右之，所以他有"经钝头"的徽号。

（三）一般教师，都能切实训练学生，学生亦能心悦诚服地受训练。——其最大原因，一般教职员，都是久於其职者，能视校务如家务，爱学生如子弟，故学生的信仰心甚坚。

（四）五年"兵式操"，不弱于三个月"集中训练"。——当时第一师范的中队，练得形式严整，精神壮健，真可上得战场。且所用的是真枪，只要一声口令，不怕前面是泥洼，保管他们"扑"的一声整队睏下去了！可惜"五四运动"以后，受着一般潮流，误信"欧战"结果，到底是"公理胜于强权"？乃从此软化下去了！现在想想，到底如何？

（五）学生一律是和尚头，一律是布制服，一律须自洗碗筷，一律能荷锄浇粪。——此皆今日之所倡导者，第一师范早得风气之先。

（六）尊重学生个性，使得向各方面发展；并不束缚其思想，只是加以适宜的指导。——因此，所成之材，各种都有。除大多数当然服务小学教育界及掌理县市教育行政为其天职外，颇有许多超群的党务人才、政务人才、军务人才、外交官、大学教师、艺术家、新闻记者以及和尚等，都是刮刮叫的。

（七）民七八间，浙江省议会有少数议员，提出自己加薪之议，一般民众敢怒而不敢言，此时一师多数学生联合他校同志，赴会旁听，意在监视，难免冲突，卒以打销，人心大快。其影响及于江苏省议会潜泯此议。——其实此时的学生，是居于民众地位而自动的，然而经氏从此遭忌了。是役也，茶肆清谈，称为"第一师范打省议会"，这个"打"字，似乎说得太严重一点。

（八）民八冬，经氏被解职时，学生信仰甚坚，官厅误会甚深，乃战成一个"大风潮"。初则学生请愿官厅挽留校长，再四不允，继而学生提出继任校长人选希望标准，又不纳，最后学生乃一致团结不散，而对内对外，秩序甚佳，直至民九春季开学后，官厅与学生间，激荡已久，卒至官厅派武装军警数十百名，预备黄包车一百辆，武力解散，总以为可以一鼓擒拿，灭此朝食了，不料自鸡哥哥报晓时动手起，一直弄到近午，尚无办法。然而学生有何本领吃得住这个呢？唉！毫无本领，并不将自己也能"操中队"的武力来抵抗，只是一味"不怕死"的"精诚团结"，似乎所谓"无抵抗"的抵抗，这班小孩子，委实可怜而可佩的！其实呢，岂有数十百个武装军警，当真会吃不落一两百个无拳无勇的学生（寒假后人未到齐）之理吗？不然，不然，实因军警也是人，人心是肉做的，肉做的人心总有理智及感情的，大约此时的军警，也不得不发现出"理解力"及"同情心"，不肯过分"意气用事"，闯出"流血"大祸来，对己对人对上官，三面都不是，所以弄成相持不下的"围困式"的僵局，起初动手时，人不知，鬼不听；既而大门以外的闲杂人等知道了，然只是听得围墙之内，哭声震天，究竟在内玩什么把戏，还莫明其妙；到后来，各校学生知道了，乃如潮水般赶到解救，尤其当头炮的女学生，军警未便难为她们，于是乎围解，哭歇，鲁仲连（值得纪念的中国银行故行长蔡谷卿先生）进，滑稽剧料理收场，已是暮色苍茫近黄昏了；此事在今日看来，只是一副"颜色眼镜"害人而已。

第一师范的新文化运动与经校长下台

"新文化运动"起于北京大学，人都知道。就浙江说起来，恐怕要算第一师范首先迎接这个潮流的吧？关于这个，也有一些故事可谈。

一、四大金刚　当时直接推动文艺思潮者，是四位国文教师——夏丏尊、陈望道、李次九及故友刘大白，一时有"四大金刚"之称。喜之者恨不得抬他们上天，嫉之者恨不得打他们入地。其实自视，仍旧是个"人"，并没有成菩萨，也没变鬼！

二、过激党　民七八间，一般人对于党的观念，颠顸得很，不问他是什么党不党，只要思想或言词稍为新奇，和激烈一些的，一搭而括之都称他为"过激党"，那末不由你申说，第一师范自然是个过激党的策源地了吧？

三、非孝　那时，一年级学生施存统，做成了一篇未成熟的白话文，在刊物上发表了，题目干脆叫做"非孝"，这个题目，却是可怕，他的说法，自然也不会健全，他非但是仅仅乎一年级的学生，并且据说他因受特别的刺激，所以如此现身说法的。然而此说一出，全国震惊，这固然是应有的反应；不过所奇者，这个垃圾担子，又硬推到姓经的身上去了！其实经氏非但不会授意，不会同情，而且其人其时正在山西太原出席"全国教育联合会"，做梦也没有想到！

四、独见　"非孝"的反响，就是"独见"，同时，学生之中有名叫凌荣宝者，他一见非孝之说，便立草一文，为有力的反驳，且特出刊物，洋洋数千言，当然是"非非孝"的主张。名此刊物曰"独见"，后来他的名字也就改为独见。这个独见的举动，固然也是凌氏自动的表白，与经氏无关。然而所奇怪者，当时一般流言，只闻以"非孝"的罪名来攻击经氏者，未闻以"非非孝"的令名来将功赎罪，而洗刷经氏或拥护经氏者也。

五、非孝、废孔、公妻、共产　这八个字，是当时攻击经氏最有力的工具。说道经氏是过激党的首领，非孝！？废孔！？公妻！？共产！？是经氏的政策，此真冤枉极矣！经氏之孝，他的老亲友都知道。废孔吧，直至我走出校门时（民十三夏），那座固有的至圣先师牌位尚在大礼堂的楼上，并未劈开当柴烧。公妻吧，经氏对于男女之间十分端正，老友新友都知道。至于说到共产呢，我只知道经氏不贪产，不蓄产，他不共人家的产，也无产可给人家共，如此而已。此皆十八年前的旧话，在今日看起来，真有点儿像"莫须有"云云的。

六、钝头钝到底　前面不是说过有"经钝头"的徽号么，经氏平日倒是常有倦勤的表示，但至官厅真个要讽他辞职时，他倒反而强硬起来了。当时的督军是卢永祥，省长是齐耀珊，教育厅长是夏敬观。卢氏倒没十分成见，齐氏的颜色眼镜戴得最深，意气也最盛，夏氏顶尴尬，对齐氏，却如旧式媳妇见了凶阿婆似的，但对于经氏，又未便以准阿婆自居，况夏老先生是粹然儒者，而当时厅中对于中等学校校长是用聘任制，更不得不客气些，真要叹一声"好教人左右为人难"！用尽苦心，面面不讨好。后来固然扪着鼻头，碰着几个钝钉子。

第一个钉子　齐氏嘱使夏氏转令经氏立即开除那非孝的学生，经氏说：

该生留在校内，尚可积极的把他教好来，倘若消极把他开除出去，谁再教他呢？既认为不好，又无人教他好，岂非永为不好的分子，妨害社会么？夏氏无以难之。

第二个钉子　齐氏再嘱使夏氏讽经氏辞职，经氏又说：校长我本不要做了，但我如要辞职，当然会自动的辞，不应该出于你的讽，现在我决不辞职，请你撤职罢了！你即刻撤，我即刻走。

第三个钉子　官场做事，其时很不讲面子，但有时却很讲面子，齐氏视经氏确已如眼中钉，然因为他究竟是个绅士，未便干脆撤职，于是用"调虎离山之策"，嘱使夏氏下令调任经氏为教育厅的最高级职员。（名目已忘记，好像是全省教育咨议或顾问之类，总之名目很好听的。）那件公事上，当然有些戴高帽子的话……台端德高望重……堪以……云云，经氏又辞不受命，说道：本人既是"德高望重"，为什么又要叫我辞职呢？

如此缠夹不清，难为了夏老先生，好像一个驼子，夹在两块台板之间，弄得啼笑皆非，结果就算是无形免职了事。

经氏交待，早已准备好，确是即日交卸。

接着委王，不受，再接着委金，受而不能视事，于是乎大风潮以起。（参观上文）

第一师范的艺术空气与和尚种子

第一师范的艺术教师，统而计之，不过五人，李叔同、金咨甫（已故）、金玉相、周天初及我，我的任期最长，贯彻始终，而且前后出头，所教的是图画工艺，叔同自民元秋起至民七夏止，所教的是图画音乐。叔同入山后，咨甫继其职，后来添一个玉相分任图画，再后来又添一个天初分任图画。

第一师范艺术空气之浓厚，大家都知道的，这个风气之所以造成，自以叔同为首功，我不过追随其旁，其他诸友能继其绪而不坠，一般成绩，大概皆能超出乎寻常，几个天才学生的成绩，真能加入几等，如今日已相当成名者，图画方面，如丰子恺、潘天寿，工艺方面，如何明齐、王隐秋、音乐方面，如刘质平、袁一洪等，（高师图工科的专门人才不计）皆成了专家。他们的所以成功，原是由于出校以后的努力居多，然而第一师范总是一个入道之门。

当年之艺术家李叔同，即今日之高僧弘一法师，他已成为将来续高僧传里的一个重要人物了，他真有魔力，他真有神通，他当艺术教师时，能使学生信仰艺术；他做和尚后，又能使具有宿报的学生学他做和尚；第一师范毕业生之做和尚及为居士者，颇有几个呢！弘一法师的成就固多（《弘一法师小传》载《越风》第十一期）。而毕业生中效法他出家的大愿法师（杭州弥陀寺）、蕴光法师（天台国清寺）等，亦皆有守有为，不同凡僧。

第一师范的学生自治与毒案

提到"毒案"二字，我便觉得心跳起来，汗毛孔张起来了，——一餐夜饭，——六小时以后，两三天之内，——死了廿四人，病了一百九十余人，廿四口棺材排队，——排在雨天操场内，六口一排，共计四排，——后来东窗案发，——据说是半瓶砒霜作祟，——结果，又囚毙一命，绞死二命，事隔多年，更枪毙一命。

此事之前因后果，大略如左：

民十前后，就流行"学生自治制"，第一师范当然迎合这个潮流，实行开放学校管理权，而实行学生自治，一年级学生有名俞尔衡者，掌管自治会里的经济，因挪用亏空，被全体同学指为"吃铜"，要求校长开除，校长何炳松氏宽厚为怀，不肯遽尔开除，只令俞赶紧设法自行弥补，此亦可谓维持调护，不失教育家的态度，其时为民十一年冬，将近放寒假之事也。

不料民十二阴历正月初十外，俞尔衡虽从诸暨家中回杭返校，而仍无钱可以弥补，约于正月十七日春季开学，至正月廿二日，忽起滔天大祸，即是日夜饭，吃者二百余人，（初开学，人未到齐，吃者教职员及校役少数，学生大多数。）无不腹痛如绞，大吐而特吐，这许多人，集中倒卧在大礼堂及另外几室的地板上，哭的哭，滚的滚，一片惨状，难以形容。及半夜十二点顷，死一人，既而又死一人，既而又死一人，陆续死下去，直至第三天共计死去二十四个活泼鲜跳的小伙子（其中校工二人学生二十二人）。那时是星期六的晚上，初由校医应付，无何措手，立延几个医生帮忙，仍无所措手。至翌晨，由近及远，传遍杭城，观在［者］如潮，闻者咋舌，真不啻天翻地覆，疑神见鬼，西医自动加入救护者数十人，再翌日，声浪已传至上海，加之校中函电告急，故英美德日各国医生赶至观察及参加解救工作者亦有数人，然而最奇怪者此时解救只管解救，仍不知犯的什么病也。因为事发之后，固将当时剩余之饭，送请医药专校及浙江病院等处化验，然至第三天始得确认饭中有多量砒毒也。

这许多砒毒，果胡为乎来哉？不用说，这个奇事出来之后，负有职责的检察官、侦探员，一齐上学校行使职权，毒既在饭，那自然不管三七二十一，先将烧饭司务捉将官里去再说，于是乎由烧饭司务名叫钱阿利、毕和尚二人供出系学生俞尔衡威吓利诱，唆使他们放的毒药，于是乎俞尔衡亦捉将官里去，后来研讯之下，又知毕业生俞章法亦系从谋，于是乎俞章法也捉将官里去了。

这笔官司，经过多少侦讯，多少辩护，一审，再审，三审，终究判决，俞尔衡、钱阿利、毕和尚皆处死刑（毕和尚先已病死狱中），俞章法一等有期徒刑。民国十三年二月十二日执行俞钱二人绞决。俞章法囚了数年，迟早本可重见天日，后来又犯了为越狱杀人等罪，且已改变姓名逃往四川数年，本又可以隐瞒过去，不知怎样，他忽然回诸暨故里，更作什么活动，被人告密，再被执而枪毙。

凡事每当图始之时总不免有多少牺牲，此牺牲，自然是为了试行"学生自治"初步的颠踬。有些人责备何校长的废弛，其实讲句公道话呢，亦不能深怪何氏，一则此种事变，真是世界少有，即使真有神仙，亦难逆测预防；二则此种事变的近因，固如上述，然以远因而论，岂是一朝一夕之故？不过何氏当年，刚好晦气，遭些冤怨，亦只好忍而受之。况就实情而论，非但为校长者当然心痛，即我等为教员者，亦自谴教导无方，致阶此祸也。

当时曾有一种流言，说是这个举动，具有政治背景的？因俗呼"一师"的名称混同，而下错了毒手！盖当时"第一师范"因缩称"一师"，而第一师范隔邻的"陆军第一师"亦缩称"一师"，这个流言如何解释？究竟有没有道理，恕我非神非仙，不懂不懂。

记载这件奇案之文字，有一本书名叫《浙江省立第一师范学校毒案纪实》，此书系本校出版，撰载当时事实的。其中载有医专校毒物鉴定书及医生宣言等，但出版之时，司法方面未尚判决，故未载及判决书。查第一审判决书载在民十二年八月十六号以后数日的申报，第二审判决书载在民十三年五月一号以后数日的申报。至于第三审的判决书，已失考。附记于此，以备研究现代教育史家参考。

关于第一师范种种，就我记忆所及，仅止于此了。至于挂漏之处，自然难免；不过大体上总可以说不差了。

（《越风》，1937年第2卷第1期，第30—34页。）

浙江一师校史志要[①]（节选）

郑晓沧

一、浙江第一师范学校的校长

辛亥以后，民国成立，学堂改称学校，监督改称校长。以后校长资格不再受过去科举出身的限制。

民国以后的浙江一师的校长。

经亨颐（子渊，1877—1938），上虞人。留学东京高等师范，习物理。

[①] 郑晓沧所写原名为《浙江两级师范学堂和第一师范校史志要——近代浙江地方教育史资料之一》，本题目是作者编加。

本校开办初期，即任教务长。旋又东渡，完成学业。徐定超长校时，复任教务长。徐辞职后，任校长。至民国九年（1920）始去职，任校长凡八九年。先后任事凡十三年。经任校长时，同时任省教育会会长。

经先生提倡"人格教育"，尚"自动，自由，自治，自律"。思想前进，对言论主自由。"五四"在浙江省教育会办《教育潮》期刊，发刊词中对"潮"的解释，最足说明他当时的主张。"潮具有迁流递遭之时间性，变化密移之空间性"，"知其势力之伟，故不宜为顽强之抗抵而当与之顺应；知其功用之大，故不宜为淡漠之恝置而当加以欢迎。"这很清楚说到他那时对新文化运动的态度和立场。

继《教育潮》之后，复有《浙江新潮》之出现。这是浙师十四个学生和一中、工校若干学生组织起来的。一师为主力。因施存统《非孝》一篇，当时浙省长齐耀珊要教育厅长夏敬观讽使经校长将施除名，并将负编辑责任的教员夏丏尊解聘。经以为官厅尽可将他撤职，但他在此际却不愿无故辞职。官厅恚甚，教厅乃调他任高等顾问，而另派一视学来任校长。学生坚请挽经，经劝学生勿躁，但自不愿受新命。学生屡去官厅请愿，官厅将强力解散学校，派军警包围学生教师。有人传递此项消息于他校，他校学生乃蜂拥列队而来，而以女生冲锋，围始稍解。这是一场激烈的斗争，是新文化运动的战士一场短兵相接的反封建的斗争。时为1920年三月底，也正在寒假期间。同时教育部长蔡元培派蒋梦麟来省调解，齐耀珊收回成命，学生会也不再坚请挽经（经先生原亦无意继任校长），但提出继任校长条件，一场斗争方告平息。

1921年春间，浙师师生为编《浙潮第一声》转载此事颠末。

原校内教员在新校长姜琦未到前，推陈纯人兼代数月，作过渡。

经曾向上虞陈春澜募款一万元，号召建筑省教育会于杭州平海路，卒底于成。旋又劝他斥资办理春晖中学于白马湖。

经后来南行往当时革命根据地之广州。所交接也多是进步人士，一女适廖仲恺子。一度任全国教育委员会委员长，自是空名。晚岁颇爱好艺术，曾结"兰之友社"。抗日战役起后，以忧愤卒于上海。

经是一个民主主义的教育家，而且是富有战斗性的。

姜琦（伯韩，永嘉人），任校长（1920—1921）约一年。东京高师文史科毕业。原任暨南学校教务主任，并任教南京高师西洋教育史教课。来时声明只作过渡，约一年半后由浙省资送美国留学。

何炳松（柏丞，1921——1923），曾留学美国惠斯康新［威斯康辛］大学及普林斯顿大学，专研西洋历史。归国后任北京高师教授。译著多西洋历史，约在1945年病故。

马叙伦（夷初，1923—1924），治诸子及小学。原任北京大学国文教授，长浙师校不久，因改任浙教育厅长，去职。

一向关心政治，具有革命思想，解放后曾任教育部部长。近年衰病殊甚。著作不少，最近所作《说文解字》《六书疏证》，为其精心大著作。

沈溯明（1924—1927），美国留学，习化学，吴兴人。

李宗武，东京高师文史科毕业，旋又留学英国两年。习历史，任一中校长，为时不长。

蒋梦麟，留学美国加州大学和哥伦比亚大学，习教育学及哲学，时任第三中山大学校长。那时政策，浙江拟只办一个高中，一时或难得适当校长人选（？），故由他自兼，高中部分由杨廉主任。

林晓（觉晨）北大毕业，习物理，原任教北大。其后仍还北大。

二、教科科目

兹但讲五年制的，因简易师范只招过二班。早期的为二年毕业，其后的一班为一年毕业。二部制也只办过一班，其课程大概根据部章。其中教育科目分量较多，占36分之15。

1913后，浙师已改称初级师范（也即现在的"中等师范"，培植小学师资的），而它的课程大体仍癸卯旧制[1]，惟民元（1912）起略有修改，略减读经时间，添了外国语、法制经济、农业与乐歌。又图画改为图画手工，每周上课时间也略减。但浙师似未闻设有农业一门。

此项课程基本上一直施行到1923年为止。中间在1919时也有些变革，即修身改为公民，国文改为国语，又废止读经，这些都是重大的事情。

1920姜琦任校长时，有所谓"学科制"的试行，内容不明。姜在任不过年余。

不久实行三三制，学制课程上都有重大变更。由五年变为三年，只高中设师范科，其课程内涵四项：

1. "公共必修"为一般文化陶冶，不分普通、师范或其他技术高中科，例如"人生哲学"等。

2. "本科必修"（如心理学、教育学）

3. "本科选科"（如儿童文学）

4. "纯粹选科"（如音乐，或对选修者来说，不涉其自己业务范围内的）

第于第一项科目，一时难得适当师资与教本。区为四类，办理学校的人也感觉得复杂难理会。所以此项课程未能完全贯彻。那时学校也可自由伸缩。

三、学生

例如陈建功（原名剑功）为公共科学生。修了后不往北京而即东渡，精研数学，现为我国当代数学巨子，斐［蜚］声国际。

又例如丰子恺，工漫画，别具作风，闻写随笔散文，解放后奋力习俄文，近数年正从事彼邦古典文学的迻译。如潘天寿，不但工画，且亦工诗，苏联［艺术］科学院聘为名誉院士。如刘质平（似原名刘毅）专研音乐，现任济南师范学院教授。此三君者在浙师时皆非艺术专科学生，而为普师学生，后来对艺事的精诣是否由于李叔同先生的感召，抑经子渊校长的培养，当然这是不容

---

[1] 见周予同的《中国现代教育史》，上海：良友图书印刷公司1934年版，第249页。

易完全断定的。（手工方面杰出者何元，惜在抗战期间殁于重庆）。

又如朱文叔、贾祖璋、傅彬然都曾在教育用的书籍上做工作，朱的教科书，贾对生物学的编述，尤其关于植物图谱之类是举国皆知的。

思想上吹前进的号角，最著名的殆莫如施存统（复亮）。他在1919年作了《非孝》一篇，登在以一师为主力的《浙江新潮》第二期，引起了轩然大波！新旧思想，相激相荡。是一次极大的斗争。当时一系列的斗争事实上已略见，兹不赘述。据作者的自述（《回头看二十二年的我》《民国日报》副刊《觉悟》，1920年9月23日）可以看出他受了克鲁泡特金的著作以及中国出版的无政府主义刊物《进化》等影响，相信了无政府主义，"觉悟到'改造社会非从根本改造不可'，那时他还不懂得应当从改造经济制度着手，因此首先朝'家庭'开了一炮，他说：我的非'孝'，目的不单及于一个'孝'，是要借此问题，煽成大波，把家庭制度根本推翻，然后从而建设一个新社会"（《五四时期期刊》介绍第二辑，435页）。据姜敬庐先生说，施实在是愤恨他的父亲虐待他的母亲，还是他的孝感驱迫他去写的。又据姜先生转述施的话，篇名原也不是"非孝"，而为别人所掉换的。可是不管怎样，这正是做了反对封建道德的一个急先锋。

从事实际革命工作的则有宣中华。1920年毕业，1919年任学生会主席，初名"钟华"，旋改"中华"，诸暨人，为浙江初期中共最主要的人物，毕业后曾去苏联，闻曾见过列宁。1927年春任浙江省政务委员。于蒋介石掀起"四一二"反动政变后被捕，在龙华光荣牺牲。

华林亦一师毕业生，经先生任省教育会会长时，华林任干事，闻华早加入共产党，现闻在北京。

总之浙一师校学生受五四运动的影响是很大的。1921中共成立后，加入者不少，除上述诸人外，如郭静唐，活动于四明山一带。

又杨贤江（英父，1985—1931）余姚人，在浙师时常有写作，一师校友会志载其所作《自觉》《人格》《善意》《理性》《少年义勇队》《静生》

等篇，浙师毕业后（1917）在南京高师任职员，先任斋务助理，后在教育科任助理，主要是帮助陈鹤琴先生搞研究工作的。后转上海商务印书馆编辑《学生杂志》。1923年遇恽代英，始任青年工作。杨曾译有G.S.Hall的《青年工作与教育》（*Youth: its Regimen and Education*），笔名李浩吾，后又写过一本新教育大纲，乃是我国介绍马克思主义教育的第一本书。1927年后任上海等处地下工作，病殁于日本。

赵平复或赵少雄，台州府宁海县人，1918年进一师校，1923年毕业后，曾往北大作旁听生，不久回浙，任宁海教育局长，旋赴沪，编《语丝》及《朝华周刊》等，属左联，于1931年2月7日夜或8日晨在上海与胡也频、白莽、冯铿等男女共24人在龙华遇害。鲁迅先生二年后作了《为了忘却的纪[记]念》一篇来纪念他。有《柔石选集》。[①]

（《杭州大学学报》，1959年第4期，第153—173页。）

2.重要历史事件

随感录：浙潮第一声

诊痴

"浙潮第一声"，现已产生了！看啊！如火如荼的官威，到底战得过学生所主张的真理么？浙一师发起"维持本校改革精神，巩固我浙文化基础"的旗帜，来和"保守中国君臣精神，摧残浙江文化萌芽"的贤有司宣战，

[①] 见《柔石选集》（北京：人民文学出版社1958年版）附录三篇：鲁迅：《柔石小传》；赵帝江：《我的父亲》；魏金枝：《柔石小传补遗》。赵帝江毕业于浙江师范学院。魏金枝原亦为浙师学生。

诸君想尚记着，这本小册子，——就是记载当时战争的经过，各报的舆论，和……

现在浙一师目的达了，——姜君长该校已半年，听说学生也还满意的——孜孜矻矻干那学生的本务了，就是保守中国君臣精神的齐某，浙江也站不住走了。我最敬爱的学生们啊，黑阵阵的乌云，已罩不住金色灿烂的日光，这时候还不努力做那"人"的事业，是真对不住自己了！

浙一师向来算是宣传新文化的大本营，经这一次的打击，更可以算是和黑暗社会战斗的勇先锋，他校不作新文化运动则已，要作新文化运动，当以这本小册子为借鉴。

（《民国日报·觉悟》，1920年第9卷第23期，第3页。）

全国学生会反对"读经案"的表示：致全国教育会联合会书

全国教育会联合会诸君：浙江省教育会提出的"读经案"，贵会居然以十四对十二的多数，通过初读会，付审查了。初读会是你们，审查是你们，将来二读三读也是你们，你们过去既然这样，最近的将来，原也未必有甚么新生的希望。但我们是将要亲受侵害戕贼的学生，一线免除危害的希望心，总还渴望贵会那十二位从此更能发抒宏识，那十四位从此也能转入觉悟；贵会难道终于违背我们这"以君子之心度人"的心理吗？

"五四"以后，我们学生和时代潮流接触，就知一时代有一时代的学术，一环境有一环境的适应，锁国陋策不能行，新潮的趋势便无可遏抑。即使古学不可废，国粹不可减，也当照外国通例，让几多国学家往大学专门科研习；现今大学以下图书室里藏着的经子，正须搬入大学或图书馆收藏。哪知浙江省教会议案，竟引丹麦、瑞典大学藏着国文书，来倡议国小以上读经！恐怕不足，还引用日本倡用假名来坚壁垒，你们也晓得假名就是注音字母吗？提倡注音字母，是要教育普及，文字简易，说不到什么国粹不国粹。

日本现已经觉悟到注音字母不如罗马字母，一般人都已转入提倡罗马字母的队里去了，势焰正像烈火，你们也能晓得他们"用心"吗？

我们学生，现在已经觉悟到我们都是个人，正焦急着要学些做人的知识，要学些做现时代现世界的一个人正当职分上应做的技术。什么为军国主义铸造基础的军国教育，为资本主义敷设围幛的资本教育，我们都已有些厌弃的倾向，何况违乎时代的奴隶教育、君臣教育、复辟教育？

你们要知道，时代已经到达民主，你们即使要复辟，我们也决不允许你们妄为，难道还肯受你们期望的复辟的教育去作复辟的爪牙吗？

总之，我们已彻底觉悟，读经是荒谬的建议，无论何时，总要表示反抗的态度。不过贵会及早猛醒，贵会的名誉可以保存，敝会也少点麻烦，这是我们很希望的，如果我们这个希望竟成幻影，那就只有取最后的手段来对付你们了。

中华民国学生联合会总会启

（《民国日报·觉悟》，1920年第11卷第3期，第1页。）

浙江变了！

效僧

浙江变了！

"浙江变了！"这一句沉痛不过的话，我实在不忍心把他提出来。可是今日的浙江，事实上竟还"浙江变了！"所能形容尽致；妖雾弥漫，烟云蔽日，其黑暗情状的一斑，真要教人欲哭无泪呢！诸君有疑我言么？请列举数事以为证：

（一）初读通过于全国教育联合会的《各学校利用星期讲授经子案》，是浙江教育会提出的，教忠教孝唱复辟论调的什么教育潮杂志，是浙江省教育会出版的。提案是经过评论会同意的，编辑是由评议会选出的，评议员是今年夏间常年大会时产生的。外省人要知道："读经案"的提出不只是三个教育会代表所能做得到，"唱复辟论调"的大文，何绍韩早就不敢发表出来，这回真好大胆！老实说几句罢：在浙江的"官""绅"当中，十之八九是赞成"读经案"成立的，也十之八九佩服何绍韩的论调的，何绍韩和一二个教育会代表真不过做个发言代表罢了！

（二）历来四周交通的运动会场，这次（本月五日举行于省城梅东高桥）忽然把女宾女团体和男宾男团体截然分做两个界限，分界的地方驻着不少军警，如临大敌的样子，不许两面各越雷池一步。浙人的心理状态已倾向于复古一方面走了，从这一点里大可以看得出来呀！

（三）为浙江教育界上一缕曙光的第一师范，这次又要以"查办"闻了，为的是教职员家眷住校问题。议员先生们用尽心思地图谋摧残文化，固然为一般明眼人所能看得出，可是浙人心里的"复古热"和"复辟热"，恐怕还少有人看得出来！

由我观察所得，简直可以说，"浙江的官绅是赞成复辟的。——岂但复辟，举一切文物制度以复于古，才能教浙江的官绅称心满意，新生机的摧残，终究要见于最近的将来，这是我们可以预料的。"

浙江变了，觉悟的浙江人啊，改造浙江是你们的分内事呢，别再袖手旁观着，教这大好湖山的浙江长此沉沦下去。

（《民国日报·觉悟》，1920年第11卷第11期，第3页。）

浙江第一师范学校底去年今日

蒋大白

去年三月廿九日，是前浙江省长齐耀珊，唆使爪牙几百名，围困浙江第一师范学校，胁迫学生，强制解散的日子。当时三百多个学生，和许多校友，都只仗着光明的理性、热烈的感情、坚强的意志，涕泪齐挥、血肉相薄

［搏］地和那些枪刺、指挥刀抵抗。而且杭州中等各校的学生，也都挟着满腔的义愤，齐来援救，这真可算得浙江教育史上空前地勇烈悲壮的日子。今年今日，一师诸君，特地开会，纪念这勇烈悲壮的去年今日。纪念么，真值得纪念哪！但是，只不过是纪念而止吗？

我以为这个去年今日，除纪念以外，至少有两个意义：（一）回忆去年今日以前，是怎样地磨练着、淬砺着才能养成去年今日的精神；（二）设想去年今日以后，该怎样地保存着、增长着才能持续去年今日的精神。要知道去年今日，所以能有这样的团结、充实、奋发的精神，而且自从二月九日以后，没有校长教职员在校，却依然秩序严整，计划周详，这都是实行自治的效果。那么，去年今日以后，要是要持续去年今日的精神，也仍不外乎在自治上更加注意了。自治的意义，决不止是不要人家来治我就算完了，譬如说"不要人治"，不要的只是"人"，不是连"治"也不要。只是不要人家来治我，不过做到一个"自"字罢了。一定要从人家手上，把个"治"字接了过来，放在"自"字的底下，实行起来，才算自治完成了。我很希望一师诸君，别忘了去年今日的精神的由来，永远地很珍重地把彼保存着，而且时时把彼增长着，才不辜负去年今日这一场奋斗咧！"无敌国外患者国恒亡"，诸君别以为齐耀珊走了，从此可以高枕无忧，毋庸奋斗了哪！

复次：我以为这个纪念日，是浙江教育界全体的，至少也是浙江省立第一师范学校的，并非单是去年在校的几级学生的，所以应该定为永远的纪念日，别使彼到三四年后，跟着去年在校的几级学生去了！

我也是一师的一个校友，去年今日，因为卧病，不能和同学们共这患难，今年今日，又因为卧病，不能和一师诸君共这纪念，实在觉得非常地遗憾！所以勉强写这几句，表现我的感想。

（《民国日报·觉悟》，1921年第3卷第31期，第1页。）

浙江第一师范之查办案（节选）

浙江第一师范学校向光明方面角［确］走得很快，早已惹起了种种的压迫，到了现在更是万弩齐发。什么省长查办学生呢！查办教职员们呢！省议会查办校长案呢！凡是有权可以滥施，有口可以胡说的，竟是没有不用尽平生之力，把光明乍启的第一师范团团围住了。该校校长很有牺牲精神，教职员也很有努力的决心，就是学生们也很有清醒的头脑，在这四面楚歌中，料来必有一种在中国文化史上可以纪［记］述的表示。但是这种表示，现在尚是无从揣测。现在听得见、看得见的却只有什么什么查办案。记者忍耐不住，只愿把那种"查办案"在这地方预先表示一下，再去记述他们那开承转合的文化高调了。

一、省长齐耀珊专行查办刊行《浙江新潮》的学生们和教职员们。该校刊《浙江新潮》的学生们，省长已经令教厅派员往该校查办过一次，因为该校校长坚持："斥退学生，那就像教员只能教好的学生，却不能教坏的学生"的话，决意不肯迎合省长意志，去斥退那省长说是荒谬的学生们。所以省长仍是不肯干［甘］休。而且悬揣那种非孝的议论，定是该校教员启发的结果。单办学生或尚有漏网的大鱼，不曾打尽。于是逾数日，省长就再出一道命令到教厅，叫教厅把《浙江新潮》社员的名字和该校国文科的教材如数收去。去收的时候该校校长原不想把社员名字告诉他，只是学生们、社员自己愿意负责，坚请校长把第一师范一部分的名字交给查办员，校长尊重学生意志，也便交他了。国文教材也是该校国文教员自决的尽数交出。国文教材听说多是新出版物上的白话文字。省长看了大不如意，立刻电请教部发令禁止。惜教部驳复，终于未曾如意。大概禁止白话文这一点，他是一辈子不会如意了。但是这事怎样严办，现在还是"亦惟日不足"的计划着，还不见什么端倪哩。

二、议员质问。第一次11月28日，朱文等提出的是省立第一师范学校校长经亨颐于本月1日在校刊行《浙江新潮》，提倡过激主义，非孝、废孔、公妻、共产种种邪说，冀以破坏数千年来社会秩序，洪水猛兽，流毒无穷。该校长盘踞造就师资之师范学校，倡最荒谬最狂妄之学说，贻害青年，莫此为甚。贵省长为全省行政长官，对于该校长如此丧心病狂之举动，何不立予撤查依法处置云云。第二次12月10日，余炳光等提出的是省立第一师范学校校长兼教育会会长经亨颐，在校刊行《浙江新潮》，提倡非孝废孔公妻共产诸邪说。经本会朱议员文等提出质问，省长答复，业饬教育厅切实查办在案。但事关煽惑，违法已属过激主义。其初发见于俄，既经扰乱不堪，前车可鉴，奚可效尤。现在英法美诸国防范非常严密，恐此风一开，则中国数千年来之秩序，扫荡于斯人之手，其害实较洪水猛兽为尤烈。议员等为四百兆人民福利计，谨依法提出查办。办《新潮》的是5个学校的学生，工业学校学生7个，第一中学学生3个，宗文中学学生3个，盐务小学学生1个，第一师范学生14个，而且这些学生曾经在该报上说与学校无关系，怎的说是该校长在校刊行呢？"在校"两字，怎么解说？非孝、废孔等说，该报是说过的，可是这是过激主义吗？他们说"其初发见于俄"，"过激"两字自然作"布尔什维克"解了。布尔什维克是提倡非孝废孔的吗？俄国也有孝孔问题吗？

(《时事新报》，1919年12月14日第1版。)

学生与文化运动

玄庐

浙江的新文化运动，已经受着打击了。新文化运动的敌人，撑出他枯朽的铁臂膊，一拳打击了杭州第一师范学校新文化倡导者的校长经亨颐。为什么会去经亨颐？因为浙江教育厅长夏敬观的查复。为什么夏敬观会有这一种查复公文？因为浙江省长齐耀珊有查办第一师范的命令。为什么第一师范要查办？因为第一师范和傍[旁]的学校学生出了一种《浙江新潮》周刊。为什么《浙江新潮》要查办？因为《浙江新潮》登了一篇《非孝》的文章。为什么会有《非孝》的文章？因为这一种文章是新文化运动的表现。浙江的官吏，既做了新文化运动的敌人，就不能不找着一个先导者的第一师范给他一个打击。去经亨颐的校长，就是表示他们打击新文化第一声的权威。

赫赫的威风，伤得了经亨颐的毫毛么？不会，经亨颐还是有省视学做。赫赫的威风，动得了第一师范的尘土么？不会，第一师范的招牌还是金晃晃的，刊在石头上："浙江省立第一师范学校"那10个字。真正受着打击的，就是第一师范有了新文化思想的学生。

第一师范的学生，受了这一个打击之后，从此停止了新文化运动，乖乖地蜷伏在权威底下，仰着权威的鼻息，图一个毕业的出身么？果然这样；从此推出钱江潮，锁住鳖子门，滴水不漏的与世界断绝了关系，永远在黑沉沉的社会里做一个一世不见天日的奴隶，未尝没有他的安宁。能够么？愿意么？做得到么？我想来定做不到、不愿意，不能够的！或者一般受毒深重的遗少，正好趁着风头，顺水推船地孝顺过去，一边推在社会上，一边推在家庭上，一边推在官厅的势力上，轻飘飘的两只肩膀，正是他折枝舐痔的机会，难道不合他的私计么？但是我不相信20世纪的浙江有这样的青年，容许这样的青年。

就师范学校看，第一师范之外还有10个师范；就地方看，浙江之外，还有21个浙江，总算第一师范真个被权威压倒了，压得倒其他10个师范么？除非第2到第11师范没有学生，或者就有学生没有思想的，不烦劳权威去压迫他，他自己倒在那里的。不用说，如果那10个师范，一样有学生，一样有思想的学生，恐怕还须权威的省长、厅长和仰承官厅意旨的职教员分点力气。纵然一样也被压倒了；难道第一中学之外的10个中学，医药学专门学校之外的专门以及公私立各学校学生，都甘心屈服么？即使全浙江学校里面的新文化运动算是凌灭罄尽。浙江之外，还是有新文化运动的。即使北军阀势力范围底下各行省，都被蹂躏平了，西南半壁，一样有新文化运动的立场。即使南北军阀同盟和新文化宣战，以为是可能的事么？算是也做到了，能够使朝起的阳光不照到东大陆，不照到韬光山上么？空气流到得了的地方，就是新文化运动得起的地方。新文化初起时就受着打击，便是新文化的本能。权威呵！我必有一天看得到你投降在新文化旗帜底下的日子。

但是如今总要算权威得势的日子了。比起秦政的焚书坑儒，梭［苏］格拉底的死在蛊惑青年的罪名底下，分量要差得很多。我们青年回头一看过去的黑暗史，早就认识这一种权威是历史上遗留的残影，这一种黑影迹一天不去他干净，社会一天不能光明。要洗去这种影迹，除却我们青年学生，更有谁来负担这重大的责任。

洗涤我们社会的污点，就是我们青年学生身上的东西，因为社会就是由我们青年造成的，我们青年就是社会的分子。我们该洗涤社会的污点，就是洗涤我们自己的污点。我们因为要洗涤社会而奋斗而牺牲，奋斗到什么程度，牺牲到什么程度，现在虽不能豫定一个数量，总之奋斗的范围越大，时间越长，牺牲的数量也越多，新社会的发现也越快。我们青年学生呵！社会上的事，都是我们自身的事，我们自身的事，不是盼望那个，倚赖那个做得清楚的！一般"委曲求全"的老先生们，委曲是委屈了，所求的全还是假的梦想。一般因人成事的校长们，也不是能够捐得动什么肩（担）子。一般依违两可和只见眼前饭碗的教师先生，他们只要能够苟延残喘下去，什么误人子弟的罪恶都会犯的。至于一般社会和旧式的家庭，越是顽固，越是可怜，越该赶紧去振拔他们出这个黑暗地狱。我们青年学生呵！新新旧旧老老少少应兴应革的责任，一齐上了我们有毅力的肩头。轻担子该担，重担子也该担，除却青年要有肯担的，也没有能担的，更没有敢担的了！

不要以为这桩事不是那一个这一个的事，正因为不是那一个这一个的事，才是大家的事。风波正恶咧！要翻要翻的船，不仅你们这一艘；北京、天津、山东，你们的同志正多着咧！少年人和老者打架，不必怕他骨头，他们已经一大半枯朽了的。奋斗一场，社会里面的分子，你们只会场场增多，他们只见场场减少。应该负的责任，必得负的责任，不负也要负的责任，乐得负的责任,正是我们青年学生现在的责任。

我们青年学生不为那[哪]一个人负的责任,为新文化负的责任。新文化是我们青年的生命,我们为生命负责任。新文化是我们青年的将来,我们为将来负责任。新文化是我们青年前途的光明,我们为光明负责任。新文化的敌人,已经对于我们青年的生命,将来的生命,光明的生命宣了战了!我们要试验我们生命的力量,正是这个机会。

(《星期评论(上海)》,1920年第39期第4页。)

浙江学潮底动机?(节选)

一、发端

浙江底教育厅长,趁着寒假底机会,偷偷儿地撤换了两个校长。杭州"一中"和"医专"底两个校长也趁着寒假底机会,偷偷儿地斥退了十几个学生。本来官厅撤换校长,校长斥退学生,都是很平常的事情,怎么会成为学潮底动机呢?可是这回的事情的变化运动和教育革新底前途很有关系,决不是几个校长个人的位置问题,也不是少数学生个人的操行问题。只要看他们一定要利用这寒假底机会,谁都可以知道一定要激起很大的学潮的。不过现在寒假还没有满,学生还没有集合,一方面官厅和校长又用卑劣的手段去运动学生底家属,箝制学生,将来能不能起很大的学潮,是说不定的,也许和去年提前放底假时候一样,落得被人家在"学生"两字上头加一个"丑"字呢!现在闲话少说,且把经过的事实叙在下面。

二、第一师范学校撤换校长的事件

浙江省立第一师范学校,自从去年秋季开学以后,做了几种革新的事业,实在可算是浙江文化运动底先驱者!不料反对的人,竟是群起而攻。议会底质问哩,官厅底查办哩!以及各方面底捏据造谣,匿名告密哩,络绎不绝地定要推翻他,于是乎省长齐耀珊和秘书长沈尔昌、政务厅长冯学书、第三科长冯学台、教育厅长夏敬观等，就联合着打算推翻他的计划。先借"浙江新潮案"做个查办底引子，引到该校学生自治和改授国语两件事情上头，以便把该校底革新事业根本推翻。但是查办了几个月，迟迟不下辣手，这是什么缘故呢？一则因为该校校长经亨颐，兼任省教育会会长，在教育界是资深望重的；一则因为该校学生，都很信服经校长，所以暂且盘马弯弓，故意不发。到了寒假一放，就由教育厅一面呈复省长，一面把经亨颐调任省视学，改任该校专任职员王锡镛做校长了。

……

这时候因为王君三次不受委任，很是决绝，夏厅长却又一面照准，一面委了驻省视学金布，兼代该校校长……但是学生一方面，听说也很有准备，原定开校底日子已经到了，不知有没有举动，且看罢。

若说浙江省长齐耀珊，这次进京，特地把该校底国语教材带去，还给北大校长蔡孑民看，蔡君给齐的回信说："这种教材，选得不成系统，不过备学生底参考，也未始不可的"。一面又有信给一师校长经君，质问他说："这种文章都从现在杂志上选出来，是学生所习见的，何以编入教本？"又说："这到底是伦理教材？是国文教材？"——因为其中有关于人生问题、家族问题各类文章底缘故。——但是听说该校底国语教材是把16个问题做纲，——像人生问题，家族问题，贞操问题，文学问题——各种杂志上关于各问题底文章做目，叫学生用批评的眼光，去自动的研究，只要把他们底国文教授法大纲一看就明白了。他们底教授法大纲是：

目的1——形式的。使学生能够了解用现代语，或近于现代语——如各日报杂志和各科学教科书所用的文言——所发表的文章，而且能够看得敏捷、正确、贯通。使学生能够用现代语——或口讲或写在纸上——表现自己的思想感情，而且要自由、明白、普遍、迅速。

目的2——实质的。使学生了解人生真义和社会现象。

教材。以和人生最有关系的问题为纲，以新出版各杂志中关于各问题的文章为目。

教法。令学生自己研究，教员处指导的地位。

详细方法如下：

（1）说明。每星期或两星期，教员提出一个研究的问题，将关于本问题的材料分给学生，并指示阅览的次序，如学生不能全阅，可指定专阅几篇。

（2）答问。学生对于教材的文字和意义，如有不明了的地方，应询问教员。

（3）分析。学生每看一篇文章，应该先用分析的功夫，分析的次序如下：1.把全篇分作几大段，每段定一小标题；2.把一大段的大意再分析起来，用简括的文章记载出来，这是做一篇大纲的次序。

（4）综合。学生把各篇文章看完后，应对于一问题，用综合的工夫。综合的次序如下；1.把各篇大段的标题，分别同异，同的合并起来，异的另立标题。2.就各小标题的同异，把全问题分作几大段，挨次分定了几个小标题。3.把各篇中对于小标题的意见，用简括的文章，记载出来。这是做一问题的大纲。

（5）书面的批评。学生作好大纲以后，应该把对于一问题的意见，用文章表示出来，作成札记。

（6）口头的批评。学生作好"大纲""札记"以后，教员先随便取几个学生的"大纲"和"批评"发表出来，请各学生口头批评，教员又就学生口头的批评，随时批评。

（7）学生讲演。教员各请学生轮流在讲台上讲演一问题的"大纲"和"批评"。讲演时间得由教员随意限定，讲演后，由教员和学生共同批评。

（8）辩难。教员、学生得提出对于一问题的甲、乙两说，请各学生认定赞成那［哪］一说，两方互相辩难，教员应随时加以判断，并得参加意见。

（9）教员讲演。教员讲演分两种，一把各生札记的内容分别统计，下一总批评；二教员自己对于一问题的意见。

（10）批改札记。札记字句，如有不妥的地方，教员应加改削。

照这方法看起来，似乎比那从前教文言的老先生，今天选一篇《管仲论》，明天选一篇《阿房宫赋》比较的有系统一点，不知蔡君何以对齐耀珊说他们不成系统？恐怕这话和这事件颇有关系罢，所以一并把他记出来。

三、第一中学校撤换校长和斥退学生训告学生事件。……

四、浙江公立医药专门学校斥退学生事件。……

五、将来……且看！

以上都是这三校经过的事实，不知将来开学以后，这三校底学生和杭州学生联合会，有什么举动没有？且看罢！

（《星期评论（上海）》，1920年第39期，第1—4页。）

浙江教育界事件与浙江学生（节选）

（一）

自从浙江教育厅长夏敬观，畏畏缩缩地撤换了两个中学底校长和浙江第一中学、公立专门医药学校底两个校长偷偷摸摸地斥退了十几个学生之后，已引起省内外底人的议论不少。那惯在假期内斥退学生的工业校长许炳坤，偏偏也在这个当儿斥退了二十几十个眼中钉的学生，这真可谓"会逢其适"了。关于上述事件，上海出版的《星期评论》第39号当中叙述得很详细，我也不用多说。现在我要说的，且把标题列在下面：

1.对于这两件事——撤换校长，斥退学生的观察。

2.浙江学生人格表现的将来。

（二）

对于这两件事——撤换校长，斥退学生的观察。教育当局的撤换校长，谁也不看作很平常的事情。不过这次夏敬观的撤换"一中"和"一师"两个校长，却很有作用的，也不是没有原因的。惟其有很深刻的作用和很远大的原因，所以我们就不能当很平常事情去看待他。现在我就把那原因和作用，分别地说出来：就第一师范而论，撤换校长的原因，要不外乎他做了几种革新的事业。恐怕这几种革新事业，将由第一师范传达到第二、第三、第四……师范和其他学校，便于他们有直接的不利或间接的害处，所以就不能不大着胆子地把那"做革新事业的先驱者"下个有力的打击。不但要使他们的革新事业永远不会发生，而且要强〔强要〕他们回复到革新以前的路上来行走。他们才得高枕无忧。这便是他们的作用。就第一中学而论，从去年秋间起，件件事有革新的趋势，和第一师范总算是惟一的良友。这次官厅撤换他们的校长，有许多人们说"是做一师底陪衬的"，这倒是一句老实话。总之这次"一中"和"一师"两校长的撤换，就我们局外底人用客观的眼光观察起来：纯粹是一个"新旧冲突问题"。至于那几位校长的斥退学生，不以教育的眼光去观察，固然是件没甚希罕的事情。但是我们如果一用教育的眼光去下个观察，就可得到了下列几句肯定话头：

"教育者斥退学生，是教育者自身破产宣告"。但这几句话，还是对那"一般的斥退学生的教育者"而发的。可是这次的斥退学生，情形有些不同，我们也就不能当他是"一般的事件"看待。诸君！这次被斥退的学生，可就不是"各校的几个出头人物"吗？那么为什么要斥退呢？诸君不晓得浙江的行政长官和教育长官奉的上谕吗？"解散学生会""遏止新思想""禁绝新文化运动"，这是最近一个个的奉天承运的皇帝诏。长官要避解散，禁绝，……这类字的恶名，就责之于暮夜乞怜的校长们。校长们对于这件事的惟一安全的好法子，就是斥退几个"出头人物"和"受了些新文化思想"的学生。"出头人物"的学生没了，受有新文化思想的学生没了，学生会就解散了吗？新思想遏止了吗？新文化运动就禁绝了吗？我们正欣欣然自以为得计，那里晓得笑他们愚的人们正在他们后头捧腹呢！哈哈！他们真愚！愚哉他们也！他们的人格宣告破产了，种种设施和计划也快要破产了，我们还笑他们做甚？——可怜他们多来不及了！

我对于这两件事——撤换校长和斥退学生的观察，约略写在上面。我还要说几句提纲挈领的话：这次浙江教育界事件，表面上像煞是浙江教育前途的不幸，青年的大不幸。骨底里实在是件很可引以为喜的事情。从黑暗到光明，转腐败为新鲜，……都要在这个关头上做起。青年！浙江的青年！人格表现的时期到了！奋斗的机会到了！此时不表现，更待何时！此时不奋斗，更待何时！

（三）

浙江人格表现的将来，校长撤换了不打紧，学生斥退了不打紧。这些儿事情，过去的过去了，现在的也快过去了。只是有了新文化的学生，处在偌大压力的下面，该怎么办下去？这倒是一个大问题。但是"人"是自己做的，新文化思想是自己有的，压力也是自己受着的，该怎样办这问题，难道要靠着别人解决吗？受着打击的浙江的青年呀！赶快自求解决去！别"因循坐误"，别存"观望心"，你们有没有人格，你们人格有没有完全，你们有没有新文化思想，你们算不算是"人"，……都要在这当儿表现出来的呀！还不努力！还不奋斗！

……诸君！人格表现是不是这时期？表现人格该怎样做起！千万要去思考一下，做一个断案，切切实实地向光明路上走去。要晓得我们旁观的人，虎视眈眈的，只注目于诸君人格表现的将来呀！诸君！努力！……

（《钱江评论》，1920年第5期。）

"浙一师学潮"的前前后后

董舒林

被称为"浙一师学潮"或"一师风潮"的事件，是发生于一九二〇年二、三月间震撼全国的一场反帝反封建的革命斗争。这场斗争是以杭州浙江第一师范[①]学生为主（下简称"浙一师"或"一师"）师生联合共同进行的。这场斗争的胜利，在浙江的革命史有着重大的意义与密切的联系。

前 言

公元一九一九年五月四日，北京学生发动五四运动的消息，很快就传到杭州。杭州的学生积极响应，五月九日，各校代表讨论成立杭州学生联合会事宜，五月十二日，杭州十四所中学以上学校学生三千多人，在湖滨公共运动场开大会，宣布杭州学生联合会正式成立。浙江第一师范学生宣钟华被推选为理事长。会后，学生在杭州热闹街道游行，每人各拿一面小旗，上面写着："还我青岛！""抵制日货！""杀卖国贼！""国家兴亡，匹夫有责！"有的人拿着山东地图和讽刺漫画，沿途高呼："取消二十一条"等口号。此后，在杭州学生联合会的领导下，一师和杭州许多中、小学校学生组成演讲团、宣传队，到热闹街道的酒楼茶店和公共场所去散发传单，作口头宣传和化装宣传。演讲者慷慨陈词，声泪俱下，听的人很受感动。

不久，一师和杭州的学生就积极投入劝用国货的斗争。学生们组织了"劝用国货团""日货检查队"，经常出现街头巷尾，劝同胞使用国货，抵制日货。他们还分批到高义泰等大商店和城站，拱宸桥等水陆码头去，对过境的商品和客商行李进行搜查，凡是日货，一经查获，一律没收。

五月十八日，杭州各学校学生将搜查来的日货，连同学生自己平常所用的日货如洋伞、手帕、草帽、皮包等物，堆集在湖滨公共运动场上，一起当众烧毁。当炎炎烈火把日货烧时，万余观众，一齐拍手高声欢呼。

---

① 即今杭州第一中学。

六月下旬，不仅学生罢课，而且工人罢工、商人罢市，运动进入高潮，一直到放暑假，由于学生大部回乡去宣传，杭州的运动才暂告一段落。

五四运动不仅是爱国的政治运动，而且也是新文化运动。这个新文化运动从北京开始迅速地发展到全国各地。暑假过后，杭州这个运动的中心，逐渐的转到新文化运动上来。

校长经亨颐和他的革新

浙江新文化运动的先驱者是一师校长经亨颐，浙江新文化运动的中心是一师。

经亨颐字子渊，号石禅，浙江上虞人，日本留学生，受过资产阶级民主主义思想的洗礼。他原是一师前身浙江两级师范的第一任教务长，辛亥革命后两级师范改为一师，他继任校长，又兼浙江省教育会会长，是浙江教育界享有崇高威望的民主主义教育家。当五四运动新思潮来了之后，他认为对于时代思潮，应该"迎"而不应该"拒"，时代前进了，精神变了，教育工作也必须采取革新措施，以适应时代潮流。因此，他提出"与时俱进"的口号。他打算把教育会和它的机关刊物《教育潮》，作为宣传新文化的重要阵地，而把一师作为推行新教育的试验场所。

五四运动开始不久，他即在一师试行四项教学改革。这四项改革是：（1）学生自治；（2）国文改授国语，（3）教员专任；（4）学科制。[①]

所谓学生自治，当时全国除北京大学有学生自治会的组织外，其余各地的各级学校，都没有这种组织。经校长为培养学生的自治能力和推行民主精神，决定发动学生建立自治会。经过一段时间的酝酿、筹备，各班学生代表起草了章程和宣言。宣言指出："我们中国的历史是一部专制的历史""数千年来人民是站在被治的地位，没有自治的机会"，辛亥革命后虽建立了共和政体，但"多数的国民还是站在被治的地位"，其原因是"没有自治能力的

---

① 学科制经氏在任时来不及推行。

缘故","要实现真正民主共和国精神,必须先养成自己的自治能力"。宣言表明了成立自治会的四点理由,其根本目的在于培养自治能力,亦即行使民主权利的能力。学生会的宣言和章程,后来登在学生会会刊上,被上海的报纸转载,为全国各校所仿效。

秋后开学不久,即十一月十六日,全校用整整一天的时间,开了一个热烈而隆重的大会,欢庆首届学生自治会的成立。这天,来宾云集,学生穿着洗得干干净净的校服。上午,会议开始,先由校长经亨颐致词,接着由学生自治会筹备会负责人报告筹备经过,宣读学生自治会成立宣言;继之,全校师生和来宾齐唱《自治歌》(这个歌曲都是学生自己作的),接着是来宾演说。演说者有教师、有校友代表和兄弟学校的教师和学生代表。本校教师陈望道也发表了演说,最后是自治会的代表致答词。上午的会议至此结束。下午是校剧团文艺演出,演出的剧目有胡廷编写的《终身大事》,陈望道与夏丏尊合写的《严肃》和校剧团自编的《骗中骗》等节目。演出非常精彩,深得二千多观众(包括男女来宾在内)之欢迎。直到下午五时,大家才兴尽而散。《一师校友会十日刊》的记者称这次会议是"空前光荣的纪念"。[①]

学生自治会成立不久,就表现了它的不寻常的作用,(1)吸烟的学生,自动的戒烟,不戒的要受到同学的监督与告发;(2)食堂由学生自己办。学生自己当家作主办伙食,精打细算,伙食办得又省钱又好;(3)请假归学生会管,请假的人反而少了。学生参加学校行政管理,学校经济公开,学生感到很满意。[②]

第二项改革是国文改授国语。即语文课废止读儒家经典著作,选读白话文,学生作文也用白话文写。

第三项是教员专任。这是因为当时有一些教师为增加经济收入,一身兼数校的课,有的人每周多达三十多节课。用轮流请假,迟到早退等方法来应

---

① 《学生自治会成立》,《一师校友会十日刊》,1919年第5期。
② 《对教育厅查办员的谈话》,《一师校友会十日刊》,1919年第6期。

付,以致严重的影响了教学质量。教员专任,即一师的教师不得在其他学校兼课,其每月收入,学校规定一律暂给七十元。

为了贯彻这三项改革,经校长在暑假中请了陈望道,刘大白,李次九和原在学校的夏丏尊等四位新派教师为各年级的语文主任教员。这四人后来被旧派称为一师新文化运动的"四大金刚"。"四大金刚"从《新青年》《每周评论》《新潮》等杂志上选了陈独秀、李大钊,鲁迅等人的文章作为新教材。这些文章大都是白话文,当时旧派的老先生认为白话文不教也可以懂。陈望道等人就选了鲁迅的《狂人日记》给学生学习,到讲课时,不讲文章本身,只讲了一些文艺理论,学生反映看不懂。"四大金刚"即抓住这一点,说明白话文不讲也是不行的,没有一定的思想基础是看不懂的。他们的主张和做法深得学生的赞成。但他们并不排挤文言文,他们根据学生的情况,教材中也适当的选了一些文言文,例如王充的《论衡》和黄宗羲的《明夷待访录》中一些具有朴素唯物主义的文章,"四大金刚"还讲授语法,新式标点符号和注音符号。

在五四新思潮的影响下,在经校长和新派教师的倡导下,学生中掀起了阅读新进报刊和追求新思想的热潮。《新青年》《每周评论》《解放与改造》《建设》《少年中国》《湘江评论》和《星期评论》等介绍新文化的报刊,深受他们的欢迎。

看到这种现象,学生施存统(即施复亮)就发起组织了"全国书报贩卖部",成立时发表一个宣言,宣称"我们承认现在发表新思想的书报,是文化运动的健将,是解放束缚的利器,所以我们要尽我们的力量来传播它,这就是我们要组织这个书报贩卖部的缘故。"他们还发表"声明",声明"本部为一师少数学生所组织,与学校全体学生无关"。[①]该贩卖部销售全国各地最新出版的各种进步书刊。那时全校只有四百名左右学生,有一个时期,

---

① 《本校书报贩卖部宣言》,《一师校友会十日刊》,1920年第1号和第2号。

校内即销行了《新青年》和《星期评论》四百几十份，一师学生订阅《新青年》一百多份，《星期评论》四百多份，其他还有《每周评论》等。他们不仅在校内销售，而且每天下午四、五点钟时，带了《新青年》《每周评论》《星期评论》和马克思的《资本论》《科学的社会主义》、达尔文的《物种起源》等书，到湖滨公共运动场一带去推销，买的人很多。不久，又有学生诸暨人何景亮（即汪寿华）等九人成立了"学生贩卖团"，他们也发表了宣言，说明成立的目的是为了："锻炼心身，改造社会。"他们也贩卖书报[①]。

《浙江新潮》的诞生

通过新书刊的介绍，一师的师生和杭州其他几个学校的青年学生，开始逐步地接受各种新思想，其中主要的是马克思主义，这些新思想打开了他们的眼界，使他们从几千年的封建思想的禁锢中解放出来。他们尝试要用新的思想武器来改造社会，挽救中国。

这年秋天，一师校长经亨颐、教师陈望道、李次九、夏丏尊，学生傅彬然、施存统、周伯棣、张维祺等人，以"一师校友会"的名义，于十月十日出版了四开铅印报刊《浙江省立第一师范校友会十日刊》。在《创刊词》中，他们大声疾呼："……我们要改造社会，转移人心，打破数千年来的偶像和权威，赶紧改革现行学制，使我们学校里的学生的创造力都得到充分自由的发展。"同年十一月一日，以一师学生施存统、俞秀松、傅彬然、周伯棣、黄宗正等十四人为主，联合了省一中学生查猛济、阮毅成和甲种工业学校学生沈乃熙（又名沈端先，即夏衍）、汪馥泉、倪维雄等人，在《双十》改组的基础上，出版了《浙江新潮》。

《浙江新潮》虽是一种四开的铅印小报，然以其思想之清新，言论之犀利，一开始发行，就引起社会各界人士的重视，而且遍销全国各地乃至四川

---

① 《学生贩卖团宣言》，《校友会十日刊》，1920年第9号。

省等边远地区。

《浙江新潮》在发刊词中说明发刊的四个宗旨：（一）"……谋人类——指全体人类——生活的幸福和进化"；（二）"改造社会"；（三）"促进劳动者的自觉和联合"；（四）"对于现在学生界、劳动界加以调查、批评和指导"。文章强调了改造社会的责任应由劳动者来担任，知识分子中有觉悟的人应"投身到劳动界中，和劳动者联合一致"，"去破坏束缚的、竞争的、掠夺的势力，建设自由、互助、劳动的社会，以谋求人类生活的幸福和进步"。同期中还转载了日本《赤》杂志中的一幅题为《新社会路线》的图画，向读者暗示：社会发展的方向必然是"过激主义"即"共产主义"。从创刊号我们可以看出《浙江新潮》是一种倾向社会主义的报刊，但也多少带着无政府主义的气息。

在一师的影响与推动下，一时杭州先进的知识分子，在此后不长的时间内，陆续的创办了《钱江评论》《浙江学生联合会周刊》《晨钟》《浙江第一中学校学生自治会半月刊》《进修团团刊》《浙江第一师范十日刊》《曲江工潮》等十多种刊物，杭州的出版界如百花齐放，万紫千红的春天花园。其影响所及，杭州的官办报纸，也都改用白话文。

在教育界，杭州和浙江各校陆续成立了学生自治会，国文课改授新文学和白话文。一师的部分学生还成立了两个劳动团，叫做"第一劳动团"和"第二劳动团"。这两个团成立的时候，联合发表了宣言，声明"劳动是神圣的事业，是人生必尽的义务"，成立劳动团是为了"养成我们劳动的习惯，将来到社会上去服务，就要去组织新村，把这种理想的生活，实现到一般社会上去，去改造社会。"[①]他们还拟了章程，规定"团员除假日及天雨外，每日课后劳动半小时"。大家都是自觉劳动。杭州的其他一些学校受了影响，也组织了劳动团。一师除了"校友会""自治会""浙江新潮社""劳动

---

① 《本校第一、二劳动团共同宣言》，《校友会十月刊》第二号。

团"等组织外，还有不少文学、美术、音乐、诗歌、体育等组织。学生思想解放，学术空气浓厚，学生课外生活丰富多彩，民主生活活跃，一时浙一师成了浙江新文化运动的主要阵地，成为浙江进步青年向往的中心。有许多外省学生，千里迢迢来杭州，就是为了要投考一师。

省署派了秘书当语文主任教员

浙一师提倡新文化，进行教学改革，受到浙江和全国进步人士的欢迎与赞赏，当时上海比较保守的报纸《时事新报》也报道了《双十》和《一师校友会十日刊》的出版消息，认为这些都是"介绍新思潮的出版物""是顺着这新潮流"的事。可是，浙江的各种反动势力却对新文化运动怕得要命，恨得要死。这些反动势力有官僚、政客、学阀等等人物。他们的代表是浙江省省长齐耀珊和教育厅厅长夏敬观。

齐耀珊是吉林人，清末在湖北等地做过道台，后曾劝袁世凯做皇帝，是帝制余孽，又是袁世凯的忠实走狗，而夏敬观则是齐耀珊的忠实爪牙。这批反动家伙把新文化与新思潮看作洪水猛兽，千方百计加以扼杀，但苦于找不到一个冠冕堂皇的理由作为罪名。这个学期，他们就派了省署的一位秘书到一师去担任语文主任教员，借机进行破坏和捣蛋。

"四大金刚"等新派教师选用白话文作教材，而那位秘书却偏选用文言文；新派教师说白话文好，而他偏说白话文有什么好，用不着教，学生自己也能看懂，只有那些没有学问的人才教白话文，等等。尽管他在学生中散布了许多奇谈怪论，玩弄了许多把戏，然而却得不到学生的青睐。新文化运动开始时，学生的思想逐步分为新与旧两派，又因新派教师住在一幢的西楼，所以追随新派教师的学生也称为"西楼派"，反之，追随住在东楼旧派老师的学生，则称之为"东楼派"。后来，随着运动的深入，原来"东楼派"的学生，都逐步的转为"西楼派"了，即转为新派了。

这一转变，使得那位秘书非常恼火。有一次，陈望道出了个《白话文言优劣论》的题目叫学生作文。其中有个学生受了秘书的指使，便在作文中以文言文的体裁大骂白话文,而文章做得甚差,文句不通。陈望道打了批语:"写文言文也该写得通顺一些,理路不通,无从改起,重新做好再改。"这学生一看到批语,当场发火,在教室里抓住陈老师的领口,要把老师抓到教务处去。后来校务会议作出决议:"除非陈望道先生同意,不然要开除该生的学籍。"当然,陈望道是反对消极的开除学生的。后来,该学生哭到陈望道面前,请求原谅。经过教育,这学生后来也转变了。

新文化在学校更广泛地开展起来了,这位秘书的日子越来越难过。有一次,夏丏尊、刘大白、李次九三人在陈望道的房间里开会,住在陈的隔壁的那位秘书,故意大声地对他的女儿嚷叫:"我如果没有其他办法,就用枪打死他们!"进行恫吓。

"废孔"与《非孝》

当时,每年春秋雨季的"祭孔"活动即所谓"丁祭"还在进行。这年秋季,"丁祭"的时间快到了。五四运动开始后,"打倒孔家店"的呼声早已响彻云霄,可是浙江当局还是照样要举行"祭孔"大典。往年祭孔,省长或教育厅长是主祭,省教育会会长兼一师校长经亨颐则是主要的陪祭。一师高年级的学生是祭孔的主要参与者,他们有的要担负司乐、有的要跳"八佾舞",祭毕,参与的每个学生可以分到一刀肉。

当时,这一次是五四运动后的第一次祭孔大典,经亨颐和他的一师学生会不会参加,社会上千万双眼睛都在关注着。

思想觉悟逐步提高的学生,首先是《浙江新潮》社的学生,他们表示不愿再去祭孔。他们一面在同学中进行宣传,一面向学校提出自己的看法,即孔子是打倒的对象,这个偶像不能再崇拜下去了。经亨颐完全支持学生的意见,他自己不顾社会舆论的指责,借口要到山西去出席全国教育会议,毅然提前离开了杭州。

十一月七日,《浙江新潮》第二期出版了,这一期刊登了一师学生施存统写的《非孝》一文。该文的中心大意是主张在家庭中用平等的"爱"来代替不平等的"孝道"。在今天看来，这是一种很通常的思想，然而在那时的反动派看来，简直比洪水猛兽还要可怕。因为"孝"是几千年来封建社会的道德规范，封建统治者依靠这种道德规范而巩固封建家族制度，驱使人民做封建统治者的忠实奴才，从而巩固封建社会制度。所以这篇文章发表后，立即在社会上引起轩然大波。

查办一师

省长齐耀珊，教育厅长夏敬观二人，对经亨颐在一师的种种革新，早就深为不满，如今看了《浙江新潮》第二期上的《非孝》一文，虽然他们不尽了解文章的深意，但"非孝"二字，确激起了他们的万丈无名火。他们认为这个一师既"废孔"在前，今又"非孝"在后，长此以往，怎么收拾得了？！于是由省长公署发了个公文到教育厅，命令教育厅查办此事，公文如下：

查近有《浙江新潮》报纸，所刊论说，类多言不成理，而《非孝》一篇，尤于我国国民道德之由来及与国家存在之关系并未加以研究，徒摭拾一二新名词，肆口妄谈，实属谬妄。

查该报通讯处为浙江第一师范黄宗正，以研究国民教育之师范学校，而有此主张蔑弃国民道德之印刷品，真堪骇论。究竟此项报纸系该校何人主持，现在该校办理情形如何，合行令仰该厅，于文到三日内，即行切实查明核办具复，以凭察夺，毋延切切！

教育厅长夏敬观接到省公署的训令后，不敢怠慢，立即于十一月廿五，派科员富光年为"查办员"，到一师来查问，这时经亨颐已从山西开完会回来，便亲自接待。查办员先宣读省长训令，然后提出三个问题：

一、"《浙江新潮》是不是浙江第一师范的印刷物？"经回答："不是"。二、"黄宗正是不是第一师范的学生？"经答："是"。三、"现在第一师范办理情形如何？"经回答："很长"。经校长就谈了学校最近改革的情况及其成绩。该查办员无话可说。接着又找陈、夏、刘、李等四位国文教师来，询查了国文课授课情况，又逐本逐页的翻查了白话文的国文讲义和学生的作文簿及学生自治会章程。又要校长陪他看了教室，学生宿舍，还要向校长索取《浙江新潮》社学生的名单。校长不给，该社几个学生怕连累校长，主动交出名单，该查办员才扬长而去。不久，他们又派了一位姓周的科长再次来查办，经过情况，与上次大同小异。

教育厅长夏敬观除将查办情况回禀省长外，过几天，他派人把经校长请了去，指责说："据本厅周科长查明，贵校教员陈望道、刘大白，夏丏尊、李次九等四人，所选国文讲义，全用白话，弃文言而不授，此乃与师范学校教授国文之要旨未尽符合。而此四人，又系不学无术之辈，所选教材，夹杂凑合，未免有思想中毒之弊，长此以往，势将使全校师生，堕入魔障。本厅责成贵校长立即将此四人解职，并将学生施存统开除。"经回答说："我校教师所选文章都是从北京、上海等地公开发行的报刊上选来的，如果使学生读后会产生'思想中毒''堕入魔障'之恶果，政府何以不干脆取缔京沪等地出版之刊物呢？至于教师不学无术，请教何以见得？！且学期中途，如何能随便解聘！再说，学生未教好，那是教育者未尽到职责，不能以开除了之，开除学生非为教育之本旨，学生即使言论失当，但没有犯罪，不能开除。何况，新思潮这样勃发，新出版物这样多，其感动的力量，实在大得了不得。要想法子禁止，实在是办不到的。如果空气能排得尽，新思潮才能禁止。盼望官厅明白这一点。"经亨颐这番铿锵有力的话，说得堂堂的教育厅长，张口结舌，无言以对。

然而反动派决不就此罢休，他们立即下令禁止《浙江新潮》的出版和邮寄，已出版的要没收。因为《浙江新潮》有罪，罪名是"主张社会改造，家庭革命，以劳动为神圣，以忠孝为罪恶"。同年11月27日，督军卢永样，省长齐耀珊还联名密电北京大总统，国务院，请求在全国范围内禁止印刷邮寄，12月2日，北洋政府国务院立即密电各省，严禁《浙江新潮》的发行，并饬令各省注意同类之刊物，随时严加取缔，密电原文如下：

"各省督军、省长、都统、护军使鉴：统密。据浙江卢督军、齐省长有电称：'近来杭州发现一种周刊报纸，初名《双十》，改名《浙江新潮》……大致主张社会改造，家庭革命，以劳动为神圣，以忠孝为罪恶。其贻害秩序，败坏风俗，明目张胆，毫无忌惮。……已令饬警务处禁止刷印邮寄。'并称：'以后如续有类此书报，凡违背出版法者，均当随时严重取缔'等情。此种书报，宗旨悖谬，足为人心世道之忧。'浙省既有发端，各省倘已流行，应即随时严密查察。如果与出版法相违，立予禁止刷印邮寄，毋俾滋蔓，以遏乱萌，是为至要！院冬印"

齐耀珊在查封了《浙江新潮》后，还派人到浙江印刷公司，勒令将已经排好的《浙江新潮》第三期的排版，全部拆毁，责令印刷公司经理周佩芳具结，今后不得再印该刊，并通令全省所有印刷厂，一律不得承印《浙江新潮》。可是《浙江新潮》社的学生们并没有屈服，他们几个人研究后，决定派人将第三期送到上海去出版。

由于送到上海重新排版，故误期到十一月十五日才出版。内容有汪馥泉的《改造同监狱》、诸保时的《为什么要反对资本家》、施存统的《婚姻问题》、TM的《忠告浙江某学校》、周伯棣的《十一月六日贩卖书报记》等文章。这一期的骑缝处，登有该刊在各地的派报处：北至哈尔滨、南至广州，西至成都，东至日本神户等地，共有三十处派报地方。该刊有一个遍布全国各地的发行网，而且其中还很有一些知名人物。如："长沙马王街修业学校毛泽东君"，"南京高等师范杨贤江君"，"上海静安寺路寰球中国学生会敏于君"等等。下面还有一个特别启事，登着："读者诸君鉴：本刊虽受官厅的压迫，但是我们的精神和主张仍旧进行，将来出版不限定周刊。本刊系少数学生所组织，和各学校没有关系。"

该刊在上海印好后，带回杭州秘密发行，这使得杭州的空气大为惊动。一张小小的报纸，使得杭州的反动势力竟然视之如洪水猛兽，简直是风声鹤唳，草木皆兵！

十一月二十八日,省议员朱献文向省长提出质询说:"省立第一师范校长经亨颐于本月一日在校刊行《浙江新潮》,提倡过激主义,非孝、废孔、公妻、共产种种邪说,冀以破坏数千年来社会之秩序,洪水猛兽,流毒无穷。……贵省长为全省行政长官,对于该长如此丧心病狂之举动,何不立予撤查依法处置?!"①十二月七日,又有省议员黄尚傅等六十五人再次致电北京北洋政府,控告经亨颐"提倡非孝、废孔、公妻、共产主义,于校内发行《浙江新潮》《校友会十日刊》等报,贻害青年,天伦伤化,虽经省警厅禁止停刊,省长饬教育厅查办,仍然秘密发行,希图煽惑。应请迅速严令法办,与民共弃,以杜邪说,而正人心"。

这些议员为什么要这么起劲攻击浙一师校长经亨颐呢?事出有因:原来在由经亨颐主持的省教育会的机关刊物《教育潮》创刊号上,曾有沈仲九写的《告浙江省议会》一文,向省议会提出要求实行义务教育,创办浙江大学,设立编译机构等三点建议。这是代表了经亨颐的意见,在当时是有进步意义的。

一九一九年将要放暑假时,浙江省议会举行常会。在会上,议员们提出为自己增加薪金即工资案,新增工资的来源除了否决建立浙大等提案外,还打算将一师学生享受的公费减半。

开会时,旁听的公民团中有不少学生,但以一师的学生最多。当加薪案付表决时,学生们为议员这种损公肥私的可耻行为所激怒,有人喊了一声"打!"在楼上的一师学生就把茶杯,甚至痰盂摔了下来,楼下的学生就把桌子、椅子都推翻,议员们个个抱头鼠窜,虽挨打的并不多,但其尊严却受到损伤。这些议员因此迁怒于经亨颐,便借口《非孝》一文来攻击经亨颐和一师,以报前仇。

---

① 《时事新报》,1919年12月24日。

凌独见与《独见》

各种反动势力不仅利用职权，从外部对一师施加压力，破坏一师的种种革新。而且他们还指使当时一批顽固守旧的校长、组成"校长团"与经亨颐唱对台戏，并设法拉拢一师的落后学生从内部进行破坏。

当《浙江新潮》第二期出版后，一师"二部"（类似小学师资训练班，学生来源为乡村小学教师，学习一年毕业后，可任高小教师）有一位名叫凌荣宝的学生，中封建思想的毒素较深，看了《非孝》一文后，深为不满，便自己单独办了一张报纸，取名《独见》，表示他这张报纸与众不同，有独特的见解，他也化名"独见"来写文章。

在《独见》的发刊词中，他赤裸裸地表明自己维护封建道德的立场。他说："本刊的第一个旨趣是研究人人应该遵守的道德问题，凡是不道德的学说、主张、行为、事业，都是我的仇敌，我要尽我的能力，排斥他，推翻他，破坏他，揭穿他，使他失了立足的所在。"同期，还登了他的主要作品《辟"非孝"》，文章攻击《非孝》作者施存统宣传"不孝主义"，攻击《非孝》主张向封建家庭宣战是"标新立异"信口雌黄，妖言惑众，乱人听闻，陷人于万劫不复的境地。"

《独见》出刊后，也引起社会的重视，创刊号一千份，很快就卖光了。显然，它是五四新潮流中的一股逆流。教育厅长夏敬观看到了，甚为高兴，立即叫人把凌荣宝找去，勉励他说："你的言论维护道德，很不错，没有跟着别的青年随风动摇，……难能可贵。"等等，当时以民主主义者而著名的戴季陶，也写信来鼓励他说："我很喜欢你的勇气和精力，很希望你做一个自由的研究者，批判者"。要他"应当坚持办下去"。从中可看出戴季陶后来变为国民党右派，绝非偶然。

凌独见有官僚政客为他撑腰，作他的靠山，他的胆子更大了。在第二号《独见》上，他又发表了《给"非孝"作者的一封信》，进一步暴露了他的帮凶面目。他这样写道："为了你一篇非孝，害得浙江潮被封禁，累得本校校长查办，致使本校成为众矢之的。事到如此，你却默然不响，像煞无介事，未免太忍心了。现在我要警告你两桩事情：一做篇忏悔文，取消前说；二向官厅挺身自首。你若再不觉悟，一无表示，我为维持人心世道起见，顾不得同学的面子，要开始攻击了。"他在给戴季陶的信中也表示要和《非孝》的作者"法庭相见"，告他"忤逆唆使犯，煽惑他人为恶"的罪。

在浙江新文化运动的中心——一师，出现了这样反动的报刊，当然为进步的师生所反对。他的级任老师袁新产是《辟"非孝"》一文的第一个读者，他当时即指出这篇文章是恶毒谩骂，并非学理之探讨。在第一号《独见》出版后，校长经亨颐也找他谈话，劝他说："现在群众都走在前面了，你的'独见'是没有前途的！你还是服从群众的意见，牺牲'独见'吧！"但他听不进去，后来经校长又找他谈了几次话，但仍没有效果，最后只好对他说："别的学生，我对他谈一、二次话后，都会接受教育，没有像你这样顽固的！"

且说凌独见不听师长的教育，我行我素，独行其是，又连续地发表了《"孝"的研究》《新道德绪言》等文章，引经据典宣扬封建道德，攻击新思想新道德。他还连续发表了三篇文章：《评本校自治制》《对于本校实行自治会的疑问》《学生自治之商榷》，极力诋毁本校正在试行的学生自治制度。他认为"学校实行自治制，而有"自治会""选举""职员""章程"等；名为解放，其实麻绳改换铁索，放出模范监狱，走进陆军监狱，束缚较前尤甚，真所谓变本加厉也"。

他还用种种实际行动来破坏学生会的规章制度。晚上，同学们睡觉了，他在自修室内开灯写反动文章；早上，同学们起床了，他还在睡大觉；白天，寝室门锁上了，他就爬窗出入。

有一天，学生自治会请了一位校外学者来宣讲，讲的题目是：《德谟克拉西》（Democracy），凌某因是二部速成班的学生，不学英语，不懂"德谟克拉西"是何意思。他原打算把演讲记录下来发表在《独见》上，所以一早在礼堂里占了第一排的好位置。演讲开始后，讲的人大讲特讲民主制的优点，封建独裁制的缺点，讲学生自治是培养学生民主能力的一种措施。对他来说，味同嚼蜡，听了一半，他就当着演讲者和四百同学的面，大摇大摆地走出会场。他说："我有我的自由"。

他的一连串倒行逆施，引起了全体同学的公愤。学生自治会的领导人宣钟华和徐麟书，专门召开了理事部和评议部联席会议，讨论了如何制裁破坏学生会规则问题，最后决定召开学生大会，对他实行公审。（学生会原有审理部组织，对付破坏规章制度的学生）。

公审时，同学们纷纷地责问他："学生自治有什么不好？你为什么要攻击它，说它是麻绳改换铁索，陆军监狱代替模范监狱？你为什么要破坏学校的作息制度，擅自开窗爬进寝室；擅自离开会场？你为什么要反对新文化？……"

他百般狡辩，以后又在第四期《独见》上发表《呜呼浙江第一师范的学生自治》来污蔑学生自治。可是，经过了公审，他丑恶面目暴露无遗。虽然夏敬观一再给他打气，并从物力、人力上支持他，但《独见》办到第十期。已经臭不可闻，再也无人理睬它了，它也不得不寿终正寝。

凌独见实际上是反动派打进一师进步阵营的一个卒子，他的《独见》是他们妄图用来射杀新文化的一支毒箭，如今，这个卒子已遍体鳞伤，失去了战斗力，毒箭也被拆断了。凌某本人由于在校时不听师长的教育帮助，在错误的道路上越滑越远，终于掉进了反革命的泥坑，此是后话。

调经与留经之争

以齐耀珊、夏敬观为代表的反动守旧势力，他们拉起万支利箭，一齐射向经亨颐，欲置他于死地而后快。可是经亨颐是个在浙江教育界享有崇高威望与地位的人物。齐、夏二人为此绞尽了脑汁。

一九二〇年二月上旬，一师放了寒假，学生大都已回家，校长经亨颐因为校内尚有事，因而还未回上虞故乡。某日，他收到教育厅长夏敬观给他的信，信上写着："……本日备具公文，奉台端为视学，尚希屈就……即请驻厅襄助一切，兼便随时顾问。……"经氏获信后，不假思索，立即写信回复："顷奉令调任视学，未取拜命！校事遵即交卸，另文呈报。……"

原来齐、夏二人打算把经亨颐调离一师，到教育厅当个"随时顾问"的省视学。经氏不愿受命，当即辞职一事，使得齐、夏二人正中下怀。他们调经离开一师的目的已达，于是任命原省视学金布兼一师校长。

寒假中，学生会理事长宣钟华，为了预防不测，仍留在学校，留校的还有家境清寒的学生十多人。当他获知经校长被免职后，立即组织同学于十日、十五日和十九日连续三次发信给回乡的同学，要求他们在阴历正月初十以前一定要回校，和"摧残教育的反动势力决一死战"。

二月十七日，新任校长金布来上任，他宣布原有教师一律续聘。可是只有二人愿受聘，其他的教师一律拒聘。金布无奈，只得在校门上张贴一张大布告，上面写着：

"本校原定三月一日开学，现以部署未定，业经教育厅核准展期，并即分别函诸家属，转嘱暂缓来校，一俟开学日期确定后，当即函告，召集到校上课。现当部署校务期间，诸生暂缓进校！特示。代理校长金布。"

到二月底，回家过寒假的同学们陆续返校。学生会组织回校学生召开了几次座谈会，商讨对策，并派部分同学回到自己故乡去催促同学火速回校。在第六次座谈会上，学生决定联合教师共同斗争。全体教师除一、二人外，皆以为经校长的去留，同本校的前途有极大的关系，决定以全体教职员的名义公呈教育厅，并推举范元兹、胡公冕面见厅长，请求收回成命，结果厅长批复："挽留前校长一节，应无庸议。"

到三月十三日止，同学来校者已过半数，当晚，学生会在评议长徐麟书（自民）的主持下，召开全体会员大会，商讨对策。会议正在进行，忽然有人来密报说："教育厅要解散本校！"闻讯之下，大家非常气愤，立即通过四条决议：（1）维持文化运动，坚持到底；（2）无论何人不得暴行；（3）

校事未妥善解决前，无论何人，概不得擅自离校；（4）留经目的不达，一致牺牲。并推定同学数人起草宣言书和请愿书，推徐麟书、徐仁、石樵、宣钟华四人为请愿代表。

从三月十五日起，宣钟华等四代表接连几次带了请愿书到省教育厅和省公署向教育厅长夏敬观和省长齐耀珊请愿，要求当局继续任命经亨颐为一师校长，但都不得要领。而且多次托辞拒不接见。

学生与教职员在这段时间中，分别发表了几篇宣言，向社会各界人士说明一师校长经亨颐所进行的教学改革，是顺应世界潮流，推动浙江新文化运动的重要措施。而教育厅长撤换经校长是对浙江新文化运动的摧残；一师师生挽留经校长，并非为经个人保存饭碗，也不是因全校三百八十二名学生的地位关系，而是为了维持由经校长开创的本校改革精神，为了巩固浙江新文化的基础，宣言还表明为了维持新文化，师生不怕任何压力。

在学生代表请愿的过程中，教育厅派了科员周某和省视学沈某连续来校，胁迫学生承认金布为校长，立即复课，学生回答说："我们宁可牺牲学业不愿牺牲人格！"

金布也玩弄手腕一面请校友会的干事到他家去，装出一副苦相说："厅长叫我兼代校长，我实无法推辞，……要晓得我如辞职，省视学的职也要保不牢，我实在左右为难，请诸位为我设法。"一面却又东拉西请，拼凑教师队伍。到了二十二日下午二时，他拉了一支拼凑起来的教职员队伍，扑向一师，谁知刚入校门即被守门的同学所拒。守门者吹响叫子，大家闻声立即奔向校门口，把金布包围在操场上。"我们只承认经亨颐是我们的校长！""我们不承认摧残新文化的伪校长！""为饭碗而牺牲人格的家伙，快给我滚！"责骂声似连珠炮，叫金布等无法招架，只得抱头鼠窜。

解散一师

"解散一师"的谣传，竟成为事实。三月二十四日清晨，校门口竟贴出这样一张教育厅布告："……省立第一师范新任校长暨教职员等遵令分别进校训诫，该校学生等竟敢围聚辱骂，实属荒谬，应即暂行休业。学生一律即日离校，勿得有误。"

学生会立即派代表到教育厅去质问，夏敬观避而不见。

二十五日下午，有四十多名荷枪实弹的警察，进驻校内，分成二排，轮流分批站在校门口，都是背朝外，面朝校门，以便监督校内动静。

次日，全校学生在礼堂开会，讨论应付办法，会议正在进行，驻校警察队长宣告："顷奉上峰电话指示，学生不得开会！"当天，校内又增加了便衣警察二十多人，武装警察五十余人，站在学校二门以内。还带铺盖来，有久驻之意。

学生们忍无可忍，二十七日清晨四点半，全体同学在宣钟华、徐白民的带领下，避开前门警察的监视，静悄悄地从后门步行到教育厅去请愿。去得太早，教育厅大门未开。学生们便站在马路上等待。附近警察署第二署署长王家琦带了荷枪的警察赶来，向学生吆喝："你们不要站在马路上，不然我们是要干涉的！"等了半个多小时，教育厅的衙门才徐徐打开。学生原先推选的四位代表去见夏敬观。夏敬观打着官腔说："我已无法维持贵校，诸位只好转学，转学的经费已经为你们准备好了！"代表说："我们好端端的，为什么要转学，这是万万做不到的！"接着代表向夏提出三个条件：（1）校内军警全部撤回；（2）撤消金布为校长的命令。（3）准允原来的教职员进校维持校务。"夏说："你们的意见，我不能作主，等我向省长请示后，再转告你们。现在你们回去吧！"代表要求夏厅长亲自向全体同学讲话，夏就到教育厅大门口，对一师全体学生说："你们大家可以转学，现在且回校去吧！"大家高声质问："为什么要转学呢？！"站在一旁的警察署长王家琦却气势汹汹地说："你们学校办得不好！你们学生品行不良！"说完即拉厅长入内。大家听了非常气愤，再推四代表入内质询，大家在外面等候。夏敬观见势不妙，叫王家琦暂避，一面立即请中国银行杭州分行行长蔡谷卿（蔡元培之弟）出来调解。十一点钟，蔡谷卿来见学生，学生再次向他表达了三点要求。蔡说:"让我再找几个士绅和省长商量。商量后再答复你们,诸位先回校。"学生说:"我们要立等你的回音。"大家都不肯走散,便利用等的时间向周围群众散发宣言和请愿书,并向群众开展宣传解释工作。

这时,教育厅倒也真会利用时间,大门里有人捧出一块转学布告,上写:"各生愿意转学者,视其所转学之远近,每生发给川费银二元至四元"。同学们见了,无不抚掌大笑说:"夏敬观想用金银来引诱我们转学了!"

等到下午四点钟,蔡谷卿和夏敬观二人方来,蔡向大家说:"你们的三个条件,都可答应,可是军警撤销,官厅办事还要费许多手续,现叫警察从二门退到大门,你们满意吗?"学生答:"不满意!"于是学生一面派人到学校拿铺盖,一面派人去买稻草,决计留宿在教育厅。蔡见状对大家说:"诸位切不可如此,三个条件总可以办到的,我总尽力而为!"同学们考虑到所提条件,已有部分达到,就答应暂且返校,明日再作道理。蔡并答应明日到校报告详情。

回到校内,见二门口灯光辉煌,教育厅的几个科员摆了几张桌子,桌上还堆着不少银元,一个家伙故意拨弄银元,发出叮当响声,一面嚷着:"快来、快来,要转学的快来办手续!"

可是喊破喉咙,谁也不理睬他们。

考验

一夜过去了,驻扎一师的军警不但没有撤退半个,反而增加了许多。反动派的卑劣伎俩,使杭州各校的学生都非常气愤。

三月二十八日上午,杭州学联会理事长宣钟华发动杭州全体学生,约四千人左右,从平海街省教育会(现杭州总工会址)前集队出发,前往教育厅和省公署请愿。

到了教育厅,只见门口站满了武装警察,只准学生派几个代表入内。夏敬观托故不接见,由一个科长接见,谈了二十分钟,不得要领,全体学生转向省公署去请愿，沿途分发请愿书。

在省公署门口，又碰到一批气势汹汹的卫兵，拦阻学生不让进去。学生为了照顾大局，用好话向他们解释，最后总算容许代表朱德馨、陈德征等五人去见齐耀珊，齐耀珊傲慢地责问学生："你们来干什么？"代表答："一师的学生为了促进浙江文化的发展，竟然受到军警干涉，学校休业、学生不能上课，荒废了宝贵的光阴；如果省长有维持教育的诚意，应立即撤退军警，收回休业令，取消金布为校长之命令，并允许一师原有之教职员进校维持校务。"齐耀珊说："全体原教职员一律进校维持校务是办不到的，我对于'四大金刚'，实在有不满意的地方；至于撤销休业令，撤退警察，取消金布代校长，这几点还要研究研究才能决定。"代表马上接上去问："如此看来，省长无维持一师之诚意？！"齐答："不是我无诚意，如果让一师学生上课，他们又要闹什么文化了。你们晓得，他们搞的那个不是什么新文化。'非孝''男女解放''社会平等''互助'这等都是我们中国上古的学说，你们晓得，'互助'就是'兼爱'，墨子之说也，圣人之徒，得诛之矣！那个'非孝''男女解放'是没有开化时代的苗子的事情，你们难道也要学吗？我劝你们不要再闹这个了。"代表又问："浙江的教育，你省长维持否？"齐答："我自然维持，但是不能维持的时候，我也没有办法……你们总要君臣有义，父子有亲，夫妇有别……这才是报答维持教育的人的苦心呢！"代表笑答："我们听了省长的好训辞，谢谢。这是我们杭州学联会的请愿书。"齐又说："哦！这是学生会的请愿书么？我对于这个会，早就打算解散它了，请愿书，我决计不收，请你们去罢！"

学联代表在听了省长的高论之后，就准备到督军公署去向督军卢永祥请愿。当队伍从省公署的东辕门穿过西辕门时，门口的卫队受齐耀珊的指使，对学生破口大骂，百般污辱，什么"过激分子""捣乱分子""不孝子孙"等等。学生不与计较，军警以为学生好欺，就对学生拳打足踢，还用枪托和刺刀，向学生乱打乱戳，学生不及防备，当场就有许多人受伤，血流满身，目不忍睹。一师学生叶天瑞，门牙被打落，鼻粘膜破损、牙床和鼻孔血流如注，脸部左眼窝下有一大块青肿；伤势严重，当场昏倒。一中学生朱，伤势也很严重，也当场昏倒。赤手空拳的学生，只得暂时忍耐着。他们一面先把受伤的学生送到医院去医治，一面再到督军公署去，把到教育厅和省公署请愿的情况告诉卢永祥。他们那时还没有认清卢永祥也是北洋军阀，告诉他也是没有用处的。

反动派用武装来镇压手无寸铁的学生，制造流血惨案，这是五四运动以来全国第一起流血事件。这是一师和杭州学生的第一次考验。反动派把刺刀提到议事日程上来，一师和杭州的学生面临着一场更严峻的考验。

三月廿九日大决斗

三月二十八日的流血惨案发生后，杭州学联会当晚在宣钟华、徐白民的主持下，召集各校代表开了紧急会议。会议决定一面请检察院来验伤，并向法院控诉齐耀珊、夏敬观等人的罪行，一面把惨案的真相，用电文通告全国学联、全国教育界和新闻界，请求社会舆论主持正义，还电呈教育部和司法部，请求查办摧残文化教育、镇压学生的凶手齐耀珊和夏敬观。齐耀珊指使军警打伤了请愿学生之后，他料想学生决不会就此罢休，几个反动家伙连夜密商，决定采取先发制人突然袭击的手段。一场更大的风暴即将袭击浙一师。

一九二〇年三月二十九日，是浙江第一师范的历史上一个不能忘却的纪念日，也是中国学生运动史上一个值得纪念的日子。

这天清晨四点多钟，有五百多名军警，在齐耀珊的指使下，悄悄地来贡院一师，把前门和后门都封锁起来，禁止任何人出入，连厨工都不许外出买菜。六点多钟，学生正在自修室早自修，突然，一群如虎如狼的军警冲了进来，高喊："省长命令，诸位赶快把行李捆好（当时一师学生全部住校），立即随我们离开学校，送你们回家去！""我们不回去！""我们不回去！"学生们一个个都叫了起来。警察就动起手来，每两个警察挟持一个学生，连拉带推，把学生拉出校门。校门口停着他们叫来的三百多辆人力车（那时校门口还有一大片空地，现被工厂所占），他们把学生推上车子，拉了就走，警察押着学生上车站或轮船码头，然后叫学生自己回去。

当警察开始拉人时，学生会领导人宣钟华、徐白民一看形势不妙，立即通知全部同学到操场集中。三百多同学就集中坐在健身房前的操场上。一些被拉出坐车的同学，不久也逃了回来，也坐在操场上。操场上人声嘈杂，住在一幢西楼靠近健身房旁的陈望道等教师，闻声赶来，高呼："我们在一起！"走进学生群中和学生一起坐在操场上。

这时共有七百多名武装军警，三十多名军官，切断交通，控制电话。从头门到二门林荫大道站有执棍的警察二百多人，二门以内，在第一幢和第二幢房子的走廊通向健身房和操场，站有三百多名持枪的军警。

附近居民，听到一师围墙内喊声震天，看到大门口军警戒备森严，不知发生了什么事，骇然奔告。当时由于校内不住家眷，大部分教师都住在校外，经人辗转相告，到九点多钟教师们才知道发生了大事。他们立刻自动集合在文龙巷奉化试馆内，决分兵二路：一路去购买大量馒头糕点，从西面围墙外抛进操场，给被围困的同学充饥；一路火速到其他各校去讨救兵，如姜丹韦、吴庶晨到女子师范，直入教室大声呼救。

且说操场上的同学，义愤填膺，有的叫喊，有的大骂。宣钟华利用时机站起来对大家说："同学们，我们的斗争不是孤立的，我们已收到来自全国各地的许多电报。有本校同学家长的，有各地教育会、学联会、有留日浙江同学会，北京大学浙江同乡会，全国学联会总理事长狄侃，全国学生会，上海学生会，江西学联、广东学联，北京浙籍学界，全国各界联合会，北京要人梁启超、张一麐、范源濂、蔡元培等个人和单位，他们一致来电来函谴责齐耀珊和夏敬观，支持我们的斗争。甚至连省议会也有不少议员发表声明责备齐、夏的暴行。今天，如果本市的同学知道了，他们肯定会来支持我们的！"

这时约在中午十二点半，忽然一阵哨子声响，五百多名警察，飞快冲进操场,把坐在地上的同学团团围住,内外水泄不通。一个警察队长叫道:"省长已几次来电催促,你们再不走,我们就是动手啦!""我们不走!""我们情愿死在这里!"同学们愤怒的叫喊声,接连不断。

正在此时,警察队长把手一挥,大喊一声,数百名军警便如虎狼,猛向学生扑去。他们每四个人一组,强拉一个学生,把学生硬拖出去。这时体育教师胡公冕和一位姓王的教师冲进来,大叫:"我们的学生犯了什么罪,你们这班警察这种虐待他们!"同学们听了,个个激动万分,把拳头高高举起,不约而同的齐声高呼:"我们情愿为新文化而牺牲,不愿在黑暗社会中做人。""国家兴亡,匹夫有责!"警察来抓胡公冕,要把他拖出去,学生极力救护,才得脱身,警察又来找徐白民和宣钟华,结果徐被抓去关在附小的房子里,他们扬言要把徐带到警察局去。宣钟华被同学极力救护,才得幸免。有几个家伙还以威胁的口吻说:"经亨颐如果今天在场,非把他抓起来不可!"

目睹警察们的这种暴行,一位名叫朱赞唐的学生,非常气愤,突然之间,飞快地跑到警察队长跟前,把队长腰上悬挂的指挥刀,霍地一下抽了出来,架在自己的头颈上,面对着警察队长,慷慨激昂地说:"你为了保住饭碗,不惜牺牲我们;我宁愿为了保卫新文化,而不惜牺牲自己的生命!"说完,拿起腰刀来就要自刎。胡公冕急忙跑上去,边跑边叫:"不能自杀!不能自杀!"及时把刀夺下,当时在场的同学,无不为这种场面所感动,大家情不自禁地失声痛哭起来。

正在这时,杭州各学校的学生队伍来了,女子职业学校的女生队伍打先锋,一下就冲开了学校大门口的第一道防线,接着是女子师范、女子蚕桑、女子工读互助团等女校队伍,后面跟着省一中、安定、宗文、惠兰、商校、医专等男校队伍。大批援军又冲破了操场上的包围圈,和被围在操场上的一师队伍会师了。住在校外的一师教师和校友也来了。各校学生和一师教师带来许多馒头、糕饼等食品,特别是女子工读互助团的女生,以她们千辛万苦挣来的微薄收入，买了许多食品和水果来慰问一师学生。师生队伍的扩大，使警察不得不松围，但仍不肯撤出学校。

反动派非法解散一师，派军警强迫学生离校的暴行，引起杭州各界人士与学生家长的强烈指责。在一师师生的坚决斗争和各界的声援下，反动派不得不与学生代表宣钟华、徐白民等重开谈判，并请蔡谷卿居间调停。

胜利了

当晚十点多钟，正当操场上的同学望眼欲穿，万分焦急的时候，宣钟华、徐白民等代表和蔡谷卿赶来了。

蔡谷卿当即向大家宣布谈判的结果是：官厅同意学生提出的三点要求，即（1）立即撤退驻校的军警；（2）立即收回解散学校的命令；（3）定期开学，原有教职员复职。此外关于校长问题，立即取消金布为一师校长的命令，新任校长必须维持一师的革新精神，且必须取得全体学生的同意。

关于这一点，这里需要补充说明：原来一师同学提出的口号是："留经目的不达一致牺牲"，后来学生与经校长多次联系，经亨颐表示坚决不愿再留任，所以学生改为上述条件，表示其他人来做校长也可以，也算是向官厅作了一定的让步。

当时一师师生和各校学生听了谈判胜利的消息，高声欢呼，既为一师数月来艰苦斗争取得的胜利而高兴，也为浙江新文化的前途而感到高兴。等到警察撤退而且走远之后，外校的学生才告别而去。

四月二日，经校长原聘的教职员回校部分学科开始上课，新校长来校之前，校务由教务主任陈纯人暂代。陈望道、夏丏尊、刘大白、李次九等四位教师坚决不愿再留校任教。由北京大学校长蒋梦麟南下活动，商请暨南大学教务长姜琦来做校长，学生同意。十一日，姜琦到校就职，向学生表示："自己当极力的贯彻经校长的主义。"十七日全校复课。历时二个多月的"浙一师学潮"告终。

一师师生这次斗争，是五四运动在浙江的继续；这次斗争轰动全国，全国各地各大报刊纷纷发表文章，介绍与支持一师的斗争，影响了全国，因而也是一九二〇年全国学生运动最突出的事件之一。这次斗争，并不是简单的一个校长去留之争，而是新旧文化，新旧教育思想之间的斗争。斗争的结果，虽然经亨颐与"四大金刚"自动辞退，离开一师。但新任校长姜琦就任后，确实贯彻了经亨颐所开创的教育革新精神，在某些方面还有所发展。如经氏任内尚未曾贯彻实施的"学科制"，也由他予以贯彻实施，学生代表可以参加校务会议，学生对本校教职员的进退，可以有权过问等。"四大金刚"虽走了，他请了朱自清、俞平伯、刘延陵，后又请了叶圣陶（绍钧）来任语文教师，堪与"四大金刚"相媲美。故可以说这次斗争的结果是新思想，新文化取得了胜利。

当胜利的消息传到北京时，当时在教育部任职的鲁迅，对这所他在十年前曾任教过的学校（那时称为浙江两级师范学堂）的斗争非常关心。他听到消息后，十分高兴，曾说："十年前的夏震武是个'木瓜'，十年后的夏敬观还是一个'木瓜'，增韫早已垮台了，我看齐耀珊的寿命也不会长的。现在经子渊（即经亨颐）陈望道他们的这次'木瓜之役'比十年前我们那次的'木瓜之役'的声势和规模要大得多了……看来经子渊、陈望道他们在杭州这碗饭是难吃了……不过这一仗，总算打胜了"。

（《杭州文史资料》第1辑，杭州：政协杭州市委员会文史资料工作委员会1982年发行，第101—130页。）

记浙江第一师范学生对反动教育当局的斗争

汪志青

五四以后，新文化运动普遍到全国，浙江首先响应的是第一师范，而引导青年前进的是第一师范的校长经子渊（即经亨颐）。

当时浙江教育界队伍是相当复杂的：既有封建遗老，又有买办阶级、资产阶级等各类知识分子。在这些人中，多半是新文化运动的坚决反对者，他们眼看经子渊引导着青年走上新文化革命运动的道路，又仇视又恐慌，因此，把经子渊看成为"叛徒"，对他的思想、行动、甚至生活细节，一切都加反对。经在被迫离杭时复学生挽留的信中沉痛地说："……（你们称我为）'母亲'一语，实在当不起。你们把这句话表示无限感情，我就用这句话来比仿，声诉我的苦衷：这'母亲'是可怜的！是黑暗家庭里三代尊亲晚婆压力以下底媳妇，还有许多三姑六婆搬弄是非。……查办之后，并无对我说过一句办法不合的话，就立刻正家法，这媳妇是决定（要照）'七出之条'（处理）了！……"从这里可看到当年经的社会环境了。

当时反对新文化运动，主张必须撤换一师校长的，有校内外各种反动势力；在校外就有下列几方面：

（1）伪民意机关的"浙江省议会"

当时"浙江省议会"的议员们，除打算个人利益和浪费国家开支外，对人民群众是毫无作为的。他们曾异想天开，提出了一个"议员加薪案"，（原定议员月薪80元，当时可购米约1500斤）一时舆论大哗，青年们尤为不满，发表文章，严加责难，甚至要求各县撤回议席。当地各报纸亦纷纷登载反对的电文和消息。可是议会却置之不理。于是引起各界公愤造成公民团围殴议员之举。结果加薪案是取消了，可是这笔仇恨却记在经子渊帐［账］上。不久，他们提出查办一师校长经子渊案，罪状是"共产、公妻、非孔、非孝"等等，借以迎合封建官僚的意志，并报复反加薪案的仇恨。

(2) 省会的校长会议和一些反动校长

当时省会各校校长会议被称为"教阀"会议，它的实际任务是联络议会，逢迎官僚，利用教师，压制学生等等。经子渊以声望较高，曾一度被推为会长。可是五四以后，经不再对这些校长敷衍面子了，他对校长会议的种种倒退作法，树起了反叛的旗帜，公开宣布"不买账"。因此，这个会也为官方利用成了反经的又一组织。

省教育会，原是教育工作者的法定团体，对教育工作有建议和协助执行的责任，但实际上只是一个虚设机构。该会会长由会员互选产生，虽有些社会地位，但没有任何权力，故开始大家并不重视它。直到经子渊募得了经费，建筑平海路的大厦为新会所（过去在吉祥巷一所民房里），又募得基金20万元后，大家才对之眼红起来，一些政客和反动校长想控制它，利用它，逐渐成为反动和进步势力斗争的场所。经子渊曾借教育会办过一次规模较大的青年团[1]。五四以后，经想借教育会为传播新教育理论的据点，而以第一师范为试验场，常以教育会名义请新文化前进人士来讲演，并出版《教育潮》月刊登载如沈仲九的《德莫克拉西》（此文大意是反对贵族专政提倡平民政治；也反对资产阶级民主，主张要有人民的民主）一类等文字，这就引起了一般顽固派的惊惶不安，于是攻讦经是"共产党，无政府党"，一时谣言纷纷，视经为洪水猛兽。而政客李杰（俊夫）拉拢工专校长许炳坤，从经子渊手中夺取了教育会长一席。

(3) 省长齐耀珊和教育厅长夏敬观

齐是清季进士，做过湖北汉黄德道，曾对袁世凯劝进，是一个帝制余孽，又自称和黎元洪有十年深交，被任为浙江省长，但他却伙同督军团倒

---

[1] 经子渊以基督教青年会，披上宗教外衣，吸引青年，进行思想侵略，思为对抗之计，就模仿日本青年团的办法，以教育会为主，大规模地办一个青年团，要在学校教育以外，对青年们实施德智体多方面的教育，约定了正派人士成立董事会并聘请专人主持其事，当时颇虎虎有生气，不久以董事长黄元秀和各方面发生意见，调解无效，青年团终于瓦解，经子渊认为这是他的极大失败。

黎，简直是个无赖之尤！而夏敬观则仰齐的鼻息，是他的忠实帮凶。

齐耀珊曾说"妇女解放"和"非孝"是"苗子的事情"，他主张要"君臣有义"，不能触犯统治；夏敬观是要学生读书，志在"飞黄腾达"。可见他们是什么样的人物了！

一师校外反经的情况如此。同时校内的情形，也并不简单。除陈望道、刘大白、李次九、夏丏尊等少数进步教师外，有不少落后甚至被称为"校奸"的人，他们和校外暗通声息，肆意造谣。这一派以蔡敦莘为出头人物。蔡于风潮告一段落后，得到当局青睐，赐以七中校长职位作为"酬劳"。教师中还有一些所谓"稳健派"，态度似乎"中立"，实际上是新文化运动的绊脚石。他们对经的生活作风是表示钦佩的，但对他的思想和改革学校的办法，却不仅不加赞同，还假惺惺地表示惋惜之意，装出一副息事宁人的态度，使部分学生受到不良影响，王更三（锡镛）就是个代表人物。

学生中也有"反非孝"的凌独见，他曾出过一个《独见》周刊，与时代思潮作针锋相对的斗争。

这些不同派别的思想斗争，表现在对一师教育改革的态度上尤为明显。经在一师的改革措施，第一是成立学生自治会。当时在杭州各校中，一师是最早成立这个会，其主旨在于解放训管制度，把整个学校行政公开出来，以尊重学生的人格，要学生能有"自律"的行动。这样一来，各校都大受影响了；尤其是提倡经济公开后，使惯于贪污的校长们无从敛钱了。其次是教师改为"专任制"，月薪七十元，不得至他校兼课，一师也不请他校教师兼课。这影响更大了。因为当时教师兼课是通常现象，他们坐着长班轿子满街跑，每周有兼任三十二小时以上的；他们用"迟到早退""轮流请假""记名代课"等方法以事应付，广收兼课金。现在一师实行专任，他们的薪水就大打折扣，怎不感到痛心疾首。再次是实施"学科制"，各科请专人负责，以提高教学质量，教师须订定教程，切实施行。这样一来，一般根底浅薄、滥竽充数的教师就发生恐慌了（事实上这项改革一师还未做到，仅仅是个计划）。

写到这里要补说一下经子渊的简历及其性格。经在清末曾跟他的大伯父经元善因被通缉一同逃亡到澳门，直到义和团农民运动兴起才回来。这时候，经子渊的思想转到教育上，先后两次在日本留学八年。辛亥革命以后，他任两级师范校长，学校后改为浙江第一师范，他就继长一师。到一九二〇年时，他在浙江教育界已有十三年的历史了。他一向主张"人格教育"。他说"人格是做人的格式，思想要走在时代前面，什么都要积极"。他高喊"思想不要腐化"，实际上他自己确做到了这一点。他的个性很刚强，对现实不满，不肯与俗浮沉，能卓然自立。五四以后，他与进步学生过往较密，一面跟着青年学习，同时也对他们起了引导作用。教师中先进分子如陈望道、刘大白、夏丏尊、李次九等成了他的密友，应该说是他的思想的领导者。他受了时代的进步思潮影响，思想转变了，行动也转变了。五四前后，"孔家店"虽被青年们怀疑了，可是"丁祭典礼"还是冠冕堂皇地举行。原来师范生是参加"八佾舞于庭"的队伍的，经是教育会长，是重要的陪祭官，但他避而不去。将到"丁祭"的时候，那些反时代的教育家和封建官僚们都特别注意，看他是否参加这个大典，哪知道他竟毅然拒绝，借名远出了。这在当时所谓舆论界，被称为"大逆不道"的行动。所以在查办案里的"废孔"罪状，就把这件事作为证据。经在处理一般社会生活的问题上，也明白显示了反抗现实的独特性格。如督军杨善德六十（？）大庆时，铺排穷极奢华，并规定文武贺客，必须着宝蓝色亮纱长袍，玄色亮纱马褂，虽在夏天，忌着白色的服装。那些趋炎附势之徒，当然遵命唯谨。但经却在杨的寿期以前，对学生来一次训话，借题发挥，作一次反奢华和个人专制的讲演，并把校训的"勤慎诚恕"，作了个综合式的说明；又在杨寿期那天（他也是贺客之一），独有他穿一件白色夏布长衫，也不加马褂，前去祝寿，弄得那些执事人员啼笑皆非，既不能叫他改换袍褂，又不能斥退他；而他也泰然自得地申贺一番，飘飘然地回来了，使权贵们大杀风景。这在一般人看来，实是"叛逆"的行为，不免招来更多的敌视。可是青年们对经抗世违俗的光辉性格，影响却相当深刻。至于他离开一师以后，参加了革命，生活的变化，更加复杂，这里姑且不详了。

在校内外重重压力和经氏个人的强硬抵抗之间已无调和之余地，而撤换经的第一师范校长，是势在必行了。省议会从查办经子渊并更进一步提撤换案；校内传出了许多谣言，说教师出的作文题有《掘坟胜于开矿说》《驱齐灭夏的次序问题》《反宗教大同盟怎样做法》，等等；更尖锐地指出《浙江新潮》上施存统的《非孝》，《浙人与世界》上宣中华的《杀宣统》等文章，作为经的重大"罪证"。于是在一九二〇年的二月九日，教育厅的命令到校了："调任第一师范学校校长经亨颐为浙江省视学，任命王锡镛为第一师范学校校长。"这时学校正放寒假，学生大半回家，可是一得这个消息，自治会就通知同学们提前回校了。不久，学生就对社会发出第一次宣言；教职员也发表了挽留经校长的宣言。少数反动教师也不敢反对，但他们对撤换经校长是弹冠相庆的。

在这两篇宣言里，着重说明了"五四""六三"以后的时代精神，叙述了学校改革的实际情形，申说学校真相和外界不明真相的原因。教职员宣言的态度也很诚恳，说明经校长的改革是浙江文化运动的重要举动，留经并不是为他个人抓地盘。学生宣言说明经校长能顺应世界潮流和适合教育新趋势，留经是和社会恶势力的一种斗争。根据斗争的形势，学生先后发过四次宣言，举行过一次教职员和学生联席会议，争取师生步调的一致。

从二月十四以后，又发出请愿书，向全国呼吁的文件亦相继发出，其中有一件是对家长报告书，使学生家长们明了一师情况，争取他们积极援助。于是掀起了轰轰烈烈的留经热潮。学生自治会分派人员在校门口站岗，使同学们慎守秩序；同时邀请社会名流到校讲演，以满足同学们的求知欲；学生的集体生活，非常安静有序，大有沉着应战的严肃风度。

王锡镛是稳健派的教员。他不反对经氏个人，但惋惜着他的过激的改革主张和抱有进步思想。王且有自知之明，觉得自己不配坐这把校长交椅，因此坚决辞职。齐夏当此形势，认为非硬干不可，就训令改由驻厅视学金布兼代校长职务。金就在二月十七这一天宣布接任，并挂出牌示，要同学们暂缓进校。事实恰恰相反，到校的学生人数增加得更快，教职员中除了蔡敦莘、陈云扉两人外，都一律却聘，并口头宣布"爱莫能助"了。

金布也准备硬干。他又采用软硬兼施，并耍花招，请校友会干事到他家里去谈话，竟无耻地说："我没法推辞兼代校长，如果我辞了这个兼代校长，连省视学的饭碗也要不保了，我实左右为难。"当时有人讥评他以"人格殉饭碗"，倒是实在的。金布在形式上也向教育厅两度辞职，另一方面却另聘新教职员，在二十二日那天，竟率领全部人员到校视事。但出他意料之外，同学们早已严阵以待，终于拒绝他们进校！

在同一天，浙军师长张载阳、潘国纲和中国银行行长蔡谷卿看到官厅和学生意见相距太远，各地又纷纷来电责难浙江的教育当局，于是他们三人以私人资格出任调停，请经子渊向学生转圜，经对他们说："为官厅计，主要的是赶紧物色校长，克日上课，如果一时找不到人，不妨暂时虚左，校内工作暂由旧教职员负责；学生方面，我总极力去疏通，不过这次事情的弄糟，教育厅要负责任，公文中所用'一知半解''逾检荡闲'及'整顿''纠正'等等词句，是多余的了。"他们把经的意见转告齐耀珊，齐竟表示这些意见"差得远"，无法考虑。

离金布被拒进校的两天以后，校门口出现了教育厅的"休业令"是第一天半夜里偷贴的。最初要学生领取转学证书，同学们无一应者；过一天派来荷枪实弹的军警四十余人，说是"保管学校"，在学校的大门口八字式的站起门岗了。

杭州学生联合会为一师学潮向政府请愿，夏的回答是："我位卑权轻，有意无力。"齐的回答是："我无维持一师的诚意，你们不必来见我。"他们都关上大门，拒不接受意见。其时齐耀珊得到梁启超、张一麟、范源濂、梁善济、蔡元培、孙宝琦等的责难电，措词严正，使齐更恼羞成怒，适教育部又派部视学南下查办，他感到更丢了面子，于是就干脆硬干到底。

最后一次全体同学请愿，是清晨四时半从学校后门悄悄地出发，使把守前门的军警没有发觉。大队到了教育厅后，第二署警察才赶到。当时学生提出三个条件：1.校内军警全体撤回；2.撤消命金布为校长的厅令；3.旧教职员进校维持校务。这些条件经蔡谷卿担保接受，学生才整队回校。从早到晚，闹了一个整天。

斗争的形势越来越紧张了。杭州学生会又两次请愿，一度被省政府卫队枪伤数人，演成流血惨剧。再一次被齐耀珊"教训"了一番，把请愿书当面撤回，并露骨地对代表们说："我对你们这个会早蓄意解散了！"代表们一听此言，愤怒万分，退了回来，进一步商讨对策。

三月二十九日反动当局又派军警包围一师学生，要把学生一个个押上人力车，强迫遭送回家。这一天从清早到黑夜，勇敢坚毅的学生们进行了不屈不挠的斗争。那时，警察队里的部分警察，也有受到革命运动的影响，在思想上是同情青年的，而且对经子渊素来有些钦佩，因此，这个军警大队并不坚决执行反动当局残酷镇压的手段。夏在电话里一次次催促他们要"从速解决"，他们回答是"正在解决"。但被拖送出去的学生，不几分钟又冲回来了，形成了一个拉锯战的局面。同时全杭州市学生会发动了所有省立、私立中等学校，甚至教会学校的学生参加支援一师同学的斗争。他们集队赶到一师，声势浩大，冲破了包围。而有正义感的市民们，也掀起了援救青年子女的高潮，并推蔡谷卿为首向政府交涉，要求他们和平解决，不得伤害青年。他们认为学生反对解散学校目的是为着求学，本无可非议；至于行动上容有错误，他们愿意来帮助说服。齐、夏受到蔡谷卿等的责难，亦觉得处境尴尬。同时，蔡等一面向学生保证撤回军警，并表示关于校长问题，一定撤回金布，以后并共同协商解决。当时各校校长亦因无法控制学生，一面受到齐、夏的痛责，要他们负责管理学生，一面又怕风潮扩大；火烧自身，巴不得军警赶快撤回，使各校学生回校，故他们亦派人陪同学生到一师，表示对学生的殷勤，希望军警早撤的。反动当局在群众的种种压力下，不得不考虑撤回军警。此时已失去自由的一师学生领导人宣中华、徐麟书经同学营救出来，已和各校学生取得联络了。他们对蔡谷卿等所提的办法，亦表示有条件的接受。

直至深夜间，军警撤退了。学生领导人又将调解经过向同学们宣布，并决定斗争暂告一段落，才分别集队回校。经过一场严重的斗争，反动当局的阴谋终于失败了。第二天经学生代表和调人的协商同意，以一师的原教务主任陈纯仁暂代校长，他复全体同学一信，大意如下：

1.协同经校长聘定教员全体合力维持；

2.完全维持本校原有精神；

3.对官厅是无条件接受代理校长；

4.代理期间自开学日起，至多以半月为限。

调停人蔡谷卿又提出以蒋梦麟继任校长。其时蒋已到上海，即派代表去接洽。不久蒋来杭州，曾当面责备了夏敬观。他并到一师讲演，大意是说：他代表北京学界来慰问学生们，对学生自治会的斗争经过表示钦佩，并和大家商量善后办法。最后他说明"你们校里情形复杂，对校外要注意杭州之空气，我负责去物色校长"。直到四月上旬，他提出以姜伯韩（琦）来长一师。姜是南京高师和暨南学校的教师，经同学们会议通过同意，就派代表到上海和姜见面；姜到校以后，对学生说："经校长是一位新文化运动的中坚分子，现在虽然为黑暗社会所不容；以后我们仍然受他的感化；我以后当极力贯彻经校长的主旨，提倡新文化，要从困难中做起。"他的表示，还算差强人意。他的具体做法，首先对凡是原由经聘的教员一律加聘，并商得同学们意见派代表前去劝驾。可是国文教员陈望道等四人因劝驾无效，离校他去，不再复任。一场轰轰烈烈的斗争，也就此结束。我当时是第一师范附属小学第三部主任，兼单级的级任教师。当时附小分三部独立办理，以师范部的教育教员陈纯人兼附小主任名义；他除负责本部与附小的联络工作外，不负实际责任。斗争的情形，我是目击并亲身参加的。直到姜琦接任校长，学期结束后，我才离开了附小。

（编者按：据当时曾任一师附小教师郑蔚文先生来文：附小教职员也和本部师生抱一致态度，曾于三月上旬，和本部教职员，在省教育会开联席会议，公决两条公约：（一）维持文化，坚持到底；（二）一师学潮未妥善解决前，无论如何，不得受他校聘书，但经同人许可者除外。又议决每逢单日开会一次，以讨论各项问题。）

（《浙江文史资料选辑》第4辑，杭州：中国人民政治协商会议浙江省委员会文史资料研究委员会1962年编印，第81—90页。）

浙江省立第一师范学校中毒案之毒物鉴定书

中华民国十二年三月十日，浙江省立第一师范学校学生，因在校晚餐，有中毒身死者。同年同月之十一日浙江公立医药专门学校，受该校诚恳之委托，鉴定其晚餐食物中之毒质如左。

（甲）调查 鉴定前之调查计二项

（一）最初中毒之情形

三月十日晚，该校学生二百余人，晚餐后即起头痛、口渴、腹痛、吐泻、胸部苦闷、结膜发炎、手足麻木疼痛以及痉挛发紫等症，未及五小时即有中毒致死者，至十一号下午已毒毙十二人，至十二号晨，仍有继续而死者。观此情形，是晚餐食物中含有毒质无疑。

（二）晚餐食物之调查

晚餐所用之食物，即菜饭二种。据该校庶务云，当晚该厨房用同一种之米，分二大锅，一小锅煮饭，有食小锅饭而未中毒者。又云学生中有仅食其饭而用自备菜蔬，亦受同样之中毒者。据此观之，米菜二物中应无毒质，将该厨之存米验之亦然，是毒质之在饭中也无疑。

（乙）材料　交来之鉴定材料计七种性状如下：

第一种，有盖木饭桶一件。外观系灰色圆柱形，高十二寸，口径十八寸，容积678.6立方寸，外有第一师范学校封条。

第二种，桶内之饭，全量七百五十瓦，外观系微黄白色之颗粒，有正常之饭气。取少量咀嚼之，亦无异味。惟经时少许，觉口中似有涩味之感。以试纸验之，显弱酸性，反应余详。（丙）项之（子）（丑）（寅）。

第三种，糙米一百一十瓦。带黄白色之粒状，验之无毒。

第四种，精米百二十五瓦。白色粒状，验之无毒。

第五种，药品一包。在该厨搜得，重约十五瓦，带灰黑色之晶形小颗粒，含有无机性之土质。验之乃不纯之炭［碳］酸钠，即土碱也，亦不含毒质。

第六种，木柄铁铲一把。全长六尺余，系该厨拌饭之用，验之微有砒素反应。

第七种，短木一根。亦在该厨搜得之，长约五尺，验之无毒。

（丙）化验

将检定材料之第二种行预试验法，无机毒如水银（Hg）、铅（Pb）、锡（Sn）、磷（P）、钡（Ba）等均显阴性结果。有机毒如衰（Cyan.）、植物拟盐基（Alkaloide）、有机色素等，亦显阴性反应。

行以上预试验中，惟无机毒中之砒（Arsen，As）显阳性反应最著，且据中毒之症状推察之，亦酷似砒毒。于是正式施行各种检砒法及其结果报告于左。

（子）分析化学实性反应

第一条　干式反应

（A）木炭上之试验，将饭之一部，百度干燥之，注意热灼于木炭上，则放不快之蒜臭。

(B)升华试验，即用第六条砒素附着之铜片干燥之，热灼于试管中，则见砒升华于管之上壁，一部酸化，变为白色结晶状之亚砒酸As_2O_3（即砒霜）检视于显微镜下，具整然结晶形。

第二条 硫化水素（H_2S）之反应

取饭之一部，用盐酸酸性液，温浸二小时，将浸液滤过，取其一部，通以硫化水素，即生成黄色之三硫化砒（As_2S_3）

$3H_2S+As_2O_3=As_2S_3+3H_2O$

第三条 硝酸银（$AgNO_3$）之反应

将第二条之三硫化砒沉淀，溶于强硝酸中，即酸化而生成砒酸（H_3AsO_4）

$3As_2S_3+28HNO_3+4H_2O=9H_2SO_4+28NO+6H_3AsO_4$

再将砒酸用水酸化钠液（$NaOH$）中和之，加以硝酸银（$AgNO_3$）液，则生赤褐色之砒酸银（Ag_3AsO_4）。

$Na_3AsO_4+3AgNO_3=Ag_3AsO_4+3NaNO_3$

第四条 硫化铔（$(NH_4)_2S$）之反应

将第二条浸液，加少量之硫化铔（$(NH_4)_2S$），则生黄色之三硫化铔，此沉淀溶解于过剩之硫化铔而生亚硫砒酸钠$(NH_4)_2AsS_3$

$As_2S_3+3(NH_4)_2S=2(NH_4)_3AsS_3$

第五条 佛林氏液（Fehling's Solution）之反应

在碱性（或者中性）溶液中，加此试药，能使供试液中之亚砒酸依洪，变为砒酸伊洪，同时有酸化铜游离。

$As^{...}+2Cu^{..}+2OH'=As^{.....}+Cu_2O+H_2O$

第六条 铜（Cu）之反应

投一片纯铜于本试料之盐酸酸性浸液中，而加热则见砒素游离，附着于铜面。

第七条 苦土合剂（Magnesia mixture）之反应

将供试料，以强硝酸酸化之，加阿摩尼亚水（NH₄OH）之后，用此试药，则生砒酸铔镁Mg（NH₄）AsO₄之白色结晶性沉淀。

2H₃AsO₄+2MgSO₄+NH₄CL+NH₄OH=2Mg（NH₄）AsO₄+2H₂SO₄+HCL+H₂O

第八条 钼酸铔（NH₄）₂MoO₄之反应

将第二条强硝酸溶液，分其一部分，加酸钼铔液，则生黄色结晶状之砒钼酸铔（NH₄）₂AsO₄·12MoO₃

H₃AsO₄+12（NH₄）₂MoO₄+21HNO₃=（NH₄）₃AsO₄·12MoO₃+21（NH₄）NO₃+12H₂O

第九条 碘化钾淀粉糊液K.I.（C₆H₁₀O₅）₂·3H₂O之反应

因游离之碘（I）能还原当量之砒（As），此际将饭浸出液，以强硝酸酸化之，加水稀释，注加碘化钾淀粉糊液，则见溶液变为青色而生青黑色之沉淀。

HAsO₄+5H.+2I' =As‥‥+4H₂O+I'₂

第十条 顾才氏之反应（Gutzeit's test）

取数片之精制无砒锌，投于试管中，约注加3CC之稀硫酸，用精制绵塞于管口，上面掩以二重湿透浓厚硝酸银（AgNO₃）液之滤纸，宽塞木栓，放置数分钟，滤纸上不见显何等之反应，于是将绵及木栓拔去，注加饭之浸出液，再添加试药少许，仍塞绵花及硝酸银液滤纸木栓等，一如上法，再放置数分钟，则见滤纸自黄色变为黑色。

6AgNO₃+AsH₃= AsAg₃·3AgNO₃（黄色）+3HNO₃

AsAg₃3AgNO₃+3H₂O=H₃AsO₃+3HNO₃+6As（黑色）

第十一条 倍登独夫氏反应（Bettendorff's test）

注2CC浓盐酸（HCl）于试管，加1CC强亚盐化锡（SnCl₂）液，再加4CC之盐酸浸出液，徐徐热之，则生黑褐色之砒素（As）沉淀。

2AsCL₃+3SnCL₂=3SnCl₄+2As（黑色）

第十二条 莱因氏反应（Reinsche's test）

据以上第六条及第一条之（B）试验法合并之，即本试验法也。详第六条及第一条之（B）。

（丑）裁判化学确定试验

第十三条 马氏反应（Marsch's test）

用法雷在纽斯氏及伯保氏法（Proccess of Fresenius and Babo.）破坏有机物，再用贝尔采留氏及马氏之法（Proccess of Berzelius and Marsch.）鉴定砒霜。

（A）取饭之一部，研磨后入烧瓶中，加以适量之无砒性盐酸，再加溜水少许，混搅成稀粥状，然后将烧瓶置水浴上，加以结晶氯酸钾$KCLO_3$而热之，以后每五分钟，添加氯酸钾0.3-0.5瓦、持续加热，俟饭完全破坏后，于是以热水稀释而滤过之，取其滤液，以供试砒之用。

（B）用贝尔采留氏及马氏装置（Preparat of Berzelius and Marsch），即取三颈瓶一个，投以无砒性锌粒，加无砒性稀硫酸，使其发生水素（H）。于是将前项（A）所得之滤液（含有砒酸H_3AsO_4），置于水素发生瓶中，则于本装置之还原管狭猛部之前端，用酒精灯热之，经时其狭细部，渐次有褐色物质，附着其上，状似镜面，故名砒镜（Arsenic mirror）。同时在还原管之尖端点火，则放蓝色火焰而燃烧（因含有砒质之故）。复用冷瓷片覆于火焰之上，其瓷片表面，遂生成黑褐色之有光斑点，是名砒斑（Arsenic Speek）。

$As_2O_3+6H_2=2AsH_3+3H_2O$

$As_2O_5 3H_2O+8H_2=2AsH_3+8H_2O$

$4AsH_3+3O_2=2As_2+6H_2O$

（寅）定量分析求米饭每百瓦中含砒之量。

第十四条 作五硫化砒As_2S_5定量之法。

取风干之饭（距煮饭之日约四天）34.609瓦。据法雷在纽斯及伯保二氏法（Process of Fresenius and Babo）破坏有机物，而后通以无水碳酸（CO_2），驱除氯气（Cl），即用已知重量之滤纸，滤过其所得之强酸性液。此滤液

二、民国初期浙江教师教育主要史料（1912—1921）

中，通以硫化水素（H_2S），使其中所含之砒，成五硫化砒As_2S_5而沉降之。静置二十四点钟，方滤此沉淀于滤纸之上。再用硫化水素水、蒸馏水、酒精（C_2H_5OH）、二硫化碳素（CS_2）等，依法顺次洗涤，然后将此洗净之沉淀，以百度干燥之，即得0.2082瓦之五硫化砒（As_2S_5）。兹改算成亚砒酸As_2O_3（砒霜）之百分率数，即得0.38422瓦。计算法如下：

滤纸+As_2S_5=0.7890

滤纸重=0.5808

∴As_2S_5之重=0.2082.g.

As_2S_5（310）：2As（150）=0.282［0.2080］：X

∴X=0.10074

即供试饭34.609瓦中，含有砒（As）0.10074瓦者也。今依下式改算之，其砒（As）之百分率数如下：

34.609：0.10074=100：X

∴X=0.20198%

因饭中所含之砒，据分析之结果，知其存在之状态，为第一酸化物（即亚砒酸As_2O_3），故须改为亚砒酸之百分率数而表示之。

150（2As）：198（As_2O_3）=0.20198：X

∴X=0.38422g.

即供试饭每百瓦中，含有亚砒酸As_2O_3（砒霜）0.38422瓦者也。

（丁）**判断**

总括以上十四条鉴定之结果，判断如下：

（第一款）据德国及日本药局方之规定，凡亚砒酸之应用于医药上者，一回之极量，不得过0.005瓦（Gramm=瓦，1g=中国库秤2分6强）合中国库秤一毫三丝三忽。一日之极量，不得过0.015瓦，合中国库秤三毫九丝九忽。一回之致死量，为0.1瓦，合中国库秤二厘六毫六丝六忽。因其为最毒之质，故不能失之于厘毫丝忽间也。今供试饭每百瓦（凡新鲜饭一碗约计百六十瓦）

中，发见砒毒之量，得0.38422瓦，则已超过于致死量者数倍矣，宜乎其中毒之猛也。

（第二款）据以上十四条之验砒法，已确实证明其砒毒，含于饭中，且证其砒素为第一酸化物，化学上称为无水亚砒酸，即亚砒酸As_2O_3天产者，俗称砒霜，即本草纲目所谓信石或砒石者是也。其十四条中，可援为铁证者，即第十三条、第十条、第十一条、第十二条，兹列其四种鉴定法之锐感性比较如下：

	用此鉴定法	能检得砒量之比例
第十三条	Marsch's test	1∶200,000.000
第 十 条	Gutzeit's test	1∶10,000.000
第十一条	Bettendorft's test	1∶7,000.000
第十二条	Reinsch's test	1∶40.000

鉴定如上文。

附件：

毒饭一种，鉴定后之考证物十二种，计十三件，暂存第一师范学校。

（一）毒饭（即鉴定材料之第二种）装入试管一件；

（二）升华物玻璃管一件，参照第一条之（B）；

（三）三硫化砒沉淀试管一件，参照第二条；

（四）砒酸银沉淀试管一件，参照第三条；

（五）硫化铔检出之三硫化砒沉淀试管一件，参照第四条；

（六）佛林氏液反应试管一件，参照第五条；

（七）砒素附着之铜片试管一件，参照第六条；

（八）砒酸镁铔之沉淀试管一件，参照第八条；

（九）碘化钾淀粉液之反应试管一件，参照第九条；

（十）顾才氏反应纸试管一件，参照第十条；

（十一）倍登独夫氏之反应试管一件，参照第十一条；

（十二）马氏之砒素镜玻璃管一件，参照第十三条；

（十三）马氏之砒素斑瓷盖一件，参照第十三条。

鉴定人：浙江公立医药专门学校药科教授	周军声 印
鉴定人：浙江公立医药专门学校药科教授	赵燏黄 印
鉴定人：浙江公立医药专门学校药科教授	於达望 印
鉴定人：附属诊察所药剂师	周师洛 印
鉴定人：药科三年级生	姚久钧 印
鉴定人：药科三年级生	罗霞天 印

中华民国十二年三月十五日

此次浙江第一师范学校学生因饭食中毒一案，事出之后群情猜测，莫衷一是。有谓饭中加洋肥皂水以致中毒者，有谓饭中入蛇蝎毒者，有谓狐仙作祟施放毒药者，谣诼纷腾，宣传报纸。吾浙风气开通最早，习科学者颇不乏人，何能任此浮言惑人闻听，以致贻笑外人。敝校于三月十一日（星期日）受第一师范学校之委托，收到该校交来之毒物等件，并委托化验书，即于翌日由饭中（米菜中均无毒质详鉴定书）检出砒毒一种，证据非常明确，随时口头答复该校，并交出第一日检出之砒毒证据物三件（如三硫化砒之黄色沉淀，马氏之砒素镜及砒素斑）。此敝校最初检查该校毒饭之事实也，惟当时并未正式发表，以致社会不明真相者，对于敝校此次之检查，颇多责备，并有议为化验迟缓者，殊不知检验毒物，系裁判化学（又名断讼化学德语为（Gerichtliche od. Forensiche Chemie）之专门技术，器械药品必须完备，手续法则尤非常复杂。谙此学术者，自能明其中之委曲，必非立刻所能明了也。敝校同人，犹幸此次化验之时，并未枉费功程，耽误时日者也。计自十一日交到检体即着手检查，得砒毒之确定反应，随即披露其毒质报告委托者，以释群疑。在化验者，犹以为速也，至于检出毒质，据当日之报告，有指为水银毒者或谓含有机毒者。在敝校之检查，可断其为绝无此等之毒质，且除砒毒之外，绝无其它毒质在内（可参考鉴定书），此鉴定人可以保证也。谓余不信，余饭尚在，可另请海内外大化学家复验之，则尤同人等所乐为领教者也。

中华民国十二年三月十五日
浙江公立医药专门学校鉴定人识

(《中华医学杂志（上海）》，1923年第9卷第2期，第148—160页。)

3. 教师与学生

我所知道的经亨颐（节选）

姜丹书

经亨颐是清末民初间浙江始行新教育时，筚路蓝缕以开辟先程的一个人。字子渊，号石禅，晚号颐渊。他是浙江上虞人，世居驿亭镇，后以创办春晖中学于白马湖边，乃移居于此，署其舍曰"长松山房"。性情亢直，刚正不阿，不畏强御；豪于饮，时发天真佳趣；身颀瘦而挺拔，长头方额，互眼赭鼻，声昂昂，一望而知其为卓然丈夫。一八七七年（清光绪三年丁丑）生，故常以牛自喻。光绪二十五年，其伯父元善（字谨珊，知府）任上海电报局总办时，西太后那拉氏欲废光绪帝而立大阿哥（端郡王载漪之子溥俊），舆情沸腾，顾无敢言者。元善戆直，集同志联名电诤，自领衔，颐适在侍，年方弱冠，已头峥嵘，气概不凡，自请列名于末。因是触怒清廷，被一体通缉，伯姪偕避葡侵占地澳门，得免害。既而庚子（光绪二十六年）事变起，事懈，乃还，舆情倾重。子渊常津津乐道，为予言之。签名谏者共五十人，或谓五千人者（按《中国近代史事记》为千二百三十人），夸之也。事载《上海通志》，居无何，子渊往日本留学，先后八年（内请假一年回国办学），卒业于东京高等师范学校数学物理科，宣统二年春学成归国。当时规定，应赴学部"留学生考试"，得授举人或进士，惟子渊不赴，以示志不在功名，时人高之。

先是，光绪三十一年（一九〇五年），明令废止科举，兴学堂。翌年，浙江巡抚张曾敫奏设"浙江两级师范学堂"于杭垣贡院旧址，聘邵章（伯絅）、喻长霖（志韶）、王廷扬（孚川）先后为监督，筹备建筑，规模宏大。王廷扬两度赴日考察学务，与留学东京高师之浙籍诸生商议，即聘子渊为教务长，嘱其提前请假回国，参加建校计划。光绪三十四年（一九〇八年）四月十五日开学，将所招学生六百名分别设科开班。进行教学约一年后，经仍去补足学业一年，再度回校，由监督徐定超（班侯）重任之为教务长。余于宣统三年（一九一一年）秋，受聘为图画手工教习，接替日籍教师遗席，遂与先生同事十年，而为终身道义之交。其行谊之荦荦大者，今就所知，表而出之。

辛亥武昌起义，各省响应，革命局势紧张时，学校暂停课，办学生军（不限于本校学生），在校训练。徐监督归温州，由经代理守校应付，并参加革命运动。九月十五日杭州光复，成立浙江军政府，推派经绾教育行政。事定后，经被任为浙江两级师范学校校长。旋即辞去政务，专心办学。民国元年（一九一二年）四月一日开学复课，教职员学生齐集，重振旧业，学校精神面貌，焕然一新。

最初，两级师范总招学生六百名，作一、二、三比例分配为若干班，即一百名体操专修科，二百名优级师范选科，三百名初级师范简易科。体专一年毕业（宣统元年暑假）后，续招二百名，二年毕业（宣三暑假）。优级选科，分史地、数学、理化、博物四科，各分二班，共八班；其中四班学生因有普通科学程度，故省去预科一年，而为二年毕业（宣二暑假）；另四班照学制三年毕业（宣三暑假）。至三百名简易初师，则二年毕业（宣二暑假）。如此，此八百名学生至宣统三年暑假时皆先后毕业出校。故是年秋后在校肄业者只有优级公共科、补习科各一班及初级五年制本科师范二班，人数骤少。

因此，在民国元年春假复课后，经校长又作发展新计划：以过去专科之中独缺高级艺术师资科，乃嘱余拟一培养方案，经过议决，于民元秋开办一班高师图画手工专修科，三年毕业（民四暑假）。计毕业者二十四名，未毕业出校者五名。就此解决了当时中学、师范之艺术科师资问题。

同时，以民国既成立，首先要发展基层的小学教育，需要大量的健全小学师资。因而自民元起，每年秋季招收五年制本科师范新生二班，提高质量，认真培训。如此，五年之中首尾相衔，每年至少有十班。此制一直进行至民九春经去职以后两年始止。

民国二年夏，遵照教育部通令，改变学制，将所有优级公共科学生移送至北京国立高等师范学校肄业，单办五年制本科师范。因而结束了两级师范名义，改称"浙江省立第一师范学校"（但图工专科仍附设在内至毕业止），校长仍由经继任。

经校长之办学精神，主要倡导"人格教育"。通过校务会议，以"勤慎诚恕"四字为校训，自书一匾额悬于礼堂，为教导训练之标志。对学生，因材施教，重视其个性发展，辅导其"自动、自由、自治、自律"，不加硬性拘束。对用人行政，知人善任，唯贤唯能，绝不用私人，更不假借职权以图私。因此，学生皆能奋发自励，教职员皆能忠于所事，久于其职，视学生如家人子弟，视校务如家务，故能在其领导下精诚团结，打成一片。对课程，主张全面发展，自文学、艺术、科学教育以及体育，无不注重。文艺、科学的教学质量因以提高；体育则除柔软操与一般性运动外，尤加重兵式之中队操，奇正纵横，直与军队相比拟，以锻炼体魄而振作精神。故每学期或每学年所开之成绩展览会、运动会及音乐演奏会，皆倾动一时。至对于世界潮流与国情趋势，在大体上唯北京大学之旗帜是瞻，而一以正义行之。如民四之反抗"二十一条"，抵制日货，民五之反对袁世凯帝制，以及民八之"五四运动"诸大事，凡游行示威，罢课请愿，组织学生团上街宣讲等等爱国运动，皆与北大相呼应而为浙江之率先行动者。因经自民初以来，身兼浙江省教育会会长，而所领导之第一师范声誉又隆，故能如此举足轻重，一致风从。

民国五年，经发起募建省教育会会所，需费巨万，无从出，拟以上虞乡耆富商陈春澜及大总统黎元洪为募捐对象。恐贸然向黎启齿，未必能如愿，乃先劝说陈以开其端，陈素重经，果一诺而捐万元以为倡。次料黎为一国元首，未便后于平民，及进言，亦果捐万元。于是再散募若干以益之，遂得于杭州平海桥西堍建成一座大厦为会所（即今杭市总工会会所）；而会中无经常费，仍不能开展事业，又向汤拙存（寿潜子）经募省教育会基金二十万元，拙存时在南洋经商，亦如数允诺。遂长期存款于银行，议定只用其息，不动本金，以巩固之。于是省教育会事业得以开展。

同时，经以省城虽有医院，而家乡尚无，乡民苦之，乃尽捐其祖遗田宅，创设大同医院于驿亭，以惠地方人民。

那时，军阀势力已强，民政长官无不依附以树声势。有一次，教育行政部门对于任用校长之方式，欲改"聘任制"为"委任制"，意在降低校长身份为属员，使其俯首帖耳，仰承鼻息。经毅然反对，谓：在政制上应一贯尊重教育人员之独立人格，不可视校长为一般委任职之官吏，教育行政机关对校长当仍用聘任公函如校长对教员之用聘请书，以尊重教育者之地位；否则，如同牛马之受羁勒，谈不到什么自尊心和责任心了！卒从其说。此一正义抗争，保存教育界上之元气不少。

民国六年左右，浙江省议会欲效尤江苏省议会之"议员自议加薪"，舆论愤慨，然难以制止之。经暗示一师学生会，发动若干学生赴省议会索取多数旁听券，循例列席旁听，以表示民气。因此，议员气馁，乃寝其议。而部分议员则怀恨在心，待时报复。

经又有见于军阀专横，政治不上轨道，公立学校完全受制于官僚，教育难以合理发展，乃又劝说陈春澜斥巨资，办一私立中学于白马湖，命名曰

"私立春晖中学"，以纪念陈氏。一切建置、设备、章程等等均由经规划。此校有许多特点，如保障教职员地位，锻炼学生生活，经济由校董会总管，完全公开，校长不得越权等。并由校董会聘请经兼任校长，成绩卓著，时称优良学校。

以上种种措施，为经在教育事业上的贡献，然当时有力者甚忌嫉之；教育界中人亦多所歧视。

苏联十月革命后，进步的思想传入我国，中经五四运动，新文化思潮泛滥激荡。经所领导之第一师范因站在潮流之前，于是反对派对此不可抗拒的当时所谓"过激主义"，咸诿为第一师范之罪。因而媒孽"倒经"运动，待时而发。

五四以后，教育部通令学校课程废除"读经"，注重"语体文"，故校中除固有的几位国文教员以外，添聘刘大白、陈望道、李次九三位新文学教员，而任教多年之夏丏尊本亦擅长语文，在本校中，并未引起新旧龃龉，各就所长而教之，学生亦新旧并进，无所轩轾，但外界则视此四人为眼中钉。

是年秋，全国教育会联席会议在山西太原召开。经校长以兼任浙江省教育会会长资格为浙省代表去出席。时一师学生施存统适在《浙江新潮》上发表一篇题为《非孝》的论文，乃突然引起极大风潮。事见本刊一辑《施存统的"非孝"文与浙江第一师范反封建斗争》篇，兹不详述。

在风潮中，浙江省长齐耀珊，嘱教育厅长夏敬观用诡谲的"调空"之计，调任经为教育厅省视学。经即日去职，不受新命。学生会则一致"挽经复职"。经虽传谕学生安心向学，而学生会则如失慈母，坚决斗争。风潮持续数月，最后学生会放弃挽经，而提出继任校长之人选条件，执政者不得不屈从接受履行。

此场激烈的正义斗争，既非经有意指使，亦非教职员有意助成，乃是由于学生平素饱受刚毅正直的学风陶冶，对时代潮流风气，又能率先领略，故能如此人人振奋，出于自发，又得到当时社会进步力量的支援，护校卒获胜利。经提倡人格教育，在当时不无成效。

经领导此校历十三年之久，学生无不信仰，曾于民初组成同学会，名曰"明远学社"。因贡院旧有"明远楼"建筑物，尚保存校中作为纪念，故以此名名之，借以纪念此历史性的旧文化与新教育递嬗进展的发祥地。

民国十二年秋季，经被任为省立第四中学校长，几个学期以后即辞去。

（《浙江文史资料选辑》第4辑，中国人民政治协商会议浙江省委员会文史资料研究委员会1962年编印，第74—80页。）

追忆大师

姜丹书

噫，民国三十一年十月十三，即阴历九月初四日，老友弘一上人已圆寂矣。余于民廿五年，曾为作一小传，近又续成后半段，关于其一生大德盛业，已叙述如彼；兹再将余所知之庸言细行及余之感想，随笔记之如次。

上人少时，甚喜猫，故畜之颇多。在东京留学时，曾发一家电，问猫安否。

上人相貌甚清秀，少时虽锦衣纨绔，风流倜傥，演新剧时好扮旦角，然至民元在杭州为教师时，已完全布衣，不着西装；上唇略留短髭，至近出家年分，下颚亦留一撮黄胡子。及临出家时，则剪几根黄胡子包赠其日姬及挚友为纪念品，及既出家，当然须发剃光，而成沙弥相矣。

上人走路，脚步甚重；当为杭州第一师范同事时，与余同住东楼，每走过余室时，不必见其人，只须远闻其脚步声，而知其人姗姗来矣。

上人平日早睡早起，每日于黎明时必以冷冰擦身，故其体格虽清癯，而精力颇凝练，极少生病。

上人对于烟、酒、赌等毫无嗜好，平日勤于职务，有暇则写字。

上人为教师时，对学生素无厉声正色之责让，至不快时，只于面貌上稍见愠色，而连说几声"吒趣""吒趣"，即是顽劣学生亦无不敬畏悦服。此种感化力，实为常人所不及，余等辄戏之曰"魔力"也。

上人通四国文字，除国文外，精日文、英文、意大利文，当然于国文之造就最深。

上人于西画，为印象派之作风，近看一塌糊涂，远看栩栩欲活，非有大天才、真功力者不能也。于国画，虽精于赏鉴，初未习之；但晚年画佛像甚佳，余曾亲见一幅于王式园居士处，笔力遒劲，傅色沉着，所作绝少。

上人书法最精，写字亦最勤，惟出家以前多在沪杭所写，经过几度兵燹，遗留者已如凤毛麟角。尔时作风，多具汉魏六朝气息。出家以后仅写佛号赠人，以结墨缘，佛号以外所书绝少，即书亦属经典语，其气息亦如不食烟火食者焉。

此次发表遗偈二首，固是绝笔，而我先母墓志铭，可谓其在家绝笔，亦可谓为出家后开笔之作。因其时人尚住在校中，但已封笔不书，感余跽请之诚，乃破格书之，故已署释名，诘朝即入山剃度矣。

入山之日，未破晓即行，故余等清晨赴校送行，已不及，仅一校役名闻玉者，肩一行李萧然随行。及至虎跑寺后，上人易法服，便自认为小僧，称闻玉曰居士，坐闻玉，茶闻玉，顿时比在校中，宾易位，已使闻玉坐立不安。主少顷跣足着草鞋，打扫陋室，闻玉欲代之，不可；自掮铺板架床，闻玉强请代之，又不可；闻玉乃感泣不可仰视，上人反安慰之，速其返校。闻玉徘徊不忍去，向晚，始痛哭而别云。

民国五年在虎跑寺试验断食，是引起出家之最大动机。上人所记断食日记，关于身心一切情形颇详，据其自言所以为此试验者，乃仿效日本学者某氏之成法也。此日记原存堵申甫居士处，未知此次兵燹有否遭灾。

上人书法及书札，在夏丏尊、刘质平、丰子恺三居士处最多，而质平处为尤多，虽一明信片、信封及其他片纸只字，无不珍藏。惟此次是否遭灾，亦未可料。

上人有一件百衲衣，计有二百廿四个布钉［补丁］，皆亲手自补，老友经子渊奇而留之。今子渊与上人相继蜕化，余不胜人琴之慨矣。

上人出家于虎跑寺，受戒于灵隐寺，世称受戒第一人为戒元，第二人为戒魁，那届戒元为上人，戒魁为余另一乡友俗名彭逊之释名安忍者，与上人亦为文字交也。据云欲为戒元者，须量力捐资为施食结缘之用，故上人最后三个月校薪，迳支取来，除划出一部分作呈请省政府详部脱籍手续费（他人为僧并不如此，此亦为上人别致之处），及间接带给日姬为纪念金外，余即备作此项捐资之用。

（《觉有情》，1942年第78—80期，第10—11页。）

夏丏尊先生传

姜丹书

夏先生名铸，字勉旃，别号丏尊。浙江上虞崧厦乡人也。曾小筑于白马湖边，未遑久居。清光绪十二年生。十九岁留学日京，二十二岁归。初任浙江两级师范学堂译教，旋任学舍监，司训育，后兼授国文、日文。余与先生订交于宣统三年秋，同事者十年。民国二年之际，是校遵令改制，易名浙江省立第一师范学校，故友经亨颐先生为校长。元年秋，李先生叔同亦来任教习。李与夏故为留东学友，相交尤契。经先生善治印，先生效之，亦颇可观。尝自刻一印，曰"无闷居士"。是时时和年少，不应有闷，而自勉曰"无闷"，盖其内心已闷闷矣。校中诸师，皆一时俊彦，学子亦多纯良，故学风甚盛。先生为人率真，日与诸生同舍处，身教之功颇著。民国五六年间，李先生以试验断食故，始与佛为缘，卒至披薙入山。其试验断食之机，乃先生动之也。李入山后，易僧名曰弘一。先生义切生死，诸事为之护持，而亦自染佛化，但不茹素，不为僧，尝曰：学佛在心不在形，故至晚年虽亦皈依佛法，而以居士终其生。民国八、九年间，教育趋向随世界思潮而变革，由静而动，由柔而刚，由内而外，标榜之曰新教育。其实教育为时代之先驱，无来不新，无往不旧，而彼顽固之徒，执持成见，辄加阻梗，于是引起新旧之争，而学风亦骤趋激荡，此非一校为然也。其风来自北京大学，而斯校先迎之，乃遭时忌。先生为教，素重学生个性，并主思想自由，盖以青年思想，若不任其自由表露，即无从是其是而非其非。昔宰我欲短丧，孔子非惟不斥其不孝，且不禁其发言，俟其倾吐尽情而喻之以理，自然感化，此即启愤发悱之道，宰我所以卒成大贤。民国八年冬，学生自治会出刊，每编竣，须送稿受先生审查。某次，学生施某属一文，题曰《非孝》，其文多作偏激之论，原冀与人切磋者，先生未之删。及印行，社会哗然，至訾先生与刘大白、陈望道、李次九三国文教师曰"四大金刚"。大吏以耳代目，斥为洪水猛兽，一若此文为全校教师代表作者，乃张大其事，借故责成校长革教师。

（《新闻报》，1946年6月3日第11版。）

悼夏丏尊先生

丰子恺

我从重庆郊外迁居城中，候船返沪。刚才迁到，接得夏丏尊老师逝世的消息。记得三年前，我从遵义迁重庆，临行时接得弘一法师往生的电报。我所敬爱的两位老师的最后消息，都在我行旅倥偬的时候传到。这偶然的事，在我觉得很是蹊跷。因为这二位老师同样地可敬可爱，昔年曾经给我同样宝贵的教诲；如今噩耗传来，也好比给我同样的最后的训示。这使我感到分外的哀悼与警惕。

我早已确信夏先生是要死的，同确信任何人都要死的一样。但料不到如此其速，八年违教，快要再见，终于不得再见！真是天实为之，谓之何哉！

犹忆廿六年秋，卢沟桥事变之际，我从南京回杭州，中途在上海下车，到梧州路去看夏先生。先生满面忧愁，说一句话，叹一口气。我因为要乘当天的夜车返杭,匆匆告别。我说:"夏先生再见。"夏先生好像骂我一般愤然地答道:"不晓得能不能再见!"同时又用凝注的眼光,站立在门口目送我,我回头对他发笑。因为夏先生老是善愁,而我总是笑他多忧。岂知这一次正是我们的最后一面,果然这一别"不能再见了!"。

后来我扶老携幼,仓皇出奔,辗转长沙、桂林、宜山、遵义、重庆各地。夏先生始终住在上海。初年还常通信,自从夏先生被敌人捉去监禁了一回之后,我就不敢写信给他,免得使他受累。胜利一到,我写了一封长信给他。见他回信的笔迹依旧遒劲挺秀,我很高兴。字是精神的象征,足证夏先生精神依旧。当时以为马上可以再见了,岂知交通与生活日益困难,使我不能早归;终于在胜利后八个半月的今日,在这山城客寓中接到他的噩耗,也可说是"抱恨终天"的事!

夏先生之死,使"文坛少了一位老将","青年失了一位导师",这些话一定有许多人说,用不着我再讲。我现在只就我们的师弟情缘上表示哀悼之情。

夏先生与李叔同先生(弘一法师),具有同样的才调,同样的胸怀。不过表面上一位做和尚,一位是居士而已。

犹忆三十余年前,我当学生的时候,李先生教我们图画、音乐,夏先生教我们国文。我觉得这三种学科同样的严肃而有兴趣。就为了他们二人同样的深解文艺的真谛,故能引人入胜。夏先生常说:"李先生教图画、音乐,学生对图画、音乐,看得比国文、数学等更重。这是有人格作背景的原故。因为他教图画、音乐,而他所懂得的不仅是图画、音乐;他的诗文比国文先生的更好,他的书法比习字先生的更好,他的英文比英文先生的更好……这好比一尊佛像,有后光,故能令人敬仰。"这话也可说是"夫子自道"。夏先生初任舍监,后来教国文。但他也是博学多能,只除不弄音乐以外,其他诗文、绘画(鉴赏)、金石、书法、理学、佛典,以至外国文、科学等,他都懂得。因此能和李先生交游,因此能得学生的心悦诚服。

他当舍监的时候，学生们私下给他起个诨名，叫夏木瓜。但这并非恶意，却是好心。因为他对学生如对子女，率直开导，不用敷衍、欺蒙、压迫等手段。学生们最初觉得忠言逆耳，看见他的头大而圆，就给他起这个诨名。但后来大家都知道夏先生是真爱我们，这绰号就变成了爱称而沿用下去。凡学生有所请愿，大家都说："同夏木瓜讲，这才成功。"他听到请愿，也许喑呜叱咤地骂你一顿；但如果你的请愿合乎情理，他就当作自己的请愿，而替你设法了。

他教国文的时候，正是"五四"将近。我们做惯了"太王留别父老书""黄花主人致无肠公子书"之类的文题之后，他突然叫我们做一篇"自述"。而且说："不准讲空话，要老实写。"有一位同学，写他父亲客死他乡，他"星夜匍伏奔丧"。夏先生苦笑着问他："你那天晚上真个是在地上爬去的？"引得大家发笑，那位同学脸孔绯红。又有一位同学发牢骚，赞隐遁，说要"乐琴书以消忧，抚孤松而盘桓"。夏先生厉声问他："你为甚么来考师范学校？"弄得那人无言可对。这样的教法，最初被顽固守旧的青年所反对。他们以为文章不用古典，不发牢骚，就不高雅。竟有人说："他自己不会做古文（其实做得很好），所以不许学生做。"但这样的人，毕竟是少数。多数学生，对夏先生这种从来未有的、大胆的革命主张，觉得惊奇与折服，好似长梦猛醒，恍悟今是昨非。这正是五四运动的初步。

李先生做教师，以身作则，不多讲话，使学生衷心感动，自然诚服。譬如上课，他一定先到教室，黑板上应写的，都先写好（用另一黑板遮住，用到的时候推开来）。然后端坐在讲台上等学生到齐。譬如学生还琴时弹错了，他举目对你一看，但说："下次再还。"有时他没有说，学生吃了他一眼，自己请求下次再还了。他话很少，说时总是和颜悦色的。但学生非常怕他，敬爱他。夏先生则不然，毫无矜持，有话直说。学生便嬉皮笑脸，同他亲近。偶然走过校庭，看见年纪小的学生弄狗，他也要管："为啥同狗为难！"放假日子，学生出门，夏先生看见了便喊："早些回来，勿可吃酒啊!"学生笑着连说:"不吃,不吃!"赶快走路。走得远了,夏先生还要大喊:"铜钿少用些!"学生一方面笑他,一方面实在感激他,敬爱他。

夏先生与李先生对学生的态度,完全不同。而学生对他们的敬爱,则完全相同。这两位导师,如同父母一样。李先生的是"爸爸的教育",夏先生的是"妈妈的教育"。夏先生后来翻译的《爱的教育》,风行于国内,深入于人心,甚至被取作国文教材。这不是偶然的事。

我师范毕业后,就赴日本。从日本回来就同夏先生共事,当教师,当编辑。我遭母丧后辞职闲居,直至逃难。但其间与书店关系仍多,常到上海与夏先生相晤。故自我离开夏先生的绛帐,直到抗战前数日的诀别,二十年间,常与夏先生接近,不断地受他的教诲。其时李先生已经做了和尚,芒鞋破钵,云游四方,和夏先生仿佛是两个世界的人。但在我觉得仍是以前的两位导师,不过所导的对象,由学校扩大为人世罢了。

李先生不是"走投无路,遁入空门"的,是为了人生根本问题而做和尚的。他是真正的和尚,他是痛感于众生的疾苦愚迷,要彻底解决人生根本问题,而"行大丈夫事"的。夏先生虽然没有做和尚,但也是完全理解李先生的胸怀的;他是赞善李先生的行大丈夫事的。只因种种尘缘的牵阻,使夏先生没有勇气行大丈夫事。夏先生一生的忧愁苦闷,由此发生。

凡熟识夏先生的人,没有一个不晓得夏先生是个多忧善愁的人。他看见世间的一切不快、不安、不真、不善、不美的状态,都要皱眉、叹气。他不但忧自家,又忧友,忧校,忧店,忧国,忧世。朋友中有人生病了,夏先生就皱着眉头替他担忧;有人失业了,夏先生又皱着眉头替他着急;有人吵架了,有人吃醉了,甚至朋友的太太要生产了,小孩子跌跤了……夏先生都要皱着眉头替他们忧愁。学校的问题,公司的问题,别人都当作例行公事处理的,夏先生却当作自家的问题,真心地担忧;国家的事,世界的事,别人当作历史小说看的,在夏先生都是切身问题,真心地忧愁,皱眉,叹气。故我和他共事的时候,对夏先生凡事都要讲得乐观些,有时竟瞒过他,免得使他增忧，他和李先生一样的痛感众生的疾苦。但他不能和李先生一样行大丈夫事；他只能忧伤终老。在"人世"这个大学校里，这二位导师所施的仍是"爸爸的教育"与"妈妈的教育"。

朋友的太太生产，小孩子跌跤等事，都要夏先生担忧。那么，八年来水深火热的上海生活，不知为夏先生增添了几十万斛的忧愁！忧能伤人，夏先生之死，是供给忧愁材料的社会所致使，日本侵略者所促成的！

以往我每逢写一篇文章，写完之后总要想："不知这篇东西夏先生看了怎么说。"因为我的写文，是在夏先生的指导鼓励之下学起来的。今天写完了这篇文章，我又本能地想："不知这篇东西夏先生看了怎么说。"两行热泪，一齐沉重地落在这原稿纸上。

（《缘缘堂随笔》，北京：人民文学出版社1957年版，第195—199页。）

四大金刚

曹聚仁

在夏敬观准备调开经子渊先生以前，幕后曾经有过几次私下的折冲。官厅方面的意思，定要经先生明白表示去阻厄新文化运动的发展；他们所提的条件，最重要的是解除四大金刚的教职，开除《非孝》作者施存统的学籍，解散学生自治会。四大金刚是谁！即是担任语文科的四教师：刘大白、夏丏尊、陈望道、李次九四先生。四大金刚之中，除李次九先生以外，都和近十五年的新文坛有密切关系。

刘大白先生，最初我们不大知道他；那时候，沈仲九先生在省教育会办《浙江潮》，鼓吹思想解放，非常急进，和上海方面主持《星期评论》的沈玄庐先生，桴鼓相应，为我们青年的思想领导者。玄庐先生和仲九先生都是大白先生的好友，因此我们渐渐注意他的言论来。其实还是我们自己没有眼力，大白先生学识渊博，观察之透辟，笔力之劲健，实为一般人所不及。

因为他深沉守默，不很爱说闲话，年青人总以为城府不可测。我只记得他时常牙齿痛，每每请假；牙痛，我自幼亲尝过过多的痛楚，所以时常牙齿痛的先生非常引起我的同情，我们的思想解放运动，当然浅薄得很，可是非常起劲，也时常去麻烦那些教师，我们在皮市巷刘先生寓中吃过许多次午饭，往来既久，彼此熟了，刘先生的话也多了；他的话如老吏断狱，极有力量，我才知道我们真是小孩子。刘先生家中有一副日本围棋子，还有一方日本围棋板；我和他下棋，一心想多吃他几子，在紧要关头，他偏不让我吃；有时我的棋子快死了，他又放开一路，让我去救活；他不让我赢，也不让我输得太多，他是这么应付得有分寸。

刘先生中年以后，和F分手那件事，该是一件非常伤心的大事。个中情形，旁人也无从推想；我只知道大白先生最初只想以真情去感动她希望她不要变心。那时期他的心怀，见之于诗的，以"别"那两首最为明显。

（其一）月团圆

人邂逅，月似当年，人似当年否？往事心头潮八九，怕到三更，早到三更后。

梦刚成，醒却陡；昨夜惺忪，今夜惺忪又。病里春归人别久，不为相思，也为相思瘦。

（其二）寄相思

凭一纸，只要平安，只要平安字。隔日约她通一次，信到何曾，信到何曾是！

订归期，还在耳；也许初三，也许初三四。未必魂归无个事，是梦何妨，是梦何妨试？

诗中凄婉之情，读者自能感之。但一方的一往情深，终绾不住F的所恋狂，经过许多曲折，终于分手了。五四运动以后，受新思潮洗礼的人们，对于男女恋爱关系，多少受点易卜生戏剧的暗示。大白先生的处理三角恋爱关系，和易卜生之《海上夫人》的主人公相仿佛，也就是和对我下棋那态度差不多，他是把一杯苦酒自己喝干了的。他和F所养的孩子，便是去年在北平卧轨自杀的刘端子。那孩子在北平清华大学读书，境遇穷困，又失恋，自己觉得没有出路，只得自杀了。这真如刘先生自己的诗所说的："有如许多荆棘蒺藜，丘陵坑坎，上帝的创作，总算很不平凡了！"

(《辛报》，1937年4月17日第2版。)

新的四金刚

曹聚仁

刘大白、夏丏尊、陈望道、李次九四先生决意去职以后，新来的国文教师要复古断然不可能的；我们虽说不出新的标准是怎样，其人必须反对旧道德，同情社会主义，反对文言文，提倡白话文，不用严格管理，任学生思想自由，大体如此，新来的便是朱自清、王淮君、刘延陵、俞平伯四先生。俞平伯先生担任教课的日子很浅，我们只知道他是诗人；他穿紫红色袍子，在文艺研究会讲演过一次诗歌的理论，却不大对我们这些讲社会革命的"好汉"的口味。我们所感到印象最深的是朱自清先生，他刚从北大毕业，第一次出来做国文教师。

我自己做国文教师的姿态怎样，没曾照过镜子。朱先生初做教师，有点像新嫁娘，黑板上字写得很快，话说得很急，越说越急，急得满头都是汗。我们那时对于国文科的心理，他似乎不十分了解；抛弃了丘迟《与陈伯之书》那类旧教材，差不多把国文科当作社会问题恋爱问题妇女问题讨论会，后来厌倦了空洞的理论，但对于纯文艺的欣赏能力实在很差的，我们只能理解胡适先生所做《李超传》《终身大事》一类的文章。朱先生以为我们对于国文科没有兴趣，由于他的不能胜任，便灰了心要提出辞职。蒋梦麟先生对于这件事认为很悲观，像朱先生那样优秀的教师而不能得到学生的信仰，必是一师的学生十分浮躁。事实上，却因朱先生一辞职，同学中表示竭诚与挽留，师生之间反而有进一步的了解；一师学生的爱好文艺，即由朱先生导其源了。

朱先生是一个诗人，也是一个带诗的气氛的散文家，也是一个平正质朴的文艺批评家；他于国文以外，还翻译修辞学和社会学来教我们，他也是一个切实的文艺导师。我在川沙教书那年冬天，情怀非常不好；川沙是职业教书家黄炎培先生的故乡，那功利主义的氛围中，不知怎样总是于我不适宜。其时，邵力子先生主编《觉悟》，沈玄庐、刘大白诸先生都在那儿写新诗；我也跟着学写了几回。朱先生曾予信给我，说我可以写新诗，但我到上海以后并不写下去。杭州方面，则由朱先生的教导，许多新诗人——汪静之、冯雪峰……等都热闹起来，湖畔诗人带了新的空气来了。

大白先生的新诗是从旧的炉灶中烧出来的，朱先生则开辟出新的诗风——纯语体的诗风来。他的有名的长诗——《毁灭》，完成于民国十一年秋天，那是新诗高潮中最优秀的产品。那首散文诗，长约二千多字，其中描写朦胧无定的人生的无聊，他自己说："六月间在杭州，因潮上三夜的畅游，教我觉得飘飘然如轻烟，如浮云，丝毫立不定脚跟。当时颇以诱惑的纠缠为苦，而急急求毁灭。诗中有一节云：

"虽有饿着肚子，拘挛着的手，乱蓬蓬秋草般长的头发，凹进的双眼，和轻轻的脚，尤其是虚孙的心；

都引着我下云，直向底里去，教我抽烟，教我喝酒，教我看女人。

但我在迷迷恋恋里，虽然混过了多少的时刻，只不让步的是我的现在，他不容你不理他！

况我也终于不能支持那迷恋人的，只觉肢体的衰颓，心神的飘忽，便在迷恋的中间，也潜滋暗长着哩！

真不成人样的我，就这般轻轻地速朽了么？不趁你未成残废的时候，还可用你的仅有的力量，回去，回去！"

（《辛报》，1937年5月7日第2版。）

我的读书经验（节选）

曹聚仁

我带一肚子疑问到杭州省立第一师范去读书，从单不庵师研究一点考证学。我才明白不独朱熹说错，王阳明也说错；不独明道和伊川之间有不同，朱熹的晚年本与中年本亦有不同；不独宋人的说法纷歧百出，汉魏晋唐各代亦纷纭万状；一部经书，可以打不清的官司。本来想归依朴学，定于一尊，而吴皖之学又有不同，段王之学亦有出入；即是一个极小的问题，也不能依违两可，非以批判的态度，便无从接受前人的意见的。姑夫所幻设的孔孟捏造尧舜的论议，从康有为《孔子改制考》《新学伪经考》找到有力的证据，而岳武穆跋扈不驯的史实，在马端临《文献通考》得了确证。这才恍然大悟，"前人恃胸臆以为断，其袭取者多谬，而不谬者反在其所弃。"（戴东原语）信古总要上当的。单师不庵读书之博，见闻之广，记忆力之强，足够使我们佩服；他所指示正统派的考证方法和精神，也帮助我解决了不少疑难。我对于他的信仰，差不多支持了十年之久。

然而幻灭期毕竟到来了。五四运动所带来的社会思潮，使我们厌倦于琐碎的考证。胡适的《中国哲学史大纲》带来实证主义的方法，人生问题，社会问题的讨论，带来广大的研究对象，文学哲学社会……的名著翻译，带来新鲜的学术空气，人人炽燃着知识欲，人人向往于西洋文明。在整理国故方面，梁启超的《中国历史研究法》，顾颉刚的古史讨论，也把从前康有为手中带浪漫气氛的今文学，变成切切实实的新考证学。我们那位姓陈的姑夫，他的幻想不独有康有为证明于前，顾颉刚又定谳于后了。这样，我对于素所尊敬的单不庵师也颇有点怀疑起来。甚而对于戴东原的信仰也大大动摇，渐渐和章实斋相接近了。我和单不庵师第二次相处于西湖省立图书馆，（民国十六年）这一相处，使我对于他完全失了信仰。他是那样的渊博，却又那样地没有一点自己的见解；读的书很多，从来理不成一个系统。他是和鹤见祐辅所举的亚克敦卿一样，"蚂蚁一般勤勉的硕学，有了那样的教养，度着那么具有余裕的生活，却没有留下一卷传世的书；虽从他的讲义录里，也不能寻出一个创见来。他的生涯中，是缺少着人类最上的力的那创造力的。他就像戈壁的沙漠的吸流水一样，吸收了智识，却亦一泓清泉，也不能喷到地面上来。"省立图书馆中还有一位同事——嘉兴陆仲襄先生也是这样的。这可以说是上一代那些读古书的人的共同悲哀。

我有点佩服德国大哲人康德（Kunt），他能那样的看了一种书，接受了一个人的见解，又立刻能把那人那书的思想排逐了出去，永远不把别人的思想砖头在自己的周围砌起墙头来。那样博学，又能那样构成自己的哲学体系，真是难能可贵的。

我读书三十年，实在没有什么经验可说。若非说不可，那只能这样：

第一，时时怀疑古人和古书；

第二，有胆量背叛自己的文师；

第三，组织自我的思想系统。

若要我对青年们说一句经验之谈，也只能这样：

"爱惜精神，莫读古书！"

（《芒种》，1935年第3期，96—98页。）

杭州一师时代的朱自清先生

魏金枝

我在那［哪］一年认识朱先生，已经不能确定，大抵在民国九年十年之间。那时我还在一师读书；但不久之后，我也就出了一师，而在杭州闲住。这之间，我就和他有过一些见面的机会。

这时的一师，新来的先生颇多，除开夏丏尊、陈望道、刘大白、魏仲车、范耀文等先生外，陆续进来的有叶圣陶、俞平伯、单不厂、刘延陵等先生，朱先生也是其中的一个。但那时我已将要毕业，除教读经的范耀文，和教文字学的单不厂先生外，教基本国文的是一位张凤先生。范先生是患清风花的，虽然眼珠很大，外貌很严正，却只能看到头两排的学生，所以一点了名，尽管可以溜之大吉。单先生呢，也是位好好先生，学问好，又肯努力，但对于学生的逃课，还是照例不大管账的。至于张凤先生，那是位十足的名士派，做一篇三百字的文章，定要用几十个古字，嘴上又吃，言语和他的文字一样的艰涩，但又不好逃课，于是我们的无法之法，只好是曲肱而枕之，大做其华胥之梦了。

就为了有这样的机会，又受了这样的委屈，于是逃课之后，大抵便混到别的教室里去旁听。正好那时每学期都有新的先生进来，而进来的又多是些合得我们的胃口，我们就偷进别班的教室去打游击，寻取我们自己所要的东西。我们认得朱先生，大抵就是这么开始的。

然而在国文课上，而且在这么短暂的时间，我敢说对朱先生学问上的认识，到底是非常肤浅的。那时所敬佩的，倒是先生的教学态度。他那时是矮矮胖胖的身体，方方正正的脸，配上一件青布大褂，一个平顶头，完全像个乡下土佬，说话呢，打的扬州官话，听来不甚好懂，但从上讲台起，便总不断地讲到下课为止。好像他在未上课之前，早已将一大堆话，背诵过多少次。又生怕把一分一秒的时间荒废，所以总是结结巴巴地讲。然而由于他的略微口吃，那些预备了的话，便不免在喉咙里挤住。于是他就更加着急，每每弄得满头大汗。

假使他今年只有五十一岁，我想他那时不过二十二三岁，但那时一师的高年级学生，大的竟有二十七八岁的，低年级最小的学生，也不会在十六岁以下，普通的都是二十里外，这对一个大学新毕业二十二三岁的先生，在外表上确乎是一个威胁，所以一到学生发问，他就不免慌张起来，一面红脸，一面急巴巴的作答，直要到问题完全解决，才得平舒下来。就为了这原故，倒弄得同学们再也不敢发问；真的要问，也只好跑到他的房间去问了。

然而，即使到他房里，他也还是那样局促不安的神情，全是一副乡下小户人家待客那样巴结的局面，让座，倒茶，勤勤恳恳的招待，规规矩矩的谈话，全无那时一师脱略形迹的风气。他常说起年轻轻不能再求深造的痛苦，甚至以为年轻轻的出来教书，也是一种抱憾。这在他后来的诗作中，也会说过："无力，不如坐在家中。"但他虽存着这份谦虚的心，可是他的家，并不让他安安生生的去坐，一待大学毕业，便只好带着他的妻子，到外面来寻饭吃了。

至于我们的朱师母呢，也正和朱先生是一对，朴素羞涩以外，也是沉默、幽静。除开招呼以外，不大和我们搭腔，我们谈着，她便坐在床上做活，这就是朱先生的原配。

在紧接五四的这个时代里，原来可因说大话做新诗而起家的，甚至敢闹一切不正常的恋爱，也可以把自己弄得煊赫一时，即使不成为风云人物，也会被搬上话剧场，或者请去拍一套影片。譬如当时的刘大白、刘延陵诸先生，就是做新诗得名的，沈定一就是一个说大话出身的，至于以办刊物成名的，则有做独脚戏的凌独见。总之，正当那时，一切泡沫，都可以冒充浪潮，然而那时的朱先生，却诚惶诚恐地想坐在家里而不敢问世，在当时，总得说是有点背时的。

然而时尚虽然如此，泡沫虽然颇似乎浪潮，但时尚到底只是时尚，泡沫总得马上消减，而朱先生却还是坚实地站住，及至湖畔诗社扩大基础，朱先生便起而成为盟主，最后且主编六月和七月。但朱先生的为人，还是那样虚心，照样诚诚恳恳的待人，规规矩矩的说话，不变他初在讲台上那种诚惶诚恐的老样。

记得那时加入湖畔诗社的，人数非常之多，大多是一师的人，如静之、雪峰、漠华等都是。也有女师的人，好像吴曙天也是。此外上海方面有修人等，教师有刘延陵、俞平伯等。不过这一个集团，大抵就因为大家聚居西子湖畔而结合的，也就因为生活所迫逼而离开湖畔而马上涣散了。就是六月和七月的出生，好像也不是在杭州编印的。

自从民十一以后，我就先后离开杭州许多次，跑了许多地方，也受了好多次的磨难，真是奔命不暇，再无心想写诗，甚至连看看别人诗作的兴趣也已一扫而光，因此连朱先生何时离杭的影子，也已模糊不清，只在闲居独处的时光，偶尔有几个故人的面影，掠过心头。朱先生自是其中的一个，我看见他矮矮胖胖的身裁，踏着坚实的步子，虽然迟缓，却是不断地在向前走去。

我最后看见他的一次，大抵已经民十八九年了。那时我偶尔在闸北景云里闲住，那里正住着叶圣陶先生和雪峰等。那年朱先生正好从北平南来，顺便来看叶圣陶先生，因此我和雪峰柔石等，也就看见了他。但他，也还是诚诚恳恳的待人，规规矩矩的说话，一点没有改变他初上讲台时的老样。所有的不同，就是他也吸吸卷烟了。

说起卷烟，像我们这些浪荡子，凡是中等以下的烟，大抵所有牌子，都得尝他一尝的，像朱先生那样烟道里初出茅庐，而又新到上海的人真可说得小巫见大巫。可是他在一谈开头，便从长衫袋里摸出一包俄国来，大大地加以吹嘘介绍，仔细地说明买处价钱，以及附属于这烟的一切好处。而其实，这是镶了咀子的半截头烟，在瘾小的人，大抵颇为合式，烟瘾一大，那么它的那个咀子，便只会是我们毫不实用的累赘。然而他就是这样的实心，就是吃烟小事，也非得"善与人同"一番不可。

从此以后，我就一直没有再见过他。只会偶尔从朋友的口中，或是从北平回来的学生的口中，零碎的知道一点关于他的消息，再不然就是看看他的文章，知道他还是踏着他的坚实的步子在向前走，没有改变他三十年前的老样。

看看时局，中国实在正需要这样实心而又向前走的人，然而实心走向前的人，就得饿成了病，以至于就在壮年时终于躺倒了，这真是中国人的耻辱。

（《文讯》，1948年第9卷第3期，第119—120页。）

我之学校生活

杨贤江

一、我之学校时代之见解

我欲述我之学校生活,先须述我之学校时代之见解及我所处学校之特色。盖凡生活之形成,莫不根据于内之意志而发为行为;又因受环境之影响,促成之力甚大。故先述之,以明我之学校生活所由来焉。兹首论我之见解。

吾尝读古语而深受感触矣。其言曰:"日晷一移,千岁无再来之。今形神既离,万古无再生之。我学艺事业,岂可悠悠哉。"读竟,不禁萦回脑海中者久之。诚以学业之在于青年,譬如春耕,不务之,秋收不获。大奥志尼所谓国家基础,在少年教育者,良有以也。而修学业之地,莫如学校。凡德性之涵养,知识之启发,身体之发育,均于此短促十余年中,培其根,建其基。故学校时代,谓为一生最切要之时代可也。出学校后,虽能得大经验,而为学校时代所未尝预想之事业,实则学校时代之修学,谓为非将来社会时代活动之准备不可。人或谓社会为一大学校,立身社会,始能得活学问,揣摹人物,增进阅历。夫人诚为顺应时势而为事者,其有所得,固属事实;但既执一定之职务,势不能不举心身之全力、时间之全部,以尽其责。其得修学也,读书也,不过以余力余暇为之。此余力余暇之所得者,虽亦能伴社会之进步,不落时势之后,然从前怠荒于学校时代者,而欲完成于是时,实属难能。盖教育者,为人生战斗之准备;学校者,为专施教育之所,学校时代者,即专心于学修之时代;为学生者,举全力而为自发的奋励之时代也。若不于此时期为十分之奋励,则是不先培壅根柢,将来所受之结果,恐无成功之望。且吾人十数年之后,即当自营事业,或牵制于历来之习惯、四周之境遇,不能为自在自由之活动者居多。故人之活动,宁为在于学校时代可也。因而刻苦励精,诚心学修,实为学生分所当为之事,亦唯是,始能全学修之效也。斯迈尔曰:"我有劳苦所得之学问见识,全为我之所有,深印于脑底,不惟不消失，反增其势力。"诚有味乎其言之也。

且吾人之性行，受影响于外界之刺激者，又有关系。美国史屈郎氏之言，尤为深切著明。氏谓在学校中所接触者，每能终其身而弗忘，而在中学校及大学校所接触者为尤甚。盖其所接触者，不独为学问，如教员之思想高尚、道德优美，以及校中屏绝市间孳孳为利之陋习，均足以陶冶吾人本有之良心。故即未能得深实之学问，而令居学校中以度此长成之时代，使不稍染市井习气，亦未始无益。市井之习惯，每易启发人之恶根性，断不可令少年人习染。若留少年人于学校中，日习有益社会之学问，且与思想高尚之教员相接触，则此辈学成之后，必能为社会谋幸福也。

由此观之，学校时代，在人之一生，岂非最重要最宝贵之时代乎！则学校之生活，自与其他之生活有不可同日论者矣。

二、我所处之学校之特色

我所处之学校，师范学校也。师范学校，虽与普通中学同其程度，然旨趣之所在，有迥乎不同者。中学校之所造就者，为升入专门学校或大学校之预备，及为立社会中坚之人物，而师范学校，则以造就小学校之合格教员为目的者也。普通中学之学生，求能读书已足，而师范生则须兼擅观人之法，普通中学之学生，求能自善其学为归，而师范生则须兼习善人之学。质言之，师范学校，名之曰教育及人格之专修学校可也。盖教员者，所以传道授业解惑也。不第贵有丰富之智识、擅长之技能，尤贵能通晓教育原则、儿童心理，利用其熏陶之法，善使其教授之术，庶几能于不知不识间，收教育之效果。故吾辈学生，不仅以修其规程之学科为已足，更须练习其所修学科得以传于他人之精神方法，以为教授之妙术。故曰师范学校为教育的专修学校也。伯〔柏〕拉图曰："教员之人格，为教育动作之要素，良否之所由分也。"盖儿童之于教师，譬犹水之于源，木之于根；欲流清，须浚其源；欲叶茂，须固其根；欲感化生徒，活用教授材料，导之为善之境，大半在教员之品格之高尚也。然品格何由而高尚乎？苟不蓄之于平日，断难应之于临事。故当在学校时代，须涵养德性，启迪知识，以备为人师、为人范也。故曰：师范学校为人格的专修学校也。且为教员者，又有一不可缺之资格也。教育职务须连贯进行，不宜间断。运用心思才力于内，因应五官四肢于外，盖实为至劳苦之事业。设身体不健、精神不振，何能胜任所担诸务？故努力养成健全之体魄、强毅之决心，先尽尝苦中境味，实又师范生所当勉为者也。要而言之，学问以使心思道德日趋于完善为旨。若培植己材而偏于体育，贲获而已；偏于德育，程朱而已；偏于智育，仪秦而已。必兼有三育，融会精澈，始能成为完人。而师范生于此必备之属性应切实修养外，又当求所以为教员之特性者而全之，则其生活自亦有不同者矣。

三、我之学校生活

（甲）秩序的生活。日月循环而无差，春秋更迭而无违，此天地之大规律也，亦吾侪所当效法者也。夫学生在校，起居动作，本有一定之时刻，但一日之间，应行之事甚繁，在学校多不能悉为支配妥贴，于是不得不自定严密之规则，以为自治之法律。余于每学期之始，必调制一日程，规定日行之事与时，履行笃实，不敢违反。诚以秩序的生活于卫生上修养上及精神时间之经济上最有关系。窃以为能养成遵守秩序之习惯，则可为他日营社会共同生活之基础，凡所作为，皆能得其条贯脉络而无羼夺混乱之患矣。今将本学期学校颁布之日课表及自制之日程记录于左：

（子）本科二年级第三学期甲班日课表（学校所定者）

时刻	第一时	第二时	第三时	第四时	第五时	第六时	第七时
月	教育	英文	地理	体操	乐歌	乐歌	
火	数学	历史	手工	手工	物理	体操	
水	数学	习字	英文	国文	博物	教育	英文
木	图画	图画	地理	国文	物理	英文	
金	数学	物理	体操	历史	博物	教育	
土	国文	体操	修身	国文			

（丑）日程（自制者）

时刻	五时半至六时半	六时半至七时	三时至四时	五时至五时半	七时至九时
月	清洁运动记日记	国文	教育	国文	地理 几何 国文
火	清洁运动记日记	英文	教育	国文	英文 物理 国文
水	清洁运动记日记	国文		国文	英文 博物 代数
木	清洁运动记日记	英文	教育	国文	几何 物理 国文
金	清洁运动记日记	国文	教育	国文	博物 物理 国文
土	清洁运动记日记	英文			
日	清洁运动记日记	国文			英文 代数 国文

余每晨五时半起床，夜九时半就寝（本学期如此，寒季稍有变更），共计有十六小时。以十小时半为读书时间（核实不过九小时，以每一小时有十分之休息也）。就一周计之，除日课表所规定外（土曜日下午及日曜日日间为例假，不计在内），合计共有二十五小时半。再就某科应行自修时间而分配之。计国文占九小时，英文占四小时半，教育占四小时，数学占二小时，物理博物地理各占一小时（综计为二十二小时半者，因夜间每科只研习半小时故也）。

晨所谓清洁运动者，可分之为盥洗、饮开水、大便、运动四节。起床即盥口洗面，占时五分。饮开水二杯（余不饮茶），占时二分。大便一次，占时五分。余为运动时间，约占二十分钟。其节目详下节。

饮开水之时刻，亦有一定，日凡四次，每次二杯。第一次在晨间，第二次在上午十句钟，第三次在下午三句钟，第四次则在夜间九句钟。于饭前饭后不吸饮料，此法余于某医药报见之。谓茶有刺激性，不饮为宜。身体内部，亦当如清洁外部然，时常洗涤。饭前后所以不宜者，则以饮料欲冲淡胃液之故。如是者，余已行之年余矣。

餐后缓步休息，习以为常，此际绝不用脑。

此外，又有每日例行之事，弹风琴、阅新闻纸是也，二者均择适宜之时而为之，未能规定时间，故不列入日程内。

附注（一）日程表之制定，属于修学者，均依日课表排列之。盖为便利于预习、复习计也。（二）日程表以一周为循环，亦与日课表为因缘也。

（乙）自动的生活。凡学问事业之成立，由自己独立而成者，及因他人指导而得来者，其兴味之深浅，有霄壤之殊。即因自力而得者兴味深，由他人而得者兴味浅也。且就实际论之，因教师诱导而得之知识，其把握力弱，因自己奋勉而得之知识，其把握力强。葛朋曰："人有二种之教育：一为由他力而受者，一为自力而得者，而后者为重。"司各脱曰："各人之教育，最善良之部分，为自己所与之教育。"苏格拉底曰："欲动天下，须先自动。"盖活动者，花之香也，德之源也。吾侪学生皆为演成吾国将来之进化者，非先养成自动力，何足言此。故吾人当不待教师之督责，自进而为奋励，以完成教育之效果也。余之自动事项，今历［列］举之如次：

（子）修学。修学之节目时间，已详日程。再就余之旨趣言之，则以学问一端，其境界靡穷，且日新月异，断非以有涯之人生所能尽通。不得已则循序致精，逐步行去，亦足慰吾欲（知识欲）尽吾分矣。然学校所授，就一般而言，不过法定几册之教科书及油印之讲义本。吾人则宜就性之所近者，多加研习之功，故参考书实不能不多备也。余于国文别备子书及名人书简数种，又国文读本及字典等，间亦倾心诗借以自娱焉。英文除《英文新读本》《增广英文法教科书》外，再阅《英文杂志》《英文作文教科书》《华英会话合璧》《华英会话文件辞典》及《英汉字典》等。教育于《心理学讲义》《论理学讲义》外，再阅《心理学通论》（日文）、《心理学要领》《论理学讲义》（日文）、《新论理学》。物理学则有饭盛挺造氏之《物理学》为参考书。此外自修之书，尚有《学修法》《成功与人格》《活动的心身修养法》（均日文书）、《近思录》《明儒学案》《公民鉴》《康德人心能力论》《少年丛书》《修学一助》《成功宝诀》《卫生新义》及《教育》《学生》《东方》《大中华》《进步》《青年》等杂志。其中自备者多，余向本校藏书楼借阅，或在校友会杂志阅览室披阅者也。

（丑）勤务。天赋我以耳目手足，原须尽其效用，方为不负所生。且洒扫拂拭，本属为弟子者应尽之职。今人一入学校，即习为骄侉，不屑亲执箕帚，故毕业后，多不为社会所容，盖不能忍劳耐苦，有违社会之要求也。吾校于教室及寄宿舍，均有规程，内有班长、舍长、室长、值周生、值日生之规定，循职服务，不敢稍懈。盖此于学校经济及教育效果均有关系，诚未可浅忽视之，吾侪今亦视为例行事矣。

（寅）日记笔记。日记者，所以记作为者也。余向用袖珍本。今年起改用学校日记，以纸张较广，记载可详，且有格言足资鉴戒，多附录可为参考也。除记每日行事外，凡往来信札、新购书籍及收支款项等，亦均详晰记入。一以便检阅，一以资反省，虽视若小事，而余每晨必以二十分时尽力于兹，以为得益非浅也。笔记者，凡各种参考所得及自己意想所及，辄举笔记之。其中又分数种：（一）为格言录，专记古今中外名哲之言。（二）为教育丛录，专记关于教育之学术原理等。（三）为各科摘记，教师讲解时紧要者录之。（四）为竹柔笔记，凡书中之可为浏览讽诵者记入之。现已积有三本。暇时披阅，恒觉兴趣盎然。（五）为我之杂志，则凡己之意见，发为言论者，均记之以觇心得也。

（卯）卫生。西国之格言曰："健全之精神，宿于健全之身体中。"盖惟有强健之体格者，始能运用精神，以成学问事业。彼精神委靡、器官衰弱者，无论其学不能修，业不能习，前途之事皆废也。即使博学多闻，而不能裨益人世，果何所用乎！故余于卫生一端，极为注意。诚以健康为人生之幸福，病患实人生之大不幸也。兹就平日所经历者，分条言之：一曰运动。晨间所练习者为：（一）臂向前上侧下伸；（二）屈膝；（三）腰左右弯；（四）举腿按腹；（五）腹脊前后弯；（六）定位快跑六种。每种运动毕，行深呼吸四次。凡十五分时，而练习告终。据卫生家言，此种运动，能使循环器、呼吸器、消化器、排泄器益形发达，而为健全之作用云。次之为庭球及铁杠之练习，然非每日行之。为余最简便之运动法，而履行次数最多者，莫如散步。读书既毕，餐事既罢，即逍遥乎操场花园间，凡空旷闲静之处，均有余之足迹焉。此际心爽神怡，肢体自由，吸清气，瞩浓翠，远瞻日月星辰之丽，近玩花草禽鸟之美，真可谓极乐矣。二曰饮食。夫身体之力，固关乎饮食，然贪食过量，实失饮食之本旨，由此得病而丧其身者多矣。学生在校，饮食品质之选择原不能自主。然随分量、守时刻，实吾人之所可能者，亦吾人所当坚守者。余于一日间，只进食三次，晨餐最少，夜餐较多；中餐适乎其中。盖因用脑用血之关系，而斟酌乎其间也。食时所注意者，细嚼缓咽固矣，不多饮汤水，又余之习惯也。至嗜好品物，如烟向不入口，酒则稍饮，惟不敢及乱耳。三曰休息与睡眠。凡人之身体与精神皆有定限，苟使用过度，必精绝根尽而不能为用，故休息与睡眠，实相因而至之事也。余之课毕，即行休憩。在日间每小时休息十分（此为学校上课定时），在夜间则以半小时而休息十分。饭后则即行休息，直至上班或自修时间至而始读书也。当休息之时，惟在室外散步，不再思虑，对景观物，领略已耳。睡眠之时，则每日定为八小时。自九点半钟就寝，翌晨五点半钟起床。惜熟寐即起之习惯，有时间断耳。四曰清洁。身体定每周淋浴一次（本校有共同浴室），每日习行冷水洗面，使皮肤能抵抗外来之风寒，而足亦必每夜一洗。衣服则衬衣一周更换一次，外衣但求清洁质朴，美观非所好焉。至于住居之内，则每日轮流扫除，拂拭洁净，有当守之责者矣。之数者外，日光与清气，尤余所最亲近、最宝贵者也。意大利古谚所谓"太阳之所经行，即无异于行医"，其言颇有真理。盖吾人呼吸，能得清净之空气，实最有益。而太阳之光热及化合力，又足裨益吾人之健康。近世有所谓无药治疗法者，多指此而言也。且日光清气，为天地之至宝，吾人得自由使用，如此幸福，而犹拒而不受，岂不谬乎！故余散步，原在多日光及富清气之处，而阅书亦有时多在室外也。

（辰）集会。此团体的自动也。余校本有校友会，内分总务、文艺、运动三部，规定职权，循程进行。其事业则有刊行校友会杂志，举行运动会、远足会等。而蹴球、庭球、阅杂志三事，则每日例行者也。余以为于此等事业中，均足发挥自动力，养成共同作事之习惯，且知悉办事景味，增进阅历，使悟无论为何事，皆宜有责任心，方能举活跃之现象。尤有足多者，余又抱一练习办事之心，以为毕业后，即须入社会，为独立的生活，若非于在校之时期预养有素，未免有竭蹶之虞。故有时被任为班长、室长或被举为干事，辄欣然受之，非乐其有此权力，可以意所欲为，实欲探尝个中滋味，并以试验我之才具干略，略谙办事手续，为预备将来实施之地步耳。

（巳）投稿应征。余尝以余暇属文投诸杂志，以练习发表之才能，为互相切磋之资料，此篇即其例也。然亦视我力所能及与我分所可为者，乃以"余力学文"之旨，以写一得之见，非敢勉强从事，徒耗宝贵光阴，损己又以害人也。然有时亦迫于不得已。盖余家境甚窘，而性确爱书籍，岁购且逾十金（学校所用书籍不计）。若尽须由家庭汗血所得之资，为我应此不急之需，势固不能，心亦何忍。故为投稿应征之作，庶得相当报酬，以偿购书之愿望，亦以重自食其力之义。窃思我国社会或学校，若有可为学生生利之组织，则吾实愿于受学之暇，从事工作也。

（丙）服从的生活。窃思学校之有规则、有法令，所以为谋学生求学之利便。故为学生者，不特当面从之，又当欢心乐受焉。盖学校教育学生，无非欲造福于学生，即无非爱护吾学生，惟其望之深爱之切，故有时命令不觉其为严厉。然我辈当知服从为建立品格之始，为尽人之义务与定命所不可缺之美德，必宜欢愉领受，以自表其感恩铭惠之私忱。令行即行，令止即止。虽历困苦，固所愿也。余又深知，服从之事，无论在家庭、在学校、在社会，断无能幸免者。既知不能幸免，故亟欲养成此习惯，为便于将来处世立身计也。故凡学校所定之校训（本校校训为"勤慎诚恕"四字）所布之规程以及师长之训诫，不特无勉强屈服之心，且视此为维持我志愿、玉成我志愿之要素，而诚心悦服之，勉力实践之，惟恐有歉也。乌阿通阿曰："服从与独立，名相反，实相成。"加来尔曰："不能服从规则，不得自由。"洵哉！

（丁）简约的生活。孔子曰："以约失之者鲜矣。"明道先生曰："所守不约，泛滥无功。"此盖言繁缛侈汰之宜戒也。夫简易质素，无论何人，均当勉为。而我辈为学生者，赖父兄师长之力以受教育，是又当格外注重。近来奢侈之风中于社会，且浸假而传染于学子，而美其名曰注意卫生，实则半为赘疣之品，多非必要之物。余处校中，所衣者布（平日在校，着特制服），所履者亦布。饮食一端，除定餐外，不购一文之闲食（本校有贩卖所，糕果咸备，惟余无交易）。盖以为衣食清洁而已，过求华丽珍奇何为者。况节俭于涵养德性、摄卫生命，大有关系者乎！假日外出，虽有舟车之便，然非不得已，余只劳我两足之力，健步往回，为可以尽天赋之能，而适我素性之好也。顾更有进乎此者，慎言语、节名誉之欲是也。夫言语本为人类之特色，宜若何珍重之，使不妄费？然多视为小节，不屑注意，戏谑者有之，讥嘲者有之，夸大者有之，诡谀者有之，小之于己德有亏，大之可以毁家而亡国。谚云"祸从口出"，然则一启口之间，所关者甚切，可不慎重出之乎？余不敏，极愿时时注意，且以练习论理的言语，务使正确而有条理也。若夫，名誉之心固为可贵，然穷其流弊，或则因好名之故而嫉忌他人，造毁谤之言以害之；或因自己之有名誉，遂致轻视他人而生骄慢之态度，是则有为恶德流、为小人之行矣。故余对于学校考试，辄淡然视之，不欲暴殄精力，拚死一时，以争虚荣而自贻祸害也。

（戊）愉快的生活。吾人仰观俯察，睹日月星辰之灿烂，识草木禽鱼之美丽，然则世界者，诚一极乐园也。郁郁不畅，沉闷烦愁，何为者？且夫人之作事，以有兴趣之故，而后能工，何也？以精神奋发故也。举余前述诸种之生活而概言之，实一快乐之生活也。就修学言之，则虽时遇艰奥之事理，须冥心苦索而后得者。然余认努力为得兴趣之先导，不以眼前之费思索为苦，而以事后之得佳果为乐，故有时且甚愿其有以逆我也。就卫生言之，则有身体的与精神的之二种。身体的卫生，前述者是。精神的卫生，则安定心神一也，安分守己二也，祛除愤怒三也，心存乐观四也，面现愉色五也（此事甚难实践，然余当勉为之），戒妄言与毁人六也。盖人生莫大之苦痛，莫甚于精神之忧伤，而保健康之第一要法，实在于精神之养护（指快乐）。近阅《康德人心能力论》及《因是子静坐法》二书，其中所言，阐明此原理者，颇为精详。余虽未获实践其境，心则大有感触。余又每日弹风琴，凡半小时，虽以学校功课所关，然亦因其能陶情怡性，消烦舒郁，裨益于心神，影响于人格，尤有大功效存在故也。假日则恒徒步游西湖，以领略自然风景，呼吸新鲜空气，快豁耳目心志，养精神于乐天之域。阿狄逊谓："世界无真人生，惟快乐之人乃为真。"爱璧推德谓："人当求快乐，不快乐自己之过耳。"然则吾人亦何乐而不求愉快之幸福者哉！

（己）礼法的生活。礼法者，礼仪作法也。吾国古昔，礼法最备，国家大事，个人交际，莫不重礼。今则世风不古，人心险诈，社会之间，无复有所谓礼法者存。虽然，礼法能美化人生，圆满社交。《传》所云：经国家、定社稷、序人民、利后嗣者，其功实甚伟大，安可任其荡然终古，长留文化之缺点乎！睹现代礼法不振之忧，吾辈将来之身任教育者，应及早注意之矣。吾校于修身科特有礼法教授一门，实欲挽颓风而策补救也；惟凡事首贵实践，而礼法专讲举止进退之义、日用伦常之道，尤贵有实践之功，而后能全其效。余受礼法教授，虽未届一学期，然关于礼之姿势、身体、言语、威仪、饮食诸端之作法，一若循此而行，自觉动止之安详而周旋者。回忆未受礼法以前，似一切言动，皆属茫然，毫无准绳者矣。故今努力求事事不失礼仪之正，而有从容不迫之致，为养成此一种之习惯也。且为教师者，对于儿童之品性行为，有示范之必要，若自己先有不当，何能感化他人，使之就正。故欲教训他人，必先以身作则，若是则今日之修养，益不容缓矣。

（庚）假日之生活。上之所言，不及假日，兹特叙述之，以完其成焉。吾校于一周间，例以土曜下午、日曜全日为假日。余在此假日之生活：土曜下午，若非游湖（西湖）者，则首阅杂志（此系校友会定购，备校友阅览者），继洗浴，或则至就近基督教讲堂阅书报，内备《进步青年》等杂志及杭沪新闻纸，各界人均可入内披阅。夜间则校友会言论部开会，有时听讲，有时演说。若本城青年会开演影灯，则不惮远行（往返不下七八里），欣然与会。在日曜日，则上午八时，往圣经研究团听其讲解《书用华英合璧》，一借以探讨耶教真理，兼资以练习英文。此会凡一小时而毕。泊回校则阅修养书籍。近来正阅《公民鉴》《学修法》及《成功与人格》三书。下午或在校披阅书报，或至图书馆（在城内，旧名浙江藏书楼，今改为图书馆分馆，本馆则在西湖）借阅书籍，或到青年会听讲（该会每逢星期日下午开演说会）。有时或访友或购物而不一定。至夜间，则仍照日程所定者而进行也。夫人间必须之智力有三：理论之智识，一也；实用之智识，二也；鉴别之能力，三也（本亚里斯多德之语）。平日在学校内受业温课，多关理论之事，欲求实用与鉴别之机会甚难，则假假日而经历之、试验之，实有不容缓者。余所以不欲蛰居校内，陷于孤陋寡闻之弊也。

四、结论

学生者，国之花也，未来之主人翁也。师范学生者，学习教育之原理与方法，为预备教养儿童、陶冶国民者也。由学生之资格而言，一身所负担者，已觉任重而道远，由教师之责任而言，益觉艰巨难堪。然则渺渺一身，俯仰人世，事之待发展与成就者，固靡有穷也。其不能以漂泊浮沉，徘徊歧路，以自误误人者审矣。故余尝立吾志：将来于教育界必当有所尽力，务勉为世界上三育均备之人，而以"高尚纯洁"四字为吾前程之鹄。盖人生光明，不在为显官、得利禄，惟能全人格者始为真成功。高尚纯洁，固为教师所必具之美德，亦即人世终极之目的也。故余悬此鹄，兢兢焉以求到达，于是发而为行为，以形成吾之日常生活。且余对于心的科学，倾向甚深；对于培根、洛克、汗康、叔本华诸哲人之学说，吸引尤力。想彼人之流风余韵，所以浸润于吾心意者，必能理解教育之真谛，而具有莹洁之旨趣，并以完成高尚之人格。余虽不敢必其成功，惟余确信毕达哥拉斯之言："在我既实见以为是，即当置毁誉于度外。"故不敢妄自菲薄。勉策驽材，他人无谓之推测，亦置之不顾，惟一意孤行，安我本心，不欲自矜，亦不欲自屈也。程子有言："懈意一生，便是自弃自暴。"然则余顾可不自勉乎哉！

（《学生杂志》，1915年第2卷第8期，第64—81页。）

三

民国中期浙江教师教育主要史料

1922—1937

　　1922年《壬戌学制》颁布，全国掀起了"高师改大"与"师中合并"运动。当时全国只剩一所高师——北京高等师范学校。民初浙江两级师范堂的优级部分并入北京高等师范学校后，浙江高师出现了断档。到民国中期，浙江对中师推行"中师合一"政策，省立师范并入中学，改为省立第几中学，省立女子师范改为省立女子中学。各县立师范和各级女子师范亦改组为中学。中师合并后在中学设高中师范科、师范讲习所等。独立师范的取消，直接导致了浙江省教师教育质量全面下滑，师范生人数更是断崖式下跌。1923年3456人；1924年为3006人，1925年2363人；1926年1833人；1927年1255人；1928年1456人。1929年1698人。[1]面对困境，浙江开始对教师教育进行调整，1928年成立了浙江省师范教育研究会，并设置独立师范学校，如萧山湘湖师范学校、慈溪锦堂师范学校、省立杭州师范学校和温州师范学校等。1928年浙江大学也设置教育系培养师资。整体来说，民国中期浙江教师教育可以说是一落千丈，但乡村师范却异军突起。这一时期主要收集有：民国中期教师教育概况史料、乡村师范教师教育史料及国立浙江大学教育学系教师教育史料等。

---

[1] 潘之赓：《浙江师范教育现状及改进意见》，《浙江教育行政周刊》，1931年第2卷第43期，第1—5页。

（一）

民国中期浙江教师教育概况史料

浙省施行新学制标准（节选）

　　浙江教育行政研究会所议之施行新学制标准案，业已全文通过，照录如下：施行新学制标准案，查学校系统改革令，业经中央公布，各省区应就地方财政教育人才学校沿革，拟定准备期间及施行标准。浙省准备期间，系自十一年十一月十一日起至十二年十一月十日满足一年为止，时机迫促，而条理纷纭，亟应根据经济人才及实际状况，分别拟定改组办法，以期推行尽利，而无扞格难达之患焉。第一初等教育，一幼稚园，每县至少须有一所。二小学，现有小学可概括为三类：甲国民学校，乙国民高小兼设之学校，丙高等小学。三类小学，又皆有公立区立私立之分，甲类无论公区私立可一律改为初级小学，乙类本应改为初高两级合设之完全小学校，丙类以新制高级小学不应独立，故亦应扩充为完全小学。惟是经济人才，两俱攸关，乙丙两类，碍难一律改办完全小学，应依下之标准，酌量办理：一校舍，原有校舍，足敷改用，或有确定之经费，得分年增加建筑、能办理完全小学者。二经费，原有经费，足敷改办完全小学者。三师资，原有教员，有过半数合于完全小学教员资格者。合于上列标准者，无论公区私立，皆可改为完全小学，否则应改为初级小学。惟一县之中，完全小学，必须有数校，如果乙丙两类中公立学校，皆不足以改办完全小学，则应酌量归并，设立数校。所有改组情形，应依下列表式，填报备核：浙江省某道某县某某小学调查表。一名称，二改组之原校，三性质，四地址，五距离县城里数，六周围五里内所有初级小学数，七周围五里内所有完全小学数，八校舍，九校舍性质，十能否扩充，十一原校开办年月，十二现有学生数，十三学级数，十四职员数，十五教员数，十六师范毕业教员数，十七检定及格教员数，十八毕业次数，十九毕业总数，二十常年经费总数，二十一常年经费来源，二十二支出总数，二十三支出项目各数。（说明）（三）注明公区私立，（五）如城内者，注明在城内，（六）应除去完全小学计，（八）注明庙宇祠堂普通房屋或特建新式屋宇等，（九）注明租赁借用或校有，（十）注明有无专款重行建筑，或能增加租屋，或推广借用处所，（十一）原校如为国民高小兼设之校，应分别注明两科开办之年月，（十四）（十五）一人而兼为职员及教员者，应视其所担任之职务，孰为重要，即填入该款，如校长兼教员，应作为职员计算，（二十一）除县立学校注明县款外，其区私立各校，须分别注明产息捐款学费补助等项，（二十二）分别薪修设备杂支三项。此表每校须分填一纸。

第二中等教育，现有中等学校计亦有三类：（甲）普通中学，（乙）初级师范，（丙）甲种实业。新制中学，统合各科，兼筹并顾，虽设施上单科多科得任意伸缩，而学业上初级高级必画然区分。似此办理，非但浅深有序，适合儿童身心发达之程度，抑且纵横活动，便于升学科目之选择。故拟依新制规定之原则，初级中学一律定为三年，师范教育可为高级中学之一科，亦可单独设立。新制所以两存者，诚以分合设施，各有其长，未容偏畸，以师范为高级中学之一科，设施较为经济，以之单独设立，训练较为精深。兹拟参酌本省实际状况，分别设施。高级中学之他项职业科目，在大规模多科中学未实现前，拟酌设于各职业学校内，至高级中学之普通科，则拟酌设四处，以应大学招生之需。女子教育，亟宜谋其发展，师范又为女子良好之职业，故除省立女师应特加扩充外，拟更就中学校酌设初级中学女子部及高级中学师范科女子部。职业教育，亟应注重，除固有实业学校应分别改组外，拟就地方需要之情形，于中学校内酌设与初级中学相当之职业科目，收受小学毕业生，并于职业学校内酌设职业教员养成所。根据上述诸点，将甲乙丙三类学校之全部或一部分别改组如下：省立第一中学校，就省立一中改组，设初级中学高级中学普通科；省立第二中学校，就省立二中二师改组，设初级中学男子部女子部职业科高级中学师范科男子部女子部；省立第三中学校，就省立三中三师改组，设初级中学高级中学师范科男子部女子部；省立第四中学校，就省立四中四师改组，设初级中学，高级中学普通科师范科男子部女子部；省立第五中学校，就省立五中五师改组，设初级中学男子部女子部；省立第六中学校，就省立六中六师改组，设初级中学，高级中学师范科男子部女子部；省立第七中学校，就省立七中七师改组，设初级中学男子部女子部职业科，高级中学普通科，师范科男子部女子部；省立第八中学校，就省立八中八师改组，设初级中学男子部女子部，职业科，高级中学师范科；省立第九中学校，就省立九中九师森林改组，设初级中学男子部女子部，高级中学师范科，森林科；省立第十中学校，就省立十中十师改组，设初级中学男子部女子部，职业科，高级中学普通科，师范科男子部女子部；省立第十一中学校，就省立十一中十一师改组，设初级中学男子部女子部，职业科，高级中学师范科男子部女子部。省立师范学校，就省立一师改组，设六年师范科，高级中学师范科，二年师范专修科，于需要时并得酌设相当年期之讲习科。凡设有高级中学师范科之中学校，均得按照地方情形，酌设相当年期之讲习科。省立女子中学校，就省立女师改组，设初级中学科，高级中学师范科，于必要时，得设高级中学普通科讲习科幼稚师范科。

（《新教育》，1923年第6卷第3期，第110—114页。）

浙江师范学校独立问题

卢绍稷

一、我作此文之动机

我未述"我作此文之动机"以前，先言吾浙江师范教育概况与本文讨论之范围。浙江师范教育约可分三方面言之。

（一）关于县立及私立师范学校方面

浙江私立中学校尚多，私立师范则甚少，关于此类以县立女子师范最占多数。现计全省县立女子师范有八，即嘉兴县立女子师范、吴兴县立女子师范、宁属县立女子师范、绍兴县立女子师范、临海县立女子师范、永康县立女子师范、温属县立女子师范、丽水县立女子师范。又计县立师范讲习科有三，即崇德县立师范讲习科、兰溪县立师范讲习科、武义县立师范讲习科。至私立师范则仅有二，即淳安私立石硖师范讲习科与杭县私立体育师范。此种学校，除间有附设初中部外，均系独立。各校编制方法，自民国十一年起，一律采用新学制，改为三年期师范讲习科，其中亦尚有数校是一年或二年者。至各县高中师范科之设立，今日尚付阙如，县立及私立师范学校中，以各县县立女子师范范围较大，成绩亦较优。

（二）关于义务教育师资养成所方面

浙江省立各中学校虽皆有师范讲习科之设立，然其班次不多。若作为义务教育师资之用则相去太远。故不得不另筹学校。庶几义务教育在短期间内可以筹办完竣，惟浙省对于此事从前并无计划。前年（十四年）开全省教育行政会议，始将此题加以讨论，讨论结果大致以为"欲养成师资，必须先筹划经费。现在省费日渐竭蹶，县费亦鲜有余裕。只能将本省县所有征收货物附加税上。附加义务教育经费，一成作为养成义务教育师资之需"。彼等讨论以后再拟定办法如左：

甲、本省货物税自十四年度起，依照正捐附加一成，充全省各县养成义务教育师资经费，暂以三年为度。

乙、每县设立义务教育师资养成所一所，经费由前条一成货物附捐项下拨充之。如有不足，再由所在地县费辅助。

然以上决议办法，因不得省议会之通过，故近日尚未实行，亦不过是一种计划而已。

（三）关于省立师范学校方面

浙江原有十二省立师范学校（其中一是女子师范），自民国十一年度起，改行新学制。省立师范一律归并于省立中学成为省立中学校师范部，女子师范则改为女子中学。合并以后，一面旧制五年期师范停止招生，改招三年期师范讲习科，一面另招高中师范科。各校旧制师范，今年已告完竣（所有班次皆已毕业）。至高中师范科已设立者有第一中学、第四中学、第七中学、第十中学、女子中学五校。

浙江省立师范设施情形，即如上所述。但因此发生二重大问题。第一、师范教育一律与普通中学合并是否合宜。第二、师范讲习科是否为临时补充师资之用，抑有继续设立之必要。此二问题，前年（民国十四年）浙江开全省教育行政会议时各方颇有提案，讨论后经大会决议：对于第一问题，大致以为"师范教育性质与普通中学不同，训练精神亦有分别。且师范教育亦系一种职业，现在教育既趋重于分业，故师范教育亦不应与普通中学混合"。对于第二问题，大致以为"现在师范讲习科，原为辅充初级小学师资之不足，系属一时救济办法，肄业者年龄既稚，学养亦难深造，且投考是科之人异常稀少。而现今肄业是科者，又复请变更定章，希望升学，足见此项讲习科，已无继续设立之必要。至于义务教育师资之养成，应另筹办法。非此种讲习科所能集事"。有此二种讨论之结果，故有以下二种办法：

一、于省垣特设一师范学校，自十四年度起筹备，三年内成立。

二、省立第六、第八、第九中学校因各该地师资缺乏，仍暂招师范讲习科一班，其余各校一律停招讲习科。（但此是一种计划，至于实际方面，因经费关系特设之师范学校，一时尚未能实现。①

本文是主张师范学区仍旧建设，师范学制仍旧独立，不主张归并于中学。以上所述三方面，县立及私立师范俱系独立，不必加以讨论。义务教育师资养成所，至今尚未实行，可以从缓讨论。惟省立师范学校，今皆与中学合并，究竟当否，有讨论之必要。只此一种为当前问题，故本文所讨论者，专在此省立师范学校方面。

从中国新教育发展史上观之，先有师范后有他各级教育。从过去之有效学制系统观之，师范教育皆有独立之地位。即十一年颁布之新学制亦规定师范独立，中等教育段明白规定师范学校之修业年限及设置等事（本文专指此段师范教育，以下各节照此）。高等教育段亦明白规定师范大学与其他各科大学平等。又从师范各期课程变迁之情形观之，吾人可知有一种趋势，即逐渐向专业训练发展，益觉师范有独立之必要。诚以师范教育为国民教育之母，师范学校为普通学校之策源地。一国教育之隆污与国范家理想之兴替，皆以之为其枢纽，师范教育，视其他教育为尤要。

再就世界各国现行教育制度言之。只稍有各国教育常识之人，亦易知欧美各国现今之教育，正是各方均谋发展时。欧美各国现今之师范教育，更是"升格运动"正盛时。考欧美师范教育之所以有此激进"升格运动"之故。大抵由于：（甲）教育问题日益繁重非专家不能解决。（乙）教育学术日益进展。（丙）教师职业日益确定。（丁）教师地位日益提高。②

浙江一般教育家为图学校经费与夫学校组织之活动，自十一年度起，将省立师范学校一律归并于省立中学。斯举也，在法制上虽并无抵触、法令

---

① 本节材料根据浙江教育月刊（教育行政会议特刊）及浙江教育统计表。
② 参阅伯格莱氏最近所著之《师范教育之最近趋势》（*Current Tendencies in the Professional Education of Teachers*）。

三、民国中期浙江教师教育主要史料（1922—1937）| 265

未更改以前，亦不能谓是不当。然照中国过去之有效学制系统而言，师范教育精神能不因之丧失乎。又就世界各国现行教育制度而言，浙江今日师范教育可不谓为"降格运动"或"开倒车"乎。即就当时所发生之二问题言之：第一问题，全省教育行政会议，讨论结果亦以为师范教育不应与普通中学混合。第二问题，讨论结果亦以为现办师范讲习科无继续设立之必要（详情请见前）。更就当时补救办法言之，在第一项下所载"省垣特设"师范学校，至今尚未见筹备。师范精神既有丧失，则此校幸能成立，试问仅恃此校既能恢复师范精神而补所失乎？就以上所论，已足见省立师范学校有恢复独立之必要，何况新制之试验结果已遭失败耶，我知旧制破坏之后，附设极难。与鉴夫门外汉教育家持归并说者仍多，然今不从根本上加以纠正，为患将有极乎！此本文之所由作也。以上所云恢复独立之理由尚未充分，兹再详言师范独立之必要，而无陈其反对独立理由之不当，浙省明达幸垂鉴之。

二、师范消减理由之无当

师范教育是否有独立存在之价值，计论斯题者，有赞成与反对之二方面。试将反对师范教育应当独立之理由分列于下，而后逐一加以评判。所有反对师范教育可以独立存在之理由，列举之，大致不外以下数种。

一、师范学校程度太低，不足应高深学问研究的要求。

二、师范教育独立经费上不经济。

三、师范学制抄自日本，今不应仍旧因袭之。

四、现今师资缺乏应予中学以养成师范人才之权责。

五、师范学校目的过于专门与普通文化知识不能接近。

六、师范毕业生之成绩与普通学生并无差别，何必多此骈枝机关。

七、独立的初级师范设备必不能完足，如归并之于中学，设备可期完善。

八、有志上进的青年皆不愿入师范，如改为普通性质，则可多收人才于此途。

上述八条理由无一可成立者。（二）（三）两条其为毫无理由，当然明甚，一种制度只须问其本身价值如何，无须问其来自何国。日本制度未必全劣，美国制度未必全优。此虽是浅显而易见之理，但学制草案竟不能不受此种不合理的理由影响。新学制大部分皆依据美国学制，关于师范学制一部分，难保不受此等影响。而以美国的师范科大多附属于书院、学院或大学，吾人亦何妨附属之于中学之内。其实姑无论此种模仿论调不能成立，即欲摩仿，亦须知美国之独立师范学校亦所在皆有。今单选其所设者而效法之，于其独立者则置而弗论，果何故哉？至于经费过多亦不能为充分的理由。此种学校如无存在之必要，则虽毫发之微亦不应耗。否则，无论费用多少，只须有效果即不能谓为空耗。故（二）（三）两条理由不足讨论。第（四）条为另一问题往后再论。第（五）条理由与吾人之意正相反。现今师范教育何曾太偏于专门，实嫌过于普通。试问一般师范教育的功课除加入若干心理学、教育学、教学法、管理法之外，有何种与中学校大不相同之处？师范教育与普通教育之区别点，果仅在数课教育学、心理学、教授法、管理法乎？无怪乎有人主张只须于中学加添若干教育的功课即可以养成师范教育的人才，亦无怪乎师范学校所造就之人才，实际从事教育时亦与普通学校毕业生无甚特别不同之处。故如欲其尽分内职责即师范教育应极力表现其特别的色彩，即应将一切关于教育的学科，如教育学、心理学之类，极力提高而增多之，其他学科如各种科学之类，不妨视为第二等。吾人并不轻视智识的传授，但觉师范生对于智识的态度与普通学生的态度应当完全不同。普通学生之学习知识足为自己受用，师范生学习知识则不能时时记念其学习知识乃所以传授别人者。且现代教师底职分，不仅在传达智识，更须了解现代文化以指导而改进之。徒具若干专门智识必不能尽其责，犹须具有研究的精神。而所谓研究者，又非仅为科学的研究，并须从事于教育的研究。质言之，乃立足于教育者的见地，以从事科学的研究。若师范教育能重视乎此，则非仅第（五）条所举之弊可免，而第（六）条理由亦可因之而连带消灭。因师范毕业生与普通学生并无差别之故，乃由于现今师范教育不会置重此几点。补救之法，正当极力提倡此种特别的色彩。如何反可因噎废食而主张取消师范学校乎！至于第（四）条，只能作为普通学校可以兼办师范科之理由，不能作为取消师范教育之理由。此本一时救急之办法，并无完全的理由根据，不必多论。此外如第（七）条亦不足论，盖承认师范教育若有独立存在的必要，则用全力以完成其设备，亦非不可能者。且师范教育与中学教育性质不同，决不能利用中学校之设备以为研究之工具。师范学校与中学校合并后，一校之学生数势必增多，设备亦必须随而增加，实无经济之可言。第（八）条诚为现代师范教育之最难问题，但欲解除之实，与改为附属于普通学校与否完全无关。因教师之地位待遇若不改良，无论为独立设置抑或附属于普通学校之中，总之无人愿学师范。反之，若师范学校单独设立却可以借环境熏习之力量，增进若干教育之兴趣，减少若干改就他途之野心，在中国目前此种问题还不甚急迫。细察吾浙师范毕业生改业者今日尚少，而观毕业于普通中学者，每感就业之困难，于是相率投身于教育界充当小学教员者之多。便可知之，盖目前教育生活比一般职业界，仍高出一等。其在师范毕业者仍任小学教职，固不失为合格之教师。至中学毕业生，鉴于人才年有增加，百业尚未发达，英雄既无用之地，亦不妨谋一教职，权作安身。观此师范毕业生改业者少，中学毕业生又多入教育界。则此途之人才岂不经济乎？第八条理由亦能成立乎？！

因此，以上七项理由，可总言之曰，完全不能成立。所余者只第（一）条理由，即所谓师范学校不足应高深研究之需要也，此为以上各条理由之中坚。师范教育是否有独立之价值之问题，全视此条理由能否存在。换言之，若师范学校果如其他一般学校，而以授与多少智识或训练若干技能为目的，则师范实无独立存在之价值，实不如并入普通中学之为愈。但时人之恒言曰：教育宗旨不专在传授智识，乃在发展完全之人格，使智识、感情、意志、行为各方面皆臻于完全。由是可见，教育职业非仅有满腹学问之人所能胜任者，故第一条理由乃完全不了解师范教育之所云。理想的师范生决不能以有学问自足,并须具有传授智识的能力,且知如何培养被教者的人格。故仅就师范学校的学术程度不高深一点,即主张不立师范,实为谬误之先①。

以上八条,不仅为时人反对初级师范教育可以独立存在之理由,亦为时人反对高等师范可以独立存在,或对师范大学制度发生怀疑与对于大学教育科亦不认其有独立存在价值之大部分的理由。总之,今人主张取消师范教育而并入大学专门或普通中学,皆不外根据此八条理由。浙人主张师范归并于中学者,想亦必受此种理由之影响。以上八条反对的理由既略加审核,皆可见其无多大价值。反言之,即可肯定师范教育有独立存在之必要,对浙江已与中学合并之师范言之,即可肯定浙江师范教育有恢复独立存在之必要。

三、师范独立存在之必要

一、从师范教育特质方面而言。师范教育为一种职业教育,前已言之。但教育职业,与其他各种职业大有不同之点。普通职业之直接的影响仅限于局部范围之内,教育事业之直接的影响则普及于全社会全人生,是其差异之点一。普通职业之对象为物品,教育之对象则为活泼的人,是其差异之点二。是故一般职业之处理物产或人事,其影响不过及于人生活动之局部。若夫教育则以人为其中心,社会为圆周,要必使被教育者长养其智能,以控驭人事与物质,发展其个性,以培植其美满的人格。此则师范职业之要旨,而与他种职业教育根本上不同之点也。至若普通学科,师范所有与中学所有尽可相同,而其取材及教学重点则不可一致,以其体同而用异也。例如手工一科,在中学为普通陶冶,在师范则除此以外,兼须示以教小学生之方法,所学之对象与应用之法术,两者必求贯通,而后师范教学上之效率乃大。今日师范教学效率之所以低下者,即坐此两端不能贯通之故。然在纯一之师范学校犹有贯通之望。至于中学则其所谓师范科者,不过于普通学科外添修几种

---

① 本节多照常乃德意参阅《师范教育改造问题》(教育丛著第七种)一文。

教育功课而已，本无所谓师范教育，其不足以语此也宜亦。

二、从师范生训练方面而言。理想的师范学校，其环境中必充满教育化的空气，使人一入其门受其琢磨，经其陶铸教育之信仰大固，见异思迁之念遂消，其足以实现师范教育之目的也，无疑义矣。但诋言其教育者曰：教育不能禁人之不变其兴趣，则教育学术之无价值也可知矣。今不暇持各派之兴趣说以相辨难。惟觉兴趣之程度，必积之以渐。初习英文者，每觉枯燥无味后，乃愈学而兴趣愈浓，既能之自乐之也。若乘一时之高兴为偶尔之涉猎，则不得谓之兴趣。纯一之师范学校，可使学生专一其志，培养其兴趣，坚定其对于教育之信心。庄子所谓用志不纷，乃凝于神也。或者曰杜威氏言平民主义之社会，必使各阶级间之分子有自由接触之机会。若子之所主张，则师范学校最好如中世纪之修道院，不与社会交通。曰是不然，师范生必参与各学校之集会竞技，且须常有参观旅行、社会调查等事。不但须参与各学校间之活动，且须身为各学校之领袖。安得谓为不与人交往。就吾人理想言之，学校人数多，则各分子间之接触广，科数多则学术之兴味方面亦广。按诸事实，乃大不相符，往往学校愈大，分子愈形涣散，即如交际集会人数科过多，其交际每为形式的酬酢，而缺乏感情合作必赖感情。若机械的合作，又安取乎？且师范之意义既普通教育或其他种职业教育根本不同，其所求之人格，当有特异之训练。倘为经济计，合一炉而冶之，则其与所谓经济者可以数计，其不经济者乃不可以数计也，故师范生宜有教育化之纯一的训练，欲施纯一的训练，非有专设之师范机关不可。

三、从教育政策方面而言。师范为再造民族之本，其训练其精神必期全国一致，故他种职业教育不妨自由设施，而惟师范教育须受国家干涉，且须予以巨额之国库补助。近代大教育家均以培养师资为国家之责任，非地方所能完全负担。大战以来，美国师资缺乏为教育界之大恐慌，于是国库补助师资训练之案，遂提出于国会。巴格莱（Bagley）云："师范教育行政，宜以全国为单位。照目下美国情形，至少亦应以一省为单位。"氏反对市立中学兼设师范科尤力。美国教育向重地方自由而渐趋省权干涉，再进而祈诸联邦政府，且从师范教育下手，诚能得基本已。窃谓一国教育，无论如何自由，而师范一项不可无国家政策，此为与他项教育大异之点，而未可由他校代办者也。

四、从社会进化方面而言。古无所谓师范教育，凡能以其所学教人者皆便为教师。在我国读书人家，取师经明行修。欧洲贵族师傅，亦必道高学博，初未尝有专门之训练也。自十六世纪宗教改革，以推广教育为扩张宗教势力之具，而后师资训练渐觉需要。洎乎近世，教育事业日益复杂，行政问题、课程问题、组织问题、教法问题，纷然并起，而其解决之法又逐渐应用科学的客观方法。前此之武断的主观方法，已不复为人所承受。于是师范学校与其他学校，势须由合而分，以适应社会分工，进化自然之理。我国师范教育始于光绪丁酉戊戌年间，南洋公学之师范学院、京师大学之师范斋，其状况亦与各国最初之师范教育相似。乃今之论者，不明乎社会进化之理，而必返复其原始状态，果何故乎？况同一域内，必须有互相对峙之学校，借比较而竞进。关于中学之例，余刻不能举出，惟以大学论之，若英国牛津之于剑桥，美国哈佛之于耶鲁，是苟学术思想，由一校包罗，未有不昂然自大而减其进步者也。且学校分途并立则不同之主张与学派，可以各行其是。若必综合于一校，则党同伐异之事既不能免，而学术的活气亦必为之滞塞。此种现象，高等学府固时有发生，中等学校亦不能幸免[①]。

依此种理由，故吾人不能不主张如左。

甲、专设之师范学校为师资训练之永久的正宗机关。

乙、他种学校附设之师范科为补助的或暂时的代用机关。

前种主张基于上述之理由，其义已明，毋庸再论。至后种主张，则有鉴于事实上之障碍，不得不设此调剂之法。各种教师，在理想上，原应期其

---

① 本节多照汪懋祖意，参阅中华教育改进社所提"请恢复国立高师学区改作师大学区案"。

经历完全的师范训练。但师资既形缺乏，而国民经济力又不能尽量为训练机关之设置，故中学生乃至小学生之已毕业或未毕业而投身教育界者，比比皆是，尤以乡村学校为多，此本各国之通象，原非吾国更非吾浙之所独有。事实上，既不能使此辈人员绝迹于教育界，则由中学酌施以若干时间之教育的教导，虽曰不合理想，究当聊胜于无。但中学当局务须了解中学之职责所在而努力奔赴之，勿因本校毕业生出路不广，便欲推倒师范学校，而发为师范学校把持教育之怪论。须知师范学校本为讲求教育有职业之学校，教育界不能不受师范学校之影响也。夫为学生谋出路，其动机原未可厚非，然不从国家教育之大处着想，但就一校计利害，亦大失教育家之精神矣。

上文所述归纳几句，一方举凡时人反对师范教育可以独立存在之理由皆不能成立。一方言师范教育有独立存在之必要，认定专设之师范学校为师资训练之永久的正宗机关，则谁谓师范学校可归并于中学乎！若图学校经济与夫学校组织之活动，便主张师范与中学合并，而贬抑师范教育之价值，以求物质上之效率可乎？师范学校既不应消减，则已与中学合并之浙江省立师范学校，可不图恢复独立乎！由是吾浙省立师范学校之应宜恢复独立也无疑矣。

浙江省立师范学校如能恢复独立，行政、组织等均可照旧，至学生问题亦易解决。如其人在初中三年期师范讲习科毕业者为新制初级小学校长教员，其在高中师范科毕业者为高级小学校长教员，毕业于师范讲习科再进高中师范科读毕业者，其资格实与旧制五年期师范毕业生相等。省立师范如能恢复，原可全仍旧贯，惟对于课程之编制不能与前完全相同。

一、师范学校教育学科次第之排列，须先事实而后原理（From Concrete to Abstract）。倘先研究抽象之原理，而置实际问题于不顾，则未有不蹈空泛之弊者。且师范生之学习教育课程，其最重要之目的，在"增加教学之效率"，亦即为试教之预备而学。故欲其教学效率之增高，则教育学科之排列，不应如旧时先授教育原理、次授心理、次授教育史，最后授教学法及小学组织与行政。而应为教育入门、教育通史、心理学大要、教学法、教育心理、教育行政、教学实习、学校管理及测验、教育哲学，而以教育哲学（或教育原理）排在末学年①。

二、师范生实习开始时期问题。师范学校教生实习，从前均于最末一学期举行，其最大之流弊有二：（甲）实习时间与学习时间距离太长，故往往不能将所学之知识应用于实习教学上。（乙）最末一学期始有实习，易使学生忽略实习上应行注意之事项。故师范生之实习，应自学习实际教学法时起，不必待至最后一学期，尤应于某科教学法毕时，即实习某科，如学毕数学科教学法后即实习数学，余可类推。

三、师范学校课程之分组，不应如从前之分为"国文组""史地组""技能组"等之类，而应根据教育界实际之需要，依师范生所预备之职务之种类而分为"高级小学教师组""初级小学教师组""教育行政组""乡村教育组"等之类。

师范学校必如（一），始能造成有教育化的环境（因师范初学年设有教育入门功课，学生入校即与教育学科接触之故）。又必如（二），师范生始能将所学之知识应用于实习教学上。再必如（三），师范毕业生始能应教育界实际之需要。总之，师范学校之课程编制务须如此，始能表现师范教育之特征，而知其价值之大。亦必如此始能除免时人"师范学校不过比中学添加几门教育功课而已"之讥诮。党军北伐胜利，吾浙一切政象俱已焕然一新，教育届［界］亦已改造闻矣。余乃乘此机会，将此问题提出，希望浙人速开浙江全省教育行政会议一次，专讨论"浙江师范教育独立问题"，反对师范教育可以独立存在之理由，除余以上文所述外尚有之，则可展缓恢复，不然如已无反对理由或有之而不正当者，则请浙江教育应从早复设师范学区，令各地旧制省立师范恢复独立，顶好从民国十六年至十七年度起即恢复之，迟

---

① 详见拙作《师范学校课程问题》（《大夏教育》季刊第一卷第一期课程专号）。

亦不出三年。恢复独立后，无论三年期师范讲习科或高中师范科皆停止招生，仍招旧制五年期师范生。鄙人主张如此未识读者以为然否。

十六年五月廿四日在大夏大学

（《浙江》，1927年第1卷第4期，第1—15页。）

浙江师范教育独立的必要

沈学焕

军阀时代的浙江教育界，真是腐败极了！把神圣的教育交给几个学阀手里，这辈学阀的眼睛里只有亮晶晶的大洋钱和声势赫赫的什么校长总长的头衔，教育家应负的使命早已忘却了！非但这样鬼混鬼混就算完事，还想永久保持他们的饭碗；所以不得不做着狐狸精式的媚态！来讨军阀的欢心！

从前有一位很负一时盛名的学阀，做过教育会会长，和第一中学校长的，他有一次对一中师讲科二年级的同学说："五省联军总司令孙传芳，从南京到杭州来，他本领真高，没有多少时候，把杨宇霆赶走了！……我……今天要到他那里去套套他的高帽子。"从学阀口吻里的一片段，就很明了当时的教育，究竟什么一回事！

当民国十二年度的时候，学阀张定祥一手包办师范并入中学训练，他的理由是军用浩繁，借此节省办公费，以敷应用！唉！丧失廉耻的教育界的人物，为一笔少少办公费，不与军阀争，不与贪官污吏争，不与土豪劣绅争，竟顺着狼心狗肺的军阀，办这一件破天荒不合教育原理的事，向全师范生下一个总攻击，无形给浙江教育一个致命伤！

黑暗迷蒙的浙江教育，直到去年被青天白日冲破了！到现今方有一线曙光慢慢地生长起来。这是我们知识饥荒的青年多么期望着的事啊！尤其是师范生的创痕，也将被良医诊治了！这是多么畅快的事啊！

师范生的创痕，就是并入中学训练，受了许多无形的打击和精神上的苦痛！现在要医这个毛病，非师范教育独立不可！我们有正大光明的理由；我们的目的必有达到的一日，创痕终有消灭的一天。现在我把师范教育急应独立的理由，写在下面。

（一）从师范生的训练方面来看：我们觉得师范学校应该把整个儿的学校，充满教育化的空气，方才可以把师范生陶冶在教育化的空气之中，养成一个教育的头脑，成功了一个活泼泼与教育始终的教育家！庄子说："用志不分，乃凝于神。"这也好像说，师范生有良好的训练，就能坚定教育的信心；这样看来，师范教育哪能不独立！

（二）从师范教育的特质上来看：师范教育是一种职业教育，这是谁也不能否认的！可是普通职业和师范教育，是绝然不同的，普通职业的对象，是物品，限于局部的，师范教育的对象，是活泼泼的国民！这样看来，师范教育应有特殊的训练，和人格的修养，所以不能归入中学训练，失去严格的精神修养。

（三）从师范教育的教授方面看来：师范生是教师的预备，不能和普通训练一般；譬如图书、手工、音乐；在普通中学只要能画得好，做得精致，唱得音节调和，就行，可是在师范学校里是不行的，根据教学原则，须授以种种的方法解释，以期将来能应用于小学教育上，可是师范并入中学以后，这种教学方法是没有的，也仅和中学生一样训练而已！还有，如教育方面一切功课，断不能设了一门功课，随便请个教师注入式的教了一回就是的。学校当局应该负有参观小学，实习教法，调查教育情况的责任；给师范生"活的知识"求得的机会；可是现在，师范并入中学，学校当局那里还顾得这许多事情呢？这样看来，师范教育更非独立不可！

（四）为什么仅仅浙江师范教育有急行独立的必要？我们中国的师范教育，首先并入中学训练，要算浙江最早，现在江苏名义虽合并了！而实际上还是分离的，所以江苏师范没有受到什么影响，可是浙江的创痕，已经四年半，快将五年了！还不急起直追！师范教育必将沦亡其他各省；师范教育实际上也都独立，有了上面几层正确合理的理由，我们一方面非催促政府设法独立不可！另一方面我们全省师范生应该联络起来，大家向同一目标进行！

（《一中（杭州）》，1928年创刊号，第55—58页。）

整顿本省师范教育意见
方祖桢

师范教育为各级教育之根本，盖以改良教育，首在培养师资，其义至明。本省自学制改革，实行中师合并后，旧有独立之五年期师范学校，改为中学附设之三年期师范讲习科；同时各地方相当年期之师范讲习所，相继设立；而历来主教政者，对于师范教育之改进，既无具体整个之计划，对于师资训练机关之管理，又复不加注意，以致师范内容凌乱异常，师范程度日见低落。常此因循，不加整顿，行见全省各级教育将因此而锐减其效率，全省义务教育亦将因此而不能推行顺利。斯整顿师范教育，诚本省今后教育行政上之急务也。兹特根据全国教育会议议决案，及本省教育实际情形，参以个人意见，拟具整顿本省师范教育办法三条，逐一说明如次：

（一）提高师范程度扩充省立中学高中师范科

师范程度之高下，关系国民知识，社会文化，至为密切。近来欧美各国师范年限均有延长之趋势，而吾国师范年限，自学制改革后，一般言之，反见减缩，此真开倒车之现象，无怪民智低劣，社会文化迟滞不前也。查本省现有省立中学计十二所，除省立高级中学及省立第四第七第十四中学设有高中师范科外（省立高级中学除设高中师范科外，现尚设有师范训练班），其余省立第三第五第六第八第九第十一六中学，均系设有三年期之师范讲习科，及一年期之师范训练班；（自十八年度起，以上六中学师范讲习科停止招生，改办师范训练班。）至于省立第一中学则系全办初中，省立第二中学则仅设有师范训练班。师范讲习科办理既属失败，而师范训练班试办又不见佳，况此种办法仅属一时补救之计；为谋提高师范程度，彻底整顿师范教育起见，不如将省立第二第三第五第六第八第九第十一各中学师范讲习科及师范训练班办理结束（省立高级中学师范训练班亦同时办理结束）。自十九年度起，于各该中学设立高中师范科，并将各省立中学之附属小学，改称实验小学，即以前项师范讲习科及师范训练班之经费，充作高中师范科经费，原有附属小学经费，充作实验小学经费，为谋高中师范科及实验小学之独立发展起见，高中师范科及实验小学主任，均应遴选教育专门人员，由各该中学校长呈省核委，至于高中师范科之组织、编制、教材、教法、管理、训练等，均应遵照全国教育会议议决通过之《整顿师范教育制度案》办理。

（二）整理现有县立师范讲习所统一县立师范讲习所办法

查本省现有县立师范讲习所，计永康、黄岩、遂昌、新登、江山、遂安、崇德、龙游、云和等九所，此种县立师范讲习所，有一年期者，有二年期者，亦有三年期者，程度既有参差，办法亦不一致，已往省区教育行政机关对于管理此种学校，多取放任主义，所有此种学校之组织、编制、课程、教学以及设备、管理、训练等等，均无规定标准，遂使任意设施，漫无依据，末流所趋，流弊綦大。查师范教育之设施本属国家责任，凡设校地点，应设校数，学生名额，均须随时因行政需要而定其标准；即培养及奖励师资之政策，亦应因时因地而异其旨趣；今将此种责任委诸地方，原以国库支绌，无力完全担任，故为一时权益计，不得不有此办法。既属如此，则县办师范学校原为补救省办师范学校之不足，省区为完成其整个的师范教育计划起见，对于管理各县设立之师范学校，自应有具体统一之办法，俾收师范集权之实效。鄙见以为：（一）县立师范之设立，须有规定之标准，并须依照县立中学立案手续，呈省立案。（二）县立师范修业年限至少为三年，其组织、编制、课程、教学，须力谋与省立中学高中师范科沟通。（三）县立师范应特设实验小学，以资学生试验实习。（四）县立师范应为一县之师资改进机关，其入学资格，除在完全小学毕业及有相当学力曾任小学教员三年以上者外，凡本县小学教师之未经检定或未经登记合格者，均应强迫入学，其待遇与修业年限，可酌加变通。（五）县立师范讲习所，应照省立中学办法，按期造送校务报告。（六）县立师范讲习所，应由省酌给补助。（七）县立师范之主要目的在养成优良之乡村小学师资，故其教育目标应在养成：A.农人的身手。B.科学的头脑。C.艺术的兴趣。D.改造社会的精神。以上各点，不过略示整理现有县立师范之应切实注意者。至其详细规程，仍须另行拟定。

（三）提倡乡村教育增设省立乡村师范学校

据最近邮政调查，吾国民众居住于乡村者占百分之八十以上。换言之，即全国学龄儿童百分之八十以上生长于乡村；其环境，及需要，与城市儿童不同。查现行师范课程，系为养成城市学校教师而编制者；现有本省中学高中师范科，师范讲习科，又多设于城镇，其不适于乡村师资之养成也，明甚。故理论与事实双方均有提倡乡村教育，设立乡村师范学校之必要。矧吾国以农立国，农民之潜势力极大：……故为巩固国本，发扬三民主义教育起见，亦不能不急行提倡乡村教育，广设乡村师范学校。查苏省各中学均有乡村师范之设立，而本省现有乡村师范，仅萧山湘湖一所，殊有急谋推广之必要。最好，就本省旧道界划分全省为四大乡村师范区，除会稽区于萧山湘湖已设有乡村师范外，其余金华钱塘瓯海三区，自十九年度起，亦应于各该区内择定相当地点，同时设立省立乡村师范学校各一所，此项增设之乡村师范学校范，其经费，其办法，均可参照湘湖乡村师范学校办理之。

年来师教独立呼声，甚嚣尘上，夫师教之宜独立，稍明教育者，决不否认，去岁全国教育会议提案中，关于师范教育者凡九件，几无一件不极力主张师教之独立，然审查结果，仍不主绝对独立，而保留高中师范科之存在，经众议决通过，此盖师教独立之主张虽有学理之根据，但未能得事实之完全赞许也。目前与本厅同事论及关于整顿本省师教问题，亦颇有主张师范单独设立,将现有省立中学之高中师范科、师范讲习所、师范训练班,一律停办,改设独立之师范学校者,惟本省自中师合并后,所有各省立中学之行政、组织、经费、设备等办理上,均以中学为主,师范为从;年来各中学之中学班级均有增加,师范班级反见减少,如果将各中学之师范班级仍旧分开,单独设立,试问此项师范经费,将如何就各中学经费内划分?纵使经费划分,可有办法,则以原办一校之经费来办两校,若不另谋增加相当之经费,则不但师教独立之效难期,而普通中学恐将大受打击,欲使中师分设后,双方均有发展之可能,则至少须增加现有省立中学经费之三分之一;查现有省立中学经费总计约一百十五万元,其三分之一约为三十八万元,试问在目前省库拮据之下,如何能一时增加如许教育经费?此所以中师分开单独设立办法之不易实行也。此外更有主张将全省现有之各种师资训练机关一律办理结束,另于省城内设一大规模之师范学校者。此则太偏于质量,而忽于数量,其属缓不济急,不能适应各地方之实际需要也,更不俟论。祖桢深信在现时而谈整顿师范教育,舍上列三条以外,未易有较妥之办法。惟兹事体大,个人之所见有限,深愿吾教育界同人,于此有关国本之师教问题,多加研究,而讨论之。

(《浙江教育行政周刊》,1929年第5期,第1—4页。)

浙江省师范讲习所科目学分暂行标准

【说明】本标准系依照下列四点而定:

1. 修业年限分一年期、二年期、三年期三种;

2. 招收年龄在十五岁以上之高小毕业生,或有同等程度曾任小学教师二年以上在二十四岁以内者;

3. 适应部颁小学课程暂行标准;

4. 以能充分担任小学教师为目标。

师范讲习所每周授课时数学分表（一）（三年制）

学科	每周课时数							学分						
	一	二	三	四	五	六	时数总计	一	二	三	四	五	六	学分总计
党义	1	1	1	1	1	1	6	1	1	1	1	1	1	6
国语	6	6	6	6	5	5	34	5	5	5	5	4.5	4.5	29
算学	7	5	4	4	4	4	23	7	5	4	4	4	4	28
自然	3	3	4	3	3		16	3	3	4	3	3		16
社会	4	4	6	3			17	4	4	6	3			17
工作	3	3	3	3	3		15	2	2	2	2	2		10
图画	2	2	2	2			8	1	1	1	1			4
音乐	2	2	2	2	2	2	12	1	1	1	1	1	1	6
体育卫生	3	3	2	2			10	2	2	1	1			6
童子军					2	2	4					1	1	2
论理学	2						2	2						2
心理学		2					2		2					2
教育概论		2	1				3		2	1				3
教育心理			2				2			2				2
小学教学法 小学各科教学法				3	2	1	6				3	2	1	6
小学各科 教材研究				2	2	1	5				2	2	1	5
小学组 织行政					2		2					2		2
统计概要					3		3					3		3
乡村教育					2	1	3					2	1	3
教育						3	3						3	3
实习及 参观					6	10	16					6	10	16
总计	33	33	33	33	33	32	197	28	28	28	28	29.5	29.5	171

附注：

1. 党义科第一学年授三民主义，第二学年授建国方略，第三学年授五权宪法、建国大纲、中国国民党重要宣言及决议案及中国国民党革命史；

2. 国语科分解读、作文、书法、演说及注音符号五项（注音符号在第二学年教授，每周授课二小时，继续一学年，计四学分）；

3. 算学科第一学期七小时内，应授珠算二小时；

4. 自然科第一学期授植物，第二学期授动物，第三学期授矿物及自然现象，并以一小时授博物标本采集制作法，第四、五学期授理化；

5. 社会科第一学年授中国史地，第二学年上学期授外国史地，下学期授农村社会学大意；

6. 工作科，包括园艺、农作、畜养、藤扎工、木工、金工、纸工、家事商情等；除园艺外，各校得酌量情形选授数项；

7. 体育卫生，包括体育及生理卫生之普通常识及徒手器械操等；关于学生之体育训练，应注意早操及课外运动；

8. 各科教法及教材，应注意实习联络研究；

9. 参观在最后一学期行之，应于事先妥拟计划，参观前必先使学生做报告，计五学分。

师范讲习所每周授课时数学分表（二）（二年制）

学科	每周课时数					学分				
	一	二	三	四	时数总计	一	二	三	四	学分总计
党义	2	2	1	1	6	2	2	1	1	6
国语	6	6	6	6	24	5	5	5	5	20
算学	7	5	5	5	22	7	5	5	5	22
自然	4	3	5	3	15	4	3	5	3	15
社会	3	3	3	3	12	3	3	3	3	12
工作	3	3	2	2	10	2	2	1	1	6
图画	2	2	2	2	8	1	1	1	1	4
音乐	2	1	2	1	6	1	0.5	1	0.5	3
体育卫生	3	3	2	2	10	2	2	1	1	6
童子军	1	1	1	1	4	1	1	1	1	4
教育概论	1	2			3	1	2			3
教育心理		3			3		3			3
教学法			2	2	4			2	2	4
小学组织及行政			2		2			2		2
乡村教育				2	2				2	2
幼稚教育				2	2				2	2
实习参观			3	6	9			3	6	9
总计	34	36	36	36	142	29	31.5	31	31.5	123

附注：

1.党义科，包括三民主义、建国方略、建国大纲、五权宪法及中国国民党重要宣言及决议案及革命史；

2.国语科分解读、作文、书法、演说及注音符号五项（注音符号在第一学年教授，每周授课二小时，计四学分），第二学年应授国语科教材教法，约二学分；

3.算学第一学年授算术，每周五小时，珠算每周二小时；第二学年授代数及算术教法教材；

4.自然科第一学年授动植矿物及自然现象，第二学年授理化大要及自然教法教材；第一学年之第一学期应授博物标本采集制作法一小时；

5.社会科第一学年授本国史地，第二学年授外国史地及社会教法教材；

6.工作，第一学年授手工及园艺，第二学年授手工教法教材；

7.图画音乐在第二学年均授教法教材；

8.体育卫生，在第一学年包括生理卫生一小时；

9.教育心理内附统计测验；

10.教学法，第二学期授普通教学法，第三学期注重单级复式教法；

11.各科教法教材应与实习联络研究；

12.自第三学期参观并注意批评与试教；第四学期应使学生参加教学。

师范讲习所每周授课时数学分表（三）（一年期）

学科	每周授课时数			学分		
	上	下	时数总计	上	下	学分总计
党义	2	2	4	2	2	4
国语	6	6	12	5	6	11
算术	5	3	8	5	3	8
自然	3	3	6	3	3	6
社会	3	3	6	3	3	6
工作	3	3	6	1.5	1.5	3
图画	2	2	4	1	1	2

续 表

学科	每周授课时数 上	下	时数总计	学分 上	下	学分总计
音乐	2	2	4	1	1	2
体育卫生	3	3	6	2	2	4
童子军	2	2	4	1	1	2
教育概论	3		3	3		3
教育心理		3	3		3	3
小学组织及行政		2	2		2	2
乡村教育	2		2	2		2
教学法		2	2		2	2
实习		（6）	（6）		6	6
总计	36	36	72	29.5	36.5	66

附注：

1.党义包括三民主义、建国大纲及建国方略概要；

2.国语第一学期包括作文、书法、解读、演说及注音符号五项；第二学期包括解读四小时，教法教材二小时；

3.算术第二学期补习及教法教材各半；

4.自然授混合理科加教法教材；

5.社会科第一学期授中国史地概要，第二学期授外国史地概要及社会科教法教材；

6.工作，第一学期授手工二小时，园艺一小时；第二学期授园艺一小时，手工教法教材二小时；

7.图画音乐第二学期包括图、音补习及教法教材各一小时；

8.教育心理包括统计测验概要；

9.实习在各科未结束时则与各科教法教材联络。

（《浙江教育行政周刊》，1930年第50期，第8—12页。）

浙江师范教育现状及改进意见

潘之赓

甲　现状

浙江的中等教育，历年来数量上均有增加，就是质量上，也有相当的进步；但是中等教育内师范教育一部分，不论数量或质量，不但没有进步，而且反有退步。这种退步现象的发生，实由于历来教育界不重视师范教育的缘故。现在把浙江师范教育的状况，略述如下：

浙江师范教育数量上历年的减少，有统计的根据，毋庸讳言。自民国十二年省立中学与省立师范学校合并以后，师范教育就受了一种重大的打击。因为原来十一个省立中学与十一个省立师范是对立的，合并以后，一切设施，总是偏重中学而忽略师范，每年招收师范生，亦比师范学校单独设立时为少，因此师范生逐年减少。此外尚有少数的县立师范学校，亦看了省立中学的样子都改为中学，把原来的师范生，作为中学的一部分；这种县立中学，大多数不继续招收师范生，所以过了几年，县立学校师范生多数削减。有了以上种种原因，全省师范生总数，遂逐年减少，总算省立中学师范部，绵延至今，没有完全取消，亦算不幸中的大幸了。现在把十二年度至十八年度历年全省师范在学学生数（省县立师范合并计算），列举如下：

十二年度：3456人

十三年度：3006人

十四年度：2363人

十五年度：1833人

十六年度：1255人

十七年度：1456人

十八年度：1698人

现上列数目，可知浙江师范在学学生，自十二年度至十六年度，每年差不多平均要减少550人，十六年度与十二年度比较，差不多要减少三分之二，十七年度以后，虽有增加，但为数亦不多。再就师范生与中等学校学生总数比较而言，十八年度统计结果，共有中等学生16735人，内师范生共1698人，不过占全体百分之10.1，可谓极少。

查十八年十二月浙江民政厅出版民政年刊，载有浙江全省人口共20647896人，照教育部出版改进全国教育方案所载，以人口数十分之一推算学龄儿童数，则本省学龄儿童当为2064790人。又十八年度统计结果，全省共有小学学生605748人，从学龄儿童数中减去此数，则尚有1459042人未曾入学。今欲普及义务教育，使此1459042人完完全全入学，假定每一教师平均教学生30人，则尚需小学教师48635人；现在十八年度统计，全省师范在学学生只有1698人，这1698人。大约要过三年之后，才可以完全毕业，由此看来，实际所有的师范生，与普及义务教育所需要的小学师资，两相比较，相差真不啻霄壤了。

师范教育之数量，既逐年减少，后来教育行政当局，亦谋补救之法，故于十七年度创办独立乡村师范学校，并在省立中学招收初中毕业生，予以一年之师资训练，名曰师范训练班，以资补救；此外各县因迫于需要，亦间有短期的师范讲习所之设立，故上列师范生数目，十七年度以后，略有增加。但省立乡村师范只一所，省立中学所招之师范训练班，学生极少，至各县设立之师范讲习所，范围甚小，且忽设忽停，并无一定。故欲恢复十二年度以前师范生之数量，尚属不能，至于扩充，更谈不到了。

以上所说，是浙江师范教育数量方面退步的情形，至于质量方面，历年情形如何，不能确下断语，但亦有两点可注意：（1）据省督学视察报告，近来省立学校招收师范生，投考者甚少，不能严格录取，这对于师范生程度的降落，有密切的影响的；（2）十三年度以前，浙江师范生，除少数县立师范讲习科学生外，都是旧制五年期学生，十三年度以后，中师合并改行三三制，五年期师范生停招，开始招收三年期师范生；等到十六年度以后五年期师范生，大多数均已毕业，三年期师范生，遂逐渐代替了五年期师范生，至招新添高中师范科学生，又极稀少（十八年度高中师范科学生只341人，不过占师范生全体百分之二十）。所以十六年度以前，师范毕业生大多数是五年期师范科，十六年度以后，师范毕业生大多数是三年期师范科，当然，不及五年期的程度。

浙江师范教育数量及质量方面不良现象，已如上述，此外还有一层可以注意的，就是师范生毕业后的服务状况，亦渐趋恶劣。这是因为现在小学教师的报酬，过于微薄，又无年功加俸的奖励法，所以大多数师范毕业生，都抛弃了小学教师生活，去做别的事业，即有少数师范毕业生照常在小学服务，恐怕还是一时无路可走的缘故，不是"安居乐业的"；查十六年度调查小学教师资格的统计结果，曾在师范毕业的小学教师，不到全体20%，其余都是别种学校毕业或不及格的，这种现象，实在是危险，亟应设法补救的。

乙　改进意见

救济上述师范教育退步的情形，作者以为师范学校之单独设立，实为要务。起初主张中师合并的理由，以为合并以后可以使师范生与中学各科接触，受多方陶冶，且于行政上及设备上，亦可比分设更为经济；但是实行合并以来，这种利益，并没有得着；一方面对于师范教育的数量及质量日形退步，又无法补救。至于分设究竟有怎样的好处呢？作者以为至少可有下列几种：

（1）师范学校独设，即为注意师范教育之表现，可以引起一般求学者之注意，使投考师范者日形踊跃，不如近日中学之招收师范生，投考者寥寥。

（2）独设以后，一切行政、设备、训练等等，均可依照师范教育之目的进行，不如中师合设时，处处偏重中学，使师范教育不能尽量发展。

（3）独设以后，可以多聘受过师范训练之教员，作为师范生将来出任教师之模范，不如中师合设时，聘请教师，多受中学部之牵掣。

（4）独设以后，投考师范者既多，即可严格录取，提高师范生之程度。

（5）师范与中学，根本上目的不同，训练方法及课程标准等等亦有区别，中师虽合设，其实中师两部，貌合神离，使办学者多感困难，中师学生，亦有互相歧视之意，师范学校独设以后，即可免除此种弊病。

观上种种，可知师范学校单独设立，在数量及质量上，均可以进步，不论如何，比中师合设要好得多。况且师范训练，是职业之一种，须有特殊的机关与特殊的设施，与工业、农业、医业等之需特殊的训练，初无二致，现在一般人对于工业、农业、医业等等，认为有特殊训练之必要，以之与普通中学合并办理，视为不当，而独以为师范教育与普通中学可以合办，岂非怪事！况师范教育除含有特殊的职业训练外，并负推行政府教育方针之重大使命，故比别种职业更为重要，需独立的训练机关，自不待言。

本省独立师范之设立，必须用急进方法，即将现有省立中学之师范部分，除完全中学得暂兼设高中师范科外，其余一律留出，设立独立师范，各中学现有之附属小学，亦一并归入独立师范。或谓照此办理，经费必发生困难；实则原有省立中学，既将师范部及小学部留出，则经费自可减少，将此项经费，留归独立师范，其各种设备亦可由中学分出一部，为独立师范应用，此外再加以相当的创办费，则虽不能恢复十二年度以前十一个省立师范，亦可以设立几个。此外各县单独或联合设立之师范学校，尤应设法奖励及补助，以资激劝。至于设立地点，省立者城市与乡村宜并重，县立者宜侧重乡村；但作者以为设立在乡村者，校名上不必冠以乡村二字，否则乡村师范，仿佛脱离普通师范而自成一系统，殊可不必。

关于师范教育之学制问题，可分三方面论之如下：

（一）理想的小学教师，应招收初中毕业生，予以三年的师范教育，则基本学科与师范学科两者都有充分的训练，必可胜任愉快，故普通师范学校，应以办理是项师资为原则；但为救济目前小学师资缺乏起见，不妨加以变通，得附设下列两种师范班，即（1）招收高小毕业生或不合格的现任小学教师，予以两年的师资训练，（2）招收高小毕业生，予以四年的师资训练。第一种可以名之曰乙种小学师资训练科，第二种程度等于旧制师范，可以名之曰甲种师资训练科。

（二）培养中学及师范学校之师资，应设师范大学或在大学内设立教育学院；但为简便起见，亦得设师范专修科，招收高中毕业生，予以三年的师范训练，毕业后使充初中教师。

（三）除中小学教师之外，尚有社会教育师资，地方教育科行政人员，地方教育指导员等等，亦应由师范教育负责培养，故师范学制系统除上述二种外，并应包括培养社会教育师资及教育行政人员之各种学校。复次，师范生之免费问题，近有两种不同之意见。主张免费者，以为师范生毕业后，服务教育界，责任既大，报酬又薄，故应于求学时代，改善其待遇，以示鼓励，且近来投考师范者既属寥寥，亦应用免费办法，使学子易于来归。主张不免费者，以为师范生免费以后，必有一般人并未抱定明确目的，因贪图学费之便宜，贸然投考师范，及其毕业后，亦未必在教育界服务，则与优待师范生之本意相去甚远。作者以为师范生若实行免费，则录取时，当明察入学者之志愿，再定取去，毕业后尤须严定服务办法，使在一定年限内，从事本职，不得改变，如是则不致失却优待师范生之本意。

至于欲使一般师范生毕业后安于职务，不改就他业，则仅规定师范生毕业后服务办法，仍为不足。因服务办法所规定服务年限，至多不过六七年，今欲使师范生视教育为终身事业，则不得不提高教师之待遇，并规定教师之保障办法及年功加俸制以示鼓励；一方，如能于师范生在学时，陶冶其服务教育界之兴趣，使出而为教师，乐于从事，不思他往，则其效力，尤为重大。

（《浙江教育行政周刊》，1931年第2卷第43期，第1—5页。）

我对于浙省办理师范教育的两种主张

赵欲仁

我对于浙省办理师范教育，有如下的两种主张：

（1）浙省师范教育，应以县市办理为原则，省则酌量补助其经费。

（2）省立师范学校，应为培养县市办理师范教育的师资机关，同时负担各项试验辅导工作的责任。

我为什么有上例两种主张呢？就浙省小学师资现状来说：

照十五年度统计情形为：

大学毕业	70人
师范毕业	5241人
专门学校毕业	832人
检定及格	4586人
未检定者	16227人

（附注）最近关于小学教师资格统计，尚无可靠资料可查；不过不及格人数，恐未必能减低其比例。

照上面统计看来，各县市现在小学师资的缺乏，实在是一件不容讳饰的事。我们要弥补这个缺憾，当然对于怎么样办理师范教育的一个问题，要迅速地严重地注意起来，办理师范教育的方式，大概说来，有"由省""由县市"的两种。现在由省办理的，除省立乡村师范学校外，各省立中学内，或设高中师范科，或设师范讲习科，或设师范训练班。据19年度统计，共有高师科19级，学生409人；讲习科14级，学生383人，训练班9级，学生122人。每年毕业生，平均约450人。把这样少量的师范生，去补足全省小学师资的缺憾额，便是除改业，死亡等等情况不及统计外，需要和供给的差率也是很高呢。再就实际情形看：省办各种师范教育机关毕业出来的师范生，因为受教的年限较长，所具的才学较高，那么希望得到待遇较优的位置，成了一种自然的趋势。所以社会上虽有"到乡间服务"的呼声，而师范生却依然摩肩接踵地走向教育经费较裕的县市去。结果，省办师范教育，仅有教育经费较富裕的少数县市受到好处；穷苦荒僻的各县市师资缺乏的现象，丝毫未能有所补救。我们可说省办师范教育的政策，如果一仍其旧，实在是不经济得很。

再就将来小学师资需要说：浙省实施义务教育，当有下列各项估计：

1. 学龄儿童数之估计。据民政厅第一期各县市户口调查结果，全省人口，为：20,632,701人。如依教育部每10人中有应受义务教育的学龄儿童1人的推算，则浙省学龄儿童，应为2,063,270人。

2. 入学儿童数。根据教育厅16年度及18年度本省教育统计，入学儿童数，为：

甲　外人所办学校学生数（16年度）

初级小学2497人　　完全小学3503人

乙　自办学校学生数（18年度）

初级小学429,976人　　高级小学2147人

完全小学172,008人　　其他1617人

两共合计611,748人

3. 失学儿童数。就学龄儿童数内，减去入学儿童数，（19年度学生数，或可稍增；惟以灾荒等关系，所增恐亦不多）。得失学儿童数为1,451,522人。

4. 所需师资之估计。每教师所教学生人数，就13年度浙省的统计，为22.8人。今就教师教管能力折中数计算，假定一个教师可教30人；那末使1,451,522个儿童全数入学，应增教师48,384人。

我们依据以上的估计可知办理义务教育，需要教师数量之巨，远非省的力量可以办到。因此，"浙省师范教育，应以县市办理为原则"，似乎是一个确切不易的结论了。

现在县市办理师范讲习所或师资训练所等机关的，计有杭州、新登、嘉

兴、慈溪、定海、黄岩、东阳、永康、武义、遂安、江山、桐庐等十二个县市。其他各县，迄未举办。所以未经举办的原因，不是不感师资的缺乏，还在经费的困难。较大概计算：县市办理师范教育机关，每级年需经费，约为：

薪给2760元。校长兼教员一人，年960元；教员二人，年各支720元；事务员一人，年支360元；合计如上数。

工食　240元。工役二人，年各支120元；合计如上数。

设备　350元

办公　400元

预备　100元

合计　3850元

如能多设一二级，所增经费的比例，当可递减。不过目下各县市教育经费，有的不满一万，有的不满两万，有的不满，能超过十万元的，仅有杭州、鄞县、嘉兴、绍兴等县市而已。近因裁厘，取消经忏捐、水脚捐、米袋捐、鱼税等等关系，原有教育经费，尚有不足维持现状的趋势。如从原数中抽出一部分来办理师范教育，已有事业，势必立受打击；事实上的确无从办到。所以我个人很主张师范教育，既以县市办理为原则；省办师范教育的政策，不妨彻底，改变一下。如把已经办理师范教育经费的一部分和预备办理师范教育经费的全部分，集中起来，酌量各县市的情形，分别补助临时或经常费用，已绰乎有余。大概对于已办理的县市，年补助2000元，未办的增临时补助1000元，余由县市自筹如是，全省76县市，每年省补助费，合计不过216000元。假定每县市年有师范毕业生40人，合计共有3040人。这虽尚不能应付各县市办理义务教育的需求，但即此最低限度计算，已较省办经济得多了。如此做去，县市师范教育，不特可望大加改善；而毕业人才，即供本地聘用，对于师资缺乏的一层，也可稍稍弥补，这是我主张的第一点的理由。

各县市既需同时办理师范教育，那末主张办这项师范教育人员的来源，也不可不预先顾及。这种人员，当然十分希望大学教育科，师范大学，或高等师范科毕业生来担任。但所有待遇，依照前项概算，高则月支出80元，低则月支出60元；愿来与否，恐成问题。如果就省办原有师范教育机关如省立乡村师范学校，集中力量，提高程度，改为县市办理师范教育的师资养成机关，事实上并不发生任何的困难。大概改办为县市办理师范教育的师资养成机关后，可招收中学毕业生，加以二年的师范专业训练。校中一切课程设施等，可参酌省立乡村师范学校以往经验，采用教学做合一的精神，一方面注重教育理念的探讨，一方面参加教育实际工作。这样，每一县市，需用事项人员平均以三人计算，全省共需230人左右；用省的力量，来供给是项需求，真是游刃有余，轻而易举的事。

各县市既分别举办师范教育机关，那么，如何实施，如何改进，不可不有一个分工合作相互促进的相当组织。于此，各县市师范教育研究会等机关，自有成立的必要。但这种机关成立以后，如缺相当的辅导人员或辅导机关，往往目标无定，工作不力，也许研究效率，不能达到较高的地步。这种辅导责任，照常例言，固然应由教育厅主管人员及省督学等负担，但除此以外，能由办理县市师范教育的师资养成机关来主持一切，辅导工作，当然愈加紧张起来；这可举省立中学附小负担辅导地方教育所得效果来做有力的证明的。

辅导工作，既为办理县市师范教育的师资养成机关的重要任务之一，同时，又不能不注意试验事项的选择，实施推行等，这因辅导对象，虽为各县市办理师范教育机关；而辅导工作，却不能不利用种种试验已得的结果，要是能把辅导事项来做试验的资料，又把试验结果来做辅导的工具，那么，辅导试验，各有目标，各有效用，可以联络贯通，打成一片，明白地说：省立师范学校，改为培养县市办理师范教育的师资机关以后，一方面借给人才，一方面试验，一方面辅导，省和县市的关系，息息相通，站在一致进行的地位，这样，省立师范学校，成了各县市办理师范教育的中心机关；全省师范教育一致进行的效果，恐非意想所能推测的了；这是我主张第二点的理由。

上面把我主张的理由简单地陈述过了。我们觉得全省师范教育政策的怎样的决定，对于全省教育的发展，有较大的关系，特提出一得之见；不知关心浙省师范教育的同志以为怎样？省教育行政机关主管人员以为怎样？

（《浙江教育行政周刊》，1931年第2卷第46期，第1—4页。）

三年来浙江中等教育概况：整顿师范教育

查本省失学儿童，根据民政厅第一次户口调查统计，以每10人应有受义务教育之学龄儿童一人推算，减去全省现已入学儿童数，约为一百五十五万二千人。假定每教师可教学生四十人，必须增加教师三万八千八百人，本省义务教育尚有普及之希望。在十九年，本省设有高中师范科五所，师范训练班九所，师范讲习科九所，省立乡村师范学校一所，县立师范讲习所十所，总计每年师范毕业生至多不过一千人，况师范讲习科十七年度起已停止招生，师范训练班学生人数不多，现在均已结束，欲于最短期间养成三万八千八百之教师，诚为一极大难题。

本省自民国十二年实行新学制，将所有省立师范学校归并于省立中学后，全省师范教育顿受重大之打击。据十八年度本省督学视察全省省立中学师范教育暨其他师资训练机关之总意见，内关于各省立中学师范教育，发现下列各点：

（一）师范生与中学生因目的性质不同，彼此常有互相歧视之病；（二）各省立中学内师范生人数少，中学生时数多，师范陶冶精神，无形湮没；（三）省立中学师范生人数稀少有不及十人开一班者，办理殊不经济；（四）近来投考师范学生甚少，不能严格录取，程度无形降低；（五）中学教师对于教法多不注意，以之兼教师范生，更觉难负"师资的师资"之重责；（六）各省立中学师范行政，师范设备，师范训练，均受中学之影响，殊形欠缺。

际此训政时期，普及教育实为要政。本应为尊奉部令限期完成普及义务教育，对于推行义务教育时，亟须解决之师资问题，自应及早预为规划，当经于十九年度开始时，确定整理师范教育之计划，拟先从整理现有师资训练机关入手，并注全力发展乡村师范教育，添设省立乡村师范学校以为各县设立之模范。同时更逐渐设法使师训机关单独设立，期收师范教育独立设施之实效。复于二十年四月间，召集浙江省教育设计委员会时，厘定整理浙省师范教育之方案如后：

（甲）添设省立师范学校四所——一所设于慈溪县之锦堂学校；如省库许可，再于旧金华道区内添设一所，再次于旧瓯海道区内添设一所。另一所设立各科如下：（一）师范专修科招收高中毕业生予以两年训练；（二）普通师范科招收初中毕业生予以三年训练；（三）幼师科招收初中毕业生予以三年训练，以上各科均须依照本省现时某种师资需要分组。以上各校之设校经费及地点，由教育厅酌定之。

（乙）督促各县筹设整理并酌补助师资训练机关。办法由教厅随时酌定。

（丙）筹设师资专修科——招收（一）高中毕业生（二）高中师范科师范学校或乡村师范毕业生，予以两年训练。拟不另设学校，自二十一年度起，即在省立乡村师范学校内附设。

本厅过去二年来整理师范教育之设施，即本上项计划及方案实行。兹将各项设施分述如后：

整理县市立师资训练机关。查本省各县市立师资训练机关，多系师范讲习所，计共十有四所。此种师讲所有一年期者，有二年期者，亦有三年期者，学生入学资格多系小学毕业生，内容设施向无规定，故各县苦无标准可循，未免各自为政。第欲加整理，最重要者厥为课程。经于十九年七月间，按照各县实际情形，详为整订县市立师范讲习所科目学分暂行标准，内分一二三年期三种，俾资适应，嗣即呈部备案，通令颁布施行，现在本省各县之师讲所课程多遵此须标准设施。再查本省各县师讲所，类多经费困难，无法整顿。本应为补助其发展，俾能切实整理改进起见，乃于二十年度省教育经费预算内列有县市立师训机关补助费五万元，并订定补助县市立师资训练机关办法通令颁行，照办规定，凡修业年限在两年以上，课程设施及教员资格均与规定符合，且每班生人数在三十名以上之师训机关，均得有享受省补助费之机会。又教育厅认为确有设立师训机关必要之县市得尽先补助指定其设立。补助银额分二千元、一千五百元、一千元及五百元四级，按照各县需要情形妥为分配。现在各县市立师训机关已呈准补助者有鄞县县立乡村师范、淳安县中乡师科、东阳县中乡师科、泰顺县师讲所、新登县师讲所、黄岩县师讲所、海盐县师讲所、台属女师、定海县师讲所、永康县师讲所、武义县立师讲所、桐乡县立师讲所、宜平县立师讲所、江山县立师讲所等。各该机关自得有补助后，整理发展，当有成效可期。又本应以第三第九两学区内师资最感缺乏，师训机关亦少设立，会照补助办法之规定，尽先补助其经费，指定各该学区于二十一年度设立师训机关矣。

创办省立杭州师范。依照以上方案，即于二十年度先在省会设立杭州师范学校，该校即于二十年秋开办，内设县师师资训练班（现称县师师资科），普通师范科及幼稚师范科各一班，招考时投考学生颇形踊跃，但因限于名额，仅取录一百五十名。

接收吴氏锦堂学校扩充师范。慈溪私立锦堂学校原为侨日华商吴伸作镆所创办。吴氏故后其后嗣吴启藩愿将全部校产约值二十余万元无条件交与公家接收办理，具呈本厅请予收归省办，但求保存校名以留纪念。本厅据呈派员调查无异，乃叙案提请省政府决议通过，对于吴氏热忱深为嘉许。嗣于十九年度终派员接收由省办理。现设初级乡村师范及农科职业各一班，共计学生六十一名。

查本省师范教育在施行新学制以前，原于旧府属各设师范学校一所，共计十一所，当时之师范学校即现称为旧制师范学校者，修业五年毕业——预科一年本科四年，师范生学膳费完全免收。至民十二新学制施行，将所有师范学校与中学合并，而于第一第四第七第十各中学各设高中师范科，其他第二第三第五第六第八第九第十一各中学各设三年期与初中程度想当之师范讲习科，惟改制后师范生待遇尚无变更。民十六浙省试行大学区制，当时浙江大学以师范讲习科学生年龄幼稚，毕业后充任小学教师，殊觉不甚妥适，于是自十七年秋季始于省立第一中学第二部试办师范训练班，一年毕业，翌年春推行于省立第二中学，嗣复决定自十八年度起各中学停招师讲科新生，一律改办师范训练班——招收初中毕业修业生修业一年。同时更将师范生免膳制废止。此后各中学师讲科学生逐年毕业渐次减少，而师训班学生又复不见踊跃。迄大学区制结束，浙江省教育厅成立，始初一年间，因感师训班人数太少，于是设法将师训班入学资格略予变通，即投考师训班不限于初中毕业资格，凡曾在小学服务三年以上或曾在中等学校肄业三年以上者，均可投考。但此种办法之结果，师训班人数仍复未见增加。当时各中学师训班人数多则廿余人少则不及十人，普通多在十数人，似此师范人数日见减少，而义务教育又急待推行，于是改进师范教育问题，乃为当时本省教育行政上之要务。二十年四月本厅召集教育设计委员会开会，议定整理全省师范教育方案，及实施情形已详述如前。二十年五月为谋提高师范生待遇籍增师范教育效率起见，并于修订补助清寒优良学生办法中扩充师范生补助名额——按办法规定普通学校补助名额以各校学生总数百分之十为限，而师范不以百分之二十为限。兹将最近本省师范教育概况列表于后：

浙江省二十年度师资训练机关概况表

校名	校址	入学资格及修业年限	班级数	学生人数	学生待遇	十九年度毕业生数	备考
省立杭州师范学校	杭州	一、县师师资训练班：高中毕业修业一年 二、高师科及幼师科：初中毕业修业三年	一、县师师资训练班一 二、高师二班 三、幼师一班	一、县师37 二、高师79 三、幼师37	免收学费县师班并免膳费		该校于二十年度新办
省立乡村师范学校	萧山湘湖	一、初级班：高小毕业修业四年 二、高级班：初中毕业修业三年 三、特科：初中毕业修业一年 四、弹性制：初中毕业修业年限不定	一、初级班二班 二、高级班一班 三、特科一班 四、弹性制一班	一、初级班68 二、高级30 三、特科40 四、弹性制5	免收学费县师班并免膳费	弹性制修满出校者40人	该校在十九年度以前施行弹性制，由学生自动照规定课程施行做学教课程，分六［年］度通过，六［年］度后即可出校服务，经考察成绩合格后发给证书
省立高级中学师范科	杭州	初中毕业修业三年	四	135	免收学费县师班并免膳费	56	二十年度起停招师科新生
省立第四中学师范科	鄞县	初中毕业修业三年	一	23	免收学费县师班并免膳费		二十年度起停招师科新生
省立第七中学师范科	金华	初中毕业修业三年	三	88	同上	24	同上
省立锦堂学校师范科	慈溪东山村	初中毕业修业四年	一	31	同上		该校于二十年度由省接收改组
新登县立师范讲习所	新登南门	高小毕业修业二年	一	47	不免费	30	二十年度续办
临安县立师范讲习所	临安	小学毕业修业一年	一	33	同上		
嘉兴县立师范讲习所	嘉兴西门	高小毕业修业二年	一	36	免收学费	17	
海盐县立师范讲习所	海盐南门	高小毕业修业三年	一	38	同上		十九年度开办

续 表

校名	校址	入学资格及修业年限	班级数	学生人数	学生待遇	十九年度毕业生数	备考
桐乡县立师范讲习所	桐乡学前	同上	一	30	同上		第二学年上学期及第三学年均派出实习
鄞县县立乡村师范学校	鄞县茅山斗门桥	同上	一	60	不免费		二十年度新办
慈溪县立师范讲习所	慈溪北门外	高小毕业修业二年	二	39	同上		十九年度开办
定海县立师范讲习所	定海花园底	高小毕业修业三年	一	27	免收学费		
鄞县县立女子中学师范科	鄞县湖西	初中毕业修业三年	三	44	同上	6	
南田县立师范讲习所	南田	高小毕业修业一年	一	11	不免费		二十年度新办因学生稀少于二十一年度缩小范围
余姚县立师范讲习所	余姚	同上	一	38	免收学费		
嵊县县立初级中学乡师班	嵊县鹿贻山麓	高小毕业曾任教师者修业一年	一	30	不免费		
诸暨县立初级中学乡师班	诸暨学前湖	高小毕业修业三年	一	53	免收学费		
旧台属共立女子师范学校	临海	同上	二	75	不免费		该校系于二十年度由初中改组为师
黄岩县义女子师范讲习所	黄岩学前巷	同上	三	95	同上	13	
义乌县立初级中学师训班	义乌	初中毕业修业一年	一	42	免收学费		
东阳县立初级中学乡师班	东阳	高小毕业修业三年	一	50	同上		
武义县立师范讲习所	武义	小学毕业修业三年	二	94	不免费		
永康县立女子师范讲习所	永康	高小毕业修业三年	二	64	免收学费	13	已呈准于二十一年度起与永康县立初中合并设施
江山县立师范讲习所	江山	小学毕业修业二年	一	30	不免费		

续表

校名	校址	入学资格及修业年限	班级数	学生人数	学生待遇	十九年度毕业生数	备考
桐庐县立师范讲习所	桐庐	高小毕业修业一年	一	30	不免费		因经费困难已呈准于二十一年度停办
淳安县立初级中学乡师班	淳安	高小毕业修业三年	一	34	不免费		
遂安县立师范讲习所	遂安	同上	一	22	同上	25	已呈准于二十一年度改办抽调训练
旧温属共立初级中学师范讲习科暨师范训练	永嘉	小学毕业修业三年	一	11	同上		
		初中毕业修业一年	一	29	同上		
松阳县立初级班学师范讲习科	松阳	高小毕业修业三年	三	45	同上		
泰顺县立师范讲习所	泰顺南门	高小毕业修业二年	二	69	免收学费		
宜平县立师范讲习所	宜平	同前	二	30	同上		
杭州市私立弘道女子中学幼稚师范科	杭州	初中毕业修业二年	二	16	不免费		
杭市私立体育师范学校	杭州	本科初中毕业修业三年	二	90	同上		系体育专修学校改组
		讲习科小学毕业修业二年					

再查师资之培养，应求适应全省实际情形之需要。师资训练机关之扩充设立，应先调查全省各学区现有合格师资数，应需师资数，及现时正在培养之师资数，统盘详细妥为规划。本省自确定师训机关独立设施之计划后，原期逐渐添设省立师范学校，只因省库拮据省办师范一时无力添设，为谋救济目前各县师资之急迫需要，二十一年度除于省立杭州师范扩充班外，对于

扩充设立各县师训机关亦经详细调查各学区师资需要情形,列表统计预为规划,以为二十一年度扩充设立之根据。于将各学区师资需要情形统计表,及二十一年度扩充设立之师训机关一览表分列如后:

浙江省各学区师资需要情形统计表

区别	第一学区	第二学区	第三学区	第四学区	第五学区	第六学区	第七学区	第八学区	第九学区	第十学区	第十一学区
应需师资数	2734	3057	2738	6148	5773	4486	3907	2286	1361	5567	1886
现有合格师资数	320	554	315	862	749	667	559	240	305	299	295
现在缺乏之师资百分比数	88.3%	85.5%	88.5%	86%	87.9%	85.2%	85.7%	89.5%	77.6%	94.7%	84.4%
现正在培养中之师资数	332	99	0	276	191	150	327	46	79	78	132
现在应补充培养之师资百分比数	76.5%	79%	88.5%	81.5%	83.8%	81.8%	77.4%	87.5%	71.8%	93.3%	77.4%

浙江省二十一年度扩充设立之师训机关一览表

校名	浙江省立第九中学代办浙江省第九学区联立师范讲习所	浙江省立第三中学代办浙江省立第三学区联立师范讲习所	衢县县立乡村师范学校	汤溪县立师范讲习所	余杭县立师范讲习所	缙云县立师范讲习所
校址	建德	吴兴	衢县	汤溪	余杭	缙云
入学资格及修业年限	高小毕业修业三年	同上	同上	高小毕业修业二年	同上	同上
学额	50	50	男女生各一班	40	50	50
学生待遇	免收学费	同上	同上	同上	同上	同上
呈准设立年月	二十一年五月	二十一年七月	二十一年七月	二十一年六月	二十一年七月	二十一年七月
备注	该所由第九学区六县联合设立由省立九中代办,经费除省给补助二千元外,余由各县分担。	该所由第三学区各县联合设立由省指定省立三中代办经费除省给补助二千元外,余由各县分担。				

此外尚有青田县公民陈瑛等呈请设立私有阜山乡村师范学校,已于二十一年五月呈准设立校董会,并于七月核准校董会立案,主席校董陈梓

芳，现正在筹备设立中。

（《浙江教育行政周刊》，1932年第4卷第1期，第1—9页。）

今后的本省师范教育

胡封

本省现已实行师范独立，在理论和原则上，已经没有疑义。但在事实上，我要希望今后的本省的师范教育，应该注意：

（一）地域偏重的补救

本省前有师范学校十一处，自十二年中师合并以后，仅在四个高级中学中设有师范科，到了二十年，更将各高中师范科停招新生，即在杭州设立省立杭州师范学校，其他各处，都无代师范科而起之师范学校，这种地域的偏重，于师资方面是有很大的关系。因为有志于师范学校的学生，在我们中国，大抵都是环境较恶，所以于远离这些有志于师范学校的学生，而办一个师范学校，那末，能够想普遍地收受这种有志师范学校的学生，这是决不可能的。所以我要希望教育当局于这取消中师合并，处行师范独立的时候，应该要将全省划为几个师范学区，统筹统划，勿使地域有所偏颇。

（二）乡村师资的培养

到乡村去的口号时常有听到，但事实上真的能跑到乡村去的人，为数罕见。在我们中国而言，乡村的人口，约占百分之八十五以上，到乡村去的重要，于此可见一斑。尤其是教育，如果真的要使其普及，当以提倡乡村教育为先。说到我们浙江，也是一样的要提倡乡村教育。城市教育，浙江已经算是不错，不过城市教育还太贵族化，这是一般人共同的批评。浙江既要提倡乡村教育，那末乡村教育的师资应于事前使其培养成就，然后才可前后呼应。所以我要希望今后的本省师范教育，应该注意乡村师资的培养。将来到乡村去的口号，或者有成事实的可能。

（三）明定师范生的出路

现在的事实，往往是彼此矛盾的。一边对师范生主张专业训练，同时还要国家花了很多的钱，于是造就一班师范生，而另一边对师范生出校以后的出路问题，一点也没有替他们注意到。这是国家只有造才而无用才的矛盾，我们只要问国家为何空花此钱？本来，国家花钱办师范教育，原想师范学校出来的学生，能够替国家去服务，可是毕业以后，离了学校，无务可服，这岂不是一种大损失吗？所以我要希望我们浙江教育当局，应该于创办师范教育的时候，就要明定师范生的出路，同时对师范生的出路，不要使其为人所侵占，因为师范教育既是一种专业，专业应有保障。

（四）严格实施师范生的实际训练

师范生的专业训练，应以理论和实际相并重。换言之，就是师范生的学识训练，应与实习训练相并而来。我看过去的本省师范教育，都是太重学识的探求，而忽视实际的演习。我是过去曾受浙江师范教育的过来人，就是我在浙江省立十中高中师范科那时，时常对于许多教师所教我的功课，起了一种"究于教儿童有什么好处"的问题。现在想来，我才知道我当时的怀疑，就在学识未与实际相接合。所以我要希望今后的本省师范教育，应该要实施学理与实际并重的训练。譬如生产教育，不仅授予生产教育的理论，同时还要授予生产教育的实际，如生产技能的实习等。

（五）师范学校应以省办为原则

师范学校应以公立为原则，这几乎是世界各国也都奉为信条。我们浙江虽无明文颁布，但事实也并未见有私立师范学校的设立。可是我还要进一步的希望：师范学校应由省办为原则，就是县立或联合县立的师范学校，师范讲习所，或师资训练班，一概归由省办。这是因为师范教育不是地方的事业，而是国家的事业，不过在我们中国因未能统一，所以只得以省为单位。

（六）扩充师范学校的任务

我们浙江小学师资的缺乏，这是任何人不能否认的事实。虽然在全省是没有什么精确的统计,但据我所知道的浙东各县,以师范生而任小学教师,为数不及百分之二十。那末,现在还需要的这百分之八十的小学师资,究竟要用什么方法去培养,这真是值得研究的一个问题。我以为:除广设师范学校以外,还应该将师范学校的任务,加以扩充,就是设立以下两种班级于师范学校,以期改善现任的各小学教师。

1.星期师范讲习班,招收邻近师范学校的在职小学教师,于每星期日来校讨论各种教学问题之理论和实际,并由各讲师指定每周学习课程,经过相当时期和试验,如果认为合格,给予师范生的凭证。

2.暑期师范补习班,招收较远于师范学校的在职小学教师,于几个暑期继续来就学,就是现有各县教育局所主办暑期小学教育讲习会,归由各省立师范学校去办理。办法同前,亦予凭证。

以上两种班级的讲师,均由师范的教员去兼任。兼任星期班的讲师,在其所担任的学校教学时数中,减少应行教学时数;或另加薪给,正式聘请兼任。至于兼任暑期班的讲师,一概给予相当薪修。

按整理本省师范教育,已有省教育厅于民国二十年四月间,召集浙省教育设计委员会,厘订方案如后:

(甲)添设省立师范学校四所——一所设于慈溪县之锦堂学校,如省库许可,再于旧金华道区内添设一所,再次于旧瓯海道区内添设一所。另一所设立各科如下:(一)师范专修科招收高中毕业生予以两年训练;(二)普通师范科招收初中毕业生予以三年训练;(三)幼稚师范科招收初中毕业生予以三年训练,以上各科均须依照本省现时某种师资需要分组。以上各校之设校经费及地点,由教育厅酌定之。

(乙)督促各县筹设整理并酌补助师资训练机关。办法由教厅随时酌定。

(丙)筹设师资专修科——招收(一)高中毕业生(二)高中师范科师范学校或乡村师范毕业生,予以二年训练。拟不另设学校,自二十一年起即在省立乡村师范学校内附设。

(甲)项的方案和第一种的希望有点相似,不过我在这里更希望省立师范学校由于四所设立，进而至于五所六所，以致能够培养三万八千八百之教师的师范学校数。（乙）项的方案和我第五种的希望有些各异，我是主张师范学校应以省立为原则，理由如下：（一）经费较充足容易罗致人材；（二）名义尊严，容易取信社会；（三）宗旨一致，容易施行严格训练。至于（丙）项的方案足以补充我第六种希望的不足之处，因为：师范学校内附设师资专修科，这也可算是扩充师范学校的任务之一。

总前六者是我个人的愚见，后三者本省教育厅方案，我希望我的愚［见］和省教育厅的方案分别实现，俾本省一百五十五万二千的失学儿童，个个得到良好的教师，那就是本人的大愿望。

注：整理本省师范教育方案暨失学儿童缺乏师资人数，均见浙江省立三年来教育概况。

（《浙江教育行政周刊》，1933年第4卷第33期，第10—12页。）

浙江省师范教育之回顾与前瞻（附图表）

陆殿杨

浙江省师范教育的已往经过

浙江省的师范教育，约有三十年的历史，其间学制屡更，法令迭改，培养师资机关之编制与名称，亦复再三变易，其停闭合并者，几逐渐湮没无闻矣。追溯经过，约可分为五个时期。兹分述如下：

一、开创时期——民元前至民国元年

本省最早师资训练机关之设置，当远溯于民国纪元前即光绪三十一年，其时浙江高等学堂开办于省垣——即现时浙江大学文理学院地址——除设预备科相当于中学外，并设有师范完全科，修业期限三年，又附设师范传习所修业期限一年，课程悉依照当时之奏定学堂章程办理。其次则为民国纪元前六年即清光绪卅二年所创立之浙江两级师范学堂。就贡院旧址改建校舍——现在省立杭州高级中学地址——设优级初级及专修科三部。当时的优级相当于高等师范，分设史地、理化、博物、数学四科，修业三年。初级相当于中学程度，修业期间二年。专修科入学资格与优级同，分设体操、及图画、手工两科，修业期间一年或二年。三部学生前后毕业不下二千余人，是为本省设立最早之大规模师资训练机关。

民国纪元前后在各府属设立师资训练机关者，有男子师范五所：即宁波、绍兴、金华、温州、处州五处各有公立师范学堂一所，均在民国纪元前创设，校址多由书院改建，经费多由地方公益捐款拨充；女子师范四所：即杭州之浙江女子师范学堂、嘉兴女子师范学校、旧宁属县立女子师范学校，及绍兴明道女子师范学校。杭州之女子师范开办较早，在民国纪元前八年，其他三校均在民国元年开办。此外尚有台州私立耀梓师范学校一所。以上各校均系招收高小毕业生，修业五年，——预科一年，本科四年。当时学生年龄较长，入学时基础较好，对课业亦大都努力，故人才辈出，为现在教育界中基干人物。

民国元年师范教育之数量如下：计有两级师范之优级选科学生79人，经费19896元；男子师范七所（连两级师范之初级部在内），经费共计37560元，女子师范四所，经费共计28924元，男师范生831人，女子师范生305人，两共1136人。各县另有男子师范讲习所三所，共计经费3064元，女子师范讲习所一所，经费1944元，男生140人，女生72人，两共212人。以上共计各级师范训练机关十六所，男女师范生1227人。经费91388元，平均每人教育费七十五元弱。

二、发展时期——民国二年至十一年

民国二年，地方粗［初］定，教育勃兴。本省为普及教育增加学龄儿童入学机会起见，积极培养师资，即经决定每一旧府属各设师范学校一所，其办法如下：杭州原有之两级师范停办，其初级部仍就原址改设第一师范学校；宁波、绍兴、金华、温州、处州已有之公立师范学校，一律改为省立；未设师范之各旧府属于民国三年七月前各增设师范学校一所。惟当时仅将宁波等处师范五校陆续收归省立，其他嘉兴等处仍仅有县立师范讲习所而已，直至民国五年省议会成立，再行议决于未设省立师范之各旧府属一律设立一所，始于民国六年设立齐全，并将宁波、绍兴、衢州等处原有师讲所合并于省立师范。于是连同原有各省立师范，共计十一所，依次以数字名之。

在杭州者称省立第一师范。

在嘉兴者称省立第二师范。

在吴兴者称省立第三师范。

在鄞县者称省立第四师范。

在绍兴者称省立第五师范。

在临海者称省立第六师范。

在金华者称省立第七师范。

在衢县者称省立第八师范。

在建德者称省立第九师范。

在永嘉者称省立第十师范。

在丽水者称省立第十一师范。

杭州之浙江女子师范学堂，已于民国二年收归省立，并于民国六年添招师讲科女生。除以上省立各校外，临海创办台属女子师范学校，丽水之处州第一女学校于民国五年改为处属县立女子师范学校；嘉兴、鄞县及绍兴明道三女师仍存在，且极发达，以上五校均由省款补助。民国五年前，省立师范学生学膳费全免，至民国五年度起新生改免半膳。当时各校学生均甚众多，办理亦极认真。修业年限仍为五年，课程于普通科目外加授教育科目，女子师范加授缝纫、烹饪、家事三科。当时毕业生师范陶冶极为浓厚，即现在称旧制师范毕业生也。

自民国二年起各县男女师范讲习所风起云涌增设不少。男子师讲所，民国元年仅有三所，二年增至十四所，三年骤增至三十二所；学生数亦自元年之140人，二年增至607人，三年增至1184人；经费数亦自元年之3064元，二年增至16227元，三年增至46855元；即此可见一斑。盖自民国二年至十一年为本省师范教育发展时期，盛极一时。兹将民国元年至五年师范教育之统计摘录于下。

民国元年至五年浙江省师范教育统计表[①]

项目			元年	二年	三年	四年	五年
学校数		优级	1				
	师范	男	7	7	6	6	6
		女	4	7	6	6	6
		共	11	14	12	12	12
	师讲所	男	3	14	32	18	11
		女	1	2	1	1	1
		共	4	16	33	19	12
学生数		优级	79				
	师范	男	831	1392	1104	1055	1199
		女	305	623	468	378	509
		共	1136	2015	1572	1433	1708
	师讲所	男	140	607	1184	1248	944
		女	72	112	68	46	108
		共	212	719	1252	1294	1052
经费数		优级	19896元				
	师范	男	37560元	118859元	121662元	126746元	124043元
		女	28924元	35379元	46597元	54156元	44890元
		共	66484元	154238元	168259元	180902元	168933元
	师讲所	男	3064元	16227元	46855元	68171元	66763元
		女	1944元	706元	430元	605元	665元
		共	5008元	16933元	47285元	68776元	67428元

三、合并时期——民国十二年度至十六年度

民国十一年教育部公布新学制，改订中等教育段修业年限与实施原则，本省即于十二年度查照新学制订定省立各校改组办法，其中最重要一点，为省立中学与师范合并。兹将办法中有关各条摘录于下：

[①] 表题为编者所加。

1.凡旧制之省立中学校及师范学校各就其所在地将中师两校合并,改名为省立第几中学校。

2.旧制省立女子师范学校改名为省立女子中学校。

5.凡省立中学校自十二年度起,应一律设三年期之初级中学及师范讲习科,皆系收受旧制之高等小学毕业生。

6.省立第一中学校自十二年度起,先设二年期之高级中学普通科两班,师范科一班,皆系收受旧制四年毕业之中学生,至十三年度末毕业。

15.各中学校之旧有中学师范两部各设主任一人(校长兼任其一),专掌各该部教务及事务。

十二年秋,省立各中学校及师范学校实行合并,称省立第一至第十一中学校;省立女子师范亦改组为省立女子中学。当时(十二年度)省立各中学一律设立三年期师范讲习科,惟省立第一中学则于同时并设二年期高中师范科,十五年度起停招师讲科;又省立第四中学于十三年度曾招二年期高中师范科一班。至十四年度省立第一、第四、第七、第十中学及女子中学各设三年期高中师范科,其余第二、第三、第五、第六、第八、第九、第十一各中学均为初中,仍各设三年期师范讲习科。因省立师范之合并于中学,县立联立师范学校,如宁属女师,处属女师,台属女师,嘉兴县立女师,吴兴县立女师等,亦均逐渐改组为中学,师范教育遂一落千丈矣。自民国十二年至民国十六年师范生人数逐年减少,如下表:

民国十二年至民国十六年师范生人数[①]

十二年度	3456人
十三年度	3006人
十四年度	2363人
十五年度	1833人
十六年度	1095人

数字诏示我人中师合并以后,师范生逐年减少五百至七百余人。十六年

---

① 表题为编者所加。

度高中师范科及师范讲习科合计1095人，尚不及开创时期民国元年之人数，更无从与发时期比较。新学制施行以后，浙省首先试行中师合并，初行时似觉经济异常。向之须五年培养师资者今仅须高中三年；向之中师两校对立者，今只须一校半之经费即可容纳两校学生。其实施行以后，流弊甚多。师范部原有经费逐渐改为中学经费，以致一校之中师范生与中学生人数悬殊，师范视同附庸，相形见绌，昔日旧制师范之独立精神，无形消失；高中师范生毕业后不愿服务，希望升学；师讲科学生又因年龄幼稚，学养不足。因缺乏专业训练之兴趣，而师范班招生不足；因人数不足而研究教育兴趣更形薄弱；互为因果，遂造成师资恐慌之现状。故中师合并确为本省师范制度上一大关键。各省见浙省中师合并颇有仿行者，但结果亦属不良。

四、改组时期——民国十七年度至十九年度

民国十六年浙省于国民政府统治下，试行大学区制。当时浙江大学以各中学所设师范讲习学生年龄过于幼稚，毕业后充任小学教师，殊觉不甚妥适，决定加以改组，俾资适应。因于十七年度秋季在杭州省立第一中学第二部试办师范训练班招收初中毕业生，一年毕业。十八年春复推行于嘉兴省立第二中学，并决定自十八年度起各省立中学停招师讲科新生，师讲科一律改组师范训练班。至高中师范科则仍照旧设立。惟杭州之省立第一中学及女子中学早经于十二年度合并，称省立第一中学第一部及第二部；兹复于十八年秋将两部之高中部改组为省立高级中学，除普通科商科外，仍设师范科，其他宁波之省立四中，金华之省立七中，及温州之省立十中亦仍各设高中师范科。同时浙江大学将各级师范生免膳制废止，而应考师范之学生遂益形减少矣。

民国十五六年间江苏各省立师范均附设乡村师范，颇为一般人所重视；民国十七年六月浙江大学为造就乡村小学师资起见，在萧山湘湖开办省立乡村师范学校，师生共同生活，创"做学教"之主张，于本省师范教育上放一异彩。历任主持校务者均能刻苦耐劳，以身作则，今尤注重农业工业之劳作训练，仍为本省最完善师训机关之一。

民国十八年七月浙江省教育厅成立。其时省立各中学师讲科新生业已一律停招，而师训班学生仍极稀少，每班自十余人至二十余人，甚至有不及十人者，高中师范科除省立杭州高中和金华七中外，亦均不能足额。盖师范生待遇既无免膳，出路又较狭窄，学生对于师范观念，驯致极度淡薄。是时之师范教育不绝如缕。观乎十九年四月间省师范教育研究会成立大会时各专家之大声疾呼改革师范制度，改进师范训练，改善师范待遇，便可如当时师资培养之危险程度，实已达于极端。教育厅亦以全省师范生人数太少，一面将各中学师训班入学资格略予变通，不限于初中毕业，凡曾在小学服务三年以上，或曾在中等学校肄业三年以上者均可投考。一面督促各县筹设短期师讲所，就各地需要，分一年期二年期三年期三种。但各中学师训班人数仍未能增加，且有不可维持之势；至各县之已筹设短期师讲所者亦仅有新登、黄岩、东阳、永康、江山、遂安等县。十九年度县师讲所渐有增设，如嘉兴、武义等县，联中县中附设师讲科，或乡师科，或师训班者有旧温属联立女中，旧处属联立初中，诸暨县立初中，嵊县县立初中，淳安县立初中，松阳县立初中等校，然为数仍属有限，无济于事。

民国十九年教育厅为推行社会教育培养民教专业人才起见，七月间于杭州创设民众教育实验学校，招收师范科及社会教育行政专修科各一班。前者招收初中毕业生，三年毕业；后有招收高中毕业生，一年毕业；学生大都由各县市保送并补助其制服费与膳费，毕业分派各县市服务，社会教育行政专修科业已毕业计五十三人，大都任各县教育局社会教育科科长民教馆馆长社会教育指导员及社教机关主任人员。嗣复为培养民众学校师资起见，由校特设民众学校师资训练班，凡年在二十岁以上五十岁以下之现任民众学校教师，小学教师，社会教育机关服务人员由各县市保送经考验合格者，均得入校，训练期为二个月。前后已毕业三期。第一期四十三人，第二期三十五人，第三期二十二人，共计一百人，均在各县担任中心民众学校或民众学校工作。兹将十七年度十八年度十九年度本省各级师范人数及其占全体中等学校学生数之百分比开列于下，以资参考。

十七年度十八年度十九年度本省师范人数占全体中等学校学生数及百分比[①]

年度	人数	占中等学校总人数之百分比
十七年度	1464	9.8%
十八年度	1627	9.7%
十九年度	1870	9.1%

五、整理时期——民国二十年度至二十一年度

本省师范教育之衰落和师范生人数之锐减既如上述，而自十九四月间第二届全国教育会议议定师资训练方案及促进义务教育方案以后，益感师资训练问题之迫切。本省处此供求不合之时，自应急起直追，以期适应。教育厅乃先将现有各师训机关加以整理，办理之尚属妥善者加以补助，促其改进；办理之不合者予以取缔，令其结束。毅然废弃头痛医头脚痛医脚之政策，于是从前纷乱如麻之师范教育制度稍有头绪，其详细经过如下：

教育厅鉴于推行义务教育之急要，于十九年度开始时即确定整理师范教育方案，先从整理现有师资训练机关入手。当时本省各县市立师资训练机关，多系师范讲习所，十九年度计有十二所，二十年度计有十七所，二十一年度计有二十二所。此种师讲所有一年期者，有二年期者，有三年期者，学生入学资格多系小学毕业生。惟内容设施及课程教材向无规定，所以各县办理苦无标准可循，未免因陋就简各自为政。且各县市教育经费均极支绌，办理小学尚苦不敷，添设师讲所更觉竭蹶，人才设备两感缺乏，经费困难无法整顿。师训机关内容如此，影响于将来之小学教育前途者甚大。教育厅对于此种师讲所认为急宜整理，改进实质，爰订立整理办法两种：一、县市立师范讲习所科目学分暂行标准，按照各地实际情形，分一、二、三年期三种，于十九年七月间厘定呈部备案后通令颁布施行。凡各县已设未设各师讲所均须遵照办理。至今各县师讲所办理尚稍有成绩者，多因遵照此项标准排课施教之故。二、补助县市师资训练机关暂行办法，于二十年八月间由省政府委员会议决公布施行，并于二十年度二十一年度省教育经费预算内各列有县市立师训机关补助费五万元。照办

[①] 表题为编者所加。

法规定，凡修业年限在二年以上，课程设施及教员资格均与规定相符，且每班学生人数在三十名以上之师训机关，均得由省款补助，使其充分发展。补助银额分二千元、一千五百元、一千元及五百元四级，按照各县需要情形，妥为分配。二十年度核准补助之师训机关有鄞县县立乡村师范，旧台属共立女师，淳安县中乡师科，东阳县中乡师科，新登、桐乡、海盐、定海、黄岩、永康、武义、江山、泰顺、宣平等十县县立师讲所，共十四所。二十一年度核准补助之师训机关有鄞县、衢县两县县立乡师，台属联立女师，淳安、东阳、永康、义乌四县县中乡师科，或师讲科，第三学区及第九学区两联立师讲所，新登、於潜、桐乡、海盐、定海、黄岩、武义、汤溪、江山、泰顺、宣平、缙云、龙泉等十三县县立师讲所，共二十三所。此项师训机关一面由教育厅指示课程标准，以促其改进；一面由教育厅补助设备经费，以助其发展；经此一番整理，本省师范教育衰替凌杂之状况，始略有转机。兹将二十及二十一两年度在整理中之各县师训机关数量及学生人数列表于下（表内括弧中数目为中学或职校内附设师讲科或乡师科训班幼师科之校数及学生数）：

二十及二十一两年度各县师训机关数量及学生人数[①]

年度	学期		校数	合计	学生数	合计
二十年度	上学期	县立	16（8）	24	773（336）	1109
		私立	1（1）	2	90（18）	108
		共计	17（9）	26	863（354）	1217
	下学期	县立	19（9）	28	823（345）	1168
		私立	1（1）	2	26（18）	44
		共计	20（10）	30	849（363）	1212
二十一年度	上学期	县立	23（9）	32	1252（387）	1639
		私立	1（2）	3	77（46）	123
		共计	24（11）	35	1329（433）	1762
	下学期	县立	24（10）	34	1230（371）	1601
		私立	1（2）	3	59（45）	104
		共计	25（12）	37	1289（416）	1705

① 表题为编者所加。

教育厅又以为此项整理本省师范教育工作必须有一整个计划，爰于二十年四月间召集浙省教育设计委员会时，曾订定整理浙省师范教育之方案，兹摘要抄录如下：

甲、添设省立师范学校四所——一所设于慈溪县之锦堂学校；如省库许可，再于旧金华道区内添设一所，再次于旧瓯海道区内添设一所。另一所设立各科如下：（一）师范专修科，招收高中毕业生，予以两年训练；（二）普通师范科，招收初中毕业生，予以三年训练；（三）幼稚师范科，招收初中毕业生，予以三年训练；以上各科均须依照本省现时某种师资需要分组。以上各校之设校经费及地点，由教育厅酌定之。

乙、督促各县筹设整理并酌量补助师资训练机关。办法由教育厅随时酌定。

丙、筹设师资专修科——招收（一）高中毕业生（二）高中师范科，师范学校，或乡村师范毕业生，予以二年训练。拟不另高设学校，自二十一年度起即在省立乡村师范学校内附设。

以上方案其主要精神为师范独立，故有添设省立师范四所之建议。教育厅对此方案完全采纳，除乙条已见上述不赘外，甲丙两条亦经分别办理：慈溪私立锦堂学校业于二十年度收归省办，所有校产二十余万概行捐助。现设乡村师范科及初级农业科，培养乡村小学教师及农职人才。另一独立师范亦于二十年度在杭州筹设，八月间开办，名为省立杭州师范学校，招收（一）县师师资训练班（二）普通师范科及（三）幼稚师范科，均如原方案所定。惟师范免膳制度自经浙江大学取消后，因省费支绌，未能恢复；但于修订补助清寒优良学生办法中扩充师范生补助名额，——普通学校补助名额以各校学生总数百分之十为限，师范学校则以百分之二十为限——聊资救济。

兹将二十年度及二十一年度本省各级师范人数及其百分之比开列于下，与前三年比较，可稍见整理之效。

二十年度及二十一年度本省各级师范人数及其百分比[①]

年度	人数	占中等学校总人数之百分比
二十年度	1822	8.3%
二十一年度	2420	10.7%

浙江省师范教育最近之推进

从以前五个时期的演进，此后自应入于扩充发展时期，唯是推进计划，在在与经济情形有关，本省近一二年来，省经费支绌万分，各县亦同感困难，若侈言远大计划，而于事实相去太远，则纵有完善之方案，亦苦于无从实施，故教育厅现时所致力者，只就可能之范围，作逐步之推进，而二十二年度则着手推进之开始期也。

二十二年度所以适合于推进工作的开始，是因为二十二年春教育部颁布了师范学校法及规程，对于师训机关的组织和编制有所改正，教育厅转令各县市师训机关遵照分别结束或改办，所以二十一年度终了时在浙江省师范教育史上恰成一天然的段落。二十二年度起凡不合于师范学校法及规程，或不适于改办简易师范学校或简易师范科者，均令停招新生，办至现有学生毕业为止。其经费尚充，办理尚属合宜，或地处偏僻确有需要者，令其充实设备，慎选教师改办简易师范学校或简易师范科，期于两年以后全省无不合于师范学校法及规程之师训机关。

欲言二十二年度推进之状况，须先述二十一年度整理后之情形。兹将二十一年度本省师资训练机关分布图图绘印于右上：

右上图二十一年度终了时情形。就当时师训机关分布状况观察，旧杭属除省立民众教育实验学校为培养民教师资之机关外，有省立杭州师范，私立弘道女中之幼稚师范科，均在杭州市，又余杭、临安、於潜各有师讲所一，又海宁县立初中之乡师科，共计七处；旧嘉属只有桐乡师讲所一处；旧湖属只有第三学区联立师讲所及吴兴县私立民德初级女子家事职业学校之保婴师范科二处；

---

① 表题为编者所加。

二十一年度本省师资训练机关分布图

旧宁属则有鄞县县立乡师及县立女中之高中师范科二处，慈溪省立锦堂学校乡师一处，奉化县立培本幼稚园附设之幼稚师范科一处，定海、余姚师讲所各一处，共计六处；旧绍属有省立湘湖乡师，诸暨县立初级农职附设乡师科共二处；旧台属则有临海之旧台属联立女师及黄岩县立女师讲所二处；旧金属则有省立金华中学之高中师范科，武义、汤溪两师讲所，义乌、东阳、永康三县县立初中附设之师讲科，或乡师科共计六处；旧衢属则有衢县县立乡师及江山、龙游师讲所各一处共三处；旧严属则有第九学区联立师讲所，遂安县立师讲所及淳安县立初中之乡师科三处；旧温属则仅有泰顺师讲所及青田县私立阜山乡师二处；旧处属则有缙云、宣平、龙泉三县师讲所各一，丽水旧处属联立初级农职及松阳县立初中附设之女师讲科五处；全省只三十九处。而在一二年内须结束停办者至少有十四五处，其继续存在者约"一十二三处而已。"

抑师资之培养应以本省实际需要情形为标准，师资训练机关之扩充，应先调查全省各学区小学现有合格师资数，应需师资数，现时正在培养之师资数及此后应补充培养之师资数分别比较，通盘规划。兹更将二十一年度调查各学区师资需要情形列表统计如下：

浙江省各学区师资需要情形统计表

区别	需要师资数	现有合格师资数	缺乏师资百分比	现正培养中之师资数	此后应补充培养之师资百分比
第一学区（即旧杭属）	2734	320	88.3%	322	76.5%
第二学区（即旧嘉属）	3057	545	85.5%	99	79.0%
第三学区（即旧湖属）	2738	315	88.5%	0	88.5%
第四学区（即旧宁属）	6148	862	86.0%	276	81.5%
第五学区（即旧绍属）	5773	749	87.9%	191	83.8%
第六学区（即旧台属）	4486	667	85.2%	150	81.8%
第七学区（即旧金属）	3907	559	85.7%	327	77.4%
第八学区（即旧衢属）	2286	240	89.5%	46	87.5%
第九学区（即旧严属）	1361	305	77.6%	79	71.8%
第十学区（即旧温属）	5567	299	94.7%	78	93.3%
第十一学区（即旧处属）	1886	295	84.4%	132	77.4%

以上调查与现状微有出入。如第三学区因当时无一师训机关，致无培养中之师资人数，而所缺合格师资百分比又高，事属急迫，故于二十一年度立即指定该区设一联立师讲所，经费由本区各县比例分担，并由省款补助其开办费及经常费，指定省立湖州中学代办，俾早成立。又如第九学区联立师讲所，余杭、汤溪、缙云、龙泉等县师讲所及衢县乡师等校之设立，均在调查以后，核与需要相当，准其开办者也。培养中之师资虽稍有增加，然推行义教，增设短期小学，需要师资之数，亦有增加，故上项统计表仍可作为推进本省师范教育标准之一。

至于地方交通情形，与师训机关之设置分配，亦有重要关系。如旧杭嘉湖等属区域较小，交通便利，学生可不一定在本县入学，即不必每县设立师训机关。至如旧温处各属则万山重叠，公路未通，交通往来，动辄多日；且旅费所需既多，地方又较贫瘠，学生自无力出外求学，故此等地方之师训机关，尤宜多所分设。又如杭江铁路通行以来，上江交通为之一变，向之恃钱江为唯一交通机关，兰溪、建德均为江流要道，帆樯林立，地方繁荣者，今则以金华为中心，上通衢县，下达杭市，杭江铁路，朝发夕至，建德已失去其重心矣。以上略举数例，以示交通与设置师训机关之关系。

上述三者，即（一）原有分布状况，（二）师资需要数，（三）地方交通情形，皆为此后推进师范学校之参考要件，对于今后如何推展，作者个人曾拟有浙江省推进师教五年计划（二十二年度至二十六年度）之私案，唯衡诸本省财政情况，一时恐难完全见诸实施，教厅方面，尚须详审规划，故此时不欲以私人所草之案先行发表，唯有可预为推论者，则将来之推进计划，在金华必须完成一独立设置之省立师校，而如旧处属及台衢绍严诸属，必将以次增设师训机关以应需要，至旧嘉湖两属，虽距杭州交通甚近，但因原有师训机关分布稀少之故，亦有增设之必要，兹所愿略述者，即二十二年度实际推进之情形是也。

二十二年度，着手推进之始，教厅方面按照目前情形，略将全省七十六县市依旧道属划分为四区：（一）钱塘区，包含旧杭嘉湖三属，（二）会稽区，包含旧宁绍台三属，（三）金华区，包含旧金衢严三属，（四）瓯海区，包含旧温处两属，二十二年度开始，以钱塘区有省立杭州师范，会稽有省立湘湖乡师及锦堂乡师，金华区虽无独立设置之师校，然省立金华中学仍继续招收高中师范科，惟瓯海区省立师训机关犹付缺如，爰在平阳郑楼新设省立温州师范学校一所，招师范科及简易师范科各一班。至县立或联立师训机关，亦视需要情形，酌有增设或改组。至钱塘区内以孝丰多山，交通不便，核准设置简易师范学校一所。又海宁县立初中附设乡师科向为二年制者，核准改为四年制，每隔一年招生一次。会稽区内，以定海孤悬海中，学生出外就学，或教师聘自他县，均觉不便，故令原有县立师讲所改组为简易师范学校，增加年限，继续办理；又旧台属各县尚无省立师范，以旧台属联立女子师范，历史悠久，黄岩县立女子师讲所办理尚属认真，均令改组为女子简易师范学校。金华区内义乌、东阳、永康三县县立初级中学，原各附设师讲科或乡师科，统令于原有学生毕业后，改招初中毕业生，各附设简易师范科，三县虽毗连，但金属各县户口众多，小学发达，培养师资殊感有此需要；且各该校初中毕业生不能升学高中者亦多得一出路。对于该三校附设之简易师范科，教育厅将来当考核成绩，其优良者当令其扩充班级，增加补助；其办理不善者则拟令饬停办，以免贻误。又以联立八婺女子初中办理尚属妥善，而武义、汤溪两师讲所将来停办后，金属无招收初级师范之学校，故于整理联立学校案内，令饬八婺女中自二十二年度春季起招收三年期师讲科女生，将来如办有成效，或延长一年，照简易师范学校办理，以资深造。衢县县立乡师改由省立衢州初级中学代办，为将衢中附设简易师范班之基础。淳安县立初级中学之乡师班亦令于原有学生毕业后改招简易师范班。瓯海区内除新设省立温州师范招收师范科及简易师范科，将来陆续扩充外，并核准青田县私立阜山乡村师范，专为培养乡村小学专科教员。并于整理联立学校案内令饬旧处属初级农职于二十二年度春季招收二年期师讲科一班。二十二年度推进师范教育之实况，大致如此。

兹更将浙江省二十二年度师训机关一览表及二十二年度与二十一年度师范教育省经费预算比较表编列于下。以供参证。

二十二年度师训机关一览

区别		校名	级数	学生数	年期	本年度毕业人数	备注
钱塘区	旧杭属	省立杭州师范	9（师范科7,幼师科2）	师范科278,幼师科68	三年	89	本区指导机关；本年度毕业师范二班幼师一班
		省立民众教育实验学校	3	118	三年	45	造就民众教育人才；本年度毕业一班
		私立弘道女子中学幼师科	2	17	三年	2	本年度毕业一班
		海宁县立初中附设乡师科	1	33	四年		本年无毕业
		余杭县立师讲所	1	41	二年	41	本年毕业
		临安县立师讲所	1	32	二年	32	本年上学期毕业
		於潜县立师讲所	1	38	二年	38	本年毕业
	旧嘉属	桐乡县立师讲所	1	30	三年	30	本年抽调训练年度终了时毕业
	旧湖属	第三学区联立师讲所	1	43	三年		二十三年度毕业
		吴兴县私立民德初级女子家事职业学校保婴师范科	1	9	四年	9	本年毕业
		孝丰县立简易师范	1	44	四年		二十五年度毕业
		合计	22	751		286	

续 表

区别		校名	级数	学生数	年期	本年度毕业人数	备注
会稽区	旧宁属	省立慈溪锦堂乡村师范	3	93	四年		本年度无毕业；本区指导机关之一
		鄞县县立女子中学高中师范科	2	37	三年	16	本年度毕业一班
		鄞县县立乡村师范	3	155	三年	43	本年度毕业一班以后改招四年制学生
		奉化县立培本幼稚园附设幼稚师范科	1	22	二年	22	本年毕业
		定海县立简易师范	1	27	四年		二十五年度毕业
		余姚县立师讲所	1	27	二年		本年上学期毕业
	旧绍属	省立湘湖乡村师范	6（初级4,高级2）	初级142,高级71	初级四年半,高级三年半		本年毕业初级一班；本区指导机关之一
		诸暨县立初级农业职业学校附设乡师科	1	28	三年	28	本年毕业以后改招四年制学生
	旧台属	旧台属六县联立女子简易师范	3	146	三年制二班,四年制一班	44	本年毕业一班
		黄岩县立女子简易师范	3	78	三年制二班,四年制一班	28	本年度毕业一班
	合计		24	826		181	
金华区	旧金属	省立金华中学高中师范科	4	143	三年	28	本区指导机关
		旧金属八县联立八婺女子初级中学附设师讲科	1		三年		本年度下学期招收
		义乌县立初级中学附设师讲科	1	49	三年		二十四年度下学期毕业
		东阳县立初级中学附设乡师科	1	214	三年	34	本年毕业以后改招一年期简易师范科
		永康县立初级中学附设师讲科	2	42	三年	9	本年毕业一班
		武义县立师讲所	1	35	三年	35	本年上学期毕业
		汤溪县立师讲所	1	33	二年	33	本年毕业
	旧衢属	省立衢州初中代办衢县县立乡村师范	1	49	三年		二十三年度毕业
		龙游县立师讲所	1	53	二年		二十三年度上学期毕业
		江山县立师讲所	1	45	二年	45	本年上学期毕业
	旧严属	第九学区联立师讲所	1	45	三年		二十三年度毕业
		淳安县立初级中学附设乡师科	1	40	三年		二十三年度毕业以后改招一年期简易师范科
		遂安县立师讲所	1	46	一年	46	本年下学期毕业
	合计		17	614		230	

续表

区别		校名	级数	学生数	年期	本年度毕业人数	备注
瓯海区	旧温属	省立温州师范	2（简师1，高师1）	简师55，高师40	简师四年，高师三年		本区指导机关，本年无毕业
		青田县私立阜山乡村师范	3	87	三年	34	本年毕业一班
		泰顺县立师讲所	1	32	二年	32	本年毕业
	旧处属	旧处属十县联立初级农业职业学校附设女师讲科	2	18	三年	9	本年毕业一班
		缙云县立师讲所	1	56	二年	56	本年毕业
		松阳县立初级中学附设女师讲所	2	38	三年	22	本年毕业一班
		宣平县立师讲所	1	45	二年	45	本年度上学期毕业
		龙泉县立师讲所	1	53	二年		二十三年度上学期毕业
		庆元县立小学教师讲习会	1		二年		本年度讲习完毕
	合计		14	424		198	
共计			77	2615		895	

二十二年度与二十一年度师范教育省经费比较表

项目	经费表		备注
	二十一年度	二十二年度	
省立杭州师范学校	5221800元	5890500	两年度经费数均照预算数列入，下照此。
省立民众教育实验学校	4777800	2535800	二十二年度减少学校经费增加实验民教馆及实验民众学校经费
省立杭州高中师范科	1297200	92600	二十二年度杭州高中师范科已完全毕业故仅列七月份经费
省立湘湖乡村师范学校	3297900	3685500	
省立慈溪锦堂乡村师范	1259250	1594250	
省立宁波中学师范科	689800	49600	二十二年度宁波中学高中师范科已完全毕业故仅列七月份经费
省立金华中学师范科	1675600	1986700	
省立温州师范学校		1464900	二十二年度新设
旧台属六县联立女子简易师范学校补助费	200000	3500	
杭州市私立体育师范学校补助费	400000		二十二年度该校已停办
各县师资训练机关补助费	5000000	3000000	两年度补助费均照数预算列入
师资进修通讯研究部经费	460000	42000	
各师范学校清寒优良学生补助费	601400	360000	两年度补助费均照数预算列入
经常费合计	24880750	21420850	

续 表

项目	经费表 二十一年度	经费表 二十二年度	备注
师范教育经费占全部中等教育经费百分比	18%	16%	二十二年度临时费七万元在外
省立杭州师范学校建筑费		5400000	
省立杭州师范学校设备费		600000	
省立温州师范学校开办费		600000	
省立温州师范学校建筑费		400000	
临时费合计		7000000	占经常费三分之一
临时经常费合计	24880750	28420850	二十二年度较二十一年度增35401元

抑又有言者，师训机关之设置，数量与质量必须兼顾并重。从前各县之请设师训机关者，其鉴于事实需要而筹设者固多，然或震于事业虚名，或希望省款补助，往往不愿经费之有无，需要之缓急，不待呈准贸然成立，亦往往有之，此于整个计划妨碍殊多。故近年以来，数量虽有增加，而成绩反若退化。嗣后对于师范教育欲谋推进，私意以为不仅应注重于量的增多，并应注重于质的改善。为统盘筹策计，尤需要有一整个之方案，以为逐步策进之基础也。

推进师范教育辅助条件

推进师范教育自以为增设师训机关为主，但亦应有辅助条件同时进行，方能成功。辅助条件，以个人所见，约有下列四项：

一、减免师范生膳费；

二、规定师范生服务；

三、取缔不合格教师；

四、提高小学教师待遇。

（一）减免师范生膳费　民国元二年以后，浙省省立师范学生学膳各费仍均免收，以示优待，详见前述；至民国五年省议会议决五年度起师范旧生仍均免费，师范新生则改收半膳，然尚不失优待之意。及民国十七年因军事孔殷，省库奇绌，浙江大学另订浙江省补助学生办法，分甲、免除学费之全部及津贴膳费之全部。乙、免除学费之半数及津贴膳费之半数两种，将师范生免半膳制废止，于浙江省补助学生办法施行手续内规定："浙江省立各中学高中师范科及初中师范讲习科自十七年度起招收新生时学费仍予免收，膳费不再津贴，惟得依本办法申请补助。其十六年度以前入学之师范旧生仍免收学费并津贴膳费之半数，惟不得申请补。"当时虽定有补助之救济办法，然事实上清寒学生并膳费亦感筹措匪易，望师范学校之门墙而不得入者，亦殊不在少数，所以师范生逐年减少，供不应求。当此急待养成师资之际，师范生免膳问题及成为本省普遍之呼吁。民国二十一年四月间及民国二十二年三月间本省师范教育研究会两次呈请酌免师范生膳费，教育厅虽承认此项请求之原则，均以省库支绌，预算已定，无从实现。嗣后因国难紧缩，经费短折，师范免膳更无从促成。唯此事与培养师资大有关系，即不能免除全膳似亦应免除半膳；先就省校实行。查二十二年度全省师范学生总数为2615人，内省立师范学生1008人，除民教实校学生大多数已得本县市补助各种费用暂可不计外，省师学生总数共890人，以每人全年膳费五十元（每月五元以十个月计），免除半膳只须国币二万二千二百五十元，为数非巨，似非绝对不可能之事。而于推广师范教育必大有裨益矣。

　　（二）规定师范生服务　师资之培养应与需要相适合，故师范生人数应与将来设校计划相符，今事实诏示我人以奇异之矛盾现象：即一方面因缺乏师资而特设师训机关，一方面则师范毕业生无处服务，教育局难于安插。易言之，一方面师资人才缺乏，一方面师范人才过剩。虽在此畸形社会制度之下，各界人才之供求均有同样矛盾情况，要以教育界为尤甚。对于师范生服务，若不预为之谋，俾能用其所学，忠实工作，则不但师范生本人大失所望，无以劝来者，即公家对于每一师范生年费百余金（照二十年度本省统计师范学校每学生每年均所占经费数为14443元，不连免膳经费，高出于完全中学或职业学生之每人每年平均所占经费数），养成以后，投诸闲散，亦觉可惜。且师范为专业训练，毕业以后若不服务教育，则前功尽弃，未免可惜。反之，若师范生毕业以后，未经服务，希图升学，或任意改业，亦应严加制止，切实取缔。查本省办理师范教育三十年，师范毕业生之因疾病死亡或年老不能服务者，固占其一部分；而毕业后自由改业或不愿服务者，为数亦不少。是以数十年来师范生之服务于小学教育者，不见其增多，每年之毕业者仅足补充休业或改业之缺额，公家损失甚大。故此后似应规定师范生毕业后服务规程，切实执行，庶几培养一人得一人之用，培养师资与推广小学计划可以密切符合。省立湘湖乡村师范对于毕业生出校服务，曾订有严密考核办法，学生修业期满后须出校服务半年，考核及格方准毕业，发给证书。愚意以为各师范机关均可仿行，以符国家培养师资之本旨。

（三）取缔不合格教师　本省各县小学教师仍多不合格者，小学毕业生之充任小学教师者比比皆是。查二十年度本省教育统计所载小学教师资格百分比，全省小学教师29164人中，各级师范学校毕业生仅有6266人，约占21.6%，非学校毕业者有4764人，占16.3%；其他非师范学校毕业者为大多数，计18134人，占62.1%。于此可见小学教师资格之一斑，不合格小学教师众多之原因固极复杂，但取缔未能严格，当亦为重大原因之一。允宜规定办法，一面奖励师范生之任用，凡各县中心小学固宜以任用师范毕业生为原则，即其他各小学或教育机关亦应以任用师范生多寡为考核行政设施成绩标准之一；一面取缔不合格教师，凡小学教师之不合格者，或登记有效期为半年者，应逐渐以师范毕业生分配调用，原任教师集中长期训练，至少予以一学年或一学期之训练，俾资进修。在任用时应予师范生以优先权，但在任用以后服务期内，师范生与非师范生须受同样严格考核。如有贻误之处，同样惩处，不以师范生而稍加宽容。如此则于培养师资及督促服务之原意双方兼顾矣。今即欲以师范毕业生代非学校毕业之小学教师，亦须有师范毕业生四千七百余人方能敷用。若各地能认真考核，严格取缔而以师范生补淘汰者之缺，五年以内，师范生固不患无出路也。

（四）提高小学教师待遇　各县之不能任用师范生为小学教师，另一重要原因为小学教师待遇之过于菲薄。至今除杭州市、杭县、鄞县、绍兴、嘉兴等少数县市小学教师尚有相当待遇外，其余均菲薄异常。金华等处小学教员月薪不过十六元，其他年薪八十元者在浙省极为普遍，甚至有年薪四十元者。每阅各县所送教育经费预算，未尝不为之蹙额太息，在此情况之下，自不易罗致师范毕业生；师范生对于此种不足以维持生活之工作，自亦只有望望然去之。故与其谓本县师资缺乏，毋宁谓经费缺乏不足以任用合格教师；与其谓师范生无处工作，毋宁谓有工不能作。各县主张自设师训机关以为培养师资者，结果师范生毕业以后，仍无法位置。故在小学教师待遇未提高以前，任何救济方法，只能增多师范生而不能增多合格小学教师。国联调查团专家报告书指出我国小学教师与中学教师薪水相差之巨，认为诧异。试一检阅二十年度本省教育统计，则见初等学校平均每学生所占经费数为736元，而中学平均每学生所占经费数为9663元，约十三倍之巨。即以高级小学（每学生所占经费数为1834元）与初级中学相较（每学生所占经费数为8234元）其差异亦异常不称。今我国中学教员待遇既并不嫌高，则欲使中小学教育衔接，惟有竭力设法提高小学教师之待遇。故此后各县与其勉强筹款请设师训机关，毋宁将此项经费移作提高小学教师待遇之用。本县待遇既高，邻县优良教师自能应聘而至。试观杭州市以小学教师待遇较高，不独本省各县师范毕业生群集杭州，即其他省市之优良教师亦未尝不可罗致。杭州市不设师训机关，而师资源源而来，独不缺乏，且悬格独高，各县小学教师登记办法且不适用于杭州市焉。反之，本县小学教员待遇菲薄，即令保送学生至省立师范修业，专款补助，及其毕业，本县仍无力留用，只可任其服务他县，于合格师资之缺乏，仍属无以救济，是以一县小学教员人才之盛衰，全在其待遇之厚薄，而不在有无专设之培养师资机关。县教育行政当务之急，当无过于增筹经费，按照当地生活情形，逐渐提高小学教师之待遇，一面并实行年功加俸养老金及恤金办法，以安定其生活。同时保障其工作，鼓励其进修，一县倡之，十县效之，师范学校学生自然拥挤，小学教育自然发展矣。

本篇撰著时，除调阅历年文卷外，兼有采及罗迪先、方幹民、钱希乃、金笆仙诸先生所发表之主张；史料方面，曾听取沈柏民、郑管秋、胡嗣宗诸先生之报告；统计方面，并得潘胤初先生之赞助，供给材料。诸公所赐可使本篇内容充实，特此声明，以志谢忱。

（《浙江教育行政周刊》，1933年第5卷第14、15期，第1—19页。）

本省师范教育与义务教育

罗迪先

实施义务教育，有三个当前的问题：第一，调查学龄儿童；第二，培养师资；第三，教育经费。这三个问题中，第一个问题，我以为无须先做，因为各县各乡都有失学儿童，是一件很明显的事实，等到第二第三两个问题解决，才可以进行此项工作。惟第三个教育经费问题，一时难有具体办法可以筹到大宗经费，所以一三两题，暂时搁而不谈，现在专谈第二个问题——义务教育与师资的培养。

查浙江省人口数为20317500人，学龄儿童的比例以百分之十计，应有2031750人，除了已入学的儿童数（包含私塾塾童数在内），790348人，那末，失学儿童数当为1241002人。查本省每一教师所教儿童数为23.44人，倘使失学儿童数全体入学，须培养师资52986人。现在每一师范生每年所费经费为144元，便需要经费9507884元，即以简易师范四年毕业计算，共需经费38031536元，如此巨数，决非现今农村衰落、库空如洗的时候所能办到。

假使今后能切实施行短期义务教育设短期小学的办法，师资人数，便大可减少。短期小学，每一教师每日教授上午下午及夜间三班学生，每班学生四十人，合计120人，那末，需要师资数仅10341人，每年需费1489104元，四年合计为5956416元。

倘现有各乡村之初级小学，可有五分之三改办短期小学，则一部分失学儿童，已由已设小学内收容，其师资培养数与培养的经费数，又可减少。全省现有小学数为13100校，以五分之三改办短期小学，当有7860校，每校以增收八十学童计，在失学儿童1241002人内可减去628800人，成为622202人。照短期义教办法，三班——120人——为一教师，则师资培养数仅5185人，每年需费746640元，四年共计2986560元。

现在各小学每一学级，大都平均不到四十人，未能招足学额。全省各小学计有21501学级，每级学生数平均为31.68人，即以32人计，每学级至少尚可补充8人，共计可补充172008人，在失学儿童622202人内又可减去此数，成为450194人，则师资培养数仅需3751人，每年需费540144元，四年共计2160576元。

本省现有师资培养机关，共计四十一所（省立民教实校在外）六十八班。高中师范科省立者十四班。简易师范县立者三班，联立者一班。乡村师范省立者八班，县立者十一班，联立者三班。幼稚师范省立者二班，县立者一班，私立者七班。师范讲习所三年期的，县立者四班，联立者三班。同二年期的，县立者十班。同一年期的，县立者一班。这六十八班的师资，假使均能招足四十人一班，今后三四年内，就有2720名的师范生可以毕业，那末，所缺的师资数不过1031名，全省能再增加250班的师资培养学级，则义务教育的师资问题解决了。

我的话虽这样说，其实，小学师资问题仍未能完全解决。第一，现任小学教师29164人中受师范训练的人，不过百分之二十一点六，倘欲补充百分之七十八点四的不合格的人员，尚须培养二万三千余人。第二，经师范训练的人，毕业之后，未见得均任小学教师，其中或升学，或改业等等，恐怕又要减去百分之二十，即使师资问题照着我的理想不成问题，但是以原有小学五分之三改办短期小学以及每级招足四十学童，是否成一问题，亦难推测。不过在国势那样严重的时期，普及教育实有励行的必要，恐非大家努力刻苦，无以救中国，虽有许多困难问题，我们也应该设法打破。愚见如此，谨候关心于义教同人指正。

（《浙江教育行政周刊》，1933年第5卷第14/15期，第21—22页。）

本省小学师资的需要与师范生的训练（附表）

钱希乃

这问题的前半是研究：本省需要什么，或怎样的师资？后半是根据前半而说：本省的师范生应当怎样的训练，或应注重培养什么师资？为解决这整个的问题，一面分发本省各市县教育科局一种小学教育需要调查表，调查下列三项情形：

1.小学教育机关需要那［哪］几种师资？

2.就各地的环境而言，小学教师需要那［哪］几种知识技能与习惯

3.现在小学教育机关服务人员的精神与态度怎样？

一面又分发本省各师资训练机关，一种师范生服务状况调查表，调查下列三项情形：

1.根据各师资训练机关历届介绍服务的经验，地方上需要哪几种教职员？

2.照地方上需要而言，在校学生的训练，须注重哪几种知识技能与习惯？

3.根据训练的结果，初毕业学生所能担任的，或志愿担任的，以哪几种科目或职务为最多？

全省七十六市县除建德云和二县外，计收回调查表七十四份；全省师资训练机关合附设在中学或职业学校者四十二处，合（省立民众教育实验学校）除数处尚未有毕业生或尚未填寄外，计收回调查表二十七份；兹附调查表原表二种，并将各项调查所得材料，分别统计于下：

（甲）小学教育需要调查表

下列问题之答案最好与县督学及第二课课长洽商后决定之。

1.贵县小学哪几门教员最形缺乏或最难聘任？

2.就乡村的环境与需要而言，小学教师尚缺乏：

（1）哪几种知识？

（2）哪几种技能？

（3）哪几种习惯？

3.在一般的小学中最难胜任的是

（1）哪几种职务？

（2）哪几种科目？

4.在贵县小学教职员中对于下列诸种习惯哪种是常发见的？请依次用数目字排列之。常发见者于括弧内填[1]字，较少发见者填[2]字，余类推。

（　）不负责，（　）不安心于教育事业，（　）各校间分派别互相攻击（　）校内分派别不取合作态度（　）赌博（　）其他

（　）第四条意见备注：

5.贵县现在全县小学共计几校？

全县小学之学级编制：

甲：1.全为单式编制者有几校？（　）

2.全为复式编制者共有几校？（单级小学在内）（　）

3.单式兼复式编制者共有几校？（　）

乙：1.全县总计多少学级？（　）

2.全县单式编制之学级总数共若干？（　）

3.全县复式学级总数若干？（　）

附注：

1.如乙项尚未调查，即请先行填寄甲项。

2.一个单级算一学级计算，二学年复式或三学年复式亦作一学级计算，二学年复式或三学年复式亦作一学级计算。

（乙）师范毕业生服务状况调查表

机关名称

下列诸问题请就平日经验所得，逐一赐答在本表内；惟第五项须根据调查材料；第三项如能根据统计结果更为欢迎，否则即就经验所得填写之；并务请于十月十五日以前寄厅为荷。

1.据贵校历届介绍经验，地方上小学需要：

（1）哪几种教职员最多？

（2）哪几种教职员最少？

2.在校学生之训练，若照地方上的需要而言：

（1）有哪几种知识须加注重？

（2）有哪几种技能须加注重？

（3）有哪几种习惯须加注重？

3.贵校初毕业学生所能担任的：

（1）哪几种科目为最多？

（2）哪几种科目为最少？

（3）哪几种职务为最多？

（4）哪几种职务为最少？

4.照地方上的需要并现行课程而言：

（1）哪几种科目须添设？

（2）哪几种科目可删除？

（3）哪几种科目可增加时数？

（4）哪几种科目可减少时数？

5.请填下表如前几年度无可查考请即填本年度，如有毕业生服务志愿调查表并希寄厅一阅。

毕业生服务志愿调查表[①]

年度	毕业生数 || 服 务 志 愿 统 计 次 数										
	男	女	国语	算术	自然	社会	工艺或劳作	美术	体育	音乐	游唱	其他
21												
20												
19												

① 表题为编者所加。

附注：服务志愿统计次数之意义：每届毕业学生志愿任国语者共几人？
任算术者共几人？一人而愿任二种上者亦分计在内。

6.备注：

甲、小学教育需要调查表各项材料统计，下列表内次数，系统计各县教育局之所列举之结果。

一、各县小学哪几门教员最形缺乏或最难聘任？（表一）

项目	次数
劳作	41
体育	30
音乐	23
美术	20
游唱	19
技能	7
艺术	8
以上技能合计	148
常识	6
自然	9
卫生	3
社会	1
以上常识科合计	19
公民	5
高级国语	4
国音	3
算术	3
复式	3
教务	1
训育	1

二、就乡村的环境与需要而言，小学教师尚缺乏的知识技能与习惯。（表二）

知识		技能		习惯	
项目	次数	项目	次数	项目	次数
农事	29	农事	18	勤劳或劳动	47
生产	6	劳作	16	卫生	16
劳作	3	生产	16	进修	8

续表

知	识	技	能	习	惯
项目	次数	项目	次数	项目	次数
渔业	3	工艺	4	俭朴	7
治虫原理	1	制造修理	6	接近民众	9
生产劳作合计	42	工业	2	整洁	6
常识	10	缝纫	1	守时	4
法律政治经济	8	渔	1	运动	4
社会	6	生产劳作合计	64	研究	3
时事	5	美术	7	安心服务	4
自治	2	音乐	5	负责	4
卫生	2	游唱	2	团体合作	4
公民常识	2	体育	3	诚恳	2
公民训练	2	艺术	2	镇静	1
常识社会合计	37	体育艺术合计	19	谦恭	1
科学	10	复式教学	5	和平	1
自然	5	教学方法	3	自重	1
医药	3	训练管理	4	自治	1
科学医药合计	18	生产教育	3	乐业	1
教育	6	教育合于农村	1	以身作则	1
生产教育	2	指导卫生	1	注意时事	1
统计测验	2	行政	1	奋勇	1
行政	2	教育方面合计	18	敏捷	1
教法合单级教法	2	应付社会环境	1	恒心	1
儿童自治	1	参加社会事业	2	正常娱乐	1
教育法方面合计	15	社交	3	爱好自然	1
国音	3	社会联络	1	共同生活	1
职业	2	感化乡村	1	进取	1
迎合乡村	1	社会联络合计	8	服务社会	1
商业	1	医药	4	平民化	1
文学	1	国术	2	儿童化	1
民族意识	1	表演	1		
		珠算纯熟	1		

三、民国中期浙江教师教育主要史料（1922—1937）

三、在一般的小学中，最难胜任的职务与科目。(表三)

最难胜任的职务	次数	最难胜任的科目	次数
训育	59	劳作	53
教务	8	音乐	17
会计或经费的处理	6	游唱	18
级任	6	体育	14
单级	3	美术	10
课外活动	3	艺术	2
研究及辅导	3	技术	2
校长	3	技术科合计	116
行政	2	常识	17
体育	2	自然	15
参加或协助地方事业	2	公民	8
社会教育或推广事业	2	社会	4
总务	1	卫生	3
升学就业指导	1	党义	1
公文处理	1	常识科合计	48
健康设施	1	国语	5
测验统计	1	国音	2
实施生产教育	1	算术	15
技能科	1	工具科目合计	22

四、各县小学教师时常发现的不良习惯。(表四)

位次	不负责	不安心服务	校间分派	校内分派	赌博	爱色	常缺课	少看报	缺少办学兴趣	缺乏改进精神	吸卷烟	烟酒	服饰奢侈	忽于进修	不补课	无理要求	兼理他业
一	23	57	5	2	1						1					1	
二	43	10	17	18	18				1	1				1	1		1
三	3	5	18	11	5									1			
四	3		13	18	5		1	1	1			1					
五			4	5	21	1						1					
六			1	2	3												
七					2												
总数	72	72	58	56	55	1	1	1	2	1	1	1	1	2	1	1	1
范数	43	57	18	18	21												
位次	2	1	3.5	3.5	5	位次无从计算											

表中位次，系根据各教育局排列之次序。

上表不良习惯中的首五项系调查表内所指定，而由填表者排列其位次；其他各项俱由填报表者自行填写出来；调查表内虽列五项的习惯，而填者亦多有只取其二项三项或四项，而将他种的习惯补充排列之，故首五项所举之次数虽多，而其他各项的习藉亦颇有可注意之价值。

各县小学级编制的统计 此项系调查各小学的单式编制的校数及级数为目的，调查表系本年度九月中旬所发出，当为最近的统计；兹详载下表以见本省小学学级编制的一般情形。

五、本省各县小学学级编制统计。（表五）

市县别	1.全县校数	2.全为单式编制校数	3.全为复式编制校数	4.单式兼复式编制之校数	5.全县学级数	6.全县单式学级数	7.全县复式学级数
杭州市		21	102	53	601	308	293
杭县	105	0	97	8	148	8	140
新登		0	86	3	102		
海宁		18	15	13	247	120	127
昌化		0	102	0	123	7	116
于潜		0	62	2	81	4	77
余杭	85	0	84	1	100	0？	100？
临安	67	0	62	5	83	6	77
富阳		19	118	43	322	56	266
一区总计		<u>58</u>	<u>728</u>	<u>128</u>	<u>1807</u>	<u>509</u>	<u>1196</u>
平湖	91	6	72	13	191	84	107
嘉善		9	39	20	184	102	82
崇德		1	93	8	135	20	115？
桐乡	82	5	73	4	137	48	89
嘉兴	153	11	117	25	316	129	187
海盐	92	3	81	8	146	36	110
二区总计		<u>35</u>	<u>475</u>	<u>78</u>	<u>1109</u>	<u>419</u>	<u>690</u>
武康	45	0	44	1	58	4	54
吴兴		8	155	25	311	76	235
长兴		1	94	3	150	13	137
孝丰	52	1	50	1？			
安吉	43	1	38	4	82？	18	64
德清	57	1	51	5	97	27	70
三区总计		<u>12</u>	<u>432</u>	<u>39</u>	<u>698</u>	<u>138</u>	<u>560</u>

续 表

市县别	1.全县校数	2.全为单式编制校数	3.全为复式编制校数	4.单式兼复式编制之校数	5.全县学级数	6.全县单式学级数	7.全县复式学级数
南田		0	30	2	37	2	35
镇海	211	6	162	43	478	107	371
象山	117	0	116	1			
鄞县	599	23	545	31	1083	238	845
慈溪	146	3	128	15	324	61	263
定海		3	133	2	230	20	210
奉化	257	3	223	31	440	85	355
余姚		34	146	133	515	170	345
上虞	243	7	210	26	401	76	325
四区总计		79	1693	284	3508	759	2749
绍兴	414	61	276	77	752	136	616
萧山		6	99	49	313	51	262
诸暨	475	23	393	59	857	182	675
新昌	164	5	135	24	273	64	209
嵊县	239	1	171	67	450	96	354
五区总计		96	1074	276	2645	529	2116
仙居	86	0	81	5			
海宁	142	4	126	12	284	49	235
天台		3	117	12	237	15	222
温岭	140	6	119	15	210	53	217
黄岩	181	8	124	49	423	163	260
临海	181	2	167	12	317	78	239
六区总计		23	734	105	1471	358	1173
兰溪	306	14	277	15	405	98	307
金华	213	0	192	21	341	61	280
永康		1	301	28	446	48	398
东阳	411	0	324	87	642	114	528
汤溪	143	0	140	3	192	12	180
浦江	181	5	163	13	250	35	215
武义			135	6	172	16	156
义乌	269	0	238	31	422	89	333
七区总计		20	1770	204	2870	473	2397
江山	278	20	257	1	420	56	364
遂昌	142	4	130	8	189	8	181
龙游		3	179	13	297	45	252

续表

市县别	1.全县校数	2.全为单式编制校数	3.全为复式编制校数	4.单式兼复式编制之校数	5.全县学级数	6.全县单式学级数	7.全县复式学级数
常山	75	0	74	1	87	2	85
衢县		0	153	11			
开化	71	0	66	5			
八区总计		27	859	39	993	111	882
遂安	192	3	165	24	248	30	218
寿昌	91	0	91	1	98	2	96
淳安	258	0	249	9	310	12	298
分水	62	0	60	2	74	4	70
桐庐	148	0	146	2	184	5	179
建德	缺	缺	缺	缺	缺	缺	缺
九区总计（缺一）		3	711	38	914	53	861
永嘉	318	5	281	32	546	91	455
瑞安	171	13	75	81	360	143	217
玉环	65	0	54	11	115	24	91
平阳		34	132	73	602	290	312
乐清	258	37	175	46	604	160	442
泰顺	73	0	60	13	143	25	118
青田	119	0	80	39	238	77	161
十区总计		89	857	295	2606	810	1796
缙云	172	0	144	28	258	42	216
宣平	73	7	53	13	117	33	84
龙泉	98	1	90	4	102		
丽水	107	1	102	4	140	8	132
景宁	59	0	56	3	67	8	59
庆元	86	2	80	4	101	26	75
松阳	124	6	118	6	193	78	115
云和	缺	缺	缺	缺	缺	缺	缺
十一区总计（缺一）		17	643	62	978	195	681
总计	11983	459	9976	1548	19616	4354	15101
百分数	100	3.8	83.1	13	100	22.3	77.6
备注	缺二县	缺二县	缺二县	缺二县	缺七县	缺九县	缺九县
	第六、七两项百分比系在五项去龙泉、新登二县计算							

我们看了上面小学教育需要调查表的各项统计材料，试来回答本篇开始的三个问题：

一、小学教育机关需要哪几种师资？试观表（一）各县小学最形缺乏的教员以劳作科为最多，计41次；体育（30次）音乐（23次）美术（20次）游唱（19次）次之，又次为自然（9次）与公民（5次）。若以分系计之，则技能科教员需要最大，计填148次；常识科或知识科教员次之合公民计24次。又试观表（三），一般小学中最难胜任的科目亦以劳作科为最多（计53次）音乐（17次）游唱（18次）常识（17次）自然（15次）次之，又次为体育美术公民。算术（15次）地位颇高，次于自然游唱，高于体育美术，欲得胜任而愉快之算数科教员亦殊不多。若以分系计之，亦以技能科教师为最难胜任（计116次），常识科教员次之（计48次），工具科教员又次之（计22次）。又表（三）所载：最难任之职务，训育最多，计占59次；次为教务与经费之处理。如把研究辅导，协助地方事业，社会教育三项合并为校外推广事业（共计7次），则计占难任职务中之第三位，亦为颇可注意之点。

又根据表（五），本省各县小学的学级编制全为复式编制的学校计九九六七校，占全数百分之83；而全为单式编制的学校只四五九校，战全数百分之3.8；全县无一完全单式编制之学校至二十六县以上。又从学级数上来说，全省除九县尚未收到材料外，总计单式学校学级共四三五四级，占百分之22；复式学级共计一五一零一级，占百分之77。复式学级数三倍于单式学级以上。小学教员的供给，应依照地方实际的情形，因此归纳上面所说，本省小学教育机关所需要的师资，是下面各种：

1.技能科的师资，内以劳作科为最大，音乐游唱体育美术次之。

2.常识科师资，内以自然科最大，公民次之。

3.能胜任而愉快的训育人员、教务人员、会计人员、与推广事业人员。

4.复式教学教员，能胜任而愉快的算术教员。

二、第二个问题是要回答：就各地的环境而言，小学教师需要哪几种知识技能与习惯？就是说地方上需要怎样的师资？试观表（二）小学教师尚缺乏的知识，最多为农事（29次），次为科学自然（合计15次）；如分类观之，属于生产劳作方面的知识需要最大（合计42次），常识社会（37次）科学自然（15次）次之，教育方面亦有相当需要（计15次），至于技能方面最需要为农事（18次）劳作（16次）生产（16次），次为美术音乐与复式教学。如分类计之，属于生产劳作方面的技能需要最大（共计64次），体育艺术（19次）及教育方面（18次）次之，社会联络方面亦颇可注意（8次）。习惯方面最需要为勤劳或劳动（47次），次之为卫生与整洁（合计24），又次为接近民众（9次）与进修（8次）俭朴（7次）之习惯。其他如守时，运动，负责，安心服务，与团体合作亦多认为重要之习惯。我们对于第二个问题的结论；地方上需要：

1.具有生产与劳作的知识之教师；科学自然次之。

2.具有生产与劳作的技能之教师；体育艺术次之，教学的技能与联络社会的技能亦颇需要。

3.具有劳动的习惯，卫生的习惯之教师；接近民众，进修，俭朴之教师亦甚需要。

三、第三个问题：现在小学教育机关服务人员的精神与态度怎样？我们根据表（四）可回答如下：

1.不安心服务（72次第一位），2.不负责（72次第二次），3.党同伐异（58或56次第三位），4.赌博烟酒服饰奢侈缺乏办学兴趣。

乙、师范毕业生服务状况调查表各项材料统计

一、根据各校历届介绍的经验，地方上需要哪几种教职员最多？哪几种教职员最少？（表六）

需要最多的教职员		需要最少的教职员	
项目	次数	项目	次数
游唱	5	体育	6
体育	4	图画	2
美术	4	工作	1
音乐	4	技术科合计	9
劳作	4	自然	1
技术	1	社会	2
技术科合计	22	常识科合计	3
自然	4	国语	5
社会	3	算术	4
常识	3	校长	2
常识科合计	10	事务	2
国语	5	专科教员	2
算术	6	专任技术科教员	2
级任	4	高年级教职员	1
低级级任	2	只能担任一二科	1
单级教员	3	规模大的小学需要教务训育及专科技术教员	2
教导	2	规模小的小学需要各科平均发展之教员	2
校长	1		
教务主任	1		

二、就地方上的需要而言，在校学生的训练须加注重的知识技能与习惯。（表七）

知识		技能		习惯	
项目	次数	项目	次数	项目	次数
农事	7	劳作	6	勤劳或劳动	23
劳作	4	生产	5	朴俭	20
生产	1	家事	4	卫生	8
生产劳作合计	12	农事	3	进取勇敢	4
常识	3	工艺	2	负责	3
卫生	3	养蜂	1	合作	3
经济知识	1	养蚕	1	纪律	2
农村社会	1	标本制造	2	诚信	2
社会应用知识	1	生产劳作合计	24	道德上习惯	2
公民	1	美术	6	拒绝烟酒	2

续表

知识		技能		习惯	
项目	次数	项目	次数	项目	次数
社会	1	音乐	6	端方	1
村治	1	游唱	5	机警	1
风土人情	1	体育运动	3	守时	1
古迹	1	国技	1	按时办事	1
市政	1	体育艺术合计	21	非病不请假	1
常识社会合计	15	言语发表	3	平民化的消费	1
科学	3	组织管理	2	有毅力	1
自然	2	保健	1	有计划	1
生理	1	统计	1	和平	1
医药	1	珠算	1		
科学医药合计	7	使用乐器	1		
教法	2	引起儿童兴趣	1		
教育原理	1	应用文	1		
生产教育	1	书法	1		
民众教育	1				
心理	2				
教育方面合计	7				
音乐	2				
体育	2				
图画	1				
技能	1				
技能科合计	6				
国语	5				
算术	6				
珠算	1				
国音	2				
工具科合计	14				

三、各校初毕业生所能担任的最多或最少的科目与职务。(表八)

最多的科目		最少的科目		最多的科目		最少的科目	
项目	次数	项目	次数	项目	次数	项目	次数
国语	16	美术	8	级任	6	校长	6
算术	13	体育	8	低级级任（女）	2	总务	4
工具科合作	29	游唱	5	教务	7	训育	3

续表

最多的科目		最少的科目		最多的科目		最少的科目	
项目	次数	项目	次数	项目	次数	项目	次数
社会	12	音乐	5	训育	6	行政	2
常识	6	工艺	3	校长	2	级任	1
自然	3	劳作	3	事务	2	高级级（女）	1
卫生	1	技能科	2	单级教员	1		
知识科目	1	技能科合计	34	婴儿园主任	1		
常识科合计	23	自然	2	书记	1		
工艺	2	社会（女）	1				
劳作	2	常识	1				
体育	1	常识科合计	4				
美术	1	高级国语（女）	1				
技能科	1	高年级各科	1				
技能科合计	7						

四、照地方的需要并现行课程而言各科有何可增删？（表九）

须增设科目		可删除科目		须增加时数科目		须减少时数科目	
项目	次数	项目	次数	项目	次数	项目	次数
农事	11	幼稚教育	2	国语	9	算学	4
民众教育	4	军事训练	1	自然	4	社会	2
生产及职业教育	3	体育	1	工艺	4	音乐	2
生产科目	3	图画	1	算学	3	教育	1
儿童心理	2	音乐	1	音乐游唱	3	心理	1
教材研究	2	工作	1	社会	3	小学教材	1
应用文	2	童子军	1	小学行政	2	体育	1
珠算	2	伦理学	1	教育实习	2	教法	1
家事	2			心理	2	国语	1
教育史	2			应用文	2	化学	2
商情	1	说明：二十七份调查问表中不填此项或云无可删除者计占二十份		农事实习	1	说明：师资训练机关有高中师范科有三年制或二年制或一年制的师范讲习科，各校课程不同故所填增减二项亦自有异	
簿记	1			美术	1		
科学常识	1			教材研究	1		
社会学	1			体育	1		
园艺	1			教育	1		
幼稚教育	1			童子军	1		
图书管理	1			统计	1		
法利经济	1			美术	1		
合作概论	1			伦理学	1		

五、各校毕业生服务志愿统计

二十七校填此项者十三校，江山与缙云二师讲所所填写为二十二年度，实为尚未毕业之学生，故删去之。兹将其余十一校历届毕业生之志愿统计如下表。（表十）

师范毕业生服务志愿统计表（表十）

（各科下至数字为服务志愿填写次数）

校 别	年度	男	女	国语	算术	自然	社会	工艺或劳作	美术	体育	音乐	游唱	其他
泰顺师范讲习所	21	16	1	4	5	5	10	4	5	6	2	1	
湘湖乡村师范	21	18	2	6	1	7	7	10		8	6		
	20	34	0	10	4	1	4	8	18	7	7		16
松阳初中女子师范讲习所	21		13	4	3	2	2	1	1			1	
	20		10	4	4	2	2	1			1	1	
	19		9	2	2	1	2	1	1		1	1	
吴兴民德女子家事职业学校学保婴师范	20		11	1	2			5	4	2	5	10	11
	19		8	2	3			5	6		6	6	8
余姚师范讲习所	20	29	8	9	7	5	5	3	2	3	1	3	
永康初中师范科	21		14	13	4	13	13	3	2	3	2	2	
淳安初中乡师科	20	31		28	14	14	15	8	5	5	7	6	18
遂安师范讲习所	20	20	1	21	14	14	18	14	10	7	13	9	
	19	23		25	18	16		15	13	19	7	16	13
黄岩女子简易师范	21		25	9	8	3	5		3	4	4	5	4
金华中学高中师范科	21	18	2	16	14	15	15	3	3	5	4	4	1
	20	27	3	20	18	19	22	5	4	7	6	3	2
	19	20	4	18	16	14	20	4	6	5	5	4	2
处属联立初级农业女师讲所	21		11	5	3	2		1		1	1	2	
	20		15	6	2	3	1	1	2				
总计		236	136	213	149	139	157	96	87	96	88	68	62
各科对国语之百分比				100	70.0	65.2	73.7	45	40.8	45	41.3	31.9	

我们看了第二种调查表，即师范毕业生服务状况调查表的各项统计材料，试来回答篇前的后面三个问题。

一、根据师资训练机关历届介绍服务的经验，地方上需要哪几种教职员？试观表（六）需要最多与最少两项的比较：同为技能科需要多的计有22次，同时需要少的亦占9次；同为常识科需要多的10次，同时需要少的也有3次；两者相较技能科与常识科仍为各小学所需要；表中游唱音乐劳作三科列入需要项而不需要项无之，可见三科教师共认为需要，并无异议；自然科在不需要项只一次，而在要项有四次，亦可认为有共同之需要；算术一科需要（6次）者多而不需要（4次）少，体育不甚需要者多（6）而需要者少（4）；此外，职员方面级任与单级教员需要最多，地方上小学多单级与复式的编制，规模甚小，专科教员不甚需要，正是有二个师资训练机关所说："规模大的小学需要教务训育及专科技能教员，规模小的小学需要各科平均发[展]的教员"由是我们可得一结论：

根据各师资训练机关历届介绍服务的经验，地方小学需要：

1.游唱音乐劳作教员最大，自然算术次之，体育最少。

2.能胜任而愉快的级任。

3.规模小的需要各科平均发展的教师，规模大的需要专科教师。

二、第二个问题是：照地方上需要而言，在校学生的训练，须注重哪几种知识技能与习惯？试观表（七）知识一项以农事为最多，合劳作与生产为12次；社会合计亦12次；自然与教育方面各7次，技能科6次，而国语算术合计有11次之多，技能一项生产与劳作为22次，需要最多；次为技能科，合计体育艺术为21次；习惯一项勤劳或劳动次数最多，为23次；次为俭朴（20次）与卫生（8次），其他如进取、负责、合作、纪律、诚信、亦认为重要之习惯，他们对于这个问题可得结论如下：

在校学生的训练照地方上的需要应当注意：

1.生产与劳作方面的知识、社会的知识，国语与算术的知识亦认为重要。

2.生产与劳作方面的技能,属于技能科的技能。

3.劳动俭朴卫生的习惯。

三、第三个问题:根据训练的结果,初中毕业生所能担任的或志愿担任的,以哪种科目或职务为最多?试观表(八)所能担任最多的科目为国语算术,合计29次;最少的科目为美术体育及其他技能科目,合计34次;能任常识科者亦多,合计23次;中以社会一科更多,次于国语与算术。至于能任之职务以教务训育级任为最多,以校长与总务为最少,女子以任低级级任为最多,以高级级任为最少。又观表(十)师范生的服务志愿自然科的志愿,只占国语之百分之65;工艺或劳作与体育均只占国语之百分之45;美术与音乐均为百分之41;最少为游唱,只为国语之百分之32弱。由是我们可得一结论:

根据训练的结果初毕业的师范生所能担任的或志愿担任的为:

1.国语、算术、社会三科最多;自然科次之,技能科如劳作美术体育音乐游唱各科为最少。2.职务方面亦教务训育级任为最多,校长总务为最少。

两种调查表所收集统计材料,除回答篇前所举六个问题以外,尚有照地方上的需要并现行课程而言,各科有何可增删之一问题,观表(九)农事一科主张增设,并无异议;民众教育生产科目及生产教育的亦有增设的需要。须加时数者以国语科为最多,自然工艺次之;至于删除一项,二十七校中有二十校皆云"无可删除",或不填此项;有主张删除幼稚教育者,则云"乡村间绝少幼稚园,无此科目之需要"。须减少时数者,以算学为最多。本身师资训练机关训练时期自一年制至三年制长短不同,且程度有高初之分,课程亦不同,故对此种中调查之答填亦各根据自己的课程以为主张,情形较为复杂,不能单靠表(九)所载以下结论;至次数极少者亦在不足注意之列,不必详论。

综合两种调查表所得材料的通绺与其结果,一为代表地方小学教育之各县教育局,属于聘任方面;一为师资训练机关,属于介绍方面;两方面所述的经验与意见大部分无异;微有不同者只为介绍方面之稍注重算术与国语,因此我们可以对照本篇文题之前半，下一总结论如下：

甲、本省需要什么师资？

一、劳作科及音乐、游唱二科的师资需要最大；次为自然、美术、体育各科的师资。

二、复式教学师资，能胜任而愉快的算术师资。

三、训育人员需要最大，胜任而愉快的级任会计人员推广事业人员次之。

四、规模小的，需要各科平均发展的教师；规模大的，需要专科教师。

乙、需要怎样的师资？

一、具有生产与劳作科的知识，科学与自然的知识。

二、具有生产与劳作的技能，及关于技能科目的技能。

三、具有劳动的习惯，卫生与俭朴的习惯，及接近民众的习惯。

四、负责、安心服务，和衷共济。

本篇文题的前半部既如上答，后半的问题：师范生应当怎样训练；或应培养什么师资？可随前半所得结论而解答。各县小学教育既有如上述师资的需要，各师资训练机关所得的经验与意见亦大都相同；而观表（八）初毕业师范所能担任，概偏于国语与算术；表（十）所统计的结果初毕业生的服务志愿亦复相同，游唱、音乐、美术、劳作、体育、自然各科的志愿俱属甚少；规模大的小学，固难觅此等的专任教师，而在规模小的小学，一教师必须兼任此类科目之数种者，必多有才不胜任，敷衍塞责，以贻误子弟者。为今之计，亟宜准现今师资的需要。矫过往训练的方向，需要怎样的师资，便怎的训练；需要什么师资，便训练什么师资；这是对于本篇文题后半的结论，其实施方法，姑俟诸专论。

（《浙江教育行政周刊》，1933年第5卷第，14/15期，第22—41页。）

对于补救本省小学师资的意见

潘之赛

一、本省小学师资缺乏的情形

本省目前的小学师资，究竟是否缺乏，缺乏的程度如何，看下列的统计表，就可明白。

浙江全省小学教师资格统计表（二十年度）

资格	曾受师范训练者				曾在学校毕业者					非学校毕业者	总计
	大学教育科或高等师范毕业	旧制师范或高中师范科毕业	短期师范训练科毕业	小计	大学或专科学校毕业	中学毕业	职业学校毕业	其他学校毕业	小计		
人数	74	3098	3122	6294	1346	7285	885	8590	18106	4764	29164
百分比	0.3%	10.6%	10.7%	21.6%	4.7%	25.0%	3.0%	29.4%	62.1%	16.3%	100%

就上表观之，我们可有两个结论：

1.本省的小学教师，曾经受过师范训练的，把旧制师范毕业，各种短期师范训练班毕业，高中师范科毕业，大学教育科及高等师范毕业，都计算在内，不过六二九四人，仅占全体百分之二一、六，尚有其余百分之七八、七的教师，都未曾受过师范的训练，新以本省目前的小学师资，可说是很缺乏。

2.本省的小学教师，中学毕业的共有七二八五人，占全体百分之二五，大学，专科学校，职业学校，及其他学校（小学亦包括在内）毕业的，共一〇八二一人，占全体百分之三七、一。可见本省中学毕业生及其他学校毕业生做小学教师的，实际上此师范毕业生为多，所以本省目前小学教育的使命，大部分操在中学毕业生及在他学校毕业生的手中。

二、怎样补救本省小学师资的缺乏

本省目前小学师资缺乏的情形，已如上述，既有这种情形，我们应该怎样设法补救呢？据作者的意见，可分治本及治标两种方法如下：

1. 治本方法

补救小学师资的治本方法，最重要的，当然是创办独立师范，养成良好的师资，以供应用，是人人承认，不必详说。不过在现在经费紧缩时代，要多办新的事业，甚属为难，所以我们一方面固然希望省府方面于无可设法之中，仍能勉强设立几个独立师范，一方面尤希望把现有的省县立普通中学，酌量改办师范学校，其理由如下：

本省初中及高中普通科学生，甚为发达，据二十年度统计，全省初中及高中普通科学生，共计一八四七一人，占中等学校学生全体百分之八四、〇九，师范生不过一八二三人。占全体百分之八、三。中学生既然这样多，毕业以后，没有很多的机会可升学，也没有一定的职业可做，就发生了极大的问题，因此有一部分中学毕业生，都走到小学教师一条路上去了。所以小学教师资格的统计结果，有百分之二十五是中学毕业生，其所占的百分比，反比师范生大。我们既然知道现在中学毕业生做小学教师的这样多，那末何妨把现有的普通中学，酌量改办为师范学校。其办法把这几个中学，以后停止招收中学生，改招师范生，俟原有中学生毕业后，就可成为独立师范。这样，一方面可使合格的小学教师增多，一方面可减少中学生的拥挤，岂非两得其益。与本省相邻的江苏，现在已经把一部分的省立中学改为师范学校，我们亦可仿照而行。

2. 治标方法

创办独立师范学校，或把现有的中学改办师范，是补救小学师资的治本办法，上面已经说过了。但是完全师范的训练，年限较长，还不能应付目前的急切需要，所以除治本方法以外，我们还应得研究治标方法。治标方法，可分两种如下：

第一，在别种学校内（如中心小学）附设简易师范科或短期师范训练班这种办法，是在短期间内造就适用的小学教师，虽然训练期间不长，未必尽善，但若在学校时能够加以严格的训练，毕业后去服务，比不合格的教师，总可好点。本省各县开办这种简易师范的，现在已有二十余所，但是照目前情况而论，小学师资既然这种缺乏，这二十余所的简易师范，还嫌不够，未设的县份，应该继续增设。不过县立学校，大约经费支出内容简陋的居多，应以省款补助才可。

第二，强迫现任小学教师进修，这办法比第一种更为简便，可用最直接最切实的手段，来辅助不合格的小学教师。不过进修的方式很多，例如暑期讲习会、函授部、研究会等都是；倘若只有形式，不切实际，或零零碎碎，没有系统，都不是很好的办法。我们应该筹设很完美的小学教师进修机关，聘请良好的讲师，选择适宜的书籍，用函授方法，叫现任小学教师分期学习，务使他们对于教育学科，得到一种系统的知识及应有的能力，必要时也可抽调讲习，使他们直接受到讲师的指导。在进修终了之后，尤须进行严格的考试，考试及格，给予一种合格的证明书，这种办法，效力可与短期师范训练班相仿而且比较的更能切合实际。本省教育厅及省立杭州师范，对于这种进修机关，现在均已举办，不过尚未能十分普及。我们希望良好的小学进修机关，能够相继设立，已经设立的能够把范围扩充，务使全省现任小学教师，都有进修的机会，一方面尤须用行政的力量，强迫现任不合格的小学教师加入进修，这样进修的机会就可格外普及。

三、怎样使师范生毕业后实际去服务

我们要实现师范学校的功能，以补救小学师资的缺乏，必须使师范生毕业后个个去服务。照现在的实际情形而言，有一部分师范毕业生，另就他职，不到教育界去服务；亦有一部分毕业生，想去服务，但是一时找不到适当的机位。这种事实，完全与我们的理想相违背。照我们的理想，师范毕业生当然以服务教育为其天职，不应另谋职务，且小学师资如此缺乏，师范生

毕业后一定供不应求，决不会找不到服务的机位。但是事实简直有与理想相反的地方，这究竟是什么缘故，我们应分析研究，求其症结所在，然后加以改进。务使我们提倡师范教育的目的，能够完全达到，不致因此失败。现任分别说明于后：

1.师范生毕业后所以不到教育界服务，不外乎两种原因：第一，他的志向本不在乎教育，因为某种便利，所以来投靠师范学校；第二，他以为小学教师的报酬微薄，所以毕业后改就他业。关于第一层，师范学校在招生的时候，应该切实向投考生调查明白，凡志愿与师范不符合的，劝其不必来考，即已考取而发现志向不符合的，亦可助其转学。关于第二层，我们应该规定师范生服务规程，切实执行，勿使师范生毕业后因利思迁，改就他业。不过这个问题，单靠行政界规定的几条办法，不能十分生效，大部分要靠师范学校教职员，对于学生在校时，应该加以多方面的陶冶，使学生感有十分的教育兴趣，毕业后不致改变其志向；对于学生毕业后，如服务的指导，机位的介绍等等，尤应负极大的责任，务使学生毕业后的服务，达到最完善的地步，倘使一个师范学校的教职员，平时虽然努力，但是对于学生毕业后的服务问题，毫不负责，决不能算是已经完全尽了他的职务。

2.师范生毕业后，虽然可用种种鼓励或强迫的方法使其服务，但是最重要的关键还是在乎待遇问题；倘使待遇问题不解决，无论如何设法，总之不易收获。本省小学教师的待遇，真是微薄极了，据二十年度的统计，全省小学教师月薪平均为一〇、八四元，这种待遇，可说比任何的职业报酬要低，实在不能维持生活。处在这种环境之下，师范生岂能个个不见异思迁。所以各县教育经费，虽然十分困难，但是对于小学教师的待遇，总得设法提高一点，以维持其生活；并须切实规定年功加薪及养老恤金的办法，以安定其生活，否则要使师范毕业生个个枵腹从公，所有切实的职业陶冶及严格的服务规程，亦不能生效力。

3.师范生毕业后，所一时找不到机位，最大的原因由于小学教师的职务不专业化。凡粗通文字以及一时无优良地位的人，都可以来充当小学教师，师范生自然找不到服务地位了。要改革这弊，须切实规定各地小学服务的办法。凡各小学校长除有特殊情形外，不得拒绝师范生，而任用不合格的小学教师。

4.有一部分师范生，并非真正找不到服务的机位，实在因为他们所入的学校是在城市，所以他们所希望的机位，也须在城市附近，并且须报酬较多，至于地点偏僻而报酬较少的，则不愿去，因此就没有适当的机位可找。要补救这弊，须从待遇及地点两方面着想。待遇一层，上面已经说过了。讲到地点一层，我们以后设立师范学校，必须择在乡村或偏僻的县份，才可使师范生毕业后到邻近的乡村服务，不致再拥挤到城市里去，因为把师范学校设在乡村，所招收的学生，自然亦住在乡村的为多，他们习惯了乡村生活，不希望城市去。即使他们的家庭住在城市，但他们在学校里受了种种陶冶，以后从事乡村教育为乐，毕业后不致改变他们的去向，这样，师范生毕业后，自然很容易找到适当的服务地位，乡村小学，也不至于请不到师范生了。

四、结论

总结本文的意思，有下列几点：

一、本省目前的小学师资甚为缺乏，二十年度小学教师资格结果，受过师范训练的只占百分之二一、六，其余都系不合格的。

二、本省小学师资既然这样缺乏，所以应该急谋补救之法，补救之法有两种：

1.治本方法，应该多设立独立师范，养成良好的师资；倘若为经费所限，不能多设，那末可把现有的普通中学，酌量改办师范学校。

2.治标方法，应该多设简易师范科或短期师范训练班，可以在短期间内养成适用的小学教师；一面尤应筹办良好的小学教师进修机关，强迫现任不合格的小学教师加入研究，并严格考核其进修的结果。

三、要实现师范学校的功能，以补救小学师资之缺乏，必须使师范生毕业后个个去实际服务。关于这层，有下列四种办法：

1.师范生在校时，应该积极陶冶其职业的兴趣，毕业后，应该照所定的服务规程鼓励或强迫其服务；这种责任，大部分应由师范学校教职员负责。

2.各县教育行政当局，应该竭力设法提倡小学教师的待遇，并须实行年功加俸等办法，务使师范生毕业后，不因待遇过薄而改就他业。

3.师范生毕业后的服务，应采取分派的办法，各小学校长，除有特殊情形经行政当局许可外，不得拒绝师范生而任用不合格的教师。

4.以后设立师范学校，地点应择在乡间或偏僻的县份，使师范生毕业后，都可在附近乡间服务，不致因地点问题而发生服务上的困难。

以上所述，都是补救小学师资的问题，目的在使师范毕业生担任小学教师的日见其多，不合于的小学教师逐渐淘汰。至于师范生担任小学教师，是否确能比不合格的教师优良，这是另一问题，——师范生的训练问题——此处不再说明了。

（《浙江教育行政周刊》，1933年第5卷，第14、15期，第41—45页。）

中等师范教育[①]（节选）

1. 兴办中学校及职业学校

吾浙中等学校成立最早者，当推省立第一中学。清光绪二十四年创办，创办人杭州知府林启，当时校名杭州府中学堂，经费约计二万四千元，设监督一人，主持校务，学级分五级，五年毕业，学生二百余名。未几，各府属热心教育人士咸闻风筹设中学堂，若宁波、绍兴、温州、嘉兴、台州等府皆相继先后成立。光绪末年，十一府属均各设中学堂一所，校址除杭州宁波绍兴三处外，余均由书院旧址改设也。其时，宁波、绍兴、金华、温州、处州五处，并各设师范学堂一所，校址亦多由书院改设，又杭州中等蚕桑学堂亦

---

① 题目编者另加。

于此时成立。宣统元年，就原有各府中学堂改为省立，其经费由省行政经费支给，校名第一第二……依府属次序也。第一中学设在杭县，第二中学设在嘉兴，第三中学设在吴兴，第四中学设在鄞县，第五中学设在绍兴，第六中学设在临海，第七中学设在金华，第八中学设在衢县，第九中学设在建德，第十中学设在永嘉，第十一中学设在丽水，学级编制分四级，如每级学生数众多，得复分数组，毕业期限四年，学校行政于校长之下设学监舍监会计庶务等。宣统二三年间，杭州、宁波等处均先后各设实业学堂。

2. 兴办师范学校

民国二年，民政长朱瑞教育司长沈钧业以普及教育首在设小学，整顿小学端宜储师资，于四月间向省议会提议筹设省立师范学校，其文曰："查本省学龄儿童现正从事调查，未知确数，据各国统计之成例，学龄儿童至少约估人口十分之一。吾浙现在人口约有一千八百余万，以上例计之，学龄儿童当有一百八十万人以上，以学龄儿童一千五百人每年须出师范生一人为标准，吾浙每年非养成师范生一千二百余人，则不足为强迫教育之预备，设每校每年招收学生二级或三级，全省非设立师范学校十余所不可。回顾吾浙财政左支右绌，罗掘为难，势不能不与此项师范教育经费骤予扩充，因于通盘筹划之中，而为逐渐进行之计，除原有省立两级师范学校将其初级师范划分为第一师范学校外，即以接收各属原有之公立师范学校为入手办法。查吾浙各属原有公立师范学校，计有宁波、绍兴、金华、温州、处州五校，向来经费本不充裕，光复以后，或因鱼团盐厘之改征，或以契税平于之裁革，支持益复为难，殆有不可终日之势，与其别图新创，孰若维持原有，况将旧校接收而改办之？因其基础，量为扩充，与夫建设新校，事事草创，其用材多寡，办理难易之势，尤不可同日而语，故斟酌本省之财力，参照教育之现状，于本年施行接收，将宁波师范学校改为第二师范学校，绍兴师范学校改为第三师范学校，金华师范学校改为第四师范学校，温州师范学校改为第五师范学校，处州师范学校改为第六师范学校。"

斯时省议会议员咸认师范教育为造成小学师资要图，一致赞同是项提案，经议决每旧府属各设师范学校一所，其地址与省立之中学同，校名亦以第一第二……称之，经费悉由省税支给，并议决凡各府属已设立之地将原有者改为省立，未设者限民国三年七月一日以前，一律成立。第一师范以省立两级师范学校划分初级一部改设之。同时将杭州昭章、陈敬第、孙智敏等在光绪三十年创办之浙江女子师范学堂改为省立，并补助省款于嘉兴女子师范学校旧宁属县立女子师范学校绍兴明道女子师范学校，复免收省立师范学校学生学膳费，以广造就。是时师范学校分预科本科，预科为欲入本科者施必需之教育，考选高小毕业生，修业年限一年，本科修业年限四年，课程于普通科目外，加习教育科目，女子师范加课缝纫、烹饪、家事三科。

3. 中学校师范学校合并

民国十一年教育部公布新学制，改订中等教育段修业年限与实施原则，吾浙于十二年由教育厅制定省立各校改组办法，计十六条，如左：

一、凡旧制之省立中学校及师范学校，各就其所在地将中师两校合并，改名为省立第几中学校。

二、旧制省立女子师范学校改名为省立女子中学校。

三、凡旧制省立中师各校（女师在内）之旧有学级，除中学校之二年级外，其课程及年限，概仍其旧。

四、凡旧制省立中学校之二年（即民国十二年暑假后之第二学年）应照新学制初级中学第二年课程标准，变更其原定课程与年限，于十三年度末毕业。

五、凡省立中学校自十二年度起，应一律设三年期之初级中学及师范讲习科，皆系收受旧制之高等小学毕业生。

六、省立第一中学校自十二年度起，先设二年期之高级中学普通科两班，师范科一班，皆系收受旧制四年毕业之中学生，至十三年度末毕业。

七、各省立中学校最迟自十四年度起，应开三年期之高级中学，但得视各地方需要，酌设二年期之高级中学。

八、各省立中学校之初级中学施行普通教育外，得视地方需要，兼设各种职业科。

九、旧制省立甲种农业蚕业商业水产森林各学校，应一律改为省立职业学校，其公立工业专门学校附设之甲种工业学校，应改为公立工业专门学校附设职业学校。

十、各职业学校之旧有学级，仍照原定课程年限，赓续办理，但本科一年级二年级得视地方需要，变更其课程与年限。

十一、各职业学校自十二年度起，应照新学制招收新生，其修业年限及程度，得酌量各地方需要情形定之。

十二、各职业学校应自十三年度起酌设职业教员养成所。

十三、公立医药专门学校、工业专业学校、法政专门学校自十四年度起，应提高其程度，与高级中学相衔接。

十四、旧制各校之学舍监制，一律废除，每校设教务主任一人。中学校之初级中学科师范讲习科及旧有学级之中学部师范部，每级设学级主任一人；专门学校及高级中学每科设学科主任一人；职业学校得视其科目，级之繁简，酌设学科主任或学级主任。

十五、各中学校之旧有中学师范两部，各设主任一人（校长兼任其一），专掌各该部教务及事务。

十六、各中学校及职业学校之教员修金，应一律废除钟点制，改行专任教员制，但一学科钟点过少者，得添聘兼任教员。

是年秋，省立各中学校及师范学校，各就所在地将中师两校合并，改称省立第几中学校，省立女子师范改组为省立女子中学，又省立职业学校亦照此改组办法，变更校名与组织，又各县立私立中学等亦均按照新学制办理。当时省立中学办有高中者，计第一第四第七第十中学及女子中学，其余均为初中程度。

4. 兴办高级中学乡村师范民众教育实验学校

民国十六年六月，国立第三中山大学为筹办大学，提高省立高中程度起见，合并省立第一中学校及省立女子中学校，改称省立第一中学第一部第二部。十七年六月，为造就乡村小学师资，在萧山湘湖农场附近开办省立乡村师范学校一所。十八年七月，为欲将高中毕业生之程度与浙江大学本科一年级程度相衔接，经省政府委员会议决省立第一中学校改为专办初中，其原有第一第二两部之高中普通师范二科及省立高级商科中学，合并改组为省立高级中学。又以省立女子产科职业学校，系属助产性质，将该校改隶民政厅，与省立助产学校合并办理。本年度为造就民众教育师资及教育行政人员，就杭州法政专门学校旧址，创设省立民众教育实验学校一所。又以本省实业教育不发达，省立农工学校，尚付缺如，而浙江大学农工两学院附设之高级中学因经费关系，将逐年结束，特提拨省款补助，使继续维持。

5. 历年学校数经费数学生数毕业生数

年度	学校数	经费数	学生数	毕业生数
元年	50	434746元	6814	866
二年	63	565624元	8652	1009
三年	78	595221元	8734	1302
四年	67	694666元	8905	1349
五年	59	694168元	9255	1876
六年	57	719534元	8787	1270
七年	54	751554元	9462	1597
八年	55	842973元	9813	1637
九年	52	802479元	9507	1600
十年	60	866909元	10289	2009
十一年	63	882464元	10987	2001
十二年	86	1003555元	14808	2056
十三年	81	1004649元	12903	3050
十四年	75	1032044元	12488	2624
十五年	80	1119069元	11778	2541
十六年	82	1444356元	12806	2717
十七年	90	1592742元	14897	2698
十八年	105	1793280元	15183	
十九年	109			

注：十八十九年度除学校数外，于因各校呈报教育厅未齐，无从统计。又十八年度105校内职业学校占商科七，蚕桑四，女产四，女职二，工

科一，农科一，水产一，计二十一所。至师资训练机关，内占师范讲习所十二，师资训练班十，师范讲习科九，高中师范科五，乡村师范科二，省立乡师一，计三十九所。

此外尚有特种学校，如民政厅直辖之浙江省立女子助产学校、地方自治专修学校、浙江省警官学校；建设厅直辖之浙江省立水产科职业学校、浙江省立女子蚕桑讲习所、浙江省建设人员养成所；财政厅直辖之浙江省财务人员养成所，共计七校。

6. 其他历年经办事项

其他经办事项，以过去言之，如民国五年秋，举行全省中等学校联合运动会，七年春，举行第二次全省中等学校联合运动会，同年暑假期内，举行全省师范学校校长会议，九月间举行全省中学校校长会议，八年一月举行全省甲种实业学校校长谈话会，同年派遣省立师范学校校长视察日本教育，九年起举行中等以上教育行政研究会，连续举行四年，每年在七月间举行之。至最近进行事项，举其大者有如左列数项：

甲、订定关于学校及学生两方面之章则。子、订发中等学校校长教员训育事务等人员及学生注意事项。丑、订发学生生活表。寅、订定学生成绩考察及计分法。卯、订定中等学生升学指导标准。辰、订定指导课外活动标准。巳、订颁师范讲习所科目学分暂行标准。

乙、办理私立学校立案。全省私立中等学校，计有四十三校，迭经教育厅令饬遵照私立学校各项法令规定呈请立案，兹各校先后遵令呈请立案经核准者，计二十校，其尚未呈准立案之私立中学，教育厅严令催促，限于本学期内将立案手续办妥，否则严予取缔，或即勒令停闭之也。

丙、征集本省中等学校各科设备标准。学校设备关系教育效率，颇为重要，为谋全省各中学设备有所准则，并为整理全省各中学设备之初步计划，以求增进经济效用，及教育效率起见，拟编订浙江省初中及高中各科设备暂行标准。第兹事繁重，在着手编订之先，当向各方征集意见，以收集思广益之效，同时更注意切合本省各中学实际情形，以期妥善完美，便于施行，特印发征集浙江省初中及高中各科设备标准草案办法，先由各校拟定草案，以供编订之参考。

丁、筹备举行全省中等学校成绩展览会。为将全省中等学校成绩公开表示，借互相观摩以资促进起见，定于本年暑假期内举行全省中等学校成绩展览会，规定出品种类分学校行政、学校成绩、教职员成绩三大类，已有本厅指派人员从事筹备进行。

吾浙中等教育与时俱进，年有可观，其概略已由上述，惟亦有使吾人追怀往事而有无穷之憾，即民国十二年发生省立第一师范学校毒害学生校役一案。全校教职员学生校役于是年三月十日晚饭后全体呕吐。经医士化验饭中含有砒霜，由厨役供认由学生数人主使，因受贿下毒饭中，计毒害学生二十二人，校役二人，所幸于经中西医士急救治疗，皆由死里逃生，此种惨案，实亦吾浙教育史上尚未曾有之事也。

（孙菲侯：《浙江教育史略》，杭州：浙江教育厅出版1933年版，第29—40页。）

（二）

民国中期浙江乡村师范史料

乡村教师应有的精神

项磊潾

克苦耐劳一举一动都有艺术兴趣
革旧建新随时随地利用科学方法

现在军政时期已过，训政时期开始，各种事业渐渐地建设起来，在建设时期中，以教育建设为最要，中国农民占得百分之八十以上，几乎全数目不识丁，终日勤劳，还不能维持生计，千万这种困苦现状，都因教育不发达的结果，农友们没有求知的机会，所以现在最要紧的，便是普及乡村教育，使个个农友和儿童都有受教育的机会。

普及乡村教育，声浪已震动全国了，空口喊喊，非常便当，实地去进行起来，不知要发生多少不易解决的问题，在各问题中，最难解决的：就是经济问题和师资问题。要实行普及教育，必要有一大宗的经费，才可着手进行，不［然］，便是无从去普及。现在中国这样穷困，则钱从何而来呢？现在的乡村小学，大概都是有名无实，是私塾的变相，不过加上一个校名罢了！师范毕业的也是不多，能为农民谋利益的教师，更少了！乡村小学的师资，何以这样缺乏呢？都因乡村小学太苦，耗费精神太多，所得的报酬又是很少，于是一般能力较强的人都跑到城市中，享福去了。我们若是要普及教育，建设新农村，小学教师必要是很有为的人才要将整个的心献给农友和儿童，并且做农民和儿童可敬爱的导师，以小学作为改造社会的大本营，打破学校和家庭的隔膜。负改造社会重大使命的教师，须有下列的资格，不然，不配负这种重大的使命。

克苦耐劳一举一动皆含艺术兴趣。"取人之长，补己之短。"这两句话，有千古不磨的价值，做小学教师者，应十二分容受这两句话，并且要将己之所长，以补农友之短。

克苦耐劳，是农友的特长；日出而作，日入而息，不怕狂风恶雨，又不惧寒霜烈日，上高山，挑重担，农友有这样强健的精神，以人力去战胜自然，小学教师必要十二分的热情，向农友去学习，和农友为伍去工作，这样一来，和农友发生很好的感情，能把一切阻力化为助力，不过要养成克苦耐劳的习惯，必要有相当的体格才行，不然，就是很有克苦耐苦的志愿和决心，亦是无济于事了。谈到体格问题，我又连［联］想到母校——回浦中学——陆翰文先生，常常对我们说道："你们到学校里来，并不是为求一些知识算了，是来学做人的方法，求知识也不过是学做人方法中的一部分，学问虽求得很好，若是品行不好，作恶于社会，学问愈好，则作恶更甚，这些学问，就会变为作恶的利器。若是你们的学问，品行均好，但是体格不好，终日病于床上，或是中途夭折，命赴黄泉，则学问，品行均好，有何用呢？做人唯一的条件，是锻炼强健的体格，次则修养高尚的道德，有了强健的体格，和高尚的道德，不愁求不到高深的学问。德、智、体三育是发生连环性，要平行前进的，缺一就不行了。"凡人若无强健的体格，非但不能到乡村小学去做教师，吃这样的苦，而且一切最容易事情，也是不能干的。

艺术的观念，农友特别缺乏。农友只知终日勤劳，过单调的生活，什么

"美""清洁""图画""音乐""新剧"等，均无暇顾及，稍有空闲的时候，只有拿极简易的骨牌和烟酒来消遣，来调剂单调的生活。做小学教师者时常与农友接近，以美的观念，清洁的习惯，在无形中印入农友的脑筋，以图画、音乐、新剧等，给农友欣赏，去调剂他们单调的生活，可以免除了打牌，和抽烟的恶习。至于儿童，尤其欢喜欣赏艺术，学习艺术，创造艺术，教师可以利用艺术，来引起儿童学习各学科的动机，而且养成儿童高尚的道德，和锻炼体格的出发点。教师将校中各场所，用艺术的手腕，布置得非常精美、清洁，使儿童发生恋恋不舍学校之感情，教师对于儿童的态度，应非常亲善、和蔼，一举一动都要活泼有趣，含有一种艺术的意味，使儿童看到，无不眉开眼笑。这样一来，儿童对于教师必是很亲爱，对于学校必是很欢喜，可以免掉儿童不上学的恶习了。

革旧建新随时随地利用科学方法。科学昌明，社会的进步，一日千里，没有一刻儿可以停留。交通便利的城市，容易接受新文化的改革，荒僻的乡村，素无新文化输入，今年如此，明年亦是如此，总是没有一些儿改革，触目的事物，都是旧的、背时的。新的、入时的事物，实在很少。做小学教师者，应革除一切背于时代的事物，以科学方法来建设新的，去代替旧的。农友们完全没有知识，每天只知勤苦，不知想方法去改良自己的工具，千百年前的锄头、渔网、犁耙等工具，一代一代的传下来，完全一些没有改革，至今也还是最得用的工具。拜菩萨、寻风水、缠小脚、穿耳环等恶习，都是千百年前的传下来的，这种迷信及恶习惯，在乡村中是不算稀奇的，随时随地都能见到或听到的。小学教师和农友接近，一方面，可以随时随地。以科学的方法向农友解释和劝告，在无形中将农友十八世纪的旧脑筋洗涤一下，重行灌输新鲜的知识，不知不觉间可以破除迷信，打倒恶劣的习惯。另一方面要改良工具、种植的方法和种子等，使农友得益，这样一来，农友们的精神上和物质上，不知要减少多少苦痛？增进多少利益呢？

乡村小学教师和农友为伍，能发生很密切的感情，可将一切阻力化为助力，学校和学生家庭的隔膜，可以打得粉碎，乡村小学才能为改造社会中心。养成儿童喜欢的习惯，训练有为的人才可从此起点，普及教育亦可从些达到目的了。

（《湘湖生活》，1929 年第 4 期，第 14—17 页。）

浙江省立乡村师范学校共同生活会组织大纲

一、定名

浙江省立乡村师范学校共同生活会

二、宗旨

以培养自治的能力，合作的精神，并改造乡村教育实际的干才为宗旨。

三、会员

本会会员暂定两种如下：

（1）当然会员——由本校全体人员及中心小学教员充之。

（2）特别会员——由长期参观者充之。（但开会时只能列席，有发言权，无表决权。）

四、组织

本会组织法如后：

（1）主席一人——校长为当然主席。

（2）纪录一人——由会员轮流充任之。

（3）主任——每部一人由指导员充任之，总理各该部内一切事宜。

（4）干事——每科设干事一人，由该部主任选任之，遇必要时得添请助理干事，但须经该部主任之同意。

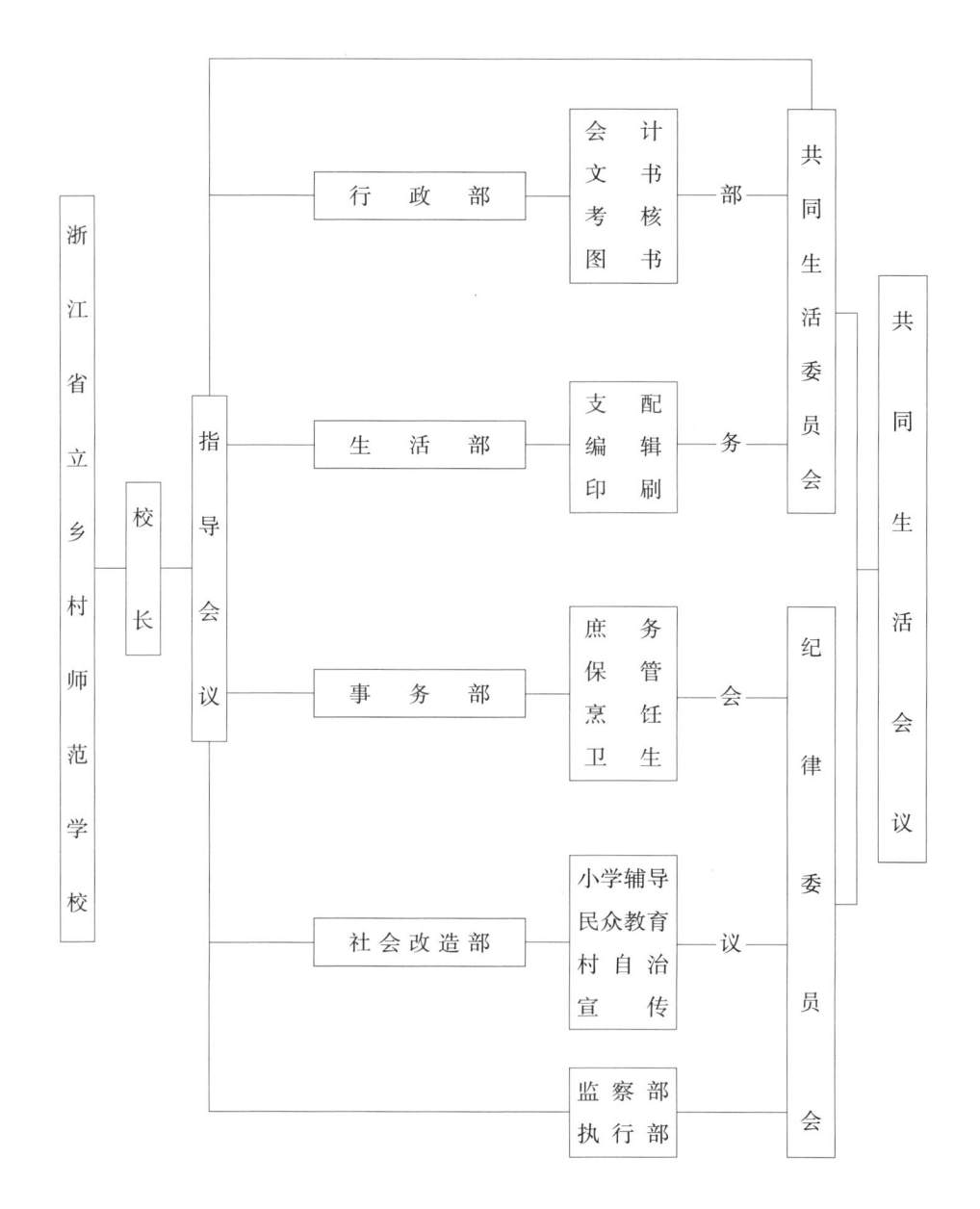

浙江省立乡村师范学校组织图

五、职权

职权之规定如后：共同生活会议——本会议有处决共同生活一切事宜。

（《湘湖生活》，1929年创刊号，第63—64页。）

浙江省立乡村师范学校组织大纲

第一条 本校为办事便利起见，分设五部如左：

  一、生活指导部——处理共同生活一切事宜

  二、行政部——处理行政上一切事宜

  三、社会改造部——处理村自治及民众教育事宜

  四、儿童教育辅导部——处理关于小学及幼稚园一切事宜

  五、图书部——处理各种书报杂志刊物等事宜

第二条 各部设主任一人，但为办事便利起见，得分设若干股

第三条 生活指导部设主任一人分设各股如左：

  一、编辑股　编辑一切刊物等事情

  二、支配股　支配工作及工作地点等事情

  三、考核股　考核工作勤懒及请假等事情

  四、出版股　管理关于印刷刊物等事情

  五、材料股　管理关于油印材料等事情

  六、招待股　管理关于执行来宾等事情

  七、卫生股　规划检查清洁置备药品等事情

  八、注册股　管理登记保管各项成绩等事情

第四条 行政部设主任一人，分设各股如左：

  一、文书股　办理公牍抄写公文保管公文等事情

  二、保管股　保管校具等事情

  三、庶务股　管理全校杂务及购买物品等事情

  四、交通股　管理邮政及其他交通等事情

  五、烹饪股　管理膳事及账目等事情

第五条 社会改造部设主任一人，分设各股如左：

一、民众教育股　办理民众夜校民众茶园及其他社会教育等事情

二、村自治股　依据村里制办理乡村自治等事情

三、宣传股　办理通俗演讲及其他宣传等事情

四、娱乐股　办理民众娱乐等事情

第六条　儿童教育辅导部设主任一人，分设各股如左：

一、总务股　办理关于本部总务上一切事情

二、统计股　办理关于调查统计等事情

三、编审股　办理关于中心小学材料及儿童刊物出版等事情

四、会计股　管理关于中心小学经费出纳等事情

五、文书股　办理关于本部公牍抄写等事情

第七条　图书部设主任一人，分设各股如左：

一、总务股　办理购书及编制图表等事情

二、出纳股　管理借书统计及保藏书籍等事情

三、编目股　专司登记分类编号等事情

四、杂志报章股　管理杂志报章等事情

第八条　本校设指导员会议处理全校一切事宜，各部部务会议处理各该部进行事宜。

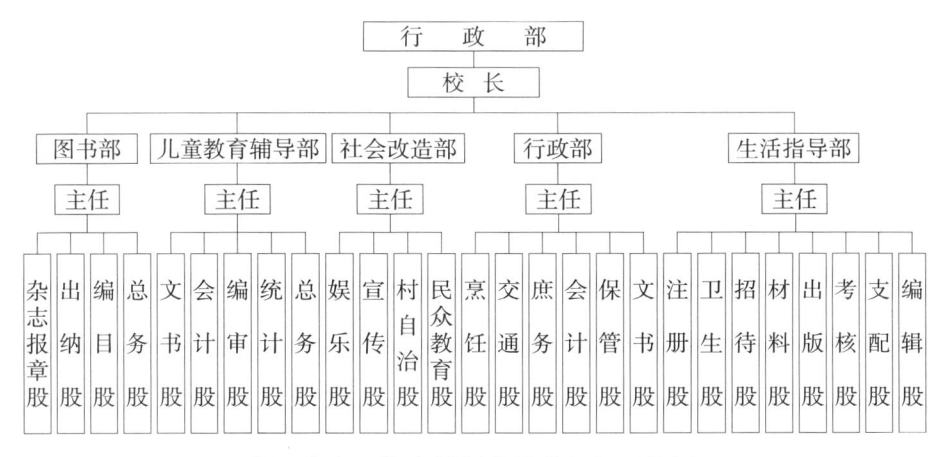

浙江省立湘湖乡村师范学校组织系统图

第九条　本校如有临时事项发生，须设置临时委员会时提出指导员会议设临时委员会，于事务终了时取消。

第十条　各部事务进行于每星期举行会议一次，如有必要时由主任召集临时会议。

第十一条　各部规程经指导员会议通过后施行。

第十二条　本组织大纲经指导员会议通过后施行。

第十三条　本组织大纲如有未尽妥善处，经指导员会议提出修改之。

（《湘湖生活》，1929 年第 6 期，第 3—6 页。）

湘湖教育建设

（又名浙江省立乡村师范学校五年计划大纲草案）

方与严

这个湘湖教育建设计划甫成，与严即因故辞职。不过湘湖之能否用教育的力量来做一切建设的基础，全靠同志之努力。所以不揣固陋，仍把这个计划揭载出来，聊备继斯任者之参改。

与严附注

计划好比是一个指南针，走路有了指南针，一定不会错了方向，做事有了计划，也必定不会先后倒置，急其所缓，缓其所急了。所以凡做一事，必定先要预定计划，然后遵照程序，按步就班做去，可以随时观成。

本校根本责任，在于创造乡村教育新生命，乡村教育的新生命维何？即中国国民党的改良农村组织，增进农民生活之政策使命是已。因为国家之基本组织在于乡村，乡村之建设如果良善，则国家之基础必稳固。所以从事乡村教育的人们，要以教育的力量业改进一切，创造一切，于是一切进行，不但要顾及学校的发展，还要顾及整个社会的发展！同时即要负着改造社会创造新村的使命。

本校的位置，是处在浙江萧山之湘湖。湘湖为一极有希望的乡村环境，惟是地瘠民贫，困苦万状！因此本校所负的使命，即不能以训练若干师范生为已足，并同时要负着训练湘湖民众，改良湘湖组织，增进湘湖生活，及以教育的力量来建设湘湖计划的责任了。所以本校所定计划，一方要顾及谋全省乡村教育的发展，另一方即须顾及谋整个湘湖教育的普及。发展乡村教育，建设湘湖，一而二，二而一而已。爰暂定本校五年计划如次：

一、关于师范生者；

二、关于小学者；

三、关于社会事业者；

四、关于农艺者；

五、关于科学设备者；

六、关于指导员者；

七、关于经常费者；

八、关于建设者。

（一）关于师范生者：

逐年人数：

第一学年40人

1. 培养小学导师及师范导师40人。

第二学年80人；艺友8人：

1. 培养小学导师70人：

   甲、原有40人；乙、新招30人。

2. 培养县立乡村师范导师10人：

   甲、原有无定额；乙、新招10人。

3. 艺友8人。

（招收艺友，以我们所办的小学为标准，完全小学招收2人，初级小学招收1人）

第三学年 120人；艺友18人：

  1. 培养小学导师者90人：

   甲、原有70人中，修业期满者40人，尚余30人。

   乙、新招60人。

  2. 培养县立乡村师范学新导师30人：

   甲、原有者已修业期满；乙、新招30人。

  3. 艺友18人。

第四学年 160人；艺友22人：

  1. 培养小学导师120人：

   甲、原有70人中，修业期满者30人，尚余60人。乙、新招60人。

  2. 培养县立乡村师范学校导师40人：

   甲、原有者已修业期满；乙、新招40人。

  3. 艺友22人。

第五学年 200人；艺友30人：

  1. 培养小学导师160人：

   甲、原有120人中，修业期满者60人尚余60人；乙、新招100人。

  2. 培养县立乡村师范导师40人：

   甲、原有者已修业期满；乙、新招40人。

  3. 艺友30人。

（二）关于小学者：

  甲、逐年扩充数目：

第一学年：

  1. 有初级小学四所。

第二学年：

  1. 有初级小学六所；2. 扩充完全小学二所。

第三学年：

  1.有初级小学十所；2.扩充完全小学二所连原有共四所。

第四学年：

  1.有初级小学十四所；2.完全小学四所。

第五学年：

  1.有初级小学二十所；2.完全小学五所。（新设一所）

  乙、逐年设立地点

第一学年：

  甲、初级小学四所

    1.定山；2.青年庄（湘北）；3.东汪（湘西）；4.塘下施（湘东）。

第二学年：

  甲、初级小学六所

    1.新设者四所：淳安堰头（湘东）、横筑塘（湘南）、闻家堰（湘西）、马湖桥（湘北）。

    2.原有者二所：青山庄、塘下施。

  乙、完全小学二所

    1.新扩充成立者二所：定山、东汪（湘西）、湘北附。

第三学年：

  甲、初级小学十所

    1.新设者五所：施家桥（湘东）、戚家庄（湘南）、汪家堰（湘西）、塘子堰（湘北）、中孙（湘东）。

    2.原有者五所：青山庄、淳安堰头、横筑塘、闻家堰、马湖桥。

  乙、完全小学四所

    1.新扩充设立者二所：闻家堰（湘西）、塘下施（湘东）、湘南附。

    2.原有者二所：定山、东汪。

第四学年：

甲、初级小学十四所

1.新设者五所：徐家坞（湘东）、潘家里（湘南）、后山周（湘北）、大湖村（湘北）、傅家池（湘北）。

2.原有者九所：青山庄、淳安堰头、横筑塘、马湖桥、施家桥、戚家庄、汪家堰、塘子堰、中孙。

乙、完全小学四所

1.新设者无

2.原有者四所定山、东汪、闻家堰、塘下施。

第五学年：

甲、初级小学十八所

1.新设立者四所：大窑里吴（湘东）、童家湫（湘南）、瓦窑庄（湘北）、湫上王（湘北）

2.原有者十四所：青山庄、淳安堰头、横筑塘、马湖桥、施家桥、戚家庄、汪家堰、塘子堰、中孙、徐家坞、潘家里、后山周、大户村、傅家池。

乙、完全小学五所

1.新设立者一所：长河镇（湘北）

2.原有者四所：定山、东汪、闻家堰、塘下施。

说明：整个的小学，包含自幼稚班起，以至高级小学止，所以我们的初级小学及完全小学，均须设有幼稚班，以符教育之原则，而适乡村之需要，不另立幼稚园名目。

丙、分区设立地点

第一区师范本部：定山

第二区湘东：

淳安堰头，其余史家村等村属之

塘下施，其余岭头田大湾里等村属之

施家桥，其余跨湖桥罗家坞王家里等村属之

徐家坞，其余上孙王家坞外开坂等村属之

中孙、荷花池头：其余小窑里吴金家坞单家坞湾里沈家里姚家里王家里等村属之

大窑里、吴湫口、闸头坞、二坞等村属之

第三区湘南：

潘家里，其余朱闻童王等村属之

横筑塘，其余徐家里等村属之

戚家庄，其余亭子头大湾等村属之

童家湫，其余朱家坞等村属之

第四区湘西：

闻家堰

东汪，其余回廊村等村属之

汪家堰，其余三前吴杨家湾等村属之

第五区湘北：

青山庄，其余王家村、青山头、新凉、湾里庄、长池头、后王寺等村属之塘子堰，其余陈家埠、狮子山、坞里王、王家滩、后塘庵、强盗弄、大井山坞、小井山坞等属之

马湖桥，其余夏家坂、里陈等村属之

后山周，其余岳庙桥、横塘头等村属之

大户村，其余潘家桥、村口闸等村属之

长河镇、傅家池，其余包家湾等村属之

瓦窑庄、湫上王，其余居山张、横塘头、盛家港、山下洪、王家里、山下张等村属之

(三）关于社会事业者（以设有中心小学校之地为中心）：

第一学年：

    1.有民众夜校四所

    2.民众茶园两所（民众夜校，随地需要，民众茶园，则有需要有不需要了，所以当择地建设。）

    3.消费合作社一所

    4.村自治建设（领导民众协作）

    5.筑湘堤也湖山及定山各路

第二学年：

    1.民众夜校八所；2.民众茶园四所；3.消费合作社四所（理由同民众茶园）；4.信用合作社四所（设于师范部所在地）；5.乡村自治建设；6.乡村医院一所；7.民众图书馆一座；8.乡村公园一座；9.民众运动场一处；10.农艺馆一座。

第三学年：

    1.民众夜校十二所；2.民众茶园六所；3.消费合作社六所；4.信用合作社六所；5.职业合作社六所；6.村自治建设；7.乡村医院一所；8.民众图书馆一座；9.乡村公园一处；10.民众运动场一处；11.农艺馆一所；12.乡村博物院一所。

第四学年：

    1.民众夜校十八所；2.民众茶园九所；3.消费合作社九所；4.信用合作社九所；5.职业合作社九所；6.村自治建设；7.乡村医院一所；8.民众图书馆一座；9.乡村公园一处；10.民众运动场一处；11.农艺馆一所；12.乡村博物院一所；13.民众教育馆八座（湘湖四面各有两座）；14.环湖马路四十里；15.筑湘淳堤（由也湖山通淳安堰头）。

第五学年：

    1.民众夜校二十五所；2.民众茶园十三所；3.消费合作社十三所；4.信用合作社十三所；5.职业合作社十三所；6.村自治建设；7.乡村

医院一所；8.民众图书馆一座；9.乡村公园一处；10.农艺馆一所；11.乡村博物院一所；12.民众教育馆八所；13.民众娱乐场一处。

（四）关于农艺者：

第一学年：

1.农田四十亩（每学生一亩）2.菜园地四亩（每学生一分）

第二学年：

1.农田八十亩 2.菜园地八亩 3.苗圃一区五亩 4.果木园一区五亩 5.桑园一区五亩

第三学年：

1.农田一百二十亩 2.菜园地十二亩 3.苗圃两区十亩 4.果木园两区十亩 5.桑园两区十亩

第四学年：

1.农田一百六十亩 2.菜园地十亩 3.苗圃三区十五亩 4.果木园三区十五亩 5.桑园三区十五亩

第五学年：

1.农田二百亩 2.菜园地二十亩 3.苗圃五区二十五亩 4.果木园五区二十五亩 5.桑园五区二十五亩

（五）关于科学设备及消耗者：

第一学年：800元

1.生物　器具、药品、仪器　　　　消耗300元

2.物理　仪器、图表　　　　　　　消耗200元

3.化学　仪器、药品 器具　　　　 消耗300元

第二学年：2000元

1.生物　师范部及小学添置仪器及消耗800元

2.物理　同前（添置无线电一具）　　800元

3.化学　同前　　　　　　　　　　　400元

第三学年：3900元

  1.生物 同前添置   800元

  2.物理 同前添置，电灯发电机一具 2800元

  3.化学 同前添置   500元

第四学年：4000元

  1.生物 同前   1000元

  2.物理 同前添置，短路电话机一具 2000元

  3.化学 同前   1000元

第五学年：3000元

  1.生物 同前   1000元

  2.物理 同前   1000元

  3.化学 同前   1000元

（六）关于指导员者：

  第一学年8人，第二学年15人，第三学年22人，第四学年29人，第五学年36人

（七）关于经常费者：

  第一学年11660元，第二学年23320元，第三学年34980元，第四学年46640元，第五学年58400元。

（八）关于建设者：

第一学年建设费9000元：

  1.中山堂一座3000元 2.科学馆一座2000元 3.寝室三座1000元 4.小学校舍二座1000元 5.凉亭厕所500元 6.湘堤一条500元 7.临时草所其他建设费1000元

第二学年建设费6000元：

  1.农艺馆一座1000元 2.乡村医院一座1000元 3.民众图书馆一座1000元 4.幼稚班校舍二座1000元 5.乡村公园一座500元 6.民众运动场一处300元 7.图书费1000元 8.其他建设费200元 9.指导员家庭 不定额由

各指导员自己担任建设

第三学年建设费8000元：

  1.工艺馆一座2000元 2.艺术馆一座2000元 3.乡村博物院一所2000元 4.完全小学 校舍一座1000元 5.湖心亭及游泳池800元 6.图书费1000元 7.其他建设费200元 8.指导员家庭不定额，由指导员自己担任建筑。

第四学年建设费20000元：

1.民众教育馆八座	8000元按湖东湘南湘西湘北每区各设两所
2.环湖马路四十里（每里工资200元）	8000元
3.湘淳堤（由也湖山通淳安堰头）	2000元
4.图书费1000元	
5.其他建设费	1000元

  6.指导员家庭不定额，由指导员自己担任建设。

第五学年建设费25000元：

1.天文台一座	12000元
2.电灯电话	5000元
3.民众娱乐场	5000元
4.图书费	1000元
5.其他建设费	2000元

  6.指导员家庭不定额，由指导员自己担任建设。

说明：（甲）自第二学年起，即不建筑宿室，因为新建各管房舍，均须支配数人管理，此数人即在各该房舍内选定一部作宿室。

（乙）经费来源：（一）请省款；（二）募捐。

（《湘湖生活》，1929年第7期，第39—58页。）

考察江浙乡村师范教育报告书·湘湖

  浙江一省，向无乡村师范之设。十七年春，国立浙江大学鉴于小学师资之缺乏，及一时不能创办大规模之师范学校，乃筹设乡村师范一所，以树全省之规模。先由筹借委员蒋梦麟、沈定一、陶知行、俞子夷等，计划大纲，支配经费，并决定以萧山县湘湖乡为试验区，在定山购地建筑校舍。同年秋，国立浙江大学，委晓庄毕业生操震球为校长，程本海、王琳等为指导员。同时以浙江大学劳农学院之农场，适在湘湖，为学生实习农事便利起见，即请农场主任赵伯基兼任农事指导员。开学时因校舍尚未竣工，乃暂借东汪农村小学为校舍，至十月底始迁入定山新校。今年春，以校舍不敷用，复将湘云寺拨归校用。良烈等到校考察时，尚在布置整理中。此与晓庄开学时之借地燕子矶，迁校黑墨营，同一情形。其师生合作创造之精神，至堪钦佩！学校经费月支仅千余元，故设备上无甚可观，然其教学做合一之实施，与操劳吃苦之生活，盖不愧为浙江之晓庄也。

（子）湘湖乡师之教育宗旨

湘湖乡师之宗旨，在依据乡村实际生活，养成乡村人民儿童所敬爱之导师；并运用最少经费，求得较好效率，树立乡村师范标准，以资浙江省各地设立乡村师范之参考。为求达到上项宗旨，定四事为目标，兹列举如下：

（一）培养农人的身手。

（二）培养科学的头脑。

（三）培养革命的精神。

（四）培养艺术的兴趣。

（丑）湘湖乡师之教育办法

湘湖乡师实行师生共同生活，主张生活与教育打成一片。故如何生活，即如何教育。教学做合一为湘湖乡师生活方法，亦即为湘湖乡师教育方法。

（寅）湘湖乡师之中心小学

湘湖乡师，设立定山后湖等处小学，以为训练之中心。师生之精神，均整个的集中在小学活动上。全校学生，分成前方后方，前方学生须单身匹马各在湖滨村落，办理小学一所。后方学生，依据前方需要，分任输送材料方法，及辅助解决困难之责。指导员各指导中心小学一所，并依照各人所任学科，每周巡环指导各小学关于该项学科之设施进行。

(卯)湘湖乡师之课程大纲

湘湖乡师之课程大纲，分三部教学做。兹列举如下：

（一）共同教学做

湘湖乡师共同教学做课程表

三民主义	每周两小时
纪念周	每周一小时
晨会	每周二小时（每日二十分）
国语	每周七小时
农事	每周四小时
自然科学理化生物	每周二小时
手工	每周四小时
算术	每周二小时
图画	每周二小时
音乐	每周一小时
军事	每周三小时
清洁卫生	每周二小时
中心小学	每周七小时

（二）轮流教学做

轮流教学做，暂定左列数种。其时间依人数多寡及事物繁简支配之。

教务、庶务、会计、文牍、图书、编辑、烹饪、招待、娱乐、看护、校具、保管、民众教育。

（三）自决教学做

自决教学做，写信、看信、笔记、访友、自习等，由各人自拟每日每月计划，交指导员核准实施。

湘湖乡村师范，继晓庄学校而起，以实行教学做合一为原则。故湘湖乡师之生活，实即湘湖乡师之课程。往参观者，惟见其学生之分组研究，分组活动，无教室，不上课，其生活如何进行，即其课程如何进行。兹录其每周生活表，可以知其一斑矣。

湘湖乡师每周生活表

活动时间	月	火	水	木	金	土	日
6:00	起身	同上	同上	同上	同上	同上	同上
6:20-6:40	晨会	同上	同上	同上	同上	同上	同上
6:40-7:10	武术	同上	同上	同上	同上	同上	同上
7:10-7:30	盥洗朝餐	同上	同上	同上	同上	同上	同上
7:30-8:00	洒扫整理	同上	同上	同上	同上	同上	同上
8:00-8:50	纪念周	各组研究	同上	同上	同上	同上	例假——会朋友 会朋友
9:00-9:50	各组研究	同上	同上	同上	同上	同上	
9:50-10:50	各部工作	同上	同上	同上	同上	同上	
10:50-11:50	三民主义	生物	自由活动	自治研究	三民主义	理化	
12:00	午餐	同上	同上	同上	同上	同上	
13:00-14:00	写字	同上	同上	同上	同上	同上	
14:00-15:00	小学教学做研究会	手工	音乐	手工	音乐	自由活动	
15:00-16:00		手工	图画	手工	图画	生活会议	
16:00-16:50		同上	同上	同上	同上		
17:00-17:30	农事	同上	同上	同上	同上	同上	
17:40	晚餐	同上	同上	同上	同上	同上	同上
18:00-19:00	自由活动	同上	同上	同上	同上	同上	同上
19:00-20:00	自由阅读	同上	同上	同上	同上	同上	同上
20:10-21:30	日记	同上	同上	同上	同上	同上	同上
21:50	就寝	同上	同上	同上	同上	同上	同上

（辰）湘湖乡师之共同生活

湘湖乡师，合全体员生，组织共同生活会，以处决校内一切共同生活事宜。兹录其组织大纲如下：

（一）定名：浙江省立乡村师范学校共同生活会

（二）宗旨：以培养自治的能力，合作的精神，并改造乡村教育实际的干才为宗旨。

（三）会员：本会会员暂定两种如下：

（1）当然会员，由本校全体人员及中心小学教员充之。

（2）特别会员，由长期参观者充之，但开会时只能列席，有发言权无表决权。

（四）组织：本会组织法如后：

（1）主席一人，校长为当然主席。（2）记录一人，由会员轮流充任之。（3）主任，每部一人，由指导员充任之，总理各该部内一切事宜。（4）干事，每科设干事一人，由该部主任选任之。遇必要时，得添请助理干事，但须经该部主任之同意。

（五）职权：职权之规定如后：

（1）共同生活会议，本会议有处决共同生活一切事宜之权。（2）指导员会议，本会议有支配全部生活之职权。（3）纪律委员会，本会有检举并处理会员一切轨外行动之权。其组织计分下列两部：（一）检察部三人，（二）执行部二人由共同生活会议产生之。（4）共同生活委员会，本会负执行共同生活一切事宜之权。其各部各科细则另定之。（5）部务会议，本会议有处理各该部内一切事宜之权。

（六）会期：常会每周一次，遇有特别事故时，可由会员五人以上之正式提议，得召集临时会议。

（七）附则：（一）本大纲有未尽妥善处，得有会员三分之一之同意提交大会修正之。（二）本大纲经大会通过后施行。

兹将湘湖乡师之共同生活会，表列如下，以明其组织之系统。

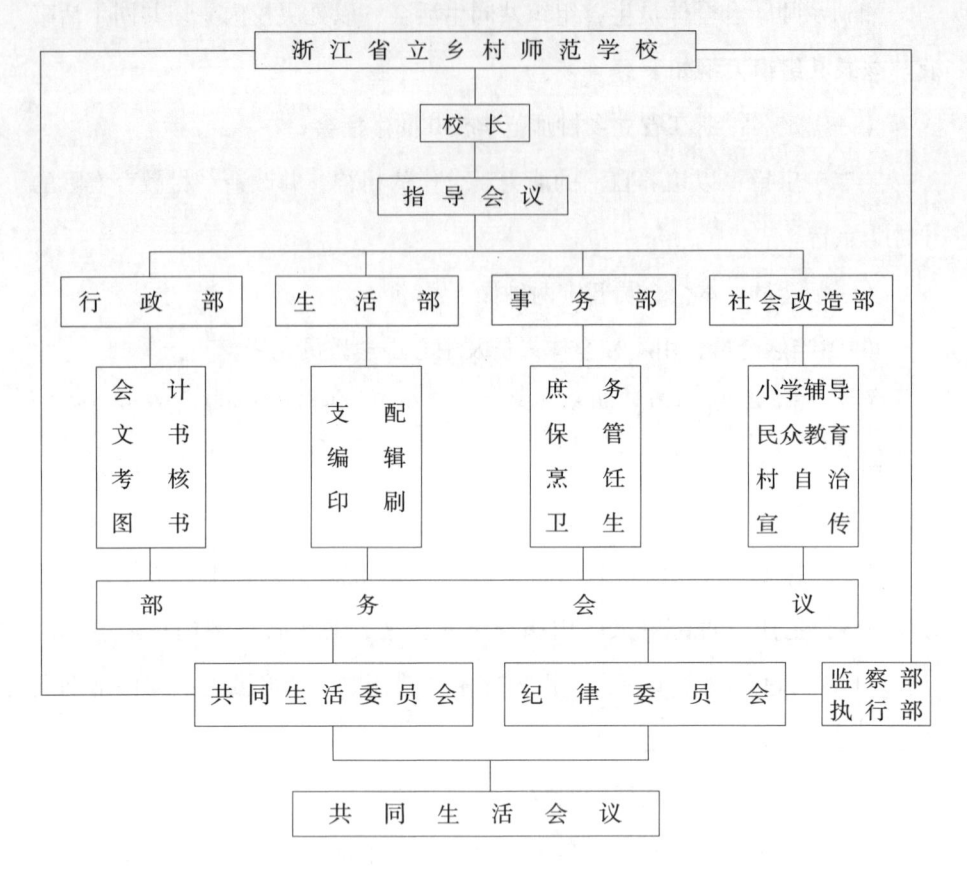

```
                  浙江省立乡村师范学校
                         │
                       校  长
                         │
                      指导会议
         ┌───────┬──────┴──────┬────────┐
       行政部    生活部        事务部   社会改造部
       ┌─┐     ┌─┐           ┌─┐      ┌─┐
       会计    支  配         庶 务    小学辅导
       文书    编  辑         保 管    民众教育
       考核    印  刷         烹 饪    村 自 治
       图书                   卫 生    宣   传
         └───────┴──部  务  会  议──┴────────┘
              │              │
        共同生活委员会    纪律委员会    监察部
                                      执行部
                      │
                  共同生活会议
```

浙江省立乡村师范学校之共同生活会

（巳）湘湖乡师之招生标准

湘湖乡师之招生章程，有入学资格，入学考试，修业年限，及纳费之规定。兹录如下：

（一）入学资格

（1）有实行到乡间去之决心，并愿与农民甘苦之志愿。

（2）年龄在18岁以上。

（3）有健全而能刻苦耐劳之体格。

（4）有初级中学毕业以上，高级中学毕业以下同等之程度。

（二）入学考试

湘湖乡师入学考试，分第一第二两试，其科目如下：

第一试：体格检查，智慧测验，常识测验，国语文一篇，五分钟演说

第二试：田间工作，个别谈话

（三）修业年限

湘湖乡师修业年限，最长三年，最短一年。依照本人学力及社会需要决定之。出校服务半年后，经湘湖乡师考核确有成绩者，乃给予证书。

（四）纳费

湘湖乡师学生，每半年纳膳杂费洋30元。

（陈良烈编选述：《考察江浙乡村师范教育报告书》，广州：广东教育厅刊行1929年版，第124—132页。）

考查江浙教育报告：浙江省立乡村师范

李振云　李道祥

民国十八年浙江省教育厅设一省立乡村师范，于萧山之湘湖。开办以后，因特别偏重学生多多参加校务，致学校行政大权，操于青年学生之手，……于十九年下期，教厅将教员学生中确为共产党或有共产嫌疑者，捕拿十人，按法惩治，并停止学校，教职员悉数撤职，静候改组。

本期教厅以改组已毕，乃委汪宗敏代理校长。汪校长曾在浙江大学担任教职，且为人精沉明毅，定能胜任，惟该校学生，以往几近二年之放纵，虽今极力训导，较前为好；但仍有少数分子，时有不靖之表示，此现时汪校长所极注意之事也。

现时之行政组织，及其他设施状况，一一于下言之：

勹，行政组织

组织系统表列后

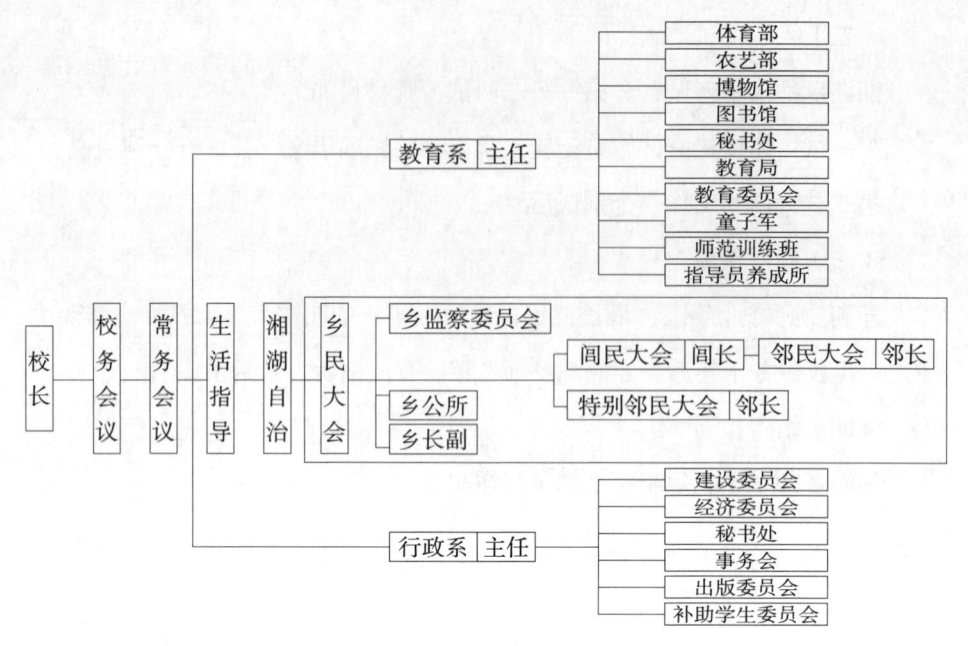

```
                                        ┌─ 体育部
                                        ├─ 农艺部
                                        ├─ 博物馆
                                        ├─ 图书馆
                          ┌─ 教育系 │ 主任 ─┼─ 秘书处
                          │             ├─ 教育局
                          │             ├─ 教育委员会
                          │             ├─ 童子军
                          │             ├─ 师范训练班
                          │             └─ 指导员养成所
┌─校─┬─校─┬─常─┬─生─┬─湘─┬─乡─┬─ 乡监察委员会
│    │务 │务 │活 │湖 │民 │       ┌─ 闾民大会 │闾长 ─ 邻民大会 │邻长
│ 长 │会 │会 │指 │自 │大 ├─ 乡公所 ─┤
│    │议 │议 │导 │治 │会 │       └─ 特别邻民大会 │邻长
│    │   │   │   │   │   └─ 乡长副
                                        ┌─ 建设委员会
                                        ├─ 经济委员会
                          └─ 行政系 │ 主任 ─┼─ 秘书处
                                        ├─ 事务会
                                        ├─ 出版委员会
                                        └─ 补助学生委员会
```

湘湖乡村师范组织系统图

夂，经费

师范部每月经费洋三千〇二十六元。指导员（该校之教职员，均称为指导员）共二十二人，俱系专任。每月薪水最高者百二十元，最低者七十元。小学部（有实验小学五个）每月经费五百五十元。教职员（因均系师范部学生充任）不支薪，每月经费，仅供购办教具及设备之用。

𠃌，编制

高级二班（招收初中毕业者）初级一班。高级班原无课程表，每日仅照已往所规定之教学做工作而已；现决改为分组制，按时上课，教学用道尔顿制，不限定毕业年限。初级班三年毕业，毕业后即可充当小学教职员。

匚，日常生活

日常师生共食，学生自纳缮费；而校内图书馆等处，亦由学生轮流分担。现对于社会活动，完全停止。

万，实验小学

现已有五处；惟各处学生颇少，据汪校长言，附近之居民过贫，多令其子弟寻柴揽草，而不愿其上学；是诚"民生"有关"教育"之处，从事教育者应注意之。

勺，该校行政组织之章则

虽多同于他校；而经费管理办法及校产保管办法，诚可取法，因特介绍于下：

（A）经费管理办法

第一条　全校经费由经济委员会支配之。

第二条　各目节经费由经济委员会指定与各该目节有关系者为管理人。

第三条　经费管理人之职权在规划用途，审核用途，并限制溢出，但不负保管现款责任。

第四条　各目节经费动支时，须遵照下列手续：

第一节　各节目管理人，每月终应造具下月支付预算书，交经济委员会。经济委员会决定后由会计通知各管理人。管理人支付款项，即以经济委员会决定之数为标准。

第二节　会计处于每次省款领到后，即以书面通知各目节管理人。管理人动用款项事，应查对有无余款。

第三节　属于俸给等类者，应由管理人签支付通知书，以一联交收款人，一联通知会计处。

第四节　属于购置性质者，应由需要人填购物单经该目节管理签字后，交庶务购置。购置后由庶务填入实价，连同单据交会计记入簿记。

第五节　每月终会，计员应将支付通知书或购物单连同该目节账目汇送管理人核对。各核对无误，由管理人盖章证明之。

第五条　本校会计处应常存五十元以上之现款，但不得超过二百元。

第六条　学校现款，应存银行；代理现款，得存殷实商店。

第七条　全校经费应按月造具决算书，由经费委员会审查后始得呈报。

第八条　本办法经校务会议后施行。

附各目经费动用手续表

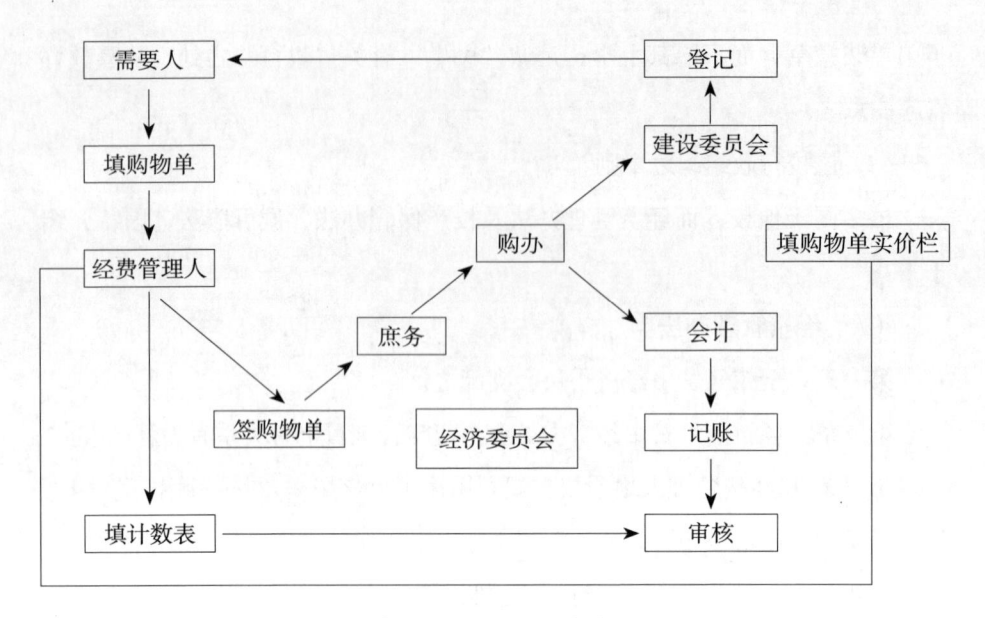

```
需要人 ←――――――――――― 登记
  ↓                      ↑
填购物单              建设委员会
  ↓                      ↑
经费管理人 ――→ 购办 ――→ 会计      填购物单实价栏
  ↓         ↗    ↓
  ↓       庶务    ↓
  ↓      ↗       ↓
  签购物单  经济委员会  记账
  ↓                    ↓
填计数表 ―――――――――→ 审核
```

各目经费动用手续表

（B）校产保管办法

第一条　建设委员会负保管校产之全责。

第二条　各部主管人员对各该范围内之各项校产须负保管之全责，并随时举行检查整洁曝晒之手续。

第三条　假期中由留守人员负保管校产之责。

第四条　校产之分类如下：

校产分类表

000 普通用具	100 行政用具	200	300 工作用具	400 图书用具
010 桌椅	110 旗帜图章	210	310 金质	410 范本实物
020 寝具	120 揭示标签	220	320 石质	420 雕刻
030 橱架储藏器	130 办公文具	230	330 织物	430 模型
040 饮食器	140 簿籍卷宗	240	340 缝纫	440 图画用具
050 排泄器	150 集会用具	250	350 漆器	450 写生用具
060 采光计时器	160 交通用具	260	360 竹器	460 图案用具
070 装饰用具	170 消防用具	270	370 木器	470 布景用具
080 破旧器具	180 校产契据	280	380 陶器	480 美术教具
090 杂件	190 行政杂具	290	390 杂器	490 杂件

续表

500 音乐用具	600 体育用具	700 童子军用具	800 农事用具	900 建筑类
510 簧乐器	610 竞技用具	710 旗帜	810 教具	910 房屋
520 弦乐器	620 国术用具	720 徽章	820 农具	920 门窗
530 管乐器	630 检查用具	730 露营用具	830 仪器药品	930 桥梁
540 革乐器	640 洗涤用具	740 烹饪用具	840 农具试验用具	940 道路
550 金乐器	650 整洁用具	750 讯号用具	850 药品花卉	950 石级
560 木乐器	660 烹饪用具	760 救护用具	860 林木	960 木头
570 磁乐器	670 饮料用具	770 建筑用具	870	970 藩篱
580 土乐器	680 治疗用具	780 器械	880	980 玻璃
590 杂件	690 杂件	790 杂件	890 杂件	990

第五条　各种图书报章杂志由图书馆保管之。仪器标本及其他陈列物品由博物馆保存之。各种林木、作物、禽畜、园艺及农事教育用品由农艺馆保存之。各馆物件均用十进分类法编号登记之。

第六条　凡属校产而足经一年以上使用者概由庶务分类，编号登记。但每件价值不满一分而认为不必登记者，毋庸登记。

第七条　凡需要物品，或需要雇工修理时，须填需要单。需要单上须载需要人姓名、需要时刻、需要物品名称及数量、用途、约价，并须经经费管理人签字。庶务将需要物品办就后，送交校产登记人签字，并注明发交需要人之时刻及实价。

第八条　各种校产消失时，主管人员应向建设委员会报告注销。（校产登记片上应分号数，校产名称、制作者或发卖者、数量、单件价值、购置日期、消失日期、消失原因，报告消失后建设委员会加具意见九项）。

第九条　每次调查校具后，由建设委员会收调查单与登记片详细核对，并通令各该主管人。如与登记片不符，应审核更正之。

第十条　非保管人欲使用物品时，须得各该主管人许可，并填具领结及归还日期。

第十一条　保管人职务更动时，当将校具详细点交继任者。

第十二条　调查校具，每学年举行一次，于四，五月举行之。

第十三条　调查校具由导师职员学员共同为之。

第十四条　调查期内各处物品不得互易。

第十五条　调查期内谢绝参观，并禁止闲杂人等出入。

第十六条　调查时担任调查者，各就本区内将所有物品分列填写于调查单。同类物品，概须合并填明。同时复写两份，以便随时查核。一存建设委员会。

第十七条　调查校具，务求详细，如鸡毛帚、字纸篓等，容易遗漏者，尤须留意。

第十八条　每次调查完后由各区调查者将调查单分别包扎标明各部名称，交由建设委员会存查。

第十九条　建设委员会应将前项调查单依照下列手续处理之：

　　第一节　加注编号。

　　第二节　分别整理核计数量。

　　第三节　与登记片核对并更正之。

　　第四节　分别通知保管之。

第二十条　建设委员与各部主管人员认为双方校对无误时，须在留存建设委员会之存根上共同签字（分区校具计数表应分号数，名称，件数及备注等项。表端应标明区域或机关名称，表末应标明调查年月日及调查者姓名，分类校具计数表应分号数，名称，所在地，件数及备注等项。表端应标明门类，表末应标明调查年月日并由建设委员会及庶务署名。）

第二十一条　调查时遇有破损，即依照下列手续办理：

　　第一节　填写红白破损标签各一纸（破损标签上应分号数，调查日期，地点，破损情形，调查员签字五项）

　　第二节　将红色标签粘贴破损处，作修理标记。

第三节 将白色标签留作修理存根。

第四节 建设委员会修理完竣后即将红色标签扯去之。

第二十二条 调查时，遇有破坏而犹堪修理应用，或可改作别称用具者，由建设委员会处理之。

第二十三条 凡校具之损伤而无正当原因者，应由主管人或损伤人照原价赔偿之。

第二十四条 本规程由校务会议通过后施行。

(《河南教育月刊》，1931年第1卷8期，第36—42页。)

二十一年度湘湖师范工作报告撮要

金海观

关心湘湖师范的朋友，常常书面或口头来问我们工作进行的状况，常常来问我们最近的工作，和以前有多少不同？我因把这一年来的经过，择其较为不同者写出，揭诸本刊，以资答复并供关心本校者的参考。

甲、关于生活方面者

一、自二十一年度起，废止星期修业习惯

查星期休业，本系欧风。中国人只有基督教徒，星期日休业，去做"礼拜"，其他百工，除少数新式工厂商店及政学机关外，星期日未尝休业。自教育权收回，就是教会学校，也不能强迫学生必去做"礼拜"，那么每逢星期，一定要全国青年，闲游一日，有什么意思呢？有的人说，文化创造必赖有闲暇时间，这不能说是没有理的，然如吾国各学校流行之星期休业，学生大多跑到电影院游艺场（有钱可以浪费者之生活）或者枯坐校内，闲得要死（无钱出去浪费者之生活），没有人来伴导着他（因各教师星期日要休息，无指导学生之义务）这种情形，实在不如责令照常工作来得好。

本校自二十一年度起，星期日除早操，洒扫及晚间自修工作各级照常进行外，其余时间，照下列时间支配之：

（1）实施第一阶段，训练（基本教育训练）的几位学生，星期日上午照常上课；

（2）实施第二阶段，训练（推广教育训练）的学生，星期日须参加推广教育工作；

（3）实施第三阶段，训练（儿童教育训练）的学生，星期日须参加演示教学，开习教讨论会。

照上例规定第一学期，受第一阶段训练者，有初师一高师一及初师二三级；初一高一上午都有课，下午休息。初二工作不固定，大抵为处理级务，和派定要做的自治会工作。受第二阶段训练的有初师三一级，每周至少有二人须住在推广部办理推广教育。受第三阶段训练的高师二一级。第二学期除初三兼受第三阶段训练外，余仍旧。

各导师星期日都照常办公，不过一来复里面，必有一日不排课室工作。全校教育职员大抵工作紧张，终日忙碌，无所谓星期与例假。

二、假期的变更，也可算是二十一年度的新设施

查本校以前本有废止寒暑假的办法，不过那时学校农田甚少，每逢暑假，学生既不必管田亩，自难让其不请假；说到导师，则因暑假是聘约满期的时候，生活本来可以变动，而且湘湖蚊蝇甚多，天气闷热，暑假教学，本多障碍，自然不免要告假休息，表面上虽说不放暑假，实则校内固可如他校之仅留一二职员也。自本年度起，学校种了八九十亩水田，负责管理水田的一级学生，当然不能离校，农业导师当然要全体留校，生活指导导师，至少须有一人留校。所以今年只能说学生有一部分不放暑假，待将来农田扩充，管理农田之学生人数增加时，暑假留校导师，必须再行增加。惟本校校舍向来不够用，暑假内如各级学生一律留校，那么不但卫生发生问题，即招收新生时，也无余地可容投考学生膳宿，这一层将来还要加以研究。

三、自本学年起作息时间表也和从前及他校不同之处

每日作息时间，全年约分三期：一为夏季，上午至迟五时起身；一为春秋两季，上午至迟五时三十分起身；一为冬季，上午至迟六时起身。根据二分二至日出日入时间来定晨起的迟早。每日作业（包括堂课及普通学校之所谓课外作业）十小时（星期日五小时），午膳后须小睡十五分至二十分钟，不过多数学生没有午睡习惯，因之这一层未能完全做到。

四、生活改进讨论会为全校校友共同讨论改进生活之集会，规定四周一次，由生活指导部主任为主席

第一学期开会三次，议决案三十五件；第二学期开会四次，议决案四十五件。师生间颇能借此会来沟通意见，间或有议决而不实行的缺点，不免略减兴趣。

乙、关于教学方面者

一、最高年级采用弹性编制

本校从前用弹性编制，后以流弊甚多，于黄前校长时即已废止，但班级制过于呆板，亦非善策。自本年度起，最高年级学生，得视其能力高下，变通结业时期。高三学生于寒假时即有多数人提早结束学业，其不能结束的人，须留校补习，或指定其于服务时照指定工作纲要补习，于七月一日以前，仍须回校来受结束试验。

二、社会语文及教育科目采用导尔顿制

社会语文教育各科，均照导尔顿制办法编作业纲要，师生虽觉稍忙，获益颇多。也有人说，这些仅仅注重书本教育，探究死的知识，实在没有什么好处，这一类责备，我们也承认其有部分的理由。

三、教育科目除参观实习及举行演示教学而外，这一年度起，实施短期指导的制度

这一年里，曾经请过三四位先生到湘湖来指导学生实习，因他们各有职务，不能久留，所以我们称做短期指导。以后凡某科教学方法，本校同人，自己觉得没有心得的时候，总当设法聘请校外专家，来校作短期的工作，给

学生以短时间的指导。

四、科学试验及自制教具

本年度科学教育方面，除设置测候所，记载湘湖雨量及温度外，曾经制作了昆虫标本七匣，植物标本八十种，其他骨骼标本等二十种，物理仪器三十五种。学生对于自然科学方面，尚有相当兴趣，出过几期科学周报，编了一册自然科教具制作法（初稿）。这一部分工作，下年度还要继续去做。

五、音乐教育

本年度第一学期精神甚涣散，自第二学期起，组织了一个小音乐队。有唱歌、丝竹、口琴各组。一年级学生，每人须学会一种本国乐器的弹奏；风琴数目不多，仅够高年级学生的练习。本年开了一次音乐会，大家兴趣很好。

六、军事教育的设施

限于预算，设备毫无，教学成绩甚少，比较从前，总算多了一种科目。

丙、关于生产教育方面者

一、农业部分

本年度招了一级学生，规定半天读书，半天须到田间去种作。成绩虽不好，精神还过得去。成绩不好的原因有二：一为设施不能完善，例如灌溉器具等的不够用。一为导师中途离校。本年度请过好几位农业导师，都是半途而废。他们似乎可以看书讲书而不能用书，动笔动口而不能动手。他们似乎怕吃苦，他们只得去了。于是本校的农业教育，不得不请本校其他有关人员来维持，结果自然不顶好。

二、工艺部分

本年度本校建筑了一座工艺馆，主持工艺教育，原计划也是要实行半工半读的办法的。成绩的不好，也和农业教育一样。最大的原因，还是人的问题。最初聘定的人，开校后不能来，全部计划，不得不易生手来接办，这当然是很大的损失。接办的人，对于原计划人的主旨，不能完全贯彻去做。我们各位导师，对于工艺教育，实在缺乏领导能力，于是效能大减，物质精神，损失莫可言宣。我深深愧恨，觉得对不起莘莘学子，和社会的殷望。但我并不悔，也并不灰心，我们仍旧要重整旗鼓来图工学新设施。

三、小组生产

鉴于农业工作和生产教育之不能成功，于是有一部分导师来创导小组生产的方法。其办法约略如下：

1.宗旨　根据生产合作之旨以发展个人之意趣与能力；

2.组织　进行生产事业之团体，须为一学级或一生活队，须拟定计划书，经营场所须由学校指定，资本由经营者自己筹集；

3.禁约　不得与学校进行之事业相冲突，不得违背学校章则与决议案，不得妨碍学业；

4.记载　事业进行，须有详细记录，学期终了，须有详表报告。

照这个办法实施的，有养鹅、种菜、种豆各种工作，成绩不算顶好，不过兴趣很佳。其中有一队的鹅养得最好，他们除享受以外，还得到许多养鹅的智识，他们并没有请养鹅专家来指导；他们的养鹅知识，多半得之于锭山里农夫农妇。

丁、关于推广教育者

一、设改进区于石岩

湘湖师范自创办以来，曾经花了许多时间在推广教育方面。最初的工作，大多在锭山下手。例如：（1）得不着农民生活真相的农村调查；（2）似是而非的和农民交朋友；（3）对民众作听而不闻的各种宣传；（4）……这些工作的结果，除了养成民众有依赖学校的心理外，可说毫无成绩。依赖性所表现的事实如下：（1）给学校做工，格外贪懒，工资要特别多；（2）买东西给学校要特别贵；（3）学校里的东西，得便带去，就不肯归还……因此湘湖师范前几年所设备的板凳桌椅等，源源入于锭山民众之手。我们认为这种民教，还不如不办得好，我们因自二十一年度起，将锭山的工作丢开，到石岩去开办新场面。一年来所做的事为：

（1）设一诊疗所（现改设湘湖医院）；

（2）设一农民教育馆（借张神殿改设）；

（3）布置民众阅览处及娱乐场所；

（4）举办民众学校，男子女子各一班；

（5）附近各村设壁报；

（6）布置一些民众运动器具；

（7）办一养鱼合作社；

（8）提倡养蜂事业，但完全失败；

（9）改良石岩及塘下施两所茶园；

（10）迁移了百许只粪缸；

（11）修了三条大路；

（12）开了一次耆老会，决议修湖塘等事；

（13）举行调解工作数次；

（14）举行禁赌工作数次；

（15）举办救济事业三项。

二、特约农家

凡承担本校田地者，均为特约农家。本校之特约农家，其成人须进本校之民众学校；其儿童须进本校之中心小学。关于生活改进等事，并须受本校之指导。本校欲以此种农家为核心，以推动湘湖沿岸之民教。惟目前之特约农家散居锭山石岩塘下施等地，不曾聚居一处，不能用一种统制办法来求一致的改进。尚谈不到有何种教育之功能。

戊、关于儿童教育者

一、和萧山教育局合办湘湖沿岸小学

我们和萧山教育局合订了一个办理湘湖沿岸小学的办法。根据这个办法我们把青山张的后王祠改办了一所青山张小学。于二十一年九月间开学。

二、试办湘湖初等教育试验区

为便于学生实习教育行政起见,设一湘湖初等教育试验区,区设主任一,由研究实验部主任兼任,区内办事人员,均系学生,实习视察行政及报告等工作。

三、锭山湘北等校,试行短期小学制

各该小学,一到农忙,儿童到校的很少。我们就在那个时候停学,所以半年内只多开学三个月,我们因此称它为短期小学。教课用部定短期小学课本。施行结果,成绩不佳。因为部定课本,是为失学的成人用的。我们的短期小学,其意义和部定者不同,入学的都是儿童,心理和成人两样,自然不喜欢这些课本。

短期小学自二十二年春季试行,清明节以后,学校停课,教学生返本部上课,短期小学中年龄较大的学生,送往湘安肄业。

结语

我把湘湖师范一年来的经过,约略报告如上。我们有许多失败,但也有一些成功。我们不希望教育界同志对我们夸奖,我们也不乐意受教育界同志不负责任的评论。我们盼望教育界同志来指示我们工作行不通或失败的原因所在,及应行改进的方法;我们愿虚心领教;尤其欢迎赞助乡教的同志,来参加我们的工作。

(《浙江教育行政周刊》,1933年第5卷第14、15期,第148—152页。)

湘湖师范创建五十周年回忆

汪赞沅　陈定顺

浙江省立湘湖乡村师范学校,创建于一九二八年。我们两人都是该校早期校友,爰就记忆所及,将学校宗旨,创建经过,及教学、人事,发展变迁等情况,写成部分史料,以纪念母校五十周年校庆。

在旧中国，湘湖师范（以下简称湘师）在近半个世纪里，是一所影响较大的学校。湘师解放初期曾一度改称萧山师范学校，以后浙江教育行政当局采纳教育界人士的建议，仍保留湘湖名义，现在的校名称为浙江省湘湖师范学校。

一、办学宗旨及创建经过

早在二十年代，陶行知先生在南京创办晓庄师范学校，培养乡村教育师资，由于该校师生中有较多的爱国知识分子，国民党反动派竟勒令停办。陶行知向当时浙江教育行政负责人蒋梦麟建议，在浙江乡村办一乡村师范学校，为浙江培养农村师资。蒋梦麟原是国立第三中山大学（即浙大前身）校长兼浙江大学区制负责人，他采纳了陶的建议。萧山沈定一听到这一消息，也从中促成。沈定一那时在萧山东乡办"地方自治试验区"，他主张把这个乡村师范学校办在萧山湘湖地区，得到省里同意，于是浙江省立湘湖乡村师范学校于一九二八年间正式建立。陶行知还推荐晓庄师范毕业生操振球、方与严两人到校担任第一、第二两任校长，所以湘师初期设施，悉按晓庄规范。一九二八年先招收第一届学生十余人，同年秋又招收第二届学生十余人，一九二九年春招收第三届学生二十余人，师生齐心协力，艰苦创业。

湘湖在萧山县西乡闻家堰东南五华里处，湖周五十华里，比西湖大，除航道外，积水甚浅，湖的中心，有一座小山，形似馒头，名压湖山，山之东麓有湘云寺，湘师即建校于此。迁走和尚，摧毁泥神，利用寺庙大殿作礼堂、食堂，并以此为中心，陆续向两翼兴建教室、寝室、实验室、图书馆、医务室等房舍。压湖山之西约两华里处，有一定山，山上造部分寝室、教室，师生垒土筑堤，把压湖山与定山连接起来，名曰湘堤，原来的压湖山与四周农村往还，凭一叶小舟交通，自湘堤建成，就可步行直达。湘云寺原有寺产田二百余亩，划归学校所有，为学生半农半读创造了条件。

湘师是为培养乡村小学师资为目标的，因此，引起国内教育界的重视。在旧中国，梁漱溟在韩复渠［榘］统治时期的山东省邹平县任山东乡村建设研究院院长，当时称为乡建派；黄炎培在上海经办中华职业教育社，称为职教派；晏阳初在河北定县办平民教育，称为平教派。陶行知在南京办晓庄师范，提倡"教、学、做"与"做、学、教"合一方针，在上海大场办山海工学团，刊行老少通识字课本，推行"小先生"制。湘湖师范的建立，在培养师资方法、推广乡村教育方面，独树一帜。因此，当时不少教育界人士，把湘师与晓庄，乡建、职教、平教、工学团各教育改革流派，相提并论，远近教育界人士，慕名组织参观团来湘师参观者，络绎于途。从而使湘师校誉，蜚声于国内教育界，鼓舞了全校师生的力求上进信心。

二、教学内容及历任校长

湘师设高中师范班，后来又添招高小毕业生，开办四年制的简易乡村师范班，又招收初中毕业生，施以一年师资训练，称为"特科"。学校课程除语文、数学、物理、化学、动植物等基础课程外，还有农业、教育概论、教育心理学、教育测验统计、小学教材教学法等专业课程。除课堂教学外，每周抽一定时间从事农业劳动。毕业前并须在附属小学进行教学实习。

学校行政组织名称，与一般学校不同，除总务课外，别的学校设有训导处，湘师把训导处改称为生活指导部，并设有推广教育部，专办农村社会教育，延聘王印佛等老师，负责搞校外农村的社教工作。

湘师从创建到解放前为至，一共更选了六任校长。一个学校的能否办得出色，校长起到主导作用。湘师的校长虽然屡有更调，但艰苦朴素，力争上游的校风，一直长期发扬。有些设施，且能推陈出新，日臻完善。这是与历任校长的共同努力分不开的。历任校长的更动情况，分述如下：

（1）第一任校长操振球，第二任校长方与严两人，均系南京晓庄师范毕业生，为陶行知所推荐。湘师初创，悉按晓庄规范办事。在一九二八年至一九二九年三个学期中招收了三届学生，总数不过五十余人，可见当时投考湘师的学生是不多的。

（2）一九二九年浙江大学区制取消，改为浙江省教育厅，陈布雷任浙江省教育厅厅长，任命刘藻为湘师第三任校长。刘藻又名涤非，他来湘师前,是搞旧中国童子军领导工作的,他是当时"中国童子军总会"理事会理事,他曾发明童子军课程的中国式旗语,湘师初期校友受他影响,学会了旗语,定山分部与压湖山校本部,相距二里,常以旗语通讯联络。刘生活作风简朴,新来学生,亦看不出他是学校校长。当时有一上海学生来校报到,雇船载行李颇多,船甫抵岸,适刘在湖边洗衣,那个上海学生以为他是学校工友,要他代搬行李,刘一一应命。第二天,刘在学校集会时,点名批评那个学生的少爷作风,使那个学生感到羞惭,表示要向湘师原来校友的简朴作风学习。刘于一九二九年接任校长后,即招收第四届学生三十余人,翌年(一九三〇年)复招收第五届学生四十余人,办学方针一如前任,是年末学期结束,刘因与浙江省教育厅意见相左,辞职他去。

(3)第四任校长汪志青,原名宗敏,第一师范毕业后,东渡日本考察教育,他对注音符号颇有研究,能说一口流利的普通话,曾在浙江地方自治专修学校任教。解放前曾兼任过浙江省国语教育推行委员会主任委员。他与一师同学宣中华私交极厚,在早期共产主义运动中,曾与宣中华一起从事革命工作,与宣中华等同时被捕入狱,后经刘大白老师营救出狱,故生平对刘大白极为崇敬。汪志青在一师同学中颇有重望,所聘教师大多为一师毕业生:如商荫庄、张柳生、桑送青等,均系从事教育工作多年的老教师,有丰富的实践经验,这一学期,学校把全部学生分配到前方小学去任实习教师,老师也都到前方小学担任辅导工作,同时把三、四届留校同学,全部介绍到各地工作。学期结束,汪志青辞校长职,去山东邹平乡村建设研究院任教。

(4)第五任校长黄同义,字质夫,出身于东南大学农科,原为江苏栖霞乡师校长,他来湘师后招收了一期特科,一年毕业,系初中毕业生入学,培养速成师资,又开始招收一期简易乡师学生,招收小学毕业生,施以四年训练,第五届学生取消原来的"弹性制",改为高师二年级。此时新校舍已落成,学生除上课外,须担任开辟环山马路,修建操场,整顿校园等劳动,教学课程,除一般教育学科外,增添了"党义"课,对学生实行所谓"党化教育"。后来黄同义因某些措施不适当，引起学生不满，他感到难以为继，就辞职他往。

（5）一九三二年二月，金海观接任湘师校长，是为第六任。在历任校长中，他任职最久，对学校发展贡献也最大。金系诸暨人，字晓晚，南京高师毕业，为陶行知学生，曾任南京中央大学实验中学校长，四川成都大学讲师。美国资产阶级教育家杜威来中国讲学，由金担任记录，后来编成《杜威教育哲学》一书出版。金为人质朴，热心教育，颇受师生拥戴。金在旧社会，始终拒绝参加国民党，对思想进步的学生被反动政府逮捕时，总是千方百计设法营救。金与前浙大校长竺可桢，教授郑晓沧、俞子夷等均极友善，因金生活简朴，常穿灰色芝麻布学生装，每到浙大等地访友时，常被不认识他的传达室人员所挡驾。金在湘师湘云寺居住的宿舍中，挂着友人赠给他的一副对联："中天悬明月，大厦储异材。"金常受聘到各地学校去讲演，并常写教育论文，在中华书局出版的《中华教育界》发表。金在任校长期间，极为重视提高学生教育质量，曾不断聘请知名学者如陶行知、郑晓沧、邰爽秋、郁达夫、江问渔、张宗麟等来校作专题讲演，以提高学生科学文化水平。教师中知名人士如俞子夷、林仲达、刘天予、何元、金兆均、王仲和等，均学有专长，因与金氏友善，自愿屈就来湘师任教，共同办好学校。

金海观校长的民主进步作风，引起国民党浙江省教育厅长许绍棣的不满，屡欲予以撤换，终因慑于金之声望，而不敢遽下毒手。金于一九三二年接长湘师后，直至一九四九年新中国诞生，连续担任校长达十七年之久。

三、教学设施与教学方式

（1）试行"弹性制" 附设"前方"小学

湘师建校初期实行"弹性制"。所谓弹性制，学生可通过自学修完指定的课程，经过学校考核就介绍出去任小教工作，但不作毕业论文。学生出校后，在工作岗位上经过一学期或一学年，由自己选择研究专题写一篇论文，送交学校，经审查合格，发给毕业证书，才算正式毕业。例如四届同学一般修业一年半，五届同学修业两年半，都陆续介绍去外地工作。

湘师学生每年都组织毕业班学生分批到外地参观，由教育教师率领到京、沪、杭等地参观较著名的小学，听取他们的介绍，吸取他们的先进经验，返校后，每人须总结参观心得，这对提高学生业务水平，帮助很大。学校平日常举行演讲会、辩论会、作文比赛等活动，有时也举行全校运动会、音乐会及画展等，丰富学生课外生活。

为了供学生教学实习，湘师在附近农村办了不少附属小学。初期不称附属小学而称"前方小学"，以示教学即战斗之意。当时前方小学计有六所之多，分布于湘湖四周农村，其中除设在闻家堰的湘安小学为唯一的完全小学外，余如定山、湘北、陈村、塘下施、石岩各校，均以村名为校名，则都为初级小学，采取单级或复式编制。同时附设夜校，动员成年农民来校学文化，小学校舍就地利用祠堂庙宇或原有的私塾。湘师学生在小学里实习，同学之间相互听课，并有辅导老师参加听课，以后即进行讨论，以提高教学水平，高一届同学，则担任校里行政工作。每个小学，都重视家庭访问，了解入学儿童的家庭情况和生活动态。湘师学生通过这样的实习以后，对教学工作打下了基础，分配到教师岗位上，就能驾轻就熟应付裕如了。

(2) 实行"教、学、做"与"做、学、教"合一

在操振球、方与严校长期间，陶行知所提倡的"教、学、做"与"做、学、教"合一方针，在湘师继"晓庄"精神而贯彻施行。什么叫"教、学、做"与"做、学、教"合一？湘师早期毕业生徐德春（永康人）曾写过一本《教、学、做ABC》，由世界书局出版，对教、学、做的理论作了详细的阐述，意思就是：教、学、实践三者要密切联系，不可分割，从教中学，学中教，做中学，做中教。湘师开始施行"教、学、做"合一，以后发展为以做（即实践）为重点，提出在做上教，做上学，于是改为"做、学、教"合一。在做上教的是先生（老师），在做上学的是学生。从先生对学生的关系说，做便是教，从学生对先生的关系说，做便是学。所以做（实践）是学的中心，也就是教的中心。这成为湘师教学的特点之一。

(3) 开办湘湖医院　推行"小先生"制

旧中国农村缺医少药是普遍现象，为了解决农民医疗问题，校推广教育部在石岩村开办了一所"湘湖医院"，由俞嘉量医师任主任医师，为附近农民免费或优待治病。记得一九三一年初，陈村发现乙型脑炎，儿童染病而死的甚多，人心惶惶，陈村小学陷于停课（笔者陈定顺正在陈村小学实习），湘师在陈村实习的学生配合校医，对得病者进行治疗，未病者采取预防措施，使脑炎迅即被扑灭。这也说明湘师密切联系群众，和周围农民打成一片，为附近农民服务的优良作风。

湘师还在周围农村推行"小先生"制，即以小学生为师，向其不识字的父母尊长进行识字教育，以达到逐步扫除文盲。这是模仿陶行知在晓庄师范所推行过的扫盲办法，各前方小学（附属小学）推选成绩优良的儿童向不识字的家长和邻居教识字，如子女教父母识字，孙儿孙女教爷爷、奶奶识字等。后来还办起了夜校。

（4）提倡自学风气与劳动实践

湘师学生由于年龄较大和家境贫困，促使他们发奋读书，所以多数人都能勤奋好学，有的爱好钻研社会科学，有的爱好文学，有的爱好数理化，有的爱好音乐、美术或体育。湘师的各科老师们除了课堂教育外，总是尽其所能，在课外辅导学生自学。例如桑送青老师在校执教数十年，培养了不少音乐人材。由于自学空气浓厚，湘师图书馆中借书和阅览书报杂志的人非常踊跃。湘师校刊《湘湖生活》及《锄声》，由师生撰稿，定期出刊，受到文教界的重视。有的学生经常向报刊投稿，刊出他们所写的文艺作品。

湘师不但注重学文化，同时还把劳动当作教育补助手段，学校有校产田二百余亩，其中有一部分由师生共同耕种，学生一面读书，一面参加农业劳动。如种菜、养鱼、锄草、割稻等等，使毕业以后回到农村能与农村生活相适应。这在当时确是一桩难能可贵的别具风格的创举。在招收四、五两届学生时，另加"劳动考试"，要应考学生手把锄头，现场掘地、削草，视其劳动态度和劳动技能，作为录取之参考。至于湘师周围环境的改造，诸如筑堤、开河、平场地、修环山马路、打井、造房等等，亦常发动师生参加劳动，以养成一种劳动观念。

（5）师生关系　亲密无间

湘师的办学宗旨，既以培养乡村小学师资为目的，所以吸收学生，只要具有从事乡教工作的志愿为先决条件，并不苛求学历、年龄。因此当时学生中有以下几个多：（1）家境贫寒子弟多；（2）年龄大的多；（3）男学生多；（4）自学能力较强的多。初期招收学生中有不少是小学毕业或读过私塾，然后从事乡村小学教师多年再来求学的。记得有二个同学入学时已年过四十岁，毕业后，终其身从事小教工作。湘师提倡尊师爱生，平时师生共学习，共劳动，共生活。在建校初期，大家都称同志（乡教同志），师生之间，水乳交融，亲密无间。学生毕业以后，学校设有校外毕业学生辅导委员会，一方面替学生介绍工作，同时每个学期派辅导教师到毕业生服务地点进行辅导访问，并向当地文教机关，征询对毕业生服务态度、工作情况的意见，作为帮助毕业生进步的参考。这个工作，使学校与毕业学生仍保持着密切联系。

四、进步师生团结一致，与反动派作斗争

湘师在旧社会，许多人都异口同声说它是一所比较进步的学校。湘师的老师当中，确有不少是从事秘密革命工作的共产党员。例如恽逸群，很早就做地下工作，解放后他是上海解放日报社第一任社长。他和另外一位共产党员、国文老师王落曙，在对学生讲课时公开宣传马克思学说，介绍苏联革命史实，阐述普罗文学的含义与作用，往往侃侃高谈，毫无顾忌。恽逸群老师亲率学生在四周农村作社会调查，与农民促膝谈心，宣扬革命道理。由于革命老师的影响，湘师学生中参加共产党从事地下活动的人，逐渐增多。如缙云籍学生李蕴章，当时被反动派捉去关在杭州陆军监狱很多年，到抗战开始才释放，他在解放之初，在中共丹东市委担任第二书记。兰溪籍学生徐可进，桐庐籍学生申屠筠，被反动派捉去秘密抢［枪］杀。国民党反动派对湘师的地下革命活动，是不会放过的，总是千方百计加以迫害，有迫害就有反抗、就有斗争，在各种方式的迫害与反迫害的实际斗争中，湘师的进步老师总是与进步学生团结一致，共同战斗。战斗的方式方法是多种多样的，例如学生中因共产党嫌疑而被捕的，刘藻、汪志青、金海观等几位校长，总是同情被捕的学生，尽力设法营救。

在刘藻任校长时期，校内从事地下工作的恽逸群、王落曙老师等对学生灌输马克恩主义革命知识，刘校长明知其情，从不干预，国民党获悉这一情况，曾派了一名国民党员来校进行暗中监视，表面上是担任总务主任，实际上是潜伏在校内的特工人员。此人身居总务主任肥缺，乘机大搞贪污活动，他首先下手的是最关学生切身利益的伙食，搞得蔬菜不见油珠，稀饭薄如米汤。同学们吃了三大碗薄粥，挨不了一节课，就饥肠辘辘。于是相约在早餐时，以听人发令"一！二！三！"为号，大家一齐用力吸粥，发出喝粥之声，声播全堂，同学们相与拍手大笑，以示抗议。接着由一位安徽籍学生魏一新策动召开学生大会，对这个国民党特务分子——总务主任，展开了面对面的斗争。学生们一个接一个指着他的鼻子，义正词严地揭发他的贪污事实。这个总务主任自然不甘心失败，勾结了萧山县警察局，以"赤色分子""破坏捣乱"的罪名，来校逮捕对他作过斗争的进步学生。事为恽逸群老师所悉，立即秘密通知黑名单上的学生，连夜躲避，使特务们扑了个空，刘校长当晚也严词拒绝警察要校方交出学生的无理要求。事后学生举行短期罢课，刘校长被迫他去，不久恽逸群老师等亦相继离校。

在黄同义校长时期，奉令封存了图书馆内所有进步书籍。这些书籍，结果被学生以巧妙方法，纷纷落在学生手里，不知怎样被国民党浙江省党部知道了，竟动用了一连兵力，由特务头目率领来校搜查（当时特务头目先来校，队伍在闻家堰待命）。幸有几个同学事先得知消息，立即通知大家把书集中起来，用小船装到湘湖湖心深处沉没，证据已毁，使同学免除了围捕之灾。后来国民党浙江省党部以施行"党化教育"为名，指派萧山县党部组织科长傅云来校兼任"党义"教员，傅来校上了几天课，就被进步学生的连日提问而轰跑。

湘师学生向有学生会组织，黄同义校长以执行上级命令为名，要学生会暂停活动，激起全校学生不满，暗中酝酿着"驱黄运动"，学生会几个骨干在进步老师的鼓舞支持下，照样进行活动，领导学生进行正义斗争，终于使黄同义辞职他就。

五、培养优秀师资，为教育事业作出贡献

湘师培养出来的师资，无论在教育行政方面和教学方法方面，所表现的才能，都得到社会各界的赞誉。浙省各地小学，如有师资不足，往往先写信向学校预约，校方根据所提条件，选择学生前去应聘。半个世纪以来，湘师培植了大量优秀师资，毕业学生遍布国内各地。浙江省各县中、小学教员中，出身于湘师者为数众多。湘师所培育的师资人才，为我国教育事业作出了一定的贡献。

注：（一）原浙江省立湘湖乡村师范学校校歌，系刘大白作词，桑送青谱曲。歌词录下："波波相逐长滔滔，后波起伏前波导；人人相续长劳劳，后人生活前人教。教育引导，生活创造。努力引导，后波更比前波高；努力创造，后人更比前人好。不求相肖要相超，请看湘湖水、浙江潮！"

（二）湘师初在萧山建校，抗日战争时期，曾先后迁义乌佛堂田心村、松阳古寺广因寺、景宁道化等处，将近三年。抗战胜利后迁回萧山，借祇园寺为临时校舍，解放后迁回湘湖原址。现在湘师校本部设在萧山城关镇小南门，分部设在湘湖农场。

（《浙江文史资料选辑》（第13辑），杭州：浙江人民出版社1979年版，第64—75页。）

省立慈溪锦堂乡村师范学校概况

卢绥青

一、沿革大要

本校设在慈溪北乡东山村，前系村人吴锦堂先生私人出资创办。当逊清光绪末叶，锦堂先生侨商日本，感于故国外患日迫，国事日非，欲图挽救，非从振兴教育着手不可，即于光绪三十一年十月在东山村兴工建筑新式校舍，阅二年始落成。三十四年冬开办两等小学，定名锦堂学校。宣统二年正月，改高等小学为初等实业学校，附设蚕业讲习会，添建新式养蚕室一座。宣统三年复改初等实业为中等农业学校，并附设小学。民国元年停办中等农业，专办完全小学。至二十年春，锦堂先生哲嗣启藩先生呈请本省教育厅收归省立，并请保留有校名，借资纪念。是年五月经教育厅派员接收。八月添办初级农科及乡村师范科，改称为浙江省立锦堂学校，即以旧有小学改为附属小学。二十二年八月遵奉教育厅令改称今名。

二、位置与环境

"慈溪之北，东山之阳，巍峨宏肆，校舍峙锦堂。田庐弥望，海水苍苍……"此为本校校歌之起首数句，已述及本校位置与环境之大概。

慈溪、镇海、余姚三县之北，俗名三北，本校即在三北中之慈北东山村，东南隅与浙东一商埠宁波相距约一百二十里，与三北古时重镇观海卫相隔约三里。村外河渠交错，东南通镇海，西南通余姚。自本校到余姚，约有七十余里水程，为旧有交通要道，现鄞镇慈公路已成，自观海卫车站上车，一小时半可至鄞县，行旅尚称便利。

本校东南西三面环水，北倚东山，登山远望：北方为汪洋之大海，与东方第一大港遥遥相对；南方为广大之平原，举目远瞩，句余、四明诸山，隐约可见。大海中饶鱼介之利，平原中多植棉稻与杂粮，土地肥沃，气候中和，故地方尚称富庶；民性戆直，惟智识幼稚，时有迎神赛会之举。

东山之顶，有烽火台，与银山下宝大山歧山诸烽火台遥峙，望之如炮台，共有十余座。相传明洪武二十年，朝廷命信国公汤和筑观海城，成化间指挥使王英掌卫印事，重加修治，以防倭寇；并设烽火台多处，以资号召。其后海壖沙涨二十余里，船舶不能近岸，道光辛丑年，英人初入寇，轮驶至西胜山头，为沙所胶，夷酋悉被擒获。自后相戒指为畏途，而烽火台亦废而不修，今存者仅石墩之遗迹而已。

本校所处地址，无车马之喧阗之扰，无纷华靡丽之观，实为青年学子藏修息游最宜之所；而又适当古昔抗日御侮重要区域之内，学生于耳濡目染之余，颇足以引起读书救国之志趣。

三、行政组织与教职员

甲、组织

本校设事务、教导、训导、推广四部，每部设主任一人，主持各部事宜。乡师科，农科各设主任一人，协助教训两部主持各核科进行事宜。又设农事实习主任一人，主持学生农事实习一切事宜。此外，复有各科教学研究会、经济稽核委员会、清寒优良学生补助委员会、职业指导委员会、教育实习指导委员会、农事实习委员会，计划并处理各该会职权内各项事宜。此本校组织大略情形也。

乙、教职员

本校教员兼职员者十六人，教员四人，职员七人，共二十七人。内大学毕业者十一人，高等师范学校毕业者四人，专科学校毕业者三人，中学毕业者六人，中等职业学校毕业者三人，惟中等毕业者系专任职员。

四、校舍设备与经费

甲、全校校舍形况

本校校舍系口字形西式楼房，北傍浅山，东南有小河环绕，地势平坦，风景清幽。校舍正中及校后，各有花木园一片，为学生休息及实习园艺之所。东有楼房蚕室一座,建筑颇合科学。校前有广大操场一方,同时可容运动人员五百人。场之西复有雨操场一座,因屋宇过低,不甚适用。校舍之东北方尚有平房数十间,充作厨房、膳厅、浴室之用。综合全校校舍数量,在私立时代专办小学似太宽广。自二十年秋季改归省立,添办初级农科及乡村师范科,学生人数,逐年增加,原有校舍,颇觉不敷分配。且附小校舍与中学混在一处,教学管理,均感不便。前年度终,本拟另建附小校舍一座,将中小两部分离,以限于经费,未能计划进行。兹将本校校舍全形及房屋数量,分别列图如下:

1.全校校舍平面图

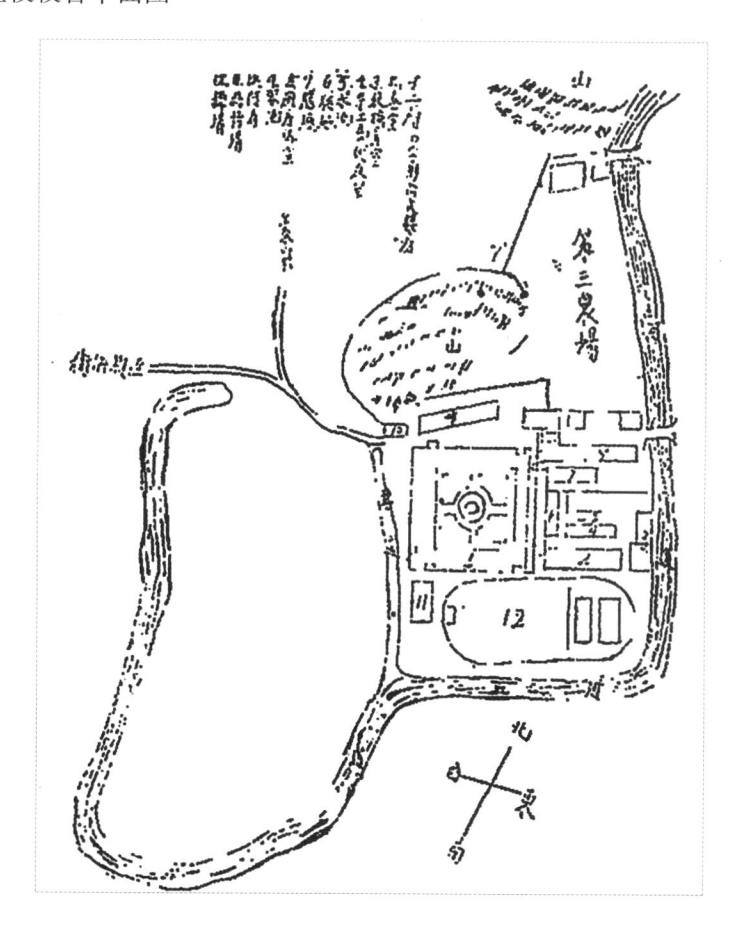

慈溪锦堂乡村师范学校平面图

2.校舍分配表

校舍分配统计表

室　别	数　量
办公室	2
普通教室	12
特别教室	2
纪念厅	1
自修室	1
教职员室	23
学生寝室	32
娱乐室	2
医药室	1
仪器室	2
图书及阅览室	2
农产陈列室	1
会客室	1
消费合作社室	1
学生自治会办公室	1
厨房	7
雨操场	1
膳厅	2
农具室	2
浴室	3
其他	12

乙、校具设备

本校开办仅二周年，各种校具设备颇形缺少，本学期新加学生二班，添置器具约值银七百余元。兹统计如下：

校具统计表

科目	课桌椅	桌椅	床架及板	体育器械	艺术	养蚕器具	农具	杂件
数量	717	714	431	246	195	576	327	1681

丙、图书仪器标本设备

本校创办未久，对于图书仪器标本等设备，尚未充实。统计图书仅三千余册，仪器标配四百余件，前学期经用最近分类方法，着手整理。至图书一项，前学期内曾添置二百五十余元，本学期复将阅览室重行布置，并备图书卡片，重订借书手续，务使检查便利，手续简易，借以增进阅览人数。对于仪器一项前学期亦经依照声光化电力热等逐项分类，重编号码，以便检查。原有仪器于中等学校尽足应用，惜多陈旧，且历年已久，殊多损坏，现正着手修理，以资应用。兹将图书仪器标本统计如下：

1.图书

图书统计表

科目	经	史	子	总类	哲学	社会科学	语文学	自然科学	应用技术	艺术	文学	史地	杂志	图表	统计
数量	281	747	3	183	26	446	93	188	367	76	139	56	427	124	3154

附注：现有日报四种，杂志十四种。

2.仪器标本

仪器标本统计表

科目	热学	力学	光学	声学	电学	化学	化学药品	动物标本	植物标本	种子
数量	34	93	48	12	109	8	138	88	176	53

丁、医药卫生设备

本校地处乡间，当地农民卫生常识极为幼稚，村旁路侧，畜类死尸，时有发现。每当秋夏，瘟疫流行，死亡相继。本校有鉴于此，前学期曾呈请教厅核准在推广费项下开支，购置药品银二百五十余元。本学期又添购各种药品钱一百五十余元，规定每日下午一至三时为民众诊察时间，三时至五时为学生诊察时间。凡民众来校求医者，无论防疫针药与内外科药料，一律施送，不取分文；校内师生，则略取药本，以资维持，半年来颇著成效。

戊、历届经费之比较

本校自收归省办后，因班次之增多，经费历年增加。兹将二十年度二十一年度二十二年度历年经费列表如下：

二十年度二十一年度二十二年度经费表

科目	二十二年度	二十一年度	二十年度
薪修	24246	18798	12210
工资	1428	1284	1056
文具	306	254	183
邮电	115	95	80
消耗	1151	958	687
印刷	115	95	80
修缮	1000	1000	1000
杂支	230	191	114
器具	188	244	237
图书	188	244	237
仪器标本	253	328	318
推广事业费	1800	1200	1100
特别费	865	494	
预备费			346
附小经费			
薪给	4582	4023	3696
工资	240		
置购	300	252	231
消耗	300	252	231
修缮	180	152	139
杂支	180	152	139
试验研究费	60	17	184
教师参观费	92	101	
兼办民众教育	92	101	
预备费	60	50	46
总计	37971	30294	22314

五、教学概况

一、学级编制

本校设四年制乡村师范科及三年制初级农科，皆秋季始业。本学期计共六班，兹分别如左：

乡师科三年级一班

乡师科二年级一班

乡师科一年级一班

初级农科三年级一班

初级农科二年级一班

初级农科一年级一班

二、暂行课程

乡村师范科及初级农科之课程，暂定如下表：

（一）乡村师范科暂行课程表

科 目		第一学年 上	第一学年 下	第二学年 上	第二学年 下	第三学年 上	第三学年 下	第四学年 上	第四学年 下	合计
党义或公民		2	2	2	2	2	2	2	2	16
国文		5	5	5	5	5	5	4	4	38
英语		2	2							
算学		4	4	4	4	4	4			24
社会	历史	2	2	2	2	2	2			12
	地理	2	2	2	2	2	2			12
自然	动物	2	2							4
	植物	2	2							4
	化学			3	3					6
	物理					3	3			6
	矿物			1	1					2
教育	教育概论	2	2							4
	心理学			2						2
	教育心理学				2	2				4
	论理学					2				2
	小学教学法					2	2	2		6
	小学教材研究							2	2	4
	小学组织及行政							2	2	4
	教育测验与统计							2	2	4
	乡村教育			1	1					2
	幼稚教育							2		2
	民众教育								2	2

续表

科目		第一学年		第二学年		第三学年		第四学年		合计
		上	下	上	下	上	下	上	下	
农业	农学通论	2								2
	土壤		1							1
	肥料			2						2
	作物				2	2				4
	园艺						2	2		4
	畜养				1	1	1	1		4
	林学大意							1	1	2
艺术	工艺	1	1	2	2	2	2	1	1	12
	美术	2	2	2	2	1	1	1	1	12
	音乐	2	2	2	2	1	1	1	1	12
体育	生理卫生	1	1	1	1	1	1			6
	体育	1	1	1	1	2	2	2	2	12
	童子军	1	1	1	1	1	1			6
教学总时数		33	34	34	34	35	32	22	19	243
农事实习		6	6	4:30	4:30	2	2			25
教育实习						2	2	8	8	20
实习总时数		6	6	4:30	4:30	4	4	8	8	45
在校自习总时数		12	12	12	12	12	12	12	12	96
总计		15	52	19:30	19:30	51	50	42	49	384

（二）初级农科暂行课程表

科目		第一学年		第二学年		第三学年		合计
		上	下	上	下	上	下	
普通学科	党义或公民	1	1	1	1	1	1	6
	国文	5	5	5	5	4	4	28
	史地			4	4	2	2	12
	算学	4	4	3	3			14
	理化	4	4					8
	英语	2	2					4
	生理	1	1	1	1			4
	艺术	1	1	1	1	1	1	6
	体育	1	1	1	1	1	1	6

续 表

科　目		第一学年		第二学年		第三学年		合计
		上	下	上	下	上	下	
农业学科	气象			1	1			2
	动物	2	2					4
	植物	2	2	2				6
	棉作		1	1				2
	作物	3	2	2	3	3	3	16
	土壤	3						3
	肥料		2	2				4
	害虫防治				2	1		3
	病害防治				1	2		3
	畜牧			3	3	2	2	10
	园艺			2	2	2	2	8
	蚕桑					2	2	4
	林学大意					2	1	3
	农村合作						2	2
	农业经营						2	2
	农村教育					2		2
教学总时数		29	28	29	28	25	23	162
农事实习总时数		12	12	12	12	12	12	72
在校自习总时数		12	12	12	12	12	12	72
总计		53	52	53	52	49	47	306

（附注）上表自本年度起实行，其旧有各班之课程，系参酌过去情形，略有增减。初级农科课程，因与部定标准未尽符合，尚须研究修改，再行呈厅审核。

三、学业考查

本校学生成绩，分学业、实习、体育、操行四项，每项考查方法，均有详细规定，关于

学业成绩考查，略举如左：

（一）每学期之学业成绩，以左列二种成绩核计之：

（甲）平时成绩

以平时考查之成绩，与按期举行之月考成绩，由各科教学研究会议自定比例核计之。

（乙）期考成绩

于每学期终了时，由教导部排定日期举行之，美术、工艺、体育等科，以就平时练习酌定成绩为原则；但必要时，亦得举行期考。

（二）每学期各科月考之次数，及平时成绩与期考成绩所占学期成绩之比例，以各科每周授课时数为标准，酌定如下表：

本校每周授课时数月考次数及平时成绩与期考成绩比例统计表[①]

每周授课时数	月考次数	平时成绩所占比例数	期考成绩所占比例数
一时	一次以上	5:10	5:10
二时或三时	二次以上	6:10	4:10
四时以上	三次以上	7:10	3:10

（三）学业成绩采用百分计分法，八十分以上为甲等，七十分以上为乙等，六十分以上为丙等，不及六十分为丁等，丁等为不及格。

（四）各学科成绩考查方法，由各科教学研究会议另行订定。

四、教学与实习

本校以培养乡村小学健全师资及初级农业人材为主旨，除各科教学尽量利用自学辅导外，特别重于教育实习与农事实习，兹分述其概况如后：

（一）教育实习

此为乡师科重要课程，在一二年级虽无实习时间规定，但学生课外须服务民众教育，如办理民众夜校，及摘录壁报等。且平时於教育学科教学之前后，亦随时举行参观见习讨论以资印证。至三四年级则教育实习正式列为课程，其办法如次：

---

① 表题为编者所加。

1.实习原则：

（1）以小学行政及各科教学为实习对象；

（2）以本校附小及其他教育机关为实习地点；

（3）以成绩报告为实习的考成；

（4）以批评研究为实习的改进途径。

2.实习项目及实施阶段：

（1）教育实习包括下列各项：

（甲）参观：a.行政参观；b.教学参观。

（乙）见习：a.行政见习；b.教学见习。

（丙）试教——各科教学。

（2）各项实习期限如下：

（甲）第三学年第一学期举行参观见习，第二学期继续见习而进为试教。

（乙）第四学年拟由教生自办小学，作有系统之实习。

（丙）校外参观视事实上之需要，随时举行。

（丁）在参观见习试教前后，视事实上之需要，随时举行讨论会。

（3）实习支配及指导：

①实习项目及时间，由乡师科主任与附小主任支配。

②全体教生遇必要时，依人数多寡，分为若干组轮流实习。

③实习分量按照下列原则分配：

（甲）在规定时间内力使分量增加。

（乙）各人实习分量力求平均。

④乡师科教育学科导师，及附小全体导师，皆为实习指导教师。

⑤每项实习完毕后，由各该项导师分别召集教生及有关系之附小各科导师开会讨论研究。

（4）实习成绩考查：

①实习成绩分下列三种：

（甲）参观成绩；（乙）见习成绩；（丙）试教成绩。

②实习成绩由下列人员评定之：

（甲）参观成绩，由参观指导教师评定之。

（乙）见习成绩：

a.行政见习，由附小主任及附小各部主任评定之；

b.教学见习，由附小各科原担任导师评定之。

（丙）试教成绩，由附小各科原担任导师评定之。

③实习成绩记分法，用百分计分法，其详细方法，另外规定。

（二）农事实习（略）

……

六、训育与课外活动

甲、训育目标

（一）阐扬民族真义，以养成爱国情绪。

（二）提倡国民道德，以养成高尚人格。

（三）厉行刻苦耐劳生活，以养成勤劳习惯。

（四）鼓励研究科学，以养成科学头脑。

（五）注重实地练习，以养成生产技能。

（六）厉行各种规约，以养成严守纪律之精神。

（七）厉行早操及课外运动，以养成健全身体。

（八）指导学生自治及服务社会，以养成互助合作之精神。

乙、训育实施方法

（一）于举行总理纪念周及各种仪式时，施以适当训话，尤注意于增进抗日情绪。

（二）于举行定期升旗礼时，演说国际形势及外患情形，以激发其爱国情感。

（三）举行团体及个别训话，以启发其思想，并指导为有规律之生活。

（四）举行个别或分组谈话，以调查其家庭状况，观察其个性之发展。

（五）订定各项规约，于纪念周时报告并公布之，使其行动纪律化。

（六）订定操行考查标准，以促进其品性之修养。

（七）严定请假手续、旷课缺课办法、奖惩标准及办法，使其重视学业。

（八）随时举行各种比赛，以诱导其向上发展。

（九）定期举行大扫除，以养成其整洁勤劳之习惯。

（十）于校内各公共处所，增设各项适当标语，使潜移默化，滋长革命性情。

丙、课外活动

本校学生组有自治会，选举职员，分组活动，内分事务、学术、体育、游艺文书、纠察各股。又组有消费合作社、讲演会、学生周刊社，各有导师分头指导。球类国术及风琴与其他乐器等，制表分组练习，亦由导师随时指导。其余各种集会若同乐会、音乐会、远足会、成绩展览会、党义演说竞赛会等均按照预定时期次第举行。他若民众夜校，妇女识字班等，亦于导师指导之下，由学生分组服务。

七、推广事业概况

本校为欲达到以学校为改良农村社会之中心计，即于上学期决定在组织系统中特设推广部，以校长为推广部主任，并以全体教职员均为推广部指导员，办理推广事业，并指导学生加入服务。

已往半年，共计支用推广费七百九十余元，已办经常事业，择要列举如下：

（一）在离校五里路之下宝山设立农村小学一所，复式制二班，共计男女学生八十余人；并附设民众夜校一班。

（二）在下宝山附近之公有海塘名西塘，于植树节会同附近农民栽植第一中山合作林，该塘长二千四百尺，共植苗木一千株；并指导各村推举代表组织西塘中山合作林保管委员会，共负看管除草灌水之责。现成长苗木约占总数百分之八十，预定五年内当可成林。

（三）在本校附近之五金殿设农民俱乐部一所，购备国耻挂图、民众丛书、航空画报、宁波民国日报、时事简报，以及国乐乐器等，以供农民游息之所。

（四）在五金殿附设民众问字处及代笔处，民众前来请求代笔者每月平均计四十六人，问字者倍之。

（五）民众诊察室购置医具药品等开办费计二百五十元，每日就诊民众平均约二十人。

（六）本校附设民众夜校三班，共计男女学生一百零八人。

（七）在东山村及观海卫各要道，装订船板格言牌三百余。

此外，关于造林运动卫生识字运动航空救国运动等，均由本校主持，召集民众开会，每次皆有化装讲演，颇能吸引一般民众参加。

本年度进行计划，为事实上便利起见，已由推广会议决定分生计教育、语文教育、公民教育、健康教育、休闲教育、地方教育、编辑调查等七组，每组各设主任一人，由教员兼任，分头计划举办各组事宜。预算岁出经常费共计一千七百四十元。兹附推广部组织系统图如下：

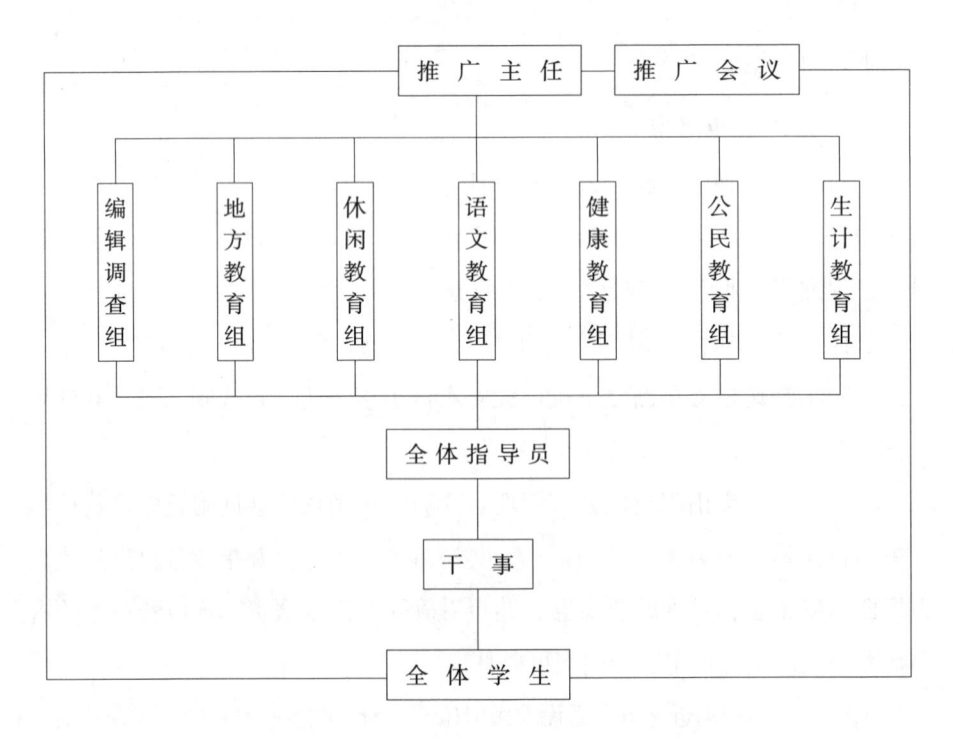

推广部组织系统图

八、学生来源及其生活状况

本校地居乡僻，招生较为困难；自本年秋季鄞镇慈公路通车至观海卫之后，交通较以前为便利。本届招考新生，远道投考者颇众。现有学生，以上虞余姚两县为最多，来自远道各邑者为数亦匪鲜。兹将在学学生籍贯统计如下：

籍贯	人数	籍贯	人数	籍贯	人数	籍贯	人数
上虞	36	嵊县	10	乐清	1	富阳	1
於潜	7	萧山	3	常山	2	绍兴	1
宁海	3	吴兴	2	武康	1	江山	1
余姚	27	余杭	8	金华	1	杭县	1
象山	5	新昌	3	玉环	1	新登	1
江西玉山	3	长兴	2	鄞县	2	临海	1
慈溪	11	温岭	2	奉化	1	寿昌	1
东阳	5	昌化	1	义乌	1		
浦江	3	黄岩	1	河北清苑	1		

本校学生大都来自田间，故其生活颇为勤俭，服装朴素，用钱俭约，衣服概系自洗。清晨多数学生，每先起床铃而起，个别阅读或跑步。早操及课外运动，皆感兴趣。又操作耐劳，农事实习，大抵袒臂赤足，施肥芟锄，不畏困难，颇具农夫身手。

九、农场概况（略）

附：教育部订颁师范学校教学科目及各学期每周教学及自习时数第一表

（师范学校及女子师范学校适用）

科 目	第一学年		第二学年		第三学年	
	第一学期	第二学期	第一学期	第二学期	第一学期	第二学期
公民	2	2	2	2		
体育	2	2	2	2	2	2
军事训练	3	3	3	3		
军事看护	（3）	（3）				

续表

科 目	第一学年 第一学期	第一学年 第二学期	第二学年 第一学期	第二学年 第二学期	第三学年 第一学期	第三学年 第二学期
卫生	2	2				
国文	4	4	4	4	3	3
算学	3	3	3	3	2	
地理	3	3				
历史			3	3		
生物	4	4				
化学			4	4		
物理					4	4
论理学					2	
劳作 农艺	3	3	2	2	2	
劳作 工艺	(3)	(3)	(2)	(2)	(2)	
劳作 家事	(3)	(3)	(2)	(2)	(2)	
美术	2	2	2	2		
音乐	2	2	2	2	1	1
教育概论	3	3				
教育心理			3	3		
小学教材及教学法			3	3	3	3
小学行政					4	
教育测验及统计						4
选修科目	3	3	3	3	3	6
（英文）	(3)	(3)	(3)	(3)	(3)	
（国文）	(3)	(3)	(3)	(3)		
（教育史）	(3)					(3)
（幼稚教育）		(3)				(3)
（民众教育）			(3)			(3)
（乡村教育）				(3)		(3)
（农村经济及合作）					(3)	(3)
（地方教育行政）					(3)	(3)
（教育视导）						(3)
（实习）					9	12
每周教学总时数	36	36	36	36	35	35
每周科外运动及在校自习总时数	24	24	24	24	25	25

说明：

1.军事训练施于男生，军事看护施于女生。

2.劳作科分农艺、工艺、家事三类,男生应选农艺、或工艺。女生除应习家事外,于第二学年应就农艺工艺二类中选习一类。

3.选修科目共为九种。自第一学期至第三学年第一学期,每学期列选修科目三种,每学生任选一种。最后一学期列选修科目七种;每学生于已选修之科目外任选二种。但选修英文者应自第一学期开始选修,并以继续选修完毕为宜。

4.选修科目应有十五人以上选修方可开班。

5.实习包括参观、试习、试教三项。每项实习前后须具预备、报告、讨论三种手续。每三小时之实习约须占半日时间。

6.师范学校学生每日上课,自习及课外运动总时数规定为十小时,每星期以六十小时计算。

7.每日除上课时间外,以一小时为早操及课外运动时间,余为自习时间。

8.在校自习及课外运动时间均须有教员督促指导。

9.在校自习,无论住校学生或通学生均须一律参加。

10.各地方如有特殊情形与需要对于选修科目之时间实习之时间,得酌量变更,但须呈请主管教育行政机关转呈教育部核准。

附:教育部订颁师范学校教学科目及各学期每周教学及自习时数第二表

(设在乡村之师范学校及乡村师范学校适用)

科 目	第一学年		第二学年		第三学年	
	第一学期	第二学期	第一学期	第二学期	第一学期	第二学期
公民	2	2	2	2		
体育	2	2	2	2	2	
军事训练	3	3	3	3		
(军事看护)	(3)	(3)				
(家事)			(3)	(3)		
卫生	1	1	1	1		
国文	5	5	4	4	3	3
算术	3	3	2	2		
地理	3	3				
历史			3	3		
生物	3	3				
化学			3	3		

续 表

科 目	第一学年		第二学年		第三学年	
	第一学期	第二学期	第一学期	第二学期	第一学期	第二学期
物理					6	
论理学	2					
劳作（工艺）	2	2	2	2	2	2
美术	2	2	2	2	2	
音乐	2	2	2	2	2	
农业及实习	4	4	4	4	3	3
农村经济及合作					3	
水利概要					3	
教育概论	2	4				
教育心理			3	3		
小学教材及教学法			3	3	3	3
小学行政						4
教育测验及统计					4	
乡村教育						3
实习					3	18
每周教学总时数	36	36	36	36	36	36
每周课外运动及在校自习总时数	24	24	24	24	24	24

说明：

1.军事训练施于男生，军事看护及家事施于女生。

2.实习包括参观试习试教三项。每项实习前后须具预备、报告、讨论三种手续。每三小时之实习，约须占半日时间。

3.师范学校学生每日上课自习及课外运动总时数规定为十小时，每星期以六十小时计算。

4.每日除上课时间外，以一小时为早操及课外运动时间，余为自习时间。

5.在校自习及课外运动时间均须有教员督促指导。

6.在校自习，无论住校学生或通学生均须一律参加。

(《浙江教育行政周刊》，1933年第5卷第14、15期，第152—169页。)

附：教育部订颁简易师范学校教学科目及各学期每周教学及自习时数第二表

（设在乡村之简易师范学校及简易乡村师范学校适用）

科 目	第一学年 第一学期	第一学年 第二学期	第二学年 第一学期	第二学年 第二学期	第三学期 第一学期	第三学期 第二学期	第四学年 第一学期	第四学年 第二学期
公民	2	2	2	2	2	2	2	2
体育	2	2	2	2	2	2	2	
卫生	2	2	1	1	1	1		
国文	6	6	6	6	6	6	4	3
算术	4	4	3	3	2	2	2	
地理	3	3	3	3				
历史	3	3	3	3				
植物	2	2						
动物	2	2						
化学			3	3				
物理					3	3		
劳作（工艺）	2	2	2	2	2	2	1	
美术	2	2	2	2	2	2	1	
音乐	2	2	2	2	2	2	1	
农业及实习	5	5	5	5	5	5	5	3
水利概要					2			
农村经济及合作							4	
教育概论			3	3				
教育心理					3	3		
小学教材及教学法					3	3	4	
教育测验及统计								3
乡村教育							3	
小学行政							3	
实习							3	24
每周教学总时数	37	37	37	37	35	33	35	35
每周在校自习及课外运动总时数	17	17	17	17	19	21	19	21

说明：

1.公民科内容包括乡村自治及乡村问题。

2.实习包括参观试习试教三项。每项实习前后须具预备、报告、讨论三种手续。每三小时之实习,约须占半日时间。

3.简易师范学校学生每日上课自习及课外运动总时数规定为九小时,每星期以五十四小时计算。

4.每日除上课时间外,以一小时为早操及课外运动时间,余为自习时间。

5.在校自习及课外运动时间均须有教员督促指导。

6.在校自习,无论住校学生或通学生均须一律参加。

(《浙江教育行政周刊》,1933年第5卷第14、15期,第172—174页。)

（三）

国立浙江大学教育系史料

浙江大学教育系关于教育心理之实验

黄翼先生 稿　孙弗侯 赵季俞 记录

浙江大学教育系现有同学数人于教育心理方面，作实验的研究。兹特择述一二。

（一）动作技艺之研究

吾人种种动作技艺之获得，系学习心理之一重要问题。有许多动作，以分析眼光观之，似可视为若干局部动作所构成。此种分析的看法，于学理上与应用上皆有重要意义。

自应用方面论之，吾人学习一复杂技艺时，为求效率增进起见，应否将构成此技艺之部分动作，分别练习？例如学习泅水，或教初学者先则伸直双手不动，而专学足之动作，再则伸直双足不动，而专学手之动作，然后综合之。又例如坊间蒙童用习字帖，多有首数页只有横竖点勾撇捺等基本笔画，以后方有汉字者。凡此等方法，皆假定学习一种技艺时，当先将局部动作，分别练习，方能得佳果。缘吾人注意范围有限，如初学立即从事于全部复什［杂］行为，不独顾此失彼，难于有进，且恐养成恶习，日后反费矫正之劳。

反之，亦有富有经验之人，主张应将所需技艺，从头直接全部练习。曾经熟习局部动作之人，一旦试作全部动作，不独不能成功，且以后继续练习，效率亦不较未曾练习过局部动作者为优，或且逊之。

欲解决此种实用上争论，舍以科学方法作实验外无良法。

进而论之，此种实用上问题，实关系学理上之根本问题。吾人视一种技艺为某种局部技艺所构成，原系以常识眼光为根据。或者一整个技艺，本天衣无缝之整体，不可分析；所谓局部动作，其独立存在之时，与其为一整个技艺之一部之时，根本有不同之处。或者技艺本可分析，而吾人分析所得之局部动作，非其自然之单位。欲解决此等学理上问题，亦不能不从事于实验。

浙大教育不［系］有一同学，现在从事于一关此问题之实验。所用动作技艺，系以两手抛弄之木球于空中，掷一接一不使坠地。此动作似可分析为左手之局部动作与右手之局部动作。而每手之动作，其形式与以一手独立抛弄两球，至为相类，此实验所求解答问题，申言之有二：（一）一手单独抛弄两球之动作，与两手合作抛弄三球之动作，其关系若何？（二）如欲学得双手抛三球之技艺，以一部分时间，为每手独立之练习，较之始终双手练习，效率孰优？

方法用许多被试者实地练习此技。如下表所列，练习分三期（分七天支配）。被试者分三组，练习程序皆不相同。第一期三组皆练习双手合作之全部技艺，各一百三十分钟，使已略得门径。第二期甲组左右手分别练习局部动作，各五十分钟，共一百分钟。乙组则利用同量时间，继作全部技能之练习。丙组于此期间，完全停止练习。第三期三组皆练习双手动作四十分钟，以验此时技艺程度若何，互相比较。比较时不以每组第三期绝对成绩为标准，而以每组第三期学习曲线与第一期学习曲线之关系为标准。

练习组别	甲组	乙组	丙组
第一期	双手合作一百三十分钟	双手合作一百三十分钟	双手合作一百三十分钟
第二期	左右各一手单独动作各五十分钟	双手合作一百分钟	无练习
第三期	双手合作四十分钟	双手合作四十分钟	双手合作四十分钟

预测结果，不出五种可能：（一）如甲组第三期成绩之猛进，超过于乙丙两组，可知局部练习方法最好。（二）如甲乙两组成绩相持，而皆优于丙组，可知局部练习与全部练习，效率相同。换言之，两手抛三球之技艺，可绝对视为左右两手之局部技艺所构成。（三）假如甲组成绩，劣于乙组而优于丙组，可知单手分别练习号与两手合作练习，性质不尽相同，而有多少关系补益。（四）假如甲组成绩与丙组相持，而二者皆劣于乙，可知单手之分别练习，与双手合作之全部技艺，毫无相关。（五）假如甲组成绩，视乙丙两组皆不及，则可知单手动作与两手动作，竟无冲突相妨之处。

此时实验工作，方机开始，结果尚不可知。就已得些须结果观之，于上列五中可能中，似与（三）（四）最近似。

异日如有机会，尚欲扩充计划研究两手练习对于单手技艺之影响，以冀对于此种动作技艺之分析问题，有较完备之了解。

（二）我国一般民众之物理因果观念

另一同学，正从事研究我国一般未受学校教育之成人，对于物理界现象之因果关系，见解如何。本问题为发展心理学（Developmental Psychology）范围内问题。发展心理者，侧重研究各种心理现象逐渐演进之步骤公律之心理学也。内容包含动物心理、儿童心理、种族心理三部。故各种民族之因果思想，实发展心理学一切要问题也。

关于原始民族，因果观念，最重要学说，厥唯法人列微不吕尔氏［列维一布留尔］（Lévy Bruhl）之学说。氏为人类学者。博采历来欧西学者关于原始民族之信仰制度习俗之记载，比较研究，得一结论。氏所举证倒［例］，大抵系关于鬼神、魂魄、梦兆、命运之信仰、葬祭、巫医、卜筮、魔魅之习俗。其学说大意谓"文明人"心中之世界，为一物质之世界，其中现象，因果相生，无不依自然公律之支配。"原始民族"不然。原始人心中之世界，非复"物理的"世界。盖其中充满各种神仙鬼魅以及种玄秘幽妙不可思议之气感。一切事物，皆由此种玄秘人物，势力所支配感召，无复不变之物理法则。氏亦承认所谓文明之欧美人，亦有种种迷信。然其意以为此种迷信，与物理思想分开，且终属例外。原始人不然，其心中最基本普通之因果观，即此种魔术感召之观念，别无所畏纯粹物理的因果观。

列微不吕尔所举例多出自我国，语气亦以我国保持此等信仰思想之人为"原始人"。自科学求真的态度立论，吾人自不应以此说妨碍吾国名誉，遂加排斥，而亦不可不察而妄信。要之，我国智识阶级以外一般人之因果思想，是否根本玄秘，与文明人之物理观念相径庭，固实验的发展心理学重要问题也。

现已得本市民众实验学校合作，允就校中前此未曾读书之成年学生作实验。方法系以数种不甚经见之简单物理现象，当面实试，以谈话态度，促被试者说明其故。例如以针横置水面，可以不沉，旋转杯水，可以杯倒立而水不溢等等现象，皆包容有奇异成分，需加说明。观察被试者说明之性质，可以窥测其日常对于自然事物因果之见解。

所以用新奇现象，亦自有故。（一）前来经见，则未尝听过他人说明。临时推想之答词，最可表现自己思想之基本特点，而避免特殊记习之结果。（二）可以引起被试者之兴味。（三）可以知被试者心中所谓常态之现象如何。盖人必知事之常，方能见异而知其为异。就其所以为异，可知其所以为常。

如所试一般人之因果思想，基本属于玄秘，则说明所示种种现象时亦必不离故轨。如所答在自然范围之内，无玄秘色彩，则迷信思想仍与物理思想分离，与列微不吕尔所称文明人，无质的区别。

此实验亦在进行中，结果不能预测。

（三）其他

此外有一同学，研究儿童及不识字成人学写汉字之错误。又有一同学，研究儿童转述故事时之脱误、错误之现象，自有其一定之原因。研究错误之性质，常可示吾人以心理作用之重要原则。此二实验之目的，不注重错误多少问题，着意在分析错误之性质及推求其原因。详细方法，不能备述。

上述种种实验，规模皆简单而狭小。在我国今日，学校设备不充，研究者训练不深，自以简小计划，最合鼓励独立研究之目的。

（《浙江大学教育行政周刊》，1931年第3卷第7期，第2—6页。）

国立浙江大学教育系学程纲要

一〇一　教育概论

郑宗海

每周三小时　一学期　三学分

目的：使学者（一）识教育事业之大概其问题及其原则

　　　　　（二）知从事各部教育事业者之业务情形

　　　　　（三）明教育对于社会幸福与文化之关系

（甲）各类教育，内分家庭教育、徒弟教育、学校教育、社会教育，每部又分论所涵之各项，最后归纳到教育之意义。

（乙）教育业务——小学教职员、中学教职员、教育行政人员——从各项中推论以见凡教育者应有之修养。

（丙）教育与社会。

教本：自编讲义

参考书：陈鹤琴：《家庭教育》

　　　　袁希涛：《义务教育之商榷》

　　　　最近教育统计及中西教育杂志

一〇二　教育原理

郑宗海

每周三小时　一学期　三学分

目的：使学者明了教育上切要之原理且知所以之应用。

教本：

（一）Thorndike and Gates, *Elementary Principles of Education*

（二）教者自编教育原理补充材料内分

　　　1.教育之意义

　　　2.目的

　　　3.教材

　　　4.教法

　　　5.训练

一〇三　中等教育

孟宪承

每周三小时　一学期　三学分

目的：使学生明了中等教育之原理与实施，俾服务时得有正当之指归与高度之效率。

内容：中等教育之目的、青年期之生理与心理及其与教育之关系、学制课程与教材、方法、训育、组织与行政

一〇四　初等教育

俞子夷

每周三小时　一学期　三学分

目的：使学生明了初等教育之原理与实施，俾服务时得有正当之指归与高尚的效率。

内容：初等教育之意义与目的、儿童中心的意义、学制课程与教材方法、个别的适应、训育组织与行政

教本：程其保：《小学教育概论》；朱经晨：《明日之学校》；赵叔愚：《乡村教学经验谈》；俞庆棠、孟宪承：《教育方法原论》。

一〇六　比较教育

孟宪承

每周二小时　一学期　二学分

目的：详究现代各国之教育制度，以供研究本国教育问题之参考

内容：以德法英美俄日各国为纲，以教育行政、学校系统、初等教育、中等教育、师范教育、高等教育、职业教育、成人教育为目，分列最近的材料比较研究，一部分采Sandiford, *Comparative Education* 为课本，一部分由教者自编并指导阅读。

一一一、一一二　教育史

孟宪承

每周二小时　一学年　四学分

目的：（一）探究教育制度之起源及变迁，明其与社会文化之关系。

（二）溯述主要教育家之生平及其在教育学术上之贡献。

内容：欧美教育史采Graves, *History of Education in Modern Times* 为课本，另编补充材料。东亚教育史，教者自编。

一二一　普通心理学

沈有乾

每周讲演二小时　实验三小时　一学期　四学分

本科内容：心理学总论、智力、记忆、学习、遗传与环境、刺激与动机、感情与情绪、感觉、观察、思想、想象、心理学之生理基础、人品

教本：Woodworth, *Psychology*

参考书：Foster and Tinker, *Experiments in Psychology*.

Dashiell, *An Experimental Manual in Psychology*.

Robinson and Robinson, *Readings in General Psychology*.

一二二　试验心理学

每周三小时　一学期　三学分（本学年停授）

目的：使学生明了科学的心理学之方法，并对于重要心理现象有实际观察之经验。

内容：所选实验题目虽普及心理学各方面而侧重学习心理部分。

预修学程：普通心理学及教育统计学

一二三　教育心理学

黄翼

每周讲演三小时　实验二小时　一学期　四学分

本学程以学习之原则与条件为中心问题。第一部分讨论行为之普通原则、人类之种种能力、个性差异、环境与遗传、生长与学习等问题，以明学习之意义与位置。第二部为学习心理，包含学习之量的方面，种种学习（如记诵、替代反应、解决难题、动作技艺等等）之性质，学习结果之类化，记忆与遗忘之原则，增进学习效率之条件等章目。

教本：Sandiford, Peter:*Educational Psychology*, Longmans, Green, Q.and Co., 1929.

预修学科：统计方法、普通心理学

一二四　儿童心理学（青年心理附）
黄翼

每周三小时　一学期　三学分

目的：使学生明了儿童时代心理的现象，发育的规例及其与教育之关系，并引起学者自动研究之兴味。

内容：儿童时代心理的现象、发展的步骤与律例、其意义及其与教育之关系，并及儿童研究的历史与现状，及各家研究方法之大概。

预修学科：普通心理学

一二五　变态心理学
黄翼

每周三小时　一学期　三学分

本科以种种变态心理现象为对象。先讨论酒醉、睡梦、催眠等与变态现象类似或相关联之常态现象，次及种种疯狂或近疯狂之重要病症与症候。着眼在了解造成种种变态现象之心理作用及其与常态心理作用之关系，故心理分析学说之基本观念与派别，亦本科内容之重要部分。

教本：Hart, *Psychology of Insanity*.

朱光潜：变态心理学派别。

布拉文著（华超译）：《心理学与精神治疗法》。

预修学科：普通心理学

一二六　学科心理
沈有乾

每周三小时　一学期　三四年级选修

目的：使学生略知各种学科之特殊心理问题，已往研究之贡献，及研究之方法。

内容：阅读心理，数学心理，书法心理等。

预修学科：教育心理学

一三一　普通教学法

郑宗海

每周三小时　一学期　三学分

本科内容：

（一）教法的原理（教者补充演讲）

（二）教法的实际

注重中等教育上之应用

教本：Douglass, *Modern Methods in High School Teaching*

参考书：Bagley and Keith, Morrison, Parker, Gregory, Wynn, Burton, Colvin, 等

一三二　中学学科教学法

郑宗海

每周讲演三小时　实习三小时　一学期　四学分

目的：

（一）使学生习得中等学校学科教学上之技巧——特别注重在各人主系及副系学科之教学。

（二）使学生明了各科教学之重要原则，备教学上切磋或指导之参考。

内容：中等学校教学之目标，各科教法上之大别，教材的选择与组织，个别差异之适应等等。

参考书籍：Morrison, Parker, Mill, Uhl等等著作及郑编修学指导等。

说明：本学程每周参观实习三小时演讲讨论三小时。每次实习前与参观后均须有详确书面的教案或报告。

一三三　小学学科教学法
俞子夷

每周讲演三小时　实习三小时　一学期　四学分

目的：使学生习得小学各科教学法之具体经验，俾服务时得有灵活之技术。

内容：小学各学科教学之目标、作业要项、教学方法、教材收集、实地教学、成绩考查等等。

教本：各种师范用各科教学法及单行本各科目之教学法

预修学科：初等教育

一三四　儿童训导
黄翼

每周三小时　一学期　三学分　三四年级选修

目的：使学生明了如何指导儿童之发展，俾得养成健全之性情品格。

内容：良好习惯之养成；种种不良行为之了解、预防与矫正；父母教育与顾问制度之设施等。

预修学程：儿童心理，能先修变态心理最佳。

一四一　统计方法
沈有乾

每周三小时　一学期　三学分

本科内容：统计方法之功用、统计项列之种类、差误之来源及性质、列表、图示、次数分配、中心量数、差异量数、取样差误、量数几率、常态分配、相关量数。

教本：胡毅：《教育统计学初步》

参考书：Holzinger, *Statistical Methods for Students in Education*.
　　　　Kelley, *Statistical Method*.

Yule, *An Introduction to the Theory of Statistics*.

一四二　测验

沈有乾

每周三小时　一学期　三学分

目的：使学生明了测验的历史与现状，及其原则与应用。

内容：智力测验教育测验品性测验等。

（一）历史　（二）编制　（三）种类　（四）应用　（五）批评

预修学程：统计方法

一五一　教育社会学

孟宪承

每周二小时　一学期　二学分

目的：使学生了解社会学之基本原理及其在教育上之应用。

内容：（一）社会学原理：1.社会起源；2.其组织；3.其进化

　　　（二）教育之社会的基础：1.目的；2.课程；3.方法

课本：Peters, *Foundations of Educational Sociology*.

一六二　教育行政及指导（教育调查附）

孟宪承

每周三小时　一学期　三学分

目的：使学生明了教育行政及指导之意义及实施方法，俾服务时得有正当之指归与高度之效率。

内容：（一）行政——意义、原则、组织、教育经费人员问题，其他。

　　　（二）指导——意义、原则、组织、指导事业之各方面、在职教员之进修、指导之效率，其他。

一七二　英美教育书报
孟宪承

每周二小时　一学期　二学分

目的：介绍各种英美教育书报，加深其阅读之能力，并知探采材料之方法，以为自力研究之助。

内容：（一）郑编《英美教育书报指南》，以此为引导，以认识并使用本校图书馆所购之各项英文教育书报。

　　　（二）选习阅读材料

一七三　教育学说
孟宪承

每周二小时　一学期　二学分

目的：使学生对于教育理论作综合的研究，能渐明各派思想之体系，并养成批评的能力。

内容：（一）演讲——近代教育学说之流别及其评量一部采Bode, *Modern Educational Theories*.

　　　（二）指导阅读——代表的教育理论著作如Dewey, Thorndike, Russell, Spranger, Durkheim, Gentile等原文或译本，报告讨论。

一七四　教育问题研究
全系副教授

每周一小时　一学期　一学分

目的：培养研究之兴趣与能力，交换研究之心得。

内容：（一）提示今日教育上各种切要之问题。

　　　（二）指导学生对于教育材料之搜索与研究，作成论文。

（国立浙江大学秘书处出版课编：《国立浙江大学一览二十一年度》，杭州：正则印书馆1932年版，第65—74页。）

国立浙江大学教育学系培育院筹备经过

费景湖

【由来】

国立浙江大学教育学系感到有附设实验学校的需要，已经有多年了，历来因大学经费的艰困，未能如愿实现。自郭校长莅任以后，对于实验学校的设立很是关心，去年（廿二年）曾有先办小学之议，后来因所需费用过大，便将这事搁置下去。到了廿三年度开始，因为教育学系添设教育心理组，为研究儿童心理和实施幼稚教育起见，便拨经费二千五佰元决定先办小规模的培育院（Nursery School）。教育学系主任郑晓沧先生，便托景湖等筹备开办事宜。

【旨趣】

本培育院系招收三足岁到五足岁的幼儿为同一的游戏与和协的生活，以谋身心两方面健全的发展。至于创办的旨趣，分析起来，可举三点来说：

一、设置一个宜于卫生和身心发展的环境，使幼儿在年龄相仿佛的同伴中去共同游戏，共同作业，获得快乐和丰满的生活，养成良好的习惯和性情，并得了解社会生活的意义。

二、切实与家庭合作，藉谋家庭教育的改善。

三、为大学儿童教育的实验机关，使研究儿童行为发展时，有观察实验的机会；使研究教育实施时，有实地观摩的地方。

【幼儿研究和幼儿保障】

培育院虽则是一个教育实验机关，但对于幼儿的幸福是绝对尊重的，对于幼儿身心两方健全的发展是十二分负责的，所以培育院对于幼儿保障具体的方法，注意到左列三点：

一、研究工作的大部分，是在儿童自由游戏的时候，研究者藏在儿童看不见的地方，默然旁观。因为使儿童知道有人观察着他们，因而拘束起来，我们都认为应当避免的。我们备有特制观察室一所，可以由纱网看见儿童的活动，而儿童却不能看见纱网里面的人，所以不致有丝毫的受扰。

二、我们偶然或者做一点试验，但所谓试验，大抵是给他们一些特殊的玩具，看他们如何的玩法，或者说个故事给他们听，或者问他们几个有趣的问题，时间每次不过数分钟。在研究者方面，尽管是在解决科学上重要的问题，在儿童方面只是得到一种特殊游戏的机会而已。一切实验计划，都先有教育系教授们仔细鉴定，认为对于儿童有利无害，不会引起紧张疲倦，然后允许施行。从事实验的同学，也必须先由教授们观察训练，认为适当，方许与儿童接触。

三、虽有以上的保障，我们还不让儿童受过量的观察。至于个别的试验，更要限制到极少限度。

总之，我们相信大凡有妨儿童自然发展的方法，不独违背培育的基本精神，也不能给我们以可靠的科学知识。此外一切，我们亦努力以儿童身心之健全发展为指挥。

【组织】

一、主任一人

二、心理顾问一人

三、医药顾问一人

四、试验研究指导部

五、主任导师一人

六、助理导师一人

七、女佣一人

【课程】

这里所谓课程，是指幼儿与教师在院内进行的活动。凡三足岁到五足岁的幼儿，所有的需要而且是他们能够学习的活动都列为院中课程，凡非幼儿所需要的活动，如读写算等，概不列入。

一、音乐　包括节奏的感觉与动作，听唱欲望的满足，音乐表情与游戏。

二、故事　包括书片阅读，故事欣赏与演习，儿歌的吟唱。

三、游戏

室内游戏　如积木、囡囡儿、泥塑、剪纸、串珠、折纸、画图、感觉游戏、简单用具游戏、摸拟游戏等。

室外游戏　如玩水池、大积木、滑梯、轩轻板、摇马、摇鸭、沙坑、雪车、马车、感觉游戏、简单用具游戏、摸拟游戏等。

四、整洁　如衣服、理发、用手帕、刷牙、洗脸、洗手、沐浴。

五、社会习惯　如独立生活、利用闲暇、团体活动适应与开展、语言、礼节。

六、研究　习见动物、植物、自然现象的认识与观察；纪念日和节日的举行；身体与玩具的观察与认识，团体生活中所用标帜的辨别。

七、餐点　包括进餐时动作、守时、快慢、好尚、礼节等习惯的培养。

八、睡眠　包括穿衣、鞋与叠被等习惯的养成。

九、休息

以上所列各种活动，于实际施行时打成一片，无所谓科目，其中除餐点与睡眠二项外，并无预定活动时间。至于活动的进行，重在环境刺激中幼儿自发的活动；但当缺乏自发活动时，则加以受示，使他们由兴趣而对于动境发生反应；如在不得已时，则加以领导，以逐渐导入自发的活动。

【环境】

培育院的重要责任，在设置一个理想的环境，使幼儿在此环境中得到身心健全的发展。一个理想的环境是包括自然和人为两方面。自然的环境就是空间所占的自然景物，人为的环境是普通所谓院舍与设备。

培育院的自然环境，是浙江大学文理学院内。院之前后有广大的草地，整齐的花坛，相近有伟大宏壮的建筑物，有山有水。

院舍是一座半新的中西式楼房，前后有很阔的走廊，本院占有这座房屋东面的三间房子，西面与教育学系办公室毗连，楼上为外国文学系办公室。因为院舍是现成的，所以一切支配不能合理想的需求，只得因地制宜划分为观察室、游戏室（兼餐点室）、卧室（兼更衣室）、盥洗室、厕所、导师预备室（兼隔离室）、厨房、等候室、游戏场、种畜场等处，如下表所示：

教育学系办公室	厨房	种畜场						草地
:::	:::	导师预备室（兼隔离室）	盥洗室	卧室（兼更衣室）	游戏室（兼餐点室）	观察室	:::
:::	等候室	:::	厕所	:::	:::	:::	:::
体育科办公室				游戏场			

观察室的用处已在幼儿研究和幼儿保障中说过了，他的装置是将一间房子完全油漆成黑色，不让一点光线进去。向游戏室的这面是用板隔开，离地四尺一寸的板上面装十一寸双层铁纱，外面铁纱（向游戏室的这一面），漆成白色，里面的铁纱漆成黑色，外面铁纱上面装回光罩电灯四盏，以减弱观察室的光线，使得只有观察室的人能清清楚楚看见游戏室里幼儿的活动，而游戏室里幼儿看不见里面有人观察他。

游戏室、卧室、盥洗室、厕所等室的地板、墙等的装置相同：地板是平得光光的，漆成枣红色。墙离地板五寸用木板包，也漆成枣红色，包板上二尺九寸漆湖色，再上五公分漆紫檀色，再上一寸漆桂黄色，其余墙面本来想漆奶油色，因限于经济只用石灰粉刷。

游戏场长约一百五十尺阔约六十尺，内有着地花坛三个，四周有扁柏的篱笆，原来是一块大长方草地，所以有清爽的草毡，幼儿在其上活动，最为相宜。种畜场饲养小动物及种栽观赏研究的植物。

本院的设备，有的是雇工制作的，有的是街上选购的，雇工制作的多参照各国培育院的情形，而尤借重于阿海河大学学前儿童学校设备（Preschool Equipment university Iowa Extension Bulletin 263. March 1, 1931）一书，由笔者绘成图样尺寸后监督工人制作的。至于所有设备计分下列各类：

一、普通设备

1.游戏室（兼餐点室）

桌子，木制漆湖色，桌面36寸×26寸，不见钉痕，高一尺六寸，边四寸，六张；椅子，藤制不漆色，椅面13寸×11寸，背高十一寸，脚高八寸，二十四把；小凳，木制漆湖色，凳面12寸×8寸，高八寸，面不见钉痕，十张；玩物厨，木制漆湖色，长三尺半阔一尺半，高四尺十一寸、分四档、三面玻璃，一只；碗橱，木制漆湖色，长四尺一寸阔一尺半，脚高六寸，一只。

2.卧室（兼更衣室）

小番［帆］布床，长四尺阔二尺高一尺，三十张；三角衣橱，木制漆湖色，高三尺，出面阔二尺半深一尺半，四只；衣柜，木制，向大学借用，二十格；窗帘，暗红色，四副。

3.盥洗室

面架，木制漆湖色，长五尺阔一尺开四个面盆洞，脚高一尺，四寸，背高一尺，五只；面盆，二十只；手巾，二打；肥皂盒，五只；着衣镜，一方。

4.厕所

马子，搪瓷制，四只；窗帘，暗红色，一副。

5.导师预备室（兼隔离室）

桌椅；书架，一架；用品橱，一只；小番布床，一张。

6.厨房

打汽炉，一只；食品橱，木制漆湖色，长三尺宽二尺高二尺半，三面铁纱，一半分二格一只；温奶锅，搪瓷制，一只；开水壶，搪瓷制，一只；铅壶，一只；洗涤器，洋铁制，二只；抹杯布；装污物洋铁桶，高二尺直径一尺，有盖有环，一只；铅桶，一只；洋油漏斗提子，各一件；汤勺，一个。

7.等候室

长凳，五条

8.饮食用具

碗，搪瓷制，二十只；茶杯，搪瓷制，二十只；牛奶杯，搪瓷制，二十只；碟，搪瓷制，二十只；盘，搪瓷制，四只；茶壶，四磅大玻璃制，一只；茶杯架，每架分十格，二架；台布，六条。

9.清洁用具

扫帚，一把；畚箕，二只；喷壶；拖帚，二把；铅桶，二杷；抹布；

10.其他

院牌，国旗党旗

二、儿童玩具和材料

1.营造的材料

大号积木，长尺阔三寸厚二寸半及长一尺阔四寸厚二寸半，各二十五块；又六寸见方厚二寸半，五十块；小号积木，中华书局制，二盒；房子积木，商务印书馆制，一盒；五色排板，商务印书馆制，一盒；五色方木，商务印书馆制，一盒。

2.手工材料

剪刀，圆头的由张小泉定制，二十把；色纸；厚纸；图画纸；针、线；浆糊；布；棉花；串线板，商务印书馆制，一盒；木珠，两盒；皮鞋带；手工板，二十方；黏土；黏土缸，一只；黏土盆，一只；围巾，·打；沙坑，及其中用具如小铲、小桶、木板等。

3.图画材料

写生架（双面的），二架；调色盒；颜色；蜡笔；图画纸；毛笔；铅笔；水碗。

4. 游戏材料

双板活梯兼直梯斜梯，一座；摇马，自己出图样由杭州儿童生活社定制一只；跷船，杭州儿童生活社定制，一只；双鸭摇椅，杭州儿童生活社定制，一只；雪车，一只；三轮马车，一只；皮球，有漆花的，有大的，有小的，共十二个；铅兵，一盒；家禽，一盒；数字游戏，一盒；弹簧狗，一只；弹簧兔，一只；双鱼，一个；三角掷环板，一个；荳袋；小宝宝，二个；小宝宝用具——床、被、衣服、藤车。

5. 音乐用具

钢琴，一架；留音机，一架；唱片；中国小乐器，如小锣，小鼓，小钹等；音乐用书，慈幼歌曲集，歌表演，幼稚新歌，儿童游戏，甜歌七十七曲。

6. 常识材料

种畜场，一处；盆花；园艺用具，四套；金鱼缸，二只；兔笼，一个；放大镜，一只；时钟，一只；日历；摄影机，一只；磅秤，一架；尺；图书——儿童画报，好宝宝，幼稚读本，形象艺术教科书；书片；寒暑表，一只。

（《教师之友（上海）》，1935年第1卷第3期，第342—352页。）

浙江大学教育学系近况

国立浙江大学教育系由郑晓沧先生一手创办，任系主任者已有九年之久。本学期郑先生任教务长，校务繁剧，系主任一职，已改请庄泽宣先生担任。该系本学期第一次系务会议业于10月2日下午举行，议决由沈有乾、俞子夷、庄泽宣三先生重行整订教育系课程，编印本系近讯，举行教育研究会及指导四年级同学教育专题研究之。现该系共有学生35人，四年级14人，三年级5人，二年级4人，一年级12人。

（《教育杂志》，1936年第26卷第12期，第138页。）

四

民国后期浙江教师教育主要史料

1938—1949

抗战爆发后,在国民政府"战时须作平时看"教育方针指导下,国民政府采取了一系列措施,教师教育再次迎来了发展机遇。这时浙江的教师教育也走出低谷并逐渐稳步发展。1938年,浙江大学开始增设师范学院,并不断扩大。中等师范也开始从中学脱离出来,已有湘湖乡村师范、慈溪锦堂乡村师范、杭州师范、温州师范、嘉兴师范、湖州师范、金华师范、严州师范、台州师范、衢州师范、处州师范等11所,划分为11个师范区。各县还设有县立师范和简易师范学校,"全省76县均有简易师范学校或简师班,达到了一县一简师的要求"。[①]这一时期主要收集有:民国后期浙江教师教育概况史料、抗战时期的湘湖师范史料和浙江大学师范学院史料等。

---

① 邵祖德等编纂:《浙江教育简志》,杭州:浙江人民出版社1988年版,第129页。

（一）

民国后期浙江教师教育概况史料

师范教育罪言

俞子夷

普及教育的先决问题颇多，其中师资问题是很重要的一个。这个问题很久了。三四十年来始终没有得到圆满的解决。或者大家再努力二三十年，才渐渐有解决的希望。从前，仿佛有两个潮流，交互起伏，往复循环着。所以过了好多年，依然一个大圈子，回到了原处。师范学校，只有旧制和高中程度相平行的两式。在新学制以前，是旧制。在新学制以后，是现行的师范。在新学制初行时，确有不少人主张，师范学校延长到六年，把初中的一段，也包含在师范学校里。在当时的人看来，这好像是一种保守的旧思想，只有学阀们想把持自己旧制师范广大的地盘才作这样的主张。吸过自由空气的新进教育家，把师范在学制上放得和高中同等的位置，已经是一种迁就国情的不得已的办法。理由是，别人家的小学教师已经提高到和大学同程度；我们这样办，已经比人家落后了一级。正好像义务教育的年期一样，六年是至少至少的，比人家还少二年呢。假若当时有人提出一年或两年短期小学的办法，会场中一定要非笑提案人是不识时务的疯子。现在回想，可惜短期小学的办法决定得了迟些。要是早十年便推行，或者现在已经可以达到一律四年的地步。当然，原因很复杂，不这么单纯。

就师资质的优良方面想，的确高中程度还不十分够些。要是想在短促的限期中完成国民教育的大事业，却又不能把质牺牲，在量的增加上想方法。现在如此，从前也如此。最热心普及教育的袁希涛先生，常常说笑我，他说："你们只管坐飞机，乡村里的孩子连牛头车也没有机会坐。你们少吃些山珍海味，让乡下孩子喝一些粥汤。只要淡淡的粥汤，粥是当然谈不到。"他从欧洲回来后，主张普及教育从四个月办起。期短，量大，当然同时要大量的教师。前清三个月的速成师范科或者还有相当需要。简易科，讲习所，训练班，种种花式，常和师范学校随伴着。有一时大交鸿运，各县奉命推广，弄得教师范生的教师发生了供不应求的恐慌。省立杭州师范初办时，便特地开设了县师师资科，作这方面的准备。有时，讲习科大倒其霉。因为程度低，办理不善，又一一勒令停闭。有时讲习科的毕业生，连做教员的资格也得不到，一定要再受检定考试。

这两个潮流，仿佛有周期性的交互起伏。要大量生产，质总不免要差些。要品质优良，训练期不得不久些。两全的办法，几十年来，找不得。或者永远找不得也难说。我说，这好像孙行者翻筋斗。翻来翻去，依旧在托塔李天王的手掌中。讲习科的倒霉或交运，原来没有什么荣辱。只怕筋斗翻得太久了，精力消耗了许多，仍旧没有把国民教育问题推进一步，这才是大亏本。不论师范学校或讲习科，我们已经办了几十年，要是来一个精细的决算，照我的估计，恐怕亏本的成分居多。高升！升做老爷，升做太太，一步一步的升向上，还有许多横里斜里伸出去，伸到财神殿里的也不在少数，还有其他其他等等。近来，更多了一条投笔从戎的生路。

我自己没有受过正式的师范教育，但是和师范生却有了三十几年的因缘。我第一次教的师范生，是一年期的讲习所；时在前清光绪三十一年。学生的年龄，多数要比我大一二岁，有的竟比我大到十岁。我教他们算学，有几个人把铅笔当毛笔握。只办了一年，毕业后没有续办。成绩还不差，过了二十几年，还有人在当小学校长，高升到师范学校里做教员的也有。但是一年期满毕业考试时的成绩，却使当时的教员，多数觉得不满意。师范生的成绩在彼不在此。毕业考试的成绩未必能代表将来做教员的真本领，我至今还有这样的感想。要是这的确是事实，那么拿学生考试成绩来判定讲习科的存废，不是扑了一个空？

第二回，我教的是一种特殊的讲习所，专门训练单级的教法。时在前清宣统元二年。因为要推广教育，所以想到乡村小学里单级编制。在当时，可以说是一种惊人的大发现。半年一期，办了两期结束。来者都是特别选拔的有志者。有好多做教员的经验，要比我多上几年。我们专做传递者、介绍人，实在是一个单级的小贩。花几个月的功夫，搬运了一批单级的皮毛回来，在半年里传递了结。注重实际，借用了两所小学作演示和实习用，草草表演，仿佛开了一个长期的游艺会。结束以后，我一个人再单独实习了一个多月。这才使我得到真实的尝试，仔细的体味和咀嚼。因此我又想到走马看花的参观，未必能使师范得到多大的益处。当然游览也可广充见识。表演式的实习，始终只能算是表演。真正做教员的本领，还得自己在任事以后去创造。这不是浪费吗？不免有些浪费呢。教学做合一的提创或者就因为要避免这种浪费。那末分年排列，限定钟点数的师范课程标准，不是又成了问题。标准没有颁布时，曾经有人试过教学做合一的办法。那时，也出版了不少这方面的著作。自从有了标准，大家便死守在标准里，不敢越雷池半步。教学做合一这句话，虽有人嘴里讲，事实上不容易在师范学校里找见踪迹。因此，我又想到要在短促期间中，急就章的养成教师，或者有旧事重提的必要吧。

民国元年起，我开始做师范学校里的教员。校长分派给我的工作，却仍旧是讲习科。这讲习科的性质更特别，仿佛是一种推广事业，又好像是补习班。来者全是当地现任的小学教师。讲习时间在下午四时以后，夜饭以前。地点在校外比较集中的一所小学里。我不但是讲师，并且还挂上一个讲习科主任的头衔。和现任小学教师周旋，是一件比较繁复的工作。我所任的是教授法。听讲者中间有不少老资格，和他们讲教授法，班门弄斧，难免不要碰钉子。在书本方面，或者我知道的比他们多。若要一天二天扣足了计算，我的教书经验，或者在全体的平均数以下。我虽然比他们走的地方多些，看见的花式多些。但是要使大家承认我讲的比他们日常做惯的一定较胜一筹，却不是一件容易的事。仿佛和老农夫讲农业改良，新方法有时会得在老经验前面暴露弱点，或者竟会得当众失败。

对新进的师范生，我们尽可大着胆子，引经据典的讲学理。他们空空洞洞，会得无条件得接受。当着一群老在行，便没有如此容易。他们会比较，会问难。并且有时竟执着一些成见，来一个反驳。只有从经验中去找问题，他们才觉得有价值。一年结束，不再续办。我的主任头衔，总算保持到结束，没有半途撤换。经过这一年的厮混，我得到不少实益。此后连续教师范生，老是担任这门功课。现在回想，反而觉得这一年教得最有效果。新进的师范生学教学法，好像是当书读的。他们完全没有做过教师，很不容易明白教学法书本中的真意。凭你讲得怎样天花乱坠，学生依然不易想象。没有经验叫他们怎样想象？和老教员谈甘苦，却大不同，愈谈愈有滋味。我为师范生写过几种教学法书，尽量谋具体，尽尽加实例，但是拿了自己编的课本去上课，总不如民元那时的顺利。因此我又想到训练师资的方式，或者还有改革的必要。时间从容的师范学校，或者这需要还很不明显，若要在短促时间中，养成大量的教师，恐怕要把师范学校里惯行的次序，颠倒过来，才有效。最好由教者教给学生看，看了再讲书。看得多，识见自然容易广。一面看，一面叫他们自己跟了做。时间若局促，把书留待将来再读也不迟。用新名词，可以叫做教学做合一。其实旧时徒弟跟师傅学的方式，也差不多。

在学制没有十分确定的民国初年，那所师范学校里的花式非常多。女子讲习科是女子师范学校的前身。为各县短期养成师资，叫做各县代办讲习科。第二部虽在章程中有这样一个规定，但始终没有实现。招收中学毕业生再学一年的师范，仿佛是不合人情。这一件事，后来渐渐被人们遗忘了。新学制实施以后，和初中同程度的讲习科，生意要比高中师范热闹得多。民国十五年，我在杭州的横河桥，同时教四班师范生，一班讲习科人最多，两班新学制的高中师范合起来也不满四十人，最后一班旧制师范约三十多人，恰在两者之间。因为有人主张需把讲习科程度提高，所以后来有训练班的创设。招收初中毕业生给一年的师范训练，很像从前的第二部。初试办时，来者不多。后来推行，各处都清淡极。结果，这便宜货没有人要，就半途夭折。近年的简易师范科，很像是训练班的借尸回魂。招生不足额，也常常听到。武断地说一句，早进师范，大家最欢迎；既在初中毕业，至少要再学三年。但是师范生的出路只有一条，还不及普通科高中的灵活。在初中里自己吃过三年饭，到了高中程度，便不在乎这些饭费。真正计较膳费的，却在初中时代。简易师范的生意兴隆，原因或者就在此。有人说投考高中师范，二三人中可以取一人；有时要招二次才勉强凑满开班的最低额。投考简易师范，却难的多，大约八九人中只能取一人。讨论新学制时另一方面被否决的保守主张，恰恰中了现在的事实，其实这事实十几年来，常存在，没有改变过。

民元时曾经有过一种疑义，教法分通论和各科两部分。通论由教育教员担任，各科教法由各科教员分任。这和事实相距得太远。各科教员不一定高兴讲教授法，结果各科教法仍由教育教员包办。师范生学了高深的学问，对于小学教材往往很隔膜。大约是十六年或十七年的暑假前，某师范学校里开会商量下学年的功课问题时，我提到这小学教材问题。当时得到大家的同意，决定开设一组名叫"教材研究"的科目，计有国语、算术、自然、社会等四科，我派到了算术教材。后来，也教过一回自然教材。小学教科书，补充教材，教具，一件一件的拿来弄，学生的兴趣很好。有一回，我们还把他们的成绩，在展览会中陈列出来，得到相当的好评。没有死读书，实实在在地弄教材。

不久，师范学校的科目，由行政机关规定。教材研究的名称，被采用；但是并作一科。首当其冲，我被聘在某师范里教这门新设的科目。内容用什么，完全要自己去找。当时书店里只有一部名叫教材研究的书出版，内容是小学课程标准的说明。要找一个人兼教各科教材，总觉得左支右绌，很难如意。师范课程标准初颁时，教材研究的科目仍存在，内容却偏向了理论的研究，只是些"教材的范围、选择、排列……"，师范课程标准修正时，教材和教法重复合并。这几年里，又像是一个大圈子，回到了出发点。

浙江的某县，曾经做过一次试验，用很短促的时期，训练小学教师。主持人告诉我，他们不用大教育家编的教学方法做课本；他们的工作很单纯，就是拿出小学教科书中的教材来，先使学生明白其中的真意，再使大家学习怎样用这教材教小朋友的方法。一套教科书教材弄完，便算毕业。这办法是很简陋的，很肤浅的，学生差不多只知道当然，没有明白所以然。知道了当然，仅仅会得呆做不会得活变。要是时间忽促，只听了一大批的所以然，始终不会得呆做的当然，那末怎么办，不会呆做，怎样活变？变到五里雾中，还成什么样子？学过三四年的师范生，尚且免不了一肚皮的自由活用，没有规矩准绳做指针。只有极短促的时间时，或者应当先给他们一些规矩供应用，熟能生巧。自由活用，且待将来。

（《浙江战时教育文化》，1940年第2卷第6期，第3—5页。）

今后简易师范的课程问题

章以文

战争毁灭了教育，但同时也创造了教育，尤其在这个进步的，革命的，神圣的抗战建国的怒潮中，更有着这样的前途，到现在且已不是理论的论争而是事实上的如何实施了！于是且站在教育的岗位上对简易师范的课程问题加以检讨。果然我们不容再被因袭的传统的成分所蒙蔽，以致辜负了前途；但也不应仅凭一时的兴奋，矫枉过正，以致断送了前途。本文虽谈不上简师课程的根本改造，怕也该站在比较客观的立场上来比较，分析，俾所得结论，稍近理想，有裨实际。据报载最近教部感于事实的需要，已聘定专家将原有课程标准，重行修正，且草案闻亦完成。料想正式公布当在郑重审议之后也。兹就管见所及，从下列各方面作一个粗浅的检讨。

甲、从专业训练的观点上来研究

无疑地，师范教育是一种专业的训练，不能与初中相提并论，是初中与简师之课程，自应异其内容，庶能发挥其各别的功能。然而一考原有的简师课，果与初中颇有显著的差异。论课程的组成单位（即科目）初中共十五种，简师共二十四种；初中多英语，而简师则除多农业及实习、水利概要、农村经济及合作，尚多教育概论、教育心理、小学教材及教法、教育测验及统计、乡村教育、小学行政及实习等七种专业的教育科目。而此项专业训练之分量论构成单位，几近初中全体单位的二分之一，教学时间，几近初中全部时间的三分之一。这样，所谓专业训练，似无再行加强之必要。何奈事实胜于雄辩，师范毕业生之不能安于本位，以及对于本位工作之不能胜任愉快，已使社会人士引起了不少的注意的疑问，虽原因至为复杂，然而专业兴趣之不够浓厚，教化知能之不够切实亦属不可讳言。是不仅反映着教育课程之需要改进，而其他若干种与初中相同的科目（即所谓基本学科）实亦不能与初中等量齐观。概所谓专业训练，决不是加了几种教育科目，就可以收效的，正如欲提高民族意识，断不能专凭公民史地等一二种科目也。兹以国文科为例，则教学目标，除使学生了解固有文化，唤起民族意识，发扬民族精神，以及能用语体文及语言叙事说理，表形达意，并有欣赏文艺等能力外，简师尚须随时顾到学生具有教学小学、民众学校等国语文字之知识、技能与兴趣。不仅国文应当如此，其他科目也应如此。可是原有标准如公民体育、卫生、国文、算术、地理、历史、劳作、美术、农业及实习等尚能酌量顾到师资训练之特质外，其余如：植物、化学、目标虽不尽同，教材大纲并无特殊差异；动物，目标虽不尽同，教材几完全相等；物理，目标第四条虽会顾到专业训练，但教材大纲，实亦并无差异；音乐，目标几完全相同，而教材大纲亦大同小异，所以，仔细比较起来，这些科目几与初中并无二致。

由此，我们觉得专业训练，不仅是必要，而且亟须加强。除强化教育等科目之内容外，其余各科，果然离不了所谓"继续小学之基本训练"，但同时也须注意师资训练之特质，务使整个的简师课程，成为教化的专业化。所以今后的课程内容，须从下列各方面去设法充实：

（一）足以坚定儿童教育之信心者：①有关儿教之总理遗教及总裁言论。②教育救国的中外史实。③古圣先贤所受的家庭教育及其足资信奉的教育思想。④其他短小精悍的论著如崔载阳氏之一个教育者的新信念等。

（二）足以鼓励终身服务之精神者：①中外儿教专家之轶事。②捐资兴学的典型人物如武训等。③法令上的保障和优待。

（三）足以加强儿童能力之认识者：①中外儿童对于保国卫民的丰功伟绩，如明代沈云英，如意之巴里拉等。②抗建声中的小战士，如新安旅行团，以及沦陷区内可歌可泣的抗倭事实。③生动活跃的阅读材料如陶行知的攻破孤鸦关。

（四）足以培养儿童教育之研究兴趣者：①儿童心理问题的回溯，观察、调查、或简单实验。②认识一个儿童，并研究其环境及身心状况。③儿童玩具的研究、仿作、创造或展览。④儿童文学的欣赏研究试作。⑤教材教具的研究、仿作、创造或展览。⑥参观优良小学，充实师范小学或附属小学。⑦比较各国及本国各地儿教现状及特点。

乙、从身心发展的观点上来研究

简师学生的年龄大致在十四五岁以上二十一二岁以下，而众数约在十七八岁，论年龄，则一部分几于高中生相差不远，故军事训练之是否需要，似须根据年龄与体育童军调配设置，断不能呆板划一，一如目前初中之仅设童军高中之仅设军训也。至于这些大部分尚在十四五岁至十七八岁之学生，从身心发展之阶段上来看，恰值青春期，这是生命上很严重的阶段。因为生理上的高级神经中枢与低级神经中枢间相互依存而有相当巩固的联系，便随着这个时期的到来而开始破坏了。结果筋肉工作的协调也随着减弱了。

又因为性器官的成熟到青春期的终了已达完成而一般组织的发展，还要在四五年之后，结果不论生理上，心理上就特别表现一种极深刻的矛盾（即不适应状态）。更因为他或她已不是儿童，但也不是成人，结果对于自己不确定之社会地位的感觉，往往表现着各种的病态和矛盾。所以他们或她们的特点是：

（一）全部生活带着易变的，不自信的，动摇的倾向，但表面上却表示自信和隐藏怯懦。

（二）所以少年的行动是倔强的，傲慢的，粗率的，感受性增强，易于兴奋，不安。

（三）同时不满于周围的人，即那些不了解他的人们，感到自己是孤单的。

（四）性器官生理的紧张，伴着相联的精神上的紧张，造成犯性过的倾向（据狄克森和皮尔孙的调查男子曾犯手淫的约占百分之九十，女子约占百分之六十五）。

（五）满想把自己站在成人的地位，于是开始寻欢作乐，如饮酒及各种放荡行为。此外据前南京市健康教育委员会民二十五年调查南京市儿童健康状况，结果身体有缺点的竟达百分之八十三；又据前北平市的调查，结果与南京市不谋而合，而教育部检验全国大学生的体格，结果百分之九十弱是有残疾的。这些惊人的数字，间接也证明了简师学生的体格是如何地病弱不堪了。

基于上述特点，我们认为今后简师课程，理应亟谋下列各点之切实实施：

（一）教材的排列和组织，尽可能地做到从归纳的到演绎的，从心理的到论理的。至如民十八年中小学暂行课程标准高中地理教学大纲，以问题为本位的组织法，似可广为采用。

（二）对于人生，民族、国家、世界等基本观念以及服务教育的专业旨趣，均应加强训练（参照部颁青年训练大纲纳入各科）

（三）培养自觉纪律即加强童军或学生自治会的组织以替代被动的硬性

管理。

（四）提倡课外活动，充实审美环境，注意生理及心理卫生之研究与实践。

（五）鼓励社会服务，注意社会活动之练习与参与。

除（一）（二）两点似可单独解决外，其余如（三）（四）（五）各点，如欲彻底实施，则与整个课程之组成单位及每周教学总时间有关。兹采比较，分析的方法来答复原有课程标准（其组成单位及每周教学总时间）之是否安善？

简师与其他学校之课程组成单位及每周教学总时间比较表

校别	高级小学	初级中学	高级中学	师范学校	简易师范
组成单位数（及其在各学年之分配）	九（五六年级各学期均为九个单位）	十五（一年级十三个单位，余均为十一个单位）	十六（各学年均修习十个单位左右）	二二（其中两个学期十二个单位，三个学期十三单位，最后一学期七个单位）	二四（除最后一学期五个单位第三学年第二学期十二个单位外，均为十三个单位）
每周教学总时间及其分配	一三八〇分钟（相当于简师二七小时）	三一小时（各学年各学期同）	三〇小时（最后一学期二九小时）	三六小时（最后一学期为二九小时）	三七小时（第三学年第二学期三三小时，最后学期为三五小时）

由上表看来，不论组成单位数，及其在各学年之分配分量，以及每周教学总时间，除较高级小学理当超出外，简师所占数字，均较其他各校为大，设将总时间仔细核算，则：①简师比小学每周超出约一〇小时每天几多一·六小时强；②较初中每周约超出六小时，每天多一小时弱；③比高中每周约超出八小时，每天约多一又三分之一小时；④比师范学校每周也超出约一小时。

查初中每周教学三一小时，原系二五年修正后之结果，前正式课程标准原定每周教学时间为三十五六小时，时至今日，各方尚恐学生体力不能负担。纵简师生之平均年龄或较初中为高，但总不能相距太远，甚至超出高中与师范学校（虽师范学校之时间，亦嫌过多）学生之负担也。

即就事实而论，简师学生以每天工作八小时计算，则照原有标准除上课六小时外，净余只仅二小时。倘就每生每日至低限度之自习工作以及自治等集团活动之平均时间分析一下，则问题之严重，益可想见！兹分别作如下之分析：

（一）自习工作之平均时间的分析及估计：①算术科的预习及习题计算约三〇分钟；②每天平均两科之各科习题，笔记及预习约六〇分钟；③日记或其他如记零用账，书写信件报告等约二〇分钟，合计共需一一〇分钟。

（二）参加自治等集团活动之平均时间的分析及估计：①自学活动，如时事座谈，课外参考及书报阅读等；②自治活动，如学校风纪、膳事管理、级务、团务、组务等；③自给活动。如种植、畜养等，③自强活动，如劳动服务及自由参加之休闲健康活动等。以上四项每天平均约九〇分钟，其他如由学校规定之朝会，晨操，夕会等每天以六〇分钟计，则共需一五〇分钟。如将上述（一）（二）两项，合并计算，则为二六〇分钟，已达四又三分之一小时了。

纵使社会服务。如兼办民众学校，主持民众问事及代笔等之工作，由每周上课时间较少之毕业班学生担任；纵使抗建宣传，慰劳负伤将士，慰问出征军人家属等，或可利用星期日举行；纵使上项时间估计，事实上不容如此严密划分，尚可酌量经济。但相差亦至有限，断不能将此四小时有余之工作及活动时间，紧缩至二小时而仍能不影响其工作效能与身心发展也。结果，如此过重之教学时间，不仅使学生感觉负担太重，而自动研究，服务精神以及休闲健康等集团活动之缺乏训练，更是重大的缺陷。所以从身心发展的客观条件上看来，须先将原有课程标准作如下之调整：

（一）课程组成单位，须酌量减少，如水利概要，农村经济及合作，尽可斟酌需要，纳入公民及地理。

（二）每周教学总时间更须大量减少，最后一学期以二四小时为限，其他以三〇小时为限。

（三）但同时务须使学生整个生活（如自习工作及集团活动等）都纳入课程范围之内而将课内外之活动打成一片。这就是说，要使课内的教学，作为行动的指导，课外活动成为教学之实践。我们相信惟有这种丰润而行动化的课程，才能使这时期的学生，获得合理的发展，才能把过去死教书，教死书，死读书，读死书的蹈空的，忘本的教育挽救过来。

丙、从社会需要的观点上来研究

现在，我们就要讨论到更基本的问题上来了。教育是抗战的武器，也是建国的工具，它一方面是决定抗建胜成的基本因素，同时也是完成政治理想的必要工具，所以教育本来是活的，应变的。课程是使学生在规定的期限内循序继续得着各种身心训练以求达某项教育目的的一个精密计划，所以它又是工具的工具。当然我们的教育是以三民主义的彻底认识，毕生信奉为出发，而以三民主义之笃实履行全部实现为依归，那么抗战建国纲领，无疑地应该是全部课程的最高准绳了。据此，今后简师课程亟须配合学生身心以及日后所负的教化作用［加强］或［新增］其内容。兹将数年来一般人在血的教训里所提出来的要求，例［列］举于后，且为便于叙述计，暂分理想、知识及技能习惯两大部分：

偏于理想，知识方面的：

1.中华民族之特性及其成为世界上最优秀民族之例证，2.中华民国固有文化的特点，3.日本帝国主义侵略中国的新仇旧恨，4.总理、总裁对于国家民族及世界的贡献，5.民族英雄及本省名贤的光荣事迹，6.中国历次革命的经过与教训，7.抗战建国的性质与任务，8.抗战以后意志统一力量集中的事实，9.中国各省的国防形势及本省地势与抗战前途之关系，10.敌我国策与战略的比较与认识，11.第一期抗战的收获与教训，12.整军建军，推进兵役，军民合作之必要，现状和将来，13.民运的原则办法，现状与将来，14.第二期抗战中的光荣战绩，15.自掘坟墓的倭国军用，16.政治侵略与伪政权，17.汪倭密约及锄奸运动，18.政治建设的重心及其现状和将来（包括民意机关，政治机构及地方自治等），19.经济侵略的方式和现状，20.经济建设的原则办法，现状和将来，21.我国各省的蕴藏，22.先天不足的倭国经济，23.文化侵略的方式和现状，24.抗战以后我国的教育动态，25.国民教育实施纲领，26.乡镇学校及保国民学校实施要则与基金筹集办法，27.本省实施国民教育计划大纲及其有关办法，28.反潮流的倭国教育，29.倭国侵略中国与各国的关系，30.倭国侵略中国和他本国民众的关系，31.徘徊歧途的倭国外交，32.国际援华运动与我国独立自主的外交方针，33.第一次世界大战的前因后果，34.九一八前后的国际形势，35.七七事变前后的国际形势，36.我国第二期抗战时的国际动态，37.弱小民族之牺牲者及其教训，38.第二次欧战的爆发演进及其前途，39.世界主要国家的军事、政治、经济、外交及教育，40.政局恶化后对于远东的影响，41.抗战建国与新生活，42.抗战建国与国民精神总动员，43.抗战必胜建国必成的条件与先兆，44.我国对于维持世界和平促进世界大同之贡献。

偏于技能，习惯方面的：

（一）公民习惯：1.民权初步及新生活之研究和实践，2.运动、休闲、卫生等优良习惯的养成。

（二）工作条件：1.工作态度：要严肃、勇敢、耐苦、坦白、谦虚、机警、沉着，2.工作习惯：要有创造，要从本位上做起，要有中心，要有布置，要有检讨，3.工作方法：必须有起点，必须有顺序，必须有目的，必须是经常的。

（三）进修条件：1.基本事项：如怎样读书？看报？看集志？分析时事等之研究和实践。2.工具使用：如怎样检查字典，辞书，地图、索引等之研究练习。

（四）教学事项：1.小学及民校抗建教材的编选和运用，2.小学民校应用鼓具的研究和制作，3.敌占区敌扰区的教育方或及其技术。

（五）抗战宣传：如歌咏、戏剧、绘画、演说等之研究和实践。

（六）生产事项：1.种植，如萝卜、青菜、白菜、苋菜、芥菜、黄豆、芋头、马铃薯、扁豆、豌豆、玉蜀黍、桑及其他树木等之研究和栽培。2.畜养，如鸡、鸭、鹅、猪、羊、鱼、兔、蜜蜂、蚕等之研究饲养。

（七）民众指导：1.思想指导：如怎样了解民众？接近民众？感化民众？和把握民众等之研究和实践。2.保健指导：如国民体育及正当娱乐之提倡，医药常识，儿童养护者之研究和实践。3.事业指导：如怎样指导合作？指导择业？指导耕种（包括选种，改良农具，驱除害虫等）以及怎样指导并提倡副产（包括纺纱、绒布、畜养、种植）等之研究和实践。4.其他如代笔，解答疑问，调解纠纷等之研究和实践。

（八）国民防空：1.交通管制，灯火管制、消防、避难配给、救护、消毒、防毒、警备、伪装、遮蔽等之研究演习，2.防空壕、军事工程、防毒室等之设计研究。

（九）谍报业务：如谍报的组织，传达、搜索、破坏、防谍等秘密工作之研究演习。

（十）军用理化：如毒气之制造与检查，防毒面具之制造，化学通讯之研究等。

（十一）其他如爬山、游泳、划船、架桥、筑路、驾驶、缝纫、烹调、兵器使用等之练习及电话电报等之实验研究。

假如这些新的要求，原则上并无问题，那么原有之"乡村教育"（细阅教材大纲大部分与小学行政等重复）尽可取消，另添"社会教育"。史地之内容，亦宜遵照总裁指示，以本国为主，即属于世界部分之知识，亦当以本国为中心而加以编配。至原有教程标准中的各科教材大纲，势非根据"价值比较"的标准，非将不必要的因袭的或重复的成分毫不姑息加以淘汰不可！同时这些新材料的编配，同其他应行纳入课程中的材料一样，均须注意"时""地""人""事"各种条件的配合，使整个课程能充分发挥，机动的应变的功能。

总之，事实告诉我们，今后的简师课程，要从动的过程中去：（一）充实并加强专业训练的因素，所以需要整个的组成单位，均能顾到教化作用的尽量发挥，且须从工作上行动中去强化专业的精神、兴趣和能力。（二）准对学生的身心特征予以适当的顺应和培育，所以原有课程之组成单位及每周教学总时间，须先彻底调整，大量减少；教材的组织与排列亦应设法改善；至于加强自动研究，自法［发］活动以及社会服务的能力与兴趣，注意健康活动，休闲活动之鼓励与指导，使学生整个生活过程都得适当的配合与训练，当然也不容忽视了。（三）但课程若是离开了最高的指导原则——三民主义——和不能配合抗战建国的基本要求，那么这种没有灵魂的行尸走肉式的课程，根本就失掉了存在的价值。所以本文又根据各方面的意见，将应行加强或新增的内容，具体例举如上。希望配合专业训练和身心发展两大原则，将全部总理遗教、总裁言行以及抗战建国纲领之内容为内容，构成灵肉一致而生动活跃的新课程。这样才能使陶冶出来的学生，都能站在自己的岗位上发展教育的效能，完成革命的使命。总裁说："我们要以'动的教育'来建设新中国"。大家拿事实砌成一个"动的课程"，来实践这个伟大的启示！

（《浙江战时教育文化》，1940年第2卷第8期，第3—6页。）

浙江省师范学校指导毕业生办法

一、本省公私立各类师范学校及设有各种师范科之中等学校（以下简称师范学校）指导毕业生服务，均依照本办法办理之。

二、师范学校指导毕业生服务，应组织毕业生服务指导委员会，由校长、各部主任及担任教育功课之教员若干人组织之，并以校长为主席。

三、师范学校毕业生服务指导委员会之职务要项如下：

（一）调查将毕业生之服务志愿及已毕业学生之服务状况与失业人数；

（二）介绍毕业生服务；

（三）解答毕业生关于学校行政、教学、训育各方面之疑难问题；

（四）协助毕业生从事专题研究或实验；

（五）介绍教育参考书籍，并规定阅读进度；

（六）交换毕业生研究心得，并择其有价值者，介绍出版；

（七）指导参观优良小学；

（八）管理毕业生升学及展缓服务事项；

（九）考核毕业生服务状况；

（十）其他关于毕业生服务指导事项。

四、师范学校毕业生服务指导委员会，得设办事员一人或二人，办理会务。

五、师范学校应定期派员视导毕业生服务，视导时，并应与县教育行政机关之教育视导人员取得联络。

六、师范学校，应利用假期举办各种教育研究会，讲习讨论会等，分别抽调毕业生参加。

七、师范学校，发现有服务成绩特别低劣之毕业生，应调回补习，期限不定。

八、师范学校于学期开始时，应拟定毕业生服务指导计划及指导历，遵照实施，并呈报教育厅备查。

九、师范学校于学期终了时，应将毕业生报备指导经过，报请教育厅备查。

十、师范学校指导毕业生服务经费于辅导费项下支用之。

十一、本办法自呈奉省政府暨教育部核准备案后施行，修正时同。

（《浙江教育》，1940年第3卷第5期，第68—69页。）

修正浙江省各级师范学校毕业生指派服务办法

（三十年十一月浙江省教育厅订颁）

一、本省省县立各类师范学校及各种师范科毕业生，依照师范学校毕业生服务规程第四条之规定，均由教育厅指派各县市服务。

二、二十八年度第一学期以后，各师范学校毕业生，经本厅指派服务者，依照本办法办理。

三、凡师范学校毕业者月薪六十元，简易师范学校毕业者月薪五十元，如服务之机关原薪不足此数时，其不足之数，由省款津贴，其原薪超过规定者，得仍其旧。

四、师范学校毕业生指派服务津贴薪给，暂以三年为限。

五、师范学校毕业生，以指派本省各县小学服务为范围，如有特别情事，呈准在其他省市服务者，不予省款津贴。

六、师范学校于呈报毕业生志愿服务名册前，如有毕业生自愿接洽服务处所请求免予指派者，应将各该生之姓名另填表式（表式另附）以备查考，其请求免予指派之毕业生，不论其服务学校薪给如何，概不予以省款津贴。

七、各县奉派师范学校毕业生，应尽先支配各乡镇中心学校服务，各县各级小学对于指派服务之师范学校毕业生之薪给，应与同校各教员一律不得因有省款津贴，特别减少。

八、师范学校毕业生经教育厅指派后，如有师范学校毕业生服务规程第十四条（一）（二）（三）款情形之一者，追缴其在修业期间，历年免缴之学膳书籍各费全部；如服务尚未期满，中途改就他业，及未经呈准擅自升学者，除追缴历年上项各费外，并追缴其省款津贴之全部。

九、师范学校毕业生赴指派县份服务，得请求川费津贴，由本厅依照路程远近，酌量给发，但每年以两次为限。其依照毕业生自填志愿县份指派或指派在该生原籍者，不在此列。

十、各县政府对师范学校毕业生服务学校，应于奉到厅令后，尅日支配就绪，并分别呈报通知。凡指派服务之师范生不以校长之任免调动而更易或解聘，师范生服务学校有更变时，应由县政府于学期结束前一月内呈报教育厅核定，并即通知各该毕业生。

十一、初次指派服务之师范学校毕业生，不得请求改派，惟经服务一学期后，如因特殊缘由，须变更服务学校或地点者，应于寒暑假期内，申叙详细理由，呈请原毕业学校转呈教育厅核办。因病请求展缓服务者同。

十二、指派服务之师范学校毕业生，于每学期结束时，应遵照服务规程第十六条及浙江省师范学校毕业生服务细则第十九条之规定，依式填具服务概况报告表，呈报原毕业学校，并分报该管县政府，转呈教育厅，以便查考及核发津贴。

十三、本办法未规定事宜，概照师范学校毕业生服务规程办理。

十四、本办法自修正公布日实施。

浙江省师范学校毕业生请求免派服务报告表

浙江省师范学校毕业生请求免派服务报告表									
姓名	性别	年龄	籍贯	自愿接洽服务处所		担任工作	通讯处		备注
^^	^^	^^	^^	县市名	学校名	^^	永久	临时	^^

（《国民教育指导月刊（丽水）》，1941年第1卷第4期，第78—81页。）

略论师范学院制度

王欲为

当此建国时期，教育第一，造就社会中坚分子的中等教育，应配合建国需要，培养工业化大量所需用之人才，因此关系中等教育命运之高级师范教育所负之责任，极为重要，唯自民元迄今我国高级师范教育制度，改革频仍，而终无明确之效果，始则分区设置高师，继则高师改大，终易以分区设立之师范学院，近又有颁布师范学院改进办法，民元之高等师范有北京南京武昌广州成都沈阳等处以训练全国中等学校师资，我国中等学校教员毕业以上各校者，教学上都表现优越之成绩，其中更有不少杰出卓异之人才在科学上已有特殊贡献为我有声全国或国际上者，由此可见高等师范制度，不仅于我国中等教育之进展大有裨益，即对我国学术上，亦有所贡献，民十一年新学制颁布后，因受当时大学校的潮流的影响，高等师范升格为师范大学者有北高武高两处，旋除北师大外，均改为普通大学，仅在大学设教育学院以训练中等学校教师，此时因办大学而废止高师致将我国高级师范教育原有的完整的制度摧毁无余，演成近十五六年来中等教育的失败而大学本身亦随之有不良现象，因此中等教育界人士大声疾呼地吁求高等师范制度的恢复，经教育当局之提倡，于是在抗战之廿七年师范学院制度当应运而产生。姜琦先生谓此时师范学院为高师复活时期，陈礼江先生认为师范学院制度，是中国最进步最理想的。固关于中等学校的师资训练教育制度，她有过去高等师范的长处，弥补了教育学院的种种缺陷，纠正了教育学院的种种流弊，但同时它也纠正了高等师范的短处，所以它绝不能仅仅被视为高等师范的复活，以致淹没了他本身所特有的进步的精神。

不过经过八年的试验结果，独立师范学院及大学师范学院有令人不满之处，本年七月教育部颁布师范学院改进办法，根据是项办法，大学师范学院除技育体育外均归并于文理两学院，另设师范生，须加读三十个学分的专业课程，师范生正式毕业后发给某科教师证明书，兹就本人观感所及，分别略论师范学院应有之改进于后：

（一）关于独立师范学院。师范学院应独立设置，原无疑义，证诸欧美先进国家如英美德法各国，对于中等学校师资训练，均设有独立师院，即日本亦有男女高师之设立，我国自不能例外，唯目前新设之师范学院，图书仪器全无，未免过于陋简，同时学生程度，亦极低落，故今后为求提高独立师院水准起见，对于图书仪器，必力求完备，对于招考学生抱宁缺毋滥之宗旨，录取务严，从前高师录取标准反较大学为高，再学生在校待遇亦应恢复高等师范之待遇，一切费用均由公家供给，较现时公费待遇为优，第五年实习教师，应先分派在特约的学校，俾得在经验丰富的教师指导下见习一切，如若实习不及格，即不予毕业，同时国家对于从事师范学院教学之教师应予以特殊优待，并预为培养，以为将来分省设院之贮备，再师院既以各省设立一院为原则，则对于所在省份之中等教育，应尽量与教厅密切合作与联系，借尽辅导之责。

（二）关于大学师范学院。大学师范学院经此调整，与归并殊形冷落，现仅存为中央大学、中山大学、四川大学，及本校四处，以过去历史关系，应予以保留以备一格，在目前人力财力有限的今日，自一时难辨别每省一所之目的，俾得充分利用大学的师资及设备以训练中等学校师资，对于整个师范学院独立系统，终未破坏，唯对于大学生之申请为师范生，亦应严格审查，除品性应具备充任教师条件外，对于本国文及英文均应有良好之成绩，以示限制，同时对于生活起居应与普通大学生分开，另予较严格的训练。

（国立浙江大学师范学院同学会编：《八年来的浙大师范学院》，浙大师院同学会1946年，第19—20页。）

（二）

抗战时期的湘湖师范史料

浙江省立湘湖师范筹设短期师资训练班经过

施　谦

国民教育是新的教育，国民学校是新的学校，新的学校办新的教育需要新的师资，中央及本省为欲在最近期内普遍实施国民教育起见，特计划普设短期师资训练班，培养国民学校代用教员。本班奉令筹办成立，负责训练本师范区十县国民学校代用教员，第一届一年办三期，训练学员五百名，每期办三个月，第一期训练业于本年六月二十八日结束，现将本班筹备及训练概况分述于后：

甲　筹备概况

本校自本年一月底奉令筹办本班后，即依照教育厅颁发本省第一届短期师资训练班办法积极进行，于二月十日前聘定全部教职员，并勘定班址于古市卯山广福观，二月十一日成立筹备处开始办公。现将筹备情形分述如左：

（一）本班创办伊始，一切均无旧例可循，各项章则办法都要新订起来，所以筹备的第一件大事，就是订定重要的章则办法：如组织大纲、训练计划、教务、训导、总务各部办事细则，现金财物出纳细则，童子军管理办法等，都在开训前拟订完成。

本班组织 1.设班长班主任各一人，班主任承班长之命，总理内部一切事务，下分设教务、训导、总务三部，分掌各该部事宜。2.设班务会议讨论班务改进事宜，每周举行一次。3.设图书室医务室各一所，分掌图书及医务事宜。

本班第一届训练计划，全区分期、各县名额、各期起迄表

第一期		第二期		第三期	
县名	学员数	县名	学员数	县名	学员数
松阳	60	广元	42	缙云	90
遂昌	35	景宁	50	青田	68
宣平	30	龙泉	60	丽水	15
云和	40				
合计	165	合计	152	合计	173

（二）本班课程纲要既未奉令颁发，各科教材又无现成的可用，所以筹备的第二件大事就是拟订课程纲要（附后），编撰各科教材，这件工作在开训前全部办好。

（三）依照训练计划的规定，第一期训练松阳、遂昌、宣平、云和四县学员，须于三月三十日开始训练，所以筹备的第三件大事就是招考学员，学员资格以具有小学以上学校毕业、文理清通、体格健全、年在十七岁以上之非现任小学教职员为限，抗战负伤将士，如能担任小学教员工作，只须文理清通，亦可入学，不拘毕业资格及县籍限制。三月二十日在松阳、遂昌、宣平、云和四县同时举行招考，考生四百三十九名，录取松阳学员四十八名、遂昌学员三十七名、宣平学员三十一名，云和学员十五名，共计一百三十名。

（四）广福观的房屋，虽尚高大，但是年久失修，已不合用，其他应需设备又是没有的，所以筹备的第四件大事就是修葺校舍置办设备，如大礼堂、办公室、教室、寝室、厨房、厕所、桌、凳、床、板、图书、教具、药物、制服等，都在开训前分别修葺置办完备，勉敷应用。

乙 训练概况

（一）训练目标

本班所培养的，是国民学校代用教员，训练的时期既短，学员的程度又

低，所以训练的目标不能过高，我们训练的目标是：

1.使认识教育是重要的——欲求教育办得好，必须办教育者能深切地认识教育是重要的，惟有办教育者认识了教育对于抗战与建国、对于国家与社会、对于政治军事与经济的重要关系，才能对教育事业发生信心，而永久为教育事业努力服务，所以我们训练的第一个目标是使学员认识教育是重要的。

2.认识教员是专业的——国民学校代用教员，要能就现实的环境把教育办得最经济最有效，必须具备相当量的专业知识，技能和修养，"识了字，挟了书，走进教室就可教书"，是不懂得教育的落伍思想。我们在这短短的三个月中当然不能使学员有充分的专业准备，但我们如能使学员认识教员必须专业，才能使他们逐渐走上专业的路，所以我们训练的第二个目标是使学员认识教员是专业的。

3.获得实用教材与机械的教法——教员需要专业已如上述，但学员们因为受了训练时期及教育程度的限制，易接受高深的教育理论，必须着重实际的应用，国民学校教员必须懂得国语、算术、常识、音乐、体育、劳美各科实用的教材，机械的教法，教案的编制，训导的方法等，才能勉强应用，以赴事功，所以我们训练的第三个目标是使学员获得实用的教材与机械的教法等。

4.认识进修是必须的——在三个月中要有完备的专业训练既是不可能，而教育事业和其他事业一样，又是天天在进步之中，学员必须认识了进修的重要性，才能继续不断地进修以求进步，所以我们训练的第四个目标是使学员认识进修是必须的。

（二）训练原则

本班训练自当根据有关法令及训练目标认真办理，所以训练原则必求合理而有效，我们的训练原则是：

1.学校家庭化——学校好比是家庭，教师好比是父兄，学员好比是子弟，教学要以父兄养护教育子弟之心与力去养护教育学员，在学员结业后仍与通讯联络辅导其改进,做学员的永久朋友,如此,才能使学员乐于接受教导,充分发挥教育的力量,所以,我们训练第一个原则是学校家庭化。

2.生活即教育——欲求教育效率的提高,应把整个的生活教育化起来,如关于重大的训教设施与事务处理,固应求其教育化,而教员的办事精神、研究兴趣、做人态度、休闲方法、饮食起居、一言一行等公私生活,亦应随时随地以身作则,完全教育化。如此,才能使学员乐于接受教导,充分发挥教育的力量,所以,我们训练的第二个原则是生活教育化。

3.做、学、教合一——"做学教合一"早为陶行知先生所创导。教员所教的,应根据学员所学的,学员所学的应根据实际所做的,教员在做上教,学员在做上学。如此,才能使学员学得真切有味,充分发挥教育的力量,所以,我们训练的第三个原则是"做学教合一"。

4.训教合一——训与教本来是一件事的两面,训中有教,教中有训,是不能绝对分开的,如训教分家,各行其是,致使学员无所适从,那是最不好的,所以教的人要负起训的责任,训的人也要分担教的工作,使教训配合,相助相成。如此,才能使学员乐于接受教导,充分发挥教育的力量,所以,我们训练的第四个原则是训教合一。

(三)训练办法

教学

1.编级——学员一百三十名,男女混合编制,分为甲乙二学级,为增加同县学员接触机会起见,以同县学员编在同一学级为原则。

2.课业——科目计有十六种,每周上课四十一小时,各科取材避免空洞的理论,注重实际的应用,并力求深入浅出,容易了解,经依照课程纲要,编印讲义,拟定进度,按步施教,都能如期教完,兹将每周科目时数表及课程纲要附后:

（A）每周科目时数表

科目	每周时数	说明
三民主义及公民	2	
国语	10	内读书作文写字五小时，国语教材教法四小时，国音二小时
算术	6	内笔算珠算四小时，算术教材教法二小时
科学常识	3	内常识二小时，常识教材教法一小时
史地	3	
卫生	1	
体育游唱	4	内体育与游唱各一小时，童子军二小时
劳作美术	4	内劳美与劳美教材教法各二小时
国民教育法令	1	
教育概要	2	
学校行政	2	
社会教育大意	1	
地方自治	1	
农村经济合作	1	
纪念周		
学习		
合计	42	

（B）课程纲要

三民主义及公民　每周二时

国父遗教精华

总裁言论精华

三民主义提要

民权初步概要

小学公民训练标准提要

战时国民任务

精神总动员

党员守则

新生活

国语 每周十时

注音符号及拼音法

国语话练习

普通文阅读

关于国民教育论文选读

应用文、实用文阅读

字典研究

应用文、日记、记录等练习

批订作文日记练习

笔顺研究

简体俗体字研究

板书练习

应用装饰字练习（图表标语封面标牌）

钢板练习

批订习字练习

国语教材教法

算术 每周六时

笔算整数小数四则及应用

珠算四则

单式簿记

统计大要

算术教材教法

科学常识　每周三时

食的研究

衣的研究

住的研究

用器，工具，农具研究

兵器，武器研究

运输交通工具研究

文具印刷研究

习见的自然现象

宇宙概况

生物进化概要

常识教材教法

史地　每周三时

国史概要

民族英雄传略

国耻简史

国民革命简史

近代世界大势

本国地理概要

世界地理提要

常识教材教法

乡土史地资料

卫生　每周一时

人体生理概要

急救法

常见疾病

医药常识

传染病预防扑灭

看护育儿

家庭卫生

学校卫生

公共卫生

防毒避毒

体育及唱游　　每周四时

早操

团体操

初级童军训练

唱游教材教法

音乐教材教法

体育教材教法

劳作美术　　每周四时

家庭蔬茶园艺

用具器具教具图书修缮

教具制作

簿籍印刷装订

版画练习

挂图绘制

应用装饰练习（图表标语封面标牌等）

工作、劳、美教材教法

教育法令　每周一时
教育行政系统概要
中央国民教育法规章则
本省国民教育法规章则
本省辅导制度概要
本省三年计划提要

教育概要　每周二时
教育宗旨
学制大概
国民教育
儿童心身发展概况
成人心理大概
学习原则提要
教学技术
教员的职责研究进修
家庭教育概要
幼稚教育概要

学校行政　每周二时
组织计划
课程标准
编制
日课表

表册规程

测验考试

训育方法

家庭联络

校舍

设备

社教大意　每周一时

兼办社教要点

各种社教组织机关

各种社教活动

地方自治　每周一时

保甲组织

各级政府

兵役

粮食管制

人民权利义务

参议制度

宪法

农村经济及合作　每周一时

本师范区农村经济概况

本省经济建设提要

农村合作概况

农村合作组织法

农村合作经营法

实习一周　共四十二时

参观

见习

试教

讨论

3.实习——实习是很重要的，除平日上课，遇有需要，临时以学员代成人或儿童为对象，由教员示教或学员试教外，并有自第三周起的每星期五下午到特约保国民学校的临时实习，与第十三周全周到六所特约保国民学校的定期实习。实习分教学与校务两种，教学实习科目有国语（包括读书、写字、作文、谈话）、常识、工作、劳美、算术（包括珠算，笔算）、游唱、音乐等种。校务实习有：（1）拟订校务计划。（2）拟定校务行事历。（3）布置环境。（4）排定值日导师轮流表、拟订值日导师须知。（5）担任级任或值日导师。（6）指导课外活动。（7）指导学生自治会。（8）指导大扫除。（9）订定作息时间表。（10）主持举行中心训练。（11）制造各科教具。（12）编造儿童名册。（13）整理集会记录。（14）调制各种图标。（15）记载学校日记。（16）编造财产目录。（17）慰劳出征军人家属。（18）访问家庭。（19）主编壁报。（20）调查文盲等。

4.图书——图书是知识的宝库，不第有助于直接的教学，而与阅读兴趣与习惯的培养亦甚为重要。所以本班设置图书室，多方采办图书，定购报章杂志，计有报纸六种图书二千四百六十五册，陈列于图书室按日开放，指导并鼓励学员时常阅览。

5.考成——考查成绩办法有三种，视各科每周时数，及性质而定。有须举行二次考试者，如三民主义及公民、国音、珠算、科学常识、史地、童子军、教育概要等。有须举行一次考试者，如卫生、体育教法、音乐游唱、教育法令、社教大意、地方自治、农村经济及合作、国文、簿记等。有全依平时成绩，不另定期举行考试者，如国语教法、算术教法、常识教法、劳美、学校行政、实习等。学员结业须学业总平均成绩在六十分以上，并且无三科以上不及格，否则要受补充训练，补充训练学员仅三科不及格者，指定作业在班外补充训练，否则指定作业在班内补充训练，于定期举行考试，及格后，才准结业。

6.其他——为训练学员讲演、板书、版画能力起见，指导学员按日轮流练习讲演、板书、版画，并定期举行讲演比赛及板书速率比赛等。其他活动尚多，不一一列举了。

训导

1.积极陶冶——训导乃关于性行思想之指导，身心健康之促进，只有用积极陶冶之方，才能收潜移默化之效，才能使训导之力最深切最持久。我们一方面注意积极的指导，凡事多多鼓励学员"应该这样做"，"最好这样做"，"大家这样做"，但尽少责令学员"不要这样做"，"不该这样做"，"不准这样做"。一方面注意间接的陶冶，关于起居饭食、思想、行为、运动、劳作、力求其能以身作则，如教师与学员同时起身，共同参加早会与早操，在同一饭堂吃同样的菜饭，同样守规则爱公物，同样做开荒、播种、施肥、扛柴、抬米等工作。

2.精神训练——早晚会、纪念周、国民月会都照例郑重举行。早会内有精神讲话，纪念周及国民月会内有专题讲演与时事报告，讲演内容有：（1）国父遗教（2）总裁言论（3）青年守则（4）时事述评（5）教育家言论及故事（6）优良性行习惯之阐述及指示。每月并举行时事测验一次，以培养学员国家观念、民族意识、抗战必胜建国必成的信念、与服务公众自强不息的精神。

3.生活训练——订定童子军管理办法实行童子军管理，女学员三十五人编为四小队，成立一独立中队，男学员九十五人编为十二小队，成立二中队。关于服装、请假、外出、食堂、寝室、教室、操场、野外等均有详细规则订定，严格执行，以训练正确、迅速、守纪律、负责任的生活习惯。实行导师制，以童子军组织单位为基本，每二小队编为一导师组，全班十六小队编为八个导师组，每组设导师一人，负责指导，组导师按日批阅组员日记，时与组员接触，以陶冶他们的性行及思想。举行集队比赛、宁静比赛、整洁比赛、内务检查、大扫除、防空演习等，以促进生活训练之效率。

4.自治训练——全班为一自治单位，设有：（1）图书组掌理图书之登记、保管、出纳与整理，及图书室之开放等事宜。（2）炊事组掌理蔬菜油盐之采购，厨房之监督，炊事之助理，豆腐之制造等事宜。（3）卫生组掌理厨房厕所等之整洁，蚊蝇鼠蚤等之扑灭，饮水之卫生，沟渠之疏浚等事宜。（4）商社组掌理商社之营业、会计、采办、出纳等事宜。（5）编辑组掌理专刊壁报等之编辑缮贴等事宜。（6）歌咏组及戏剧组分掌歌咏戏剧之练习演出等事宜。并定期举行生活检讨会及周会，检讨以往生活，决定以后活动。以上各种活动均由学员们自行计划进行，导师不过在旁指导，以培育自动自治之规律生活。

5.生产劳动训练——对于生产劳动工作，在农村服务的教员们都该自己会动手的，所以特别注意训练。本班订有员生生产办法，规定每人蔬菜生产最低限度，导师为二十五斤，学员为五十斤，校工为一百斤，超过的予以奖励。三个月中开荒十五亩许，种植玉蜀黍、蔬菜等二十多种，现在早的玉蜀黍已可吃，蔬菜已收了二千多斤。此外经常工作有每日轮制豆腐三十余斤，助理炊事，分任操作等；不定期工作有拾柴、扛米、筑路、爬山等。这样使学员们逐渐会耕作不怕苦，担粪不怕臭，扛柴不怕重，跑路不怕远，晒太阳不怕热，而惯于生产劳动的农村生活。

6.操行考成——考核操作成绩每月一次，由级任导师会同组导师依照订定之操行成绩考查办法，逐项评定，提交导师会议审定之。全期成绩并须提交班务会议审议通过。

7.组织结业同学会——学员所需要的很多,他们的学习兴趣很浓厚,但因受训时期过短,所得颇嫌不足。本班为便利辅导学员集体进修计,特指导组织结业同学会。设总会于本班,设分会于各县,各设编辑、调查、总务三股。总会出《短讯》月刊一种,多负供给办理保国民学校各种资料及通讯指导之责,每年举行大会一次。分会出通讯一张,多负联络承转及报导[道]消息之责,每学期举行大会一次。现已成立者除总会外,尚有松阳、遂昌、宣平、云和、景宁等五县分会。

(《国民教育指导月刊(丽水)》,1941年第1卷第1期,第36—44页。)

湘湖师范兼办社会教育概况

孔祥明

一、引言

为了期成抗战建国的伟业,如何普及社会教育愈成为问题,教育部颁布了许多关于这方面的法令和章则,通令全国各级学校一律兼办社教,于是学校兼办社教乃有理论、呼声,而见诸实现了。湘湖师范目标在培养乡教师资,所以对于社会教育的推行,历来素极重视。自"七七"抗倭事件暴发后,随着敌骑的紧逼,顺应时代的要求,格外促使我们加紧努力,期以建筑坚强抗战的堡垒。在民国二十六年十一月,省会告紧,本校乃由义乌自迁松阳古市,我们即动员全校师生,联络了地方热心人士,发动办理扫除文盲,激发民众抗战情绪和建设农村经济的工作,迄今已有三年,先后曾举办民众学校百余所,受教民众不下五六千人,人民生产机关,亦得相继创立,我们的施教区,由近而远,已渐普及全区,事业实施方面亦较增多,教师领导,学生实习,工作推进,已渐循正规而具基础性了。兹将本校在古市兼办社教概况,择要叙述,尚希读者不吝指教。

二、古市区的社会背景

在没有报告社教实施经过以前，先得把古市的社会背景，作一简单的介绍，古市全区共有十乡镇（最近按照新县制编制），七十六保，七百七十甲，六八二九户，三万二千六百余人口，古市镇为其经济的中心，亦为处属四大镇之一，交通尚称便利，商业相当发达。不过地方教育，十分落后，文盲之多，与处属各地相仿。据调查全区小学校共有四十四所，内完全小学五所，初级小学三十九所，师资多为初高小毕业程度，以前待遇最高每学期150元，最低每学期40元，乡村小学甚至每学期仅20元，且连办公设备等费在内，是以小学之门，常见闭而不开，包头校长之风气，颇为盛行。最近因推行国民教育，以及生活程度剧增关系，小学教师待遇，已稍提高。至于社会教育，在二十七年前，可谓是一个处女地，这也许是一种有利条件，自本校迁来后，一经发动，人民求知兴趣极浓，事业始得顺利推进。

三、兼办社教的几个预定原则

学校兼办社教，在事实上不无许多困难，如不先事决定原则，执行时往往会感到棘手；举如课程时间以及经费等等，都是学校兼办社教非常重要而且难于解决的问题，我们对于这类问题的对策，是本文后面的几个原则办理的：

1.不妨碍学生的课业：战时的学校教育，原不应再像过去那样的刻板，为着时代的要求，不妨加以弹性的编制，不过在实际上班级较多的学校，施行殊感困难，而且一般"教育自利性"的学生，往往会有不肯牺牲些微学习机会的表示，如果对于兼办社教的风气不浓和信念不坚的话，那学生可不愿负此艰巨的工作，根本提出反对。我们深虑及此，故在学生学业与社教事业并重兼顾的原则下，决定二个办法：第一就是兼办社教的时间，完全利用课余，规定每日下午三时以后至翌晨七时以前分别下乡工作，按照我们的经验，离校七里路周围的施教区，进行是很顺利的；第二就是课程内容的局部改变或充实，因为从事社教工作，其本身的知能，须先修养，诸如教材教法，过去偏重于小学教育，今则须兼到成人方面，其他如社教合作等科目必须加入,音乐图画等课,必须适应农村需要。再如培养学生技能方面,应将有关社教事业的各种团队,鼓励组织,所以像歌咏团戏剧团美工团及讨论会研究会等,在本校早有系统地组织的。

2.教师领导学生实习:社教事业,原是一件很艰苦的工作,兴趣上要学生努力工作,教师应不断鼓励,以造成良好风气,而坚定学生的信念,在事业的推行上,学生的能力究属有限,应付不了复杂的农村社会环境,教师宜予实地的指导,应使抱有学习的态度,以期其在实际工作中,求获真切的知识与经验。学校兼办社教,唯有如此办法,学生可获益处,事业才得顺利发展。

3.力求经济切忌包办:浪费与代庖,原是办理社教者所切忌,尤其在战时,学校经费拮据,竭力撙节,尚难应付,再事浪费,则终必养成人民依赖性。一俟财力枯竭,事业随之消灭。所以我们就决定在经费的使用上,以最少的钱,做出最多的事业;工作实施,应引发地方人士自动地共同参加,进而更求以地方的金钱来举办地方的教育。这样,教育事业,格外合理而具基础性。我们在过去一二年中,曾以极微的经费办了许多民众学校,觉得是这个预定原则施行的成就。

四、兼办社教的机关与人员

本校办理社会教育,向由推广教育部主持,部设主任一人,干事一二人,并由校长及各部主任各课有关教师组织部务会议(自本学期起推广教育部已遵照规定改组为社教推行委员会),主持社教事业的设计、推行、考查及指派学生实习等工作。在推广教育部之下,有民众教育馆及有关社教的各种团队和机关(现改由社教推行委员会指挥)。兹将实施概况,简述如次:

1.民众教育馆:在二十九年的元月中旬。我们于经费十分拮据中,先在古市镇设立一所,馆长和干事计共四人,均由本校教职员分别兼任,经费月只五六十元,事业经营倒还强满人意,基础得以奠定。至同年九月起,社教经费增加,于是遵照厅颁设立标准,除充实古市民教馆外,并在离校较远,教育比较落后的杨源乡和上沅乡,分别各设一所(本学期以经费又感拮据,上沅乡民教馆暂行停止），在事业的实施上，规定古市镇民教馆以语文及康乐教育为中心，乡村民教馆以实施生计教育为中心，借以探寻市镇与乡村社教实施的有效方法及使学生有不同方式的社教实习机会。

2.民众教育工作队：这是一个学生自动参加社会教育的组合，也是适应地方之需求，社教事业扩展下的产物。设一大队，由校长及推广部主任分任大队长附，每三人至六人组织一小队，由学生互推小队长一人，各导师则分任小队指导，指定村落，规定每星期之二五两天下午一时至翌晨七时止为工作时间（经常工作如办民校等不在此限），各小队于每星期将工作经过填报一次，并于每星期日举行讨论会，分别报告心得与讨论实际问题，更请各科教师或外界人士作专题演讲，灌输社教学识，实施以来，颇多收效。

3.流动施教团：该团的组织，是在谋社教事业的普及，由略具技能的学生结合而成，定期流动巡回离校较远之山乡施教；后为推进合作事业，健全合作组织起见，乃改为普训全区各级合作社社员，分队进行，以社员为数极众，且均属农户家长，故费时虽久，收效尚大。

4.各种团队：本校为充实社教事业内容计，指导学生组织戏剧、歌咏、美工、救护等四个团队，按照学生能力与兴趣之所近，分别选充各团团员，并由有关教师担任指导师，经常予以训练，每逢节日或举行社教活动时，各团队乃配合工作，迄今各团队已具基础，工作内容亦渐充实，且已成为推行社教的优良工具了。

此外还有二个机关值得在此一说的，一个就是本省建设厅特约本校代办的古市经建实验事业办事处与推广教育部合处办公，以建教合一为方式，运用合作组织，推行农村经建事业，经营年半，教育内容因而充实，经建事业亦因教育作用，获得相当成效（该办事处业于本年元月办理结束改设经济农场）。其次一个是合办的卫生所，成立于民国二十八年七月，当时因鉴于医药卫生之缺乏及增进农民健康之重要，乃联络区署、中心农场及地方热心人士组织乡村卫生促进委员会，募款筹设，当由各机关分别捐助，地方人士则另组筹募委员会，分向全区各乡募捐，经一月之努力，居然如愿以偿，募得四百元，于八月一日开幕。至其经常费用，在人员方面：医师由本校校医兼任，助产士兼护士由本校代办经建实验事业办事处负责，另招收练习生以作助手，办公费由本校推广部月助应用，其他开支及药费等，则在挂号费收入项下及继续募款维持。经营迄今，奠定胚胎，松阳县政府及本省卫生处亦先后予以经费及药品之补助，人员及事业日有扩展；最近松阳县设卫生院，古市卫生所将改组为卫生分院，因此古市的保健制度，得以确立。

五、事业和成果

本校迁松三年来兼办社教，工作虽尚努力，但以财力所限，事业自虽如意发展。至言成果，当更不能达理想境域，兹姑将实施概况，择要简述如后：

（一）关于语文教育及训练干部方面者

1.初级战时民校——民校事业，可算本校兼办社教中最早举办而比较有成效的工作。当本校于二十七年一月迁来复学后，即动员全校师生，从事普设民校，其时学校经费，非常困难，开始推动时，我们就决定了"力求经济"和"民众自动"的两个原则，且当民校设立之初，就注意到组织问题的重要，于是努力设法联络地方热心绅士，引发其共同参加，在需设立民校的村落，先行分别组织民校理事会，使负起筹募经费招生及管理民校等责任，在这样方式的推进中，出于我们意料之外，居然不花金钱，一帆风顺，各乡的民校像雨后春笋似的相继创立了。每校期限两个月，每日于晚间上课三小时，期期相接，迄至最近，先后已设立百余所，直接受教民众，不下五六千人，间接受教者自然更多，民众文化水准与三年前相较，提高了不少。

2.高级民校——高级民校是随着初级民校的展开而产生，一方面在予初级民校结业的民众有继续求智的机会，另一面则含有培养民众领袖的作用，实施办法：采取集中训练，由各乡民校理事会或民校校友会择优保送，集中教学两个月，结业返乡，充当民校校友会重要职员，并规定工作，使其返乡领导民校校友会会员继续求智与协助地方办理各种事业。是项高级民校，先后举办男子二班，女子一班，学生共一百五十余人。直至现今，以初级民校结业学生渐多，民众求智欲望较切，故高级民校的设立，已改变其原来性质，渐成为民校事业的班级制度了。

3.各种训练班——跟时势的演进与事业部门的增多，农村干部人才，随之需要。本校曾先后举办合作社社员训练班及职员训练班，社员训练以人数过多利用本校流动施教团的组织，分队巡回各乡举办，受教社员及非社员计共二千一百余人，关于合作社职员部分，则采集中与分别训练二种，社长及经理曾集中举办五星期，受训学员共六十五名，司库以记账非易，短期集训，无多效果，改取个别教学，借使在实际工作中，训练其记账能力。最近我们又举办农产制造业职工训练班，专收地方出征军人家属女子，训练其利用土产烟叶豆类，加工制造雪茄烟及酱油豆腐等，第一期共招生五十四名，集训二个月，业已结束，分别介绍各厂及各生产合作社服务，这与农家收益及战时妇女劳力利用上颇显功效。

（二）关于生计教育方面者

1.合作机构的安排——古市的合作事业，在民国二十七年七月以后，各乡才有组织，质量固欠优良，组织机构，亦不灵活。至二十八年九月，本校代办经建实验事业以后，乃致力于调整与安排合作机构，在乡设立单位合作社，使成为领导与发动的机关，在保设立分社，使成为实行的机关，在甲设立小组，使成为细胞组织，在乡社之上，再联合设立区联合社，使成为全区的统制和对上联络的机关。另一面使各社扩大征求社员，以达合作全民化，至目前止，全区共有乡镇单位社十二所，分社四十四所，特种合作社五所，区联合社一所，合计六十二所，社员共有五三五七人，社员均属家长，全区总户数为六八二九户，入社可称普遍化了。

2.农业生产——古市的农业，似执处属之牛耳，粮食生产固可自足有余（最近以外运增加以及少数人囤积关系，米慌亦极最重），特产亦极丰富，尤以烟草一项，全年出产万余担，约值五十万元以上，以是农村经济较他处为优。至农业改良事业，由松阳县农林场主持推行，本校所举办者，除协助推广冬作及良种良法外，再依据当地农业经营的缺点与农民之需要，着重于提倡制造自然肥料及农村副业，在肥料方面曾作有计划地办过关猪运动及堆肥制造，收效以后者较著。在副业方面，提倡饲养家畜及垦荒等事业，现在比较有规模的，如赤川乡的畜牧场及垦殖场，佳石乡的养羊场（该场拟移并赤川乡），其他如摘除麦类黑穗病、协助推广稻种、鸡种及指导民校学生组织生产团等零星事业，已经做过不少。

3.提倡手工业——古市的手工业，特别落后，际此海口被封之时，地方供需，日见困难，而就地原料，却甚丰富，我们就提倡利用土产，制造各种必需品，计已成立者：合作造纸厂三所，月出改良新开纸四十余令，农产制造合作社一所，专制酱油、豆腐、肥皂、酒精，合作雪茄烟厂二所及织袜厂一所，目前尚在计划设立樟脑油制造厂，这些合作工厂，以能适合社会需要，故业务均称发达。

4.消费及运销事业——我们在古市关于这方面的工作，力量有限，自然只好做些皮毛，曾指导四个合作社设立消费部，经营社员日常必需品之供给，并采廉价办法，略显抑平物价的功能。在我们教育界方面，亦联合学校组织了一个教育同仁消费合作社，对于课业用品，书籍以及各种必需品之供应，也方便了不少。至于运销事业，要以区联合社的烟叶运销较著成效，因其能设法运销海外，烟价得以提高，这在古市的农村当中，最引为注意而为出品所祈求的。

（三）关于管卫事业方面者

1.指导举行保民大会及国民月会——本校民教工作队的队员，对于这种民众集会，除了作口头的宣传与传达政令外，并联络本校的歌剧团等举行活动事业。不过这种集会，深感政府如不能经常督导，不免有停顿之虞。

2.卫生教育的实施——以古市卫生所及本校的救护团为中心机关，除每日有五六十名的病人治疗外，对于学校卫生公共卫生等，亦做得不少，其中接生事业一项，收效更多，目前已普及山乡，且得人民之信仰。其他如种痘、注射预防针、婴儿健康比赛等，是均按时举行的。最近更有简易药箱的设置，分发各民教馆应用，借以普及施诊。

3.协助壮丁训炼——古市在最近一年多内未见办过，我们也无从帮忙，目下各乡又复举行，乃由二个民教馆参加协办，唯事属初次尝试，其收效如何，尚待来日再说。

六、兼办社教和学生实习

学校兼办社教，在其事业的推行上，关于人力的运用，当以学生为基础。不过学生在校求学，其对时间殊为宝贵，往往不愿牺牲，如果我们发动他们去从事社教工作，在某一个时期中，也许因其内心的感动与其救国责任心的表现，可以轰轰烈烈地来参加，可是这种热烈的情绪，却难持久，等到办事遇到棘手或者时间经久以后，每会冷淡而至表示反对。我们觉得学校兼办社教，在其实施的办法上，应需一种制度的确立，尤其是师范学校，格外切要。本校对于兼办社教和学生实习社教的一件事作为二种看法，兼办社教，应谋事业之普及与扩展，认为全校师生共负的责任，均宜参加工作，上述民教工作队的组织，即是代表的结合。至于实习社教，则在学生的学业上规定的必经过程，本校规定高师科二年级及简师班三年级为实习社教的阶段，分派至各附属社教机关从事实际工作和研究实验施教方法。今后更拟将社教实习与小学教育实习同样办理，凡实习社教成绩经考查不及格者，不予毕业，藉使不致忽视，而培养其将来担任小学教师时兼办社教的信念。

（《浙江教育》，1941年第3卷第9期，第44—48页。）

（三）

国立浙江大学师范学院史料

增设师范学院

教育部为调整高等教育，培植中学师资，于六月间呈准行政院开办师范学院，除创设国立师范学院于湖南沚江外，并令国立浙江大学、中央大学、西南联合大学、西北联合大学、中山大学各增设师范学院。浙大竺校长自奉令后，曾经积极筹备，现已由部委郑晓沧先生（宗海）为院长，部定设置国文、史地、教育、数学、理化、英语六系，现经聘定王季梁先生（琎）为理化系主任，孟宪承先生为教育系主任，郭斌龢先生为国文系主任，张其昀先生为史地系主任，苏步青先生为数学系主任，梅光迪先生为英语系主任。除理化系外，多系聘本大学各系主任兼任。教授与课程，正在添聘规划中，下学期起，本校教育学系即改称师范学院。闻此次联合招生，报名本校师范学院亦颇不少云。

（《国命旬刊》，1938年第14期，第23页。）

分校代电总校

（1944年2月14日）

遵义本大学总校：案查本分校卅一年度校务行政计划，教务部分曾有文学院增设史地学系，理学院增设生物学系，农学院增设园艺系之订定；嗣呈奉教育部指令，各校科系之设置正进行调整，所请暂从缓议。本年度第一次校务会议时，诸同人鉴于事实上之需要，复经决议：自卅三年度起，师范学院拟增设博物学系、教育学系、史地学系及理化学系。窃查自抗战军兴以来，师资缺乏，已成普遍现象，而东南各大学，设有师范学院者，又只有本分校一校，是以增设科系，充实内容，实有必要。上开各系，其师资设备与本分校现有文理工农各院系大部分可以通同互用，增设较易，为此电请总校转呈教部，自下年度起，本分校师范学院准予添设博物、教育、史地、理化各系，以资完备，而应实际需要，一俟令准，当再造具详细计划及预算送请核转！龙泉分校，丑寒。

（浙江省档案馆，L053-001-1177 卷）

附1：师范学院添设博物学系计划（董聿茂拟）

生物及地质矿物人才素来稀少，供不应求，近年来加以交通不便，是辈教师更不易得，致教育上深感困难。本分校师范学院有感于此，势有亟待添设博物学系之必要，兹分现有教师、需添聘教师；现有设备与需增添设备分述于下。

1.教师

（1）现有动物教师二名（专任教授一，讲师一），植物教师二名（专任副教授一，兼任副教授一）。（2）添聘教师。在二年级期内如添聘矿物地质教师及助教、助理各一名即可办理。

2.设备

（1）已有设备：设立博物学系在此抗战期内最困难者为显微镜。现已有徕资式显微镜十一架，扩大镜十具及解剖器、药品、标本等。

（2）需添设备：计十五万元。

博物学系需添设备预报表[①]

项目	名称	金数（额）	说明
第一项	仪器	95000元	形态、组织、生理等仪器
第二项	标本用品	17000元	标本瓶、大小玻瓶及制标本等器物
第三项	采集用品	8000元	采集动植矿地质等用具
第四项	药品	30000元	备作试验及制作动植矿物
共计 150000元			

（浙江省档案馆，L053-001-1583卷，1944年2月。）

附2：国立浙江大学龙泉分校师范学院添设教育学系计划书（潘渊）

甲、添设理由

自抗战军兴，京、沪、杭各大学多内迁，于是东南国立高级师范教育之院校，一时遂付缺如。幸中枢教育当局知此，卅年秋，遂有本分校师范学院之创办，期有以养成中等学校之师资与从事教育行政之人员，用意至善。然创办之始，规模甚小。第一年只招国文、数学三年制新生各一班，前去二年，虽学系略有添设，然迄今只设五年制国、英、算三系，三年制国文、数学二科，揆之部章，师范学院可设九系，所设学系未及半数。且教育系在师范各系中最为重要，原居九系之首，本分校迄未筹设，故本分校之师院，可谓未具根本。近来教育部与总校重视本分校之师院，此欠缺之根本宜亟图树立。夫教育行政占国家普通行政之重要部分，值此抗（战）建（国）之时，各种行政均须由受专门训练之人担任，始能称职。东南数省幅员辽阔，到处兴叹才难，教育行政人员之需要孔殷，此非教育系之设不能养成者也。且教育学从纯理方面作专门之研究，其重要不减于应用。造成此种专门研究教育之人才，亦口教育系不克尽其责。是以本分校师院宜负责养成此等人才，即宜速设教育系以为此工作也。

[①] 表题为编者所加。

乙、计划大纲

一、班数及名额　三十三年度第一学期起办理教育学系（五年制）一班，招收新生三十名。

二、添设教员数　第一学年内应添聘教员数如后：

1.分系必修科目师资　计教育概论第一学年每学期每周各三小时，应添聘教员三分之一人。

2.共同必修科目师资　计第一学年每学期每周国文四小时，外国文四小时，社会科学三小时，自然科学讲三小时、实三小时，中国文化史三小时，合计十七小时（实验除外），应添聘教员二人。又第一学年每学期每周三民主义二小时，军训二小时，体育二小时，伦理学一小时，音乐二小时，合计九小时，应添聘教员一人。

三、设备　先就第一学年应添置之图书、仪器等约计如次：

1.图书　图书除一部分利用本分校原有设备，一部分设法向浙江省立图书馆商借外，其余尚须择要添购若干种，约计数百册，需经费二万元。

2.仪器及试验材料　简单必需之心理学实验仪器及材料，大部分可自行仿制，所需工料约计二万元。再者前项仪器，遇有本分校其他院系可资借用者不计外，如有外界现成出购或出让者，尚应择要置备若干种，所需经费约二万元。共同必修科目中自然科学仪器材料之添置约五千元。

3.房屋及用具　暂拟就原有建筑及设备应用，不另计算。

四、经费约计

1.教员薪修　一万二千元（添聘教员三又三分之一人，每一教员月修以三百元计，每月计一千元，全年共计如上数。）

2.设备费　六万五千元（内图书二万元，仪器、材料四万五千元，合计如上数。）

（浙江省档案馆，L053-001-1583卷，1944年2月10日。）

附3：国立浙江大学龙泉分校师范学院添设史地学系计划书（原建议人 张崟谨拟）

理由：

部定师范学院得设九学系，史地学系即居其一。本分校师院开办迄今尚仅设中文、英文、算学三系。而揆诸近年东南各中学校需求师资情形而观，则史地科教师亦感奇缺。各校之常以中英文教员兼课中西史地皆比比而是，长此因陋就简，不第有损教育之效率与学术之发扬，抑且无以激发民族思想与国民自尊心。再就十年来中学生毕业会考及各大学入学试验考生史地程度之低落而观。尤令识者兴慨。推其原因，罔非指授我方师资匮乏所致。本分校为东南各省培养师资之唯一机构，则史地学系之添设实未容或缓。

办法：

一、人材

甲、学生　拟从卅三年度秋季始招考史地系新生一班，名额暂定三十名。

乙、师资　第一年自各院共同必修科目得兼任外，史地系应有专任教员三人，以后逐年添聘，并得设助教一或二人，绘制图表技术人员一人，至史地陈列室成立时，尚需管理员一人。

二、设备

甲、图书

（一）图表

1.地图集　中外地图、中西日文历史地图。

2.挂图　地图，如地形、地质、气候、人口密度、物产、交通等图；历史，如历代战争形势、沿革地理、历史人物分布、民族迁徙等图；表，如年表、世系表、历代大势表等——以上多有一时无从访购者，得由本系自行设计编制。

3.图片　凡中外名人图像、名胜古迹照片属之。其来源除尽量访购外，得从新旧杂志、书刊及画报中择要摹绘。

（二）书籍

1.新旧书籍　中西日文要籍、年表、辞书、索引等□之。

2.中外杂志　史地学、考古学及重要之综合性期刊等。

附记：本分校图书馆现有史地类书籍千余册，曾向浙江省立图书馆借用一部（分），但不敷仍巨，图表一项，尤形缺乏，急待添购。

乙、仪器

（一）绘图仪器、尺、放大尺、平面板、三角板、曲线板等各一副。

（二）寒暑表、湿度计等各一件。

（三）幻灯一具。

（四）绘图放大机一具。

附记：右列三、四两种为顾目前物价及交通情形，得姑从缓□。

丙、实物标本

（一）历史类　如古器物、古泉币及拓片模型等。

（二）地理类　如化石、岩石及地形模型等。

丁、学舍

第一学年课堂、宿舍等似尚可利用本分校原有设备，惟将来应须添设史地专用教室及陈列室各一，以利教学。

三、经费

兹但就第一年所需要数字估计如次：

甲、薪修项　以教员三人论，每人月薪平均三百二十元，每月合需九百六十元。

乙、设备项　图书设备费至少年需三万元，仪器除幻灯及绘图放大机外至少年需购置费三千元。右两项并计约共四万四千五百二十元正。

（浙江省档案馆，L053-001-1583 卷。）

附 4：国立浙江大学龙泉分校师范学院添设理化系理由及计划书

理由：

于提倡科学救国、普及科学常识之今日，中学毕业会考及大学入学试验考生理化程度每况愈下，程度低落，小则影响大学理化科效率，大则有损于国防工业建设人才，揆诸原因，以目前中学理化教师缺乏，各中学多以他课教师或他机关人兼教，兼任者不免顾此失彼，或且塞责了事，流弊所及，造成今日考生程度之低落原因。本分校为东南各省培养师资唯一机构，添设理化系借以栽培优良师资，实未容或缓。

办法：

一、人材

甲、学生　拟从卅三年度秋季始招考理化新生一班，名额暂定□名。

乙、师资　第一学年自各学院共同必修科目得兼任外，物理应添副教授一人，助教一人。

二、设备

甲、图书　物理约三千元。

乙、仪器　物理约二万元。

丙、学舍（原档空缺）

三、经费

兹就第一年需要数字估计如次：

甲、薪修项（原档空缺）

乙、设备费（原档空缺）

（浙江省档案馆，L053-001-1583 卷。）

教育部致龙泉分校电文

（7808）龙泉：该分校本年八月起改为国立浙江大学师范学院，除原该国文、英语两系及国文、数学两专修科外，准增设数学、史地、理化、教育四系。遵义浙大本校师范学院即行停办，并将原有经费及员额拨用该院支配，如仍不足，准就最低限度需要分别拟定报核。除分令外，仰遵办具报，已麻高。

（浙江档案馆，L053-001-0639卷，1945年6月6日。）

全国第一届高级师范教育会议本院院务报告
（浙江大学师范学院院务报告）

1922年颁布新学制系统后，高级师范教育虽未中断，但若有若无，以致中等学校缺乏良好师资，高等教育缺乏健全基础。教育部于1938年建立师范学院制度，开设六个师范学院（中央大学、中山大学、浙江大学、西南联大、国立师范学院），为统一高级师范教育方针，讨论师范学院之教学、行政、训育诸问题，于1938年10月15—17日，全国高级师范教育会议，在重庆举行。

浙江大学于8月初奉到教育部开办师范学院之令后，竺校长以院长职务嘱宗海兼摄，自知才学修养，均难胜此重任，其时教育系原有教授留赣者只宗海一人，为进行便利起见，不得不勉承其乏。同时遵部令造具概算，亦以距离新都数千里，山环水复，消息阻滞，未奉复令，无所依循。惟当兹国难正深之候，自宜踏实做去，不敢稍事夸张。竺校长之意见，现时亦只有充分利用文理学院人才与课程上之资源，此殆为浙大现时可能之唯一路径。以此为基础，更益以教育专业上必需之实际设施，故各系主任现亦与文理学院暂时同一步趋。凡师范学院各系与文理学院所有学系性质相似者，均以文理学院之各系主任兼主任。如国文系仍请郭彬龢教授，英语系请梅光迪教授，史地系请张其昀教授，数学系请苏步青教授，教育系请孟宪承教授。惟理化系新设立，则请王季梁教授担任主任。至于专为本院聘请或拟聘之教授讲师助教，则注重其教育经验或其对于教育之兴味。浙大近由赣之泰和迁桂之宜山，一切均待努力建设，对各院惟有另通盘筹划之计。而浙大流离转徙，原有教育系同人如庄泽宣教授尚在粤南，新聘返浙大之孟宪承教授亦尚未到。以是宗海益感寂寞。所幸假中留校之同人，对于师院颇感兴趣。一般同人意见，以为高度强化学问基础，实为中学健全师资之必要条件，必也好学不厌，然后可以诲人不倦，源泉滚滚，方可用之无尽也。

（《教育通讯周刊（全国高级师范教育会议专号）》，1938年第34期，第6—7页。）

院务报告：
民国二十九年四月王院长提出于全国第二届高级师范教育会议

王　琎

一、概况

成立经过　国立浙江大学原设文理、农、工等三学院，民国二十七年七月奉教育部令添设师范学院，将原属文理学院之教育学系改属于师范学院，另设国文、英语、史地、数学、理化等五系，全院共计六系。聘请本大学前教务长郑宗海教授兼任本院院长。二十八年二月郑院长赴浙江筹备并主持本大学浙东分校，函请辞职，乃于二十八年十一月经教育部核准更聘本院理化系主任王琎教授继任院长。本院成立时浙江大学校址尚在江西泰和，后迁至广西宜山，因桂南战事转紧，于二十九年春再迁贵州。现本院院址在贵州遵义，唯一年级与本大学其他各院一年级生暂在贵阳青岩乡上课。

行政组织　依照部颁师范学院规程之规定，除院长暨主任导师之外，另有教务主任及事务主任等职，本院因创立之始，学生不多，一切设施较为简单，故仅暂设秘书一人，由本院教员兼任，商承院长，佐理院务。院务会议每学期举行约二三次，商议重要院务之进行。一般教务、训导、及事务方面之例行工作，悉与本大学有关各部分共通处理。

教员及学生 本院所属六系之系主任，国文系为郭斌和教授，英语系为梅光迪教授，史地系为张其昀教授，教育系为陈剑修教授，理化系为王琎教授，数学系为苏步青教授。教授方面因学生仅一二年级二班，且人数不多，所设学程亦大多为共同必修科目，故均由文理二院各有关系教授兼任。今后学生班次渐多，年级渐高，故自二十九年度起拟各系先聘定专任教授、讲师、助教各一人，以后逐年增聘专任教员。唯因课程及研究之便利，与文理二院仍当保持密切之合作。学生人数本年度实到注册者共九十九人，其中一年级五十人，二年级四十九人，各系之分配如下：国文系七人，教育系三七人，英语系十五人，数学系一一人，史地系二十人，理化系九人。

二十七年度统一招生分发本院之新生共一六五人，是年度第一学期实到注册者七十九人，仅达录取人数二分之一。因投考志愿之不合，或学力过差（照本大学定章，凡学生学期成绩不及格学分超过三分之一者应令退学），而转学退学者三学期来几达第一学期学生十分之四。二十八年度统一招生分发本院之新生共五十人，因投放志愿与分发院系已较前注意，故实到学生百分比业已提高，实到者已占分发人数百分之七十。

经费状况 二十七年七月本院创始之际，教育部规定第一年经常费为五万元。二十八年新会计年度施行后，浙江大学重编预算，本院经费奉令合并于大学总预算内，总预算系照旧预算数并未增加，唯教育部于二十八年分发本院学术研究费及学生膳费二万五千元，此外又与建设事业专款中拨给本院建筑费二万元，及图书仪器设备费一万元。二十九年度本院经费依旧列入大学总预算中，总预算数仍未增加，本院一年级增班费在大学增班费七万二千元中开支。本院实验学校经费因未列入大学总预算中，现正在专案呈请中。关于学生纳费遵照师范学院规程之规定免收学膳费。自二十八年度起本院又规定杂费、医药费及体育费。又一年级新生入学时，制服费亦免缴，制服被单由本院发给。凡战区学生尚可申请贷金每月三元。为奖励操行及学业成绩优良之学生起见，本院现正草拟奖学金办法，最近即可实行。

二、课程

本院于民国二十七年秋季成立之初，即奉教育部颁发各系必修选修科目表草案，经各系分别详加研究后，一面签署意见呈复教育部鉴核采纳，一面因开课关系，姑将本院根据教育部草案所拟之课程，暂时付诸实施。此项本院暂拟课程前后实行三学期尚觉无甚重大不妥之处。迨二十八年十月初奉教育部正式颁发师范学院各系必修选修科目表及施行要点，本院自当遵照实施。唯查部颁科目表与本院以往所施行者，并无多大出入，部颁科目表目标明确，科目精审，本院现正从事研究施行办法，以期贯彻教育部颁发此项科目表之初旨。根据本院实际情形及各系同人之意见，下列二点关于实行部颁科目表时实有详加研究之必要。

（一）分组问题

本院鉴于史地、理化等系学生于毕业后，或服务于规模较大之高级中学，其历史、地理、物理、化学等科往往分别由一教员专任，且程度亦较一般为高，准备自不得不较为充分。又以师范学院学生虽毕业后以充任中学教员为其本职，唯为培植其教学与研究同时并重之志趣，似应于求学时期先植其能独立探讨专门学术之始基。因此本院最初即主张于分系必修科目中，如能将一部分必修科目分组教学，似较妥善。部颁科目表施行要点之第七条亦示此意之可能，唯限于各系必修科目之外酌量指定分组修习之科目，换言之，即于选修科目中可以酌行分组之办法。查现行师范学院课程，各系学生于五年中以修满一七〇学分为度，其中共同必修科目及专业训练科目已占七十四个学分，如史地系分系必修科目又占六十三至六十八个学分，两共为一百三十七至一百四十二个学分，所余仅二十八至三十三个学分，如再指定一部分为分组必修科目，学生自由选修之机会则甚少。是以如分组为事实上有此需要，是否必须限于分系必修科目之外酌行分组，则尚待研究也。

(二) 副系问题

此则为顾虑毕业学生于服务时，或则学校规模不大，或则任课未必能如其在学时所学科目而引起之问题也。故国文、英语、教育、数学等系，均感有增设副系之需要，例如教育系毕业学生，担任师范学校教员自为其理想之工作，唯师范学校之教育及心理学科不多，每人专任教育学科似不可能，其势不得不兼任行政工作或分任一部分其他学科，然担任其他学科乏适当准备，故教育系毕业生常有学非所用之感。今为补救此缺陷，每生选定一副系实为一可行之办法。唯亦如分组问题，其要点乃在必修科目之学分能否酌予减少，而规定为修习副系之学分，否则亦只能于选修学分中匀配副系之学分，则学生自由选修至机会又受相当之影响矣。

关于课程方面，上述二问题，本院甚盼能获一适切之解决。其他科目名称、学分及修习时期等，悉当遵照部颁科目表办理。

三、训导

本院学生训导之实施悉依部颁师范学院规程第三章之规定，及二十八年十一月教育部印发之训育纲要办理。导师制之实行，因本院学生较少，凡本院任课之教授及讲师均聘为导师，每导师所训导之学生最多不过四五人，因此导师与学生接触较频，收效稍著。每学期始末会集全院导师学生举行谈话会各一次，此于学生进德修业亦不无助益。一年级新生与全大学一年级生同受军事管理，对于团体生活之训练，尤较注意。自二十八年八月起，本大学奉令成立训导处，分生活指导、军事管理、体育卫生等三组，本院主任导师于训导行政上亦属该处之一员，并日常至该办公室处理属于本院之一切例行事务。本年三月本大学训导处订颁《国立浙江大学训导实施纲要》，举凡作息、敬礼、服装、膳食、宿舍、自修、服务、集会、请假等方面，根据训导目标及日常生活应注意事项，条举四十九项，指导学生实行，用意甚善。本院学生活动，因全大学学生活动方面较多，故颇能适应个别学生之好尚与志趣，自由参加，获益较多。本院学生参加之活动，除各种学术性质之集会，如中国文学会、英文文学会、史地学会、教育学会、物理学会、化学学会、数学学会等以外，他如从事民众教育、加入假期乡村服务，亦尚踊跃。此次本大学学生组织桂南前线服务团，本院亦有学生多人参加，服务成绩深为校内外人士所赞许，学生身历战场之最前线，耳目所接，对于抗战意义之体验亦较亲切，其影响固非浅鲜也。

四、研究

本院深感研究工作之重要，及学术陶冶与师资训练关系之密切，故虽当创立之始，即于此方面加以深切之注意，去岁全国教育会议于开会时，以今日一般学校史地教育之设施，亟待研究改进，以应抗战建国时期急切之需要，乃向教育部建议专设研究机关，从事于史地教育教材、教法、教具以及试验示范等各方面之探讨，以期对于中小学史地教学能谋切实之改进。会后本院史地系即奉部令添设史地教学研究室，由本院史地系主任张其昀教授兼任主任，教育部且拨发专款以利进行。该室最近进行状况，另详于后。又本大学理学院数学系，历年购置杂志图书甚为丰富，对于研究工作素极注意，自本大学理科研究所数学部成立以后，人才设备较前更多便利，该部主任兼本院数学系主任苏步青教授，对于中等学校数学教学之改进，亦甚为重视。今后拟于该部分组中专设一数学教学研究组，并注重关于教学方法专门杂志图书之增置，并添聘教授，多致力于中学数学教学方面之各种研究。此外本院教育系，因向属本大学前文理学院，图书仪器之设备可供专深研究之处甚多，国文、英语、理化等系亦均注重添置专门研究之设备，并加聘富有中学教学经验或研究之教授，从事专门之探讨。本院为促进学术研究，并讨论有关师范教育之各种问题起见，拟于本年内创刊院刊一种，刻已组成编辑委员会，正在积极进行中，第一期约于今年六月间可以出版。

史地教学研究室最近进行状况

本校史地学系史地教育研究室系奉部令委托于去年九月间成立，当时本大学校址在广西宜山，警报频传，工作困难。本校在城北十里小龙乡建筑新校舍，本室亦在其地建筑平房三间，至十二月间桂南战事勃发，本校迁至黔北遵义，于本年二月下旬复课，故本室实际工作亦于是时开始，稽延之故，良非得已。

本室由史地学系主任张其昀君兼任主任，本系教授任美锷君兼副主任，均不支薪，另聘李絜非君为专任副研究员，除担任编辑工作外，处理室内日常事务。其余研究员则特约本校及校外专门学者任之，亦不支薪，惟实际担任撰述者，则按字数致送稿费（每千字五元七元两级）。本室每月经费规定千元、行政费及杂费尽量节省，以充裕编辑费用。本室现租赁遵义北门外洗马滩二十八号为办公处，与本校文科研究所史地学部合在一处，俾符部令二者密切合作之指示，一切参考资料、系列用本系图书及本系同人所收藏者。本室工作计划，拟以每四个月为一期，第一期（本年三月至六月）已在编辑中之书籍，列举如下：

（甲）历史类

（一）通史

《国史鸟瞰》缪凤林编

（二）国史教材研究

《疆域篇》张其昀编

《民生篇》张其昀编

（三）乡土地理丛书

《东北历史》李絜非编

《四川历史》柳定生编

（四）传记

《中国历代名将传》王焕鑣编

《西洋历代名将传》顾毂宜编

（五）挂图

《中国历代疆域挂图》谭其骧等编制

（乙）地理类

（一）教材研究

《地理教学法》叶良辅等编

《中国地理地形篇》黄秉维编

（二）地理小丛书

《地理学概论》任美锷编

《人文地理学要义》李旭旦编

《气象学》涂长望编

《欧洲地理》任美锷编

（三）乡土地理教材

《贵州地理》黄秉维编

《广西地理》张其昀编

（四）挂图

《中国气候挂图》涂长望等编制

本室编辑书记拟由中国文化服务社出版，已与该社社长刘百闵先生接洽，得其赞助，印刷费由该社负担，现已由书籍脱稿陆续付印，期于本年六月底先刊行第一期书籍约十五种，此外已经特约即可着手或能于本期内完成者，尚有数种，兹不备列。又本系抗战以前所出之史地杂志，拟于本年暑期恢复，内容当益注重史地教育之研究与讨论。

五、推广教育

本院自成立后即就部颁关于师范学院应行兼办社教各项设施之规定，着手计划。二十八年度本大学在广西宜山时，经商承本大学开始办理成年失学补习教育，督率本大学夏令讲习会与教育学会之学生，设立宜山永庆镇成人班，计有学生二百四十名，共分六班，教学时间以二月为限，对于教材之编用，抗战漫画之张贴、及集体生活之指导，靡不注意。同时指导学生在宜山县怀阳镇举办妇女班，学生约计一百三十余人，分为四组，并为该镇军政部第一七二后方医院组成伤兵教育班一班，妆容负伤官兵四十人，授以国语、歌咏、抗战讲话等科目。其后大学迁至贵州遵义，兼办社教事业更谋积极推进，由本大学聘定教务、训导、总务三长，各院院长及本院教授陈剑修李相勖等组织社教推行委员会负责主持一切，目前已经举办之社教事业：

（一）公开学术讲演，每二周一次，由各院教授分别担任，讲题大都属于地方文献与史地、国际关系、我国宪政运动、战时工业农业、民族教育、科学发明与卫生防疫等问题，每次听讲人数颇众。（二）民众学校暂设四班，现有学生一百六十余人，由县政府转饬保甲长等强迫入学，教科书亦由县政府转发部颁成年民众课本，教学负责人均为本院各系学生，刻正在积极进行中。（三）中小学教育辅导工作，本院遵照部令在黔桂两省拟多所尽力，前乘四月四日儿童节，曾邀集本城中小学教职员及省立民教馆馆长开座谈会，讨论儿童教育问题，本院院长及教育系全体教授讲师均出席，本院教授多人相继讲述教学训育及儿童用心理卫生等问题，并由中小学教员提出实际困难共同讨论，此种集会以后拟继续举行。（四）对于指导公共卫生之设法改进，拟请本大学主任医生训练小组学生分向当地民众宣传普通医药知识与清洁卫生常识，以期预防疫疠而保健康。（五）设置实验区，此为本院在宜山时原有之计划，今本大学迁移妥定，仍宜积极进行，现拟择一相当地点，设置小规模试验区，除继续成人认字教育外拟会同农学院办理农业推广，并督率本院高年级学生协助地方公民训练与卫生改进等各种事业，期收救愚救贫救私救弱之效。但此种计划，至少年需经费四五千元，须俟本大学呈部请准拨给经费后，方能实现。（六）映放教育及抗战电影启牖民众知识，甚为有效，现亦正在向部请发影片及发电机，将来拟令学生利用课余分往城乡各地映放，并将影片内容详细解释，促使一般民众增加爱国热诚与抗战情绪。

六、实验学校

（一）创校经过

民国二十八年夏，本大学师范学院成立已一载，而实验学校尚付阙如。竺校长及师范学院同人咸信实验学校与师范学院有密切之关系，苟无完备之实验学校实不足以增进专业训练之效能，完成师范学院所应负之使命，因根据部颁师范学院规程第六条"师范学院须附设中小学借供学生参观与实习"之规定，拟定实验学校计划及经费预算，呈报教育部，经奉部令准予设立在案。是时本大学尚在广西宜山，奉令后即聘请师范学院教育系教授胡家健先生兼任实验学校主任，于宜山郊外勘定校址，兴建校舍，购置设备，聘请教师，经两月之筹备，于同年十月一日正式成立。本校成立伊始，即规定其设立之主要旨趣为指导教生实习、实验教育方法，即辅导地方教育，本校一切实施均本此旨趣，积极进行。本校之组织原分中学小学及幼稚园各部，惟值兹学校初创之际，筹备不及，乃先设小学部，分高中初三级，复式编制。本校校址在距宜山城二里许之蓝靛村，背山临水，风景甚佳，且附近多山洞，可避空袭，时宜山警报频仍，城内小学几无形停课，而本校则地址安全，独能弦歌不辍，师范学院学生不时相率前往参观，并参与本校各种教育活动，同时儿童家长亦亲送其子弟入学，借避警报，故本校成立未久，即与师范学院及儿童家庭发生密切之联系，因而取得各方面对于本校之认识与协助。所惜者本校开学未及三月，规模粗具，一切工作计划正拟开始，而敌军忽大举犯桂，南宁失守，宜山震惊，本大学既已奉部令迁黔，本校遂亦不得不在宜山暂告结束矣。

（二）今后计划

本校于本年二月随大学迁黔后，即积极进行筹备工作，期于本年暑后中小学各部及幼稚园均正式招生开学，兹将今后进行计划简述于次：

1.确定预算　确定经费预算为学校行政之先决问题，欲谋本校师资标准之提高、设备之充实、及教学效能之增进，均非有充裕之经费预算不可。本校预算案、在本大学二十九年度预算案内尚未列入，致一切计划无从进行，现重编本校二十九年度经临两费预算案，呈请教育部准予追加，甚盼教部能迅予核准，俾利校务。

2. 建筑校舍　为便于师范学院学生之参观实习及从事各种教育问题之实验研究起见，本校校址与师范学院似不宜距离过远。本校第一步校舍建筑计划业已拟定，建筑图样亦经聘请专家设计完竣，拟俟建筑费有着，师范学院院址确定后，本校校舍亦即可依照计划，招工承建。

3. 充实设备　本校创办伊始，对于图书仪器标本模型以及其他各项必需设备，均力求充实，以期增进教学之效能，并为一般中小学之楷模，关于图书设备方面如万有文库、小学生文库及小朋友文库等，均已置备。此外如中小学各科参考书及各种中小学补充读物均正在分别选购中，关于标本模型及理化仪器方面，现亦正根据部颁标准并斟酌中小学生之需要，充分购置以备教学上之应用。

4. 选聘教师　本校教师除担任教学任务外，并负有示范教学，批评指导及从事实验研究之种种使命，故本校对于各科教师现正多方物色，慎重选聘，同时并拟提高教师之待遇标准，务期优良教师能乐意来归。

5. 实验研究　从事教育上之各种实验及研究，原为本校预定主要目标之一，本校今后对于中小学教育之诸问题，如六年一贯制之课程编制、中学导师制之实施、中小学间之沟通及中小学各科教材及教法之改进等问题，均将与师范学院各系密切合作，拟定实验计划，循序进行，期得客观的结果及论断，以为改进中小学教育之依据。

（《国立浙江大学师范学院院刊》，1940年第1卷第1期，第123—140页。）

《国立浙江大学师范学院院刊》发刊辞

竺可桢

扬子《法言》"师者人之模范",足以明教育之效矣。晚近人趋功利,师道寝微,一艺之相传,受之者视为资生之具,凡所请益,囿于绳尺法度艺文章句而止,而修身立命之大,阙焉无闻。为之师者,出其一长,计日程功,讲书而外,若不相识,鲜有存心乐育,终身守之勿去者,模范之义,信乎其不可求矣。师范学院者,将以聚有识之士,绩学砥行,永以教育为职志者也。鼎革以还,高级师范之制,屡有兴革,而注重师资,欲树之模楷,以正立己立人之本,其义则一。国难方深,凡所以宏化育,正人心,明耻教战,以固抗战建国之基,舍教育殆无他求。我校频岁流徙,于军兴之明年,始奉命创建师范学院,其规制之肃,待遇之优,举非普通学生所可及,则国家所望于师范教育者,至深且厚已。师院之成立既后,凭借虞或不丰,今有院刊之辑,将以平素研求有得而不敢自私者,举而问世,其拳拳之忱可思也。惟并世贤达,鉴而存之。

中华民国二十九年六月

竺可桢

(《国立浙江大学师范学院院刊》,1940年第1卷第1期,第3页。)

《国立浙江大学师范学院院刊》弁言

王 琎

吾国自民国以来,教育制度,数事改进。虽未俱收成效卓著之功,惟改弦更张,实具有因时制宜之义。高级师范制度盛于民国初年,旋因专科学校竞改大学,高师之制亦遂因之而废。兹者教部重颁设置师范学院之令,全国已设立者共为七院,浙江大学亦设师范学院一所。难者每谓各大学既有文理学院，则师院似无添设之必要。不知操刀未习，尚惧伤人，美锦学制，亦虞损物，小至一技，无不应使学者对于彼终身所欲从事之业，深加讨论，多事熏陶，方能于任事之时，胸有成竹，不至操切将事，成效难期也，一切学术，无不皆然。何独于百年树人大计，可无专门之探讨。今者士趣不定，士习未纯。执教鞭者既乏作育人才之宏愿，亦无发扬学术之深思。学校无异传舍，教育已成市道。积习因循，狂澜莫挽，无事时无昌明之学说，有事时无可用之人才。欲匡此失，师道宜明。最近高级师范制度之复活，其目的即在于此。若果能推行得法，使将来之从事于教师事业者，俱能高其品，励其志，养其趣，醇其习，坚其操，宏其学，精其艺，则其所至之学校所授之生徒，俱将潜移默化，而全国风气亦将随之转移，则其影响于吾国之前途岂不深且巨哉？浙大师院同人远承政府教育当局建国植人之宗旨，近体本校校长求是朴学之精神。本教学相长之意，为切问近思之功。于讲学之余，作著述之事。凡问题之有关于教育、学术、文化、科学者，如有所见，不惮详加讨论，发为文篇，冀以其一得之真解，贡献于社会，就正于国人，且借此与国内之共同从事于教育者，互通消息，以收切磋琢磨之益。此则浙大师院同人刊行师范学院院刊之意也。至于与中等教育有关之文字，则将依其性质发表于七国立师范学院联合编辑之中等教育季刊中。爰于本院院刊创刊号出版之时，特志其缘起焉。

中华民国二十九年五月

王琎谨识

（《国立浙江大学师范学院院刊》，1940年第1卷第1期，第7—8页。）

国立浙学大师范学院之回顾与前瞻

王　琎

浙江大学师范学院之成立，适在抗战初年，大学方在播迁之中，自浙而赣，而桂而黔，辗转数千里。人力物力俱感竭蹶，而师范之开办经费，又为数甚微。既不能增添设备，又颇难另聘教师，无米之炊，成效何期。惟本校当局及文理两院同人俱感师范教育之紧要，与吾国中等学校需要教师之迫切，在困难之中，尽最大努力。于是文组之国文、英语、史地、教育，理组之算学、理化各系，俱得成立招生。行政机构，力求其简单，教学设施务免于重复。与文理二院建设高度之精神与物质的合作。重知识上之训练，去形式上之夸张，年来师范学院制度屡次变更，惟本校师范之一贯精神，始终未改。关于各种事业之进行，问宋后人，今仅略举数以为例。

一曰对于学生之训练务求其精粹也。浙大师院历届录取新生，其录取标准与其他各院相同。对于各省保送之新生，亦加以相同之严格训练。师范各系学生所习各科，有普通基本科目，专业训练科目，又有分系专门科目，工作繁重。其所修之分科专门科目与文理两院各系所修者完全相同。故师院学生毕业之难，实有过于文理学院。观各届录取人数与毕业人数之比例即知非勤敏努力者，不易完成其学业。例如第一届录取者约60人，毕业者不及40人；第二届录取者46人，毕业者仅18人，第三届录取者82人，毕业者34人。其余各届亦复可以此类推。盖本校师院对于学额俱宁抱缺无滥之宗旨。故历届毕业生在各中等学校服务者，俱均得同事与学生之信仰，与其他师院相比较固毫无愧色也。

二曰对于辅导及推广事业之严加注意也。各国之教师训练机关对于推广及辅导事业俱加以密切之注意。浙大师院设立之初亦负有辅导黔桂二省中等教育之使命。故在二十八年及二十九年院中俱有辅导委员会之设，与贵州广西二省教育厅合作。并于三十年四月在遵义开辅导会议，两省教厅及中等学校俱派代表团参加，议决案件颇多，对于开办教师进修班，暑期讲习会，协助两省教厅视察各学校与编印辅导期刊诸学业，俱已决定讨论，方拟次等进行。惟不久贵州则有国立贵阳师范学院之设立，广西则有省立师范学院增置。关于两省辅导事宜遂让与该两师院进行。惟浙大师院仍办有第二部，由广西省选派成绩优良经验丰富之中等学校教员，来院肄业。在史地系行之数年颇为满意。又黔省历届在筑所举行之暑期讲习会，浙大师院俱派教授参加及主持一部分之工作。三十三年春间浙大师院又奉教部之令，办理中心学校、国民学校教员函授学校。奉命之后，即积极筹备，聘请本院富有经验学识之教授编纂讲义。其数学、地理、化学、教育及乡土教材各讲义俱先后编竣。浙赣闽粤诸省之小学教师相继报名请求为本院函校学者甚为踊跃。乃当函授开始之时，湘桂二省，战事发生，黔南亦受敌人之威胁。交通阻绝，以致停顿。否则此事业之进行，对于东南各省之小学教育，必有若干裨益，图无疑也。

三曰附属实验学校之成立也。师范学院之必需实验学校，一如农学院之必需农场、工学院之必需工场，借以试验观摩，并可树立楷模以供地方中小学校之参考。浙大师院在广西宜山时即有蓝田村实验小学之创办。来黔后复在湄潭办理附属中学，成绩斐然。附中学生参加省立中等学校学业会考，即列前茅。至于浙大附设在湄潭之湄江小学与在遵义之浙大附小，虽非由师范管理，但其教师每为师院之学生，师院又加以他种之协助，与师院亦有密切之关系也。

四曰龙泉分校师院各部之次第成立也。浙大之设师范学院，其目的本在为两浙及东南沿海各省训练中等学校教师，惟因抗战兵兴，大学内迁之故，但能收取内地学生，而对于为本省训练师资之事反未遑顾及，不得不认为一缺憾。教育部有鉴于此，自三十一年度起，命国文英语二系在龙泉分校招生，三十二年度起，数学系在龙泉分校招生，三十四年度起教育、史地、理化三系决定在龙泉分校招生，且在分校又办有国文与数学专修科以训练修业三年之师范生。于是龙泉分校遂为浙大师院之中心，而在黔贵师院之事业惟限于结束尚未毕业之师院学生之学业。现复员在即，则在黔与在浙两部分，不久可合为一，如是则教学与行政效率俱将随增加矣。

以上数节但举其荦荦较大数端，以明浙大师院在过去数年中发展之阶段，在此数年中吾人亦自觉有不少困难缺点，足供吾人之检点者。例如因校址之分散，师院文组与理组须分设两地，以致教师每有不敷支配，课程不能按照预定计划开班。附属中学既不能复在两处分设，于是师院学生有一部分即不能利用本院之附属中学为其教学实习之场所，有关各系亦不能用之为研究之对象。且师院学生亦未克聚于一堂，以共同讨论国内外与教育有关之问题，并养成其敬业乐群之风气，使其将来可能以高尚之人格为青年之领导，凡此数端俱因物质条件不足之故未能避免。言念及此，能无抱疚。惟院中同人不以此自馁，而减少其教学之效率与研究之热忱。历届师院毕业诸生亦复努力自爱，服务成绩不肯后人，此固吾人当引为愉快者也。

兹者抗战结束，胜利已临，浙大近在筹备复员之中，本大学此后似不但对于现有各学院，将加以适当之充实与发展，而新学院如医法二学院亦将次第成立，师范学院在过去数年中已略有基础。惟在抗战时期，元气未充，以后政府与本大学必须予师院以扶助与培养，俾师院实能负起培植浙省及东南各地中等教育师资之责任。并使其对于地方上当前之教育问题能加以精密之研究，以便有所贡献，且应予师院学生以物质上之条件，使其一方面养成优良纯洁之学风，砥砺刻苦求是之品格；一方面对于学识，力避肤浅之患，在深与广两方向，求同时之并进。师范生之录取，应对于文理农工各院俱兼收并蓄使认识教育为终身事业之学生不限于一隅。如是则中国中等教育之希望或可更多一层之保障矣。

（国立浙江大学师范学院同学会编：《八年来的浙大师范学院》，浙大师院同学会1946年，第1—2页。）

抗战期中教育系之动态

陈　立

民国二十六年冬，敌陷金山卫，杭垣告急，本系师生遂于此时渡其迁徙之生活，初避浙东建德，继奔赣南泰和，至是师生四散，无复昔日繁荣之气象，二十七年八月，师范学院新立，本系由文学院划属该院，新生人数大为增加。不久，赣北粤南相继告急，复迁广西宜山，是时本系新旧师生，聚首一堂，渐复旧观，二十八年冬，桂南告急，宜山警报频仍，不能照常上课，遂于次年二月迁抵贵州遵义（一年级初设青岩，继设永兴，龙泉分校亦设教育系）。三十一年秋，本系二年级设湄潭，三四年级设遵义，至三十四年秋，二三四年级又集中于遵义，师生共五十余人，济济一堂，极一时之盛。

此次辗转迁徙，途经万里，而图书仪器，损失极微，现存心理学书籍杂志，数逾千卷，国内罕有其匹，教育图书之丰富，亦不胜枚举，以言教学，则附中浙小，可资实习；以言实验，则仪器齐备，足敷应用，抗战期间交通阻塞，西书之运入者，固寥落晨星，而国内图书之购置，亦非易为，吾人研究断简残篇，固可抉摘旧学，然遇有新资料出现者，亦莫不竭力搜求扩充，期增新知，缄以精神上之食粮，不可一日或缺也。

战时物价暴涨，一日千里，大学师生生活之艰苦，遂不可言喻，学生每月食粮贷金，既不足保卫七尺之躯，而教师每月之薪俸尤难赡养三口之家，然教师枵腹教学，诲人不倦；学生努力学习，夙夜靡懈，试观战时公教人员，不堪生活之压迫而改习他业者，比比皆是，而本系师生或严守岗位，矢志教育，或投笔从戎，图效邦国，此则可自慰而慰人者。黄翼教授竟以身殉，此岂仅吾系之损失而已。

抗战期间，物质环境日趋穷蹙，然本系师生研究空气之浓厚，则与日俱增，莅遵之初，即在贵州日报出刊教育论坛，内容丰富，传诵遐迩，教授之长论短文发表于国内外杂志者，多达数十篇，专著译述已刊行问世者，尝不胫而走遍西南各省，而历年同学参加全国大学学业竞试，亦皆荣获奖金奖状，凡此均有事实可稽未尝力加渲染，盖本系师生研习精勤，蔚为风气，实事求是，遂多创获。固非一朝一夕之功也。

浙大西迁，沿途留驻，喘息甫定，敌氛随至，际此颠沛流离之秋，本系师生尝不辞艰苦，竭力推行社会教育，初至宜山，创办成人妇女补习班，卒业者达五百余人，及莅遵后，复设战时民众学校，每期入学者亦不下二三百育，素具热忱，而贡献殊多；对于本系发展之计划：早已胸有成竹。乃因抗战期间，人力物力，极度困难，学校又迁徙无宁日，一切嘉猷，未能即时实现。至湄潭后，乃为系中建置房屋，而于三十一年十月间完成，本系至是始有固定办公地点。正元亦于此时承乏系主任职务，在季梁院长领导之下，黾勉从事，四载于兹，愧无建树。然在此艰苦时期，本系仍能渐具规模，日有所益，是皆由我王院长领导有方，理学院同仁热心扶助，及全系师生共同努力所致也。

二、人事

本系成立之初，并未专聘教员，理化课程，均随理学院上课；而担任各该学程之教员，名义上亦均认为本系之教员。师范学院之性质，究与理学院有别；课程方面，不仅注重学术之本身，抑且兼重学术传授之方法。是故师院课程，理应单独开班，而教员自须添聘，且系务之推进，除上课以外，举凡学术及教法之外研究，与地方教育之辅导，亦须专任教员主持其事，然后各种计划，始克循序推行也。本此目标，经数年之努力，本系专聘教员之计划，已逐渐实现。

现有物理化学教员各三人，助教共四人。物理教员，除正元外，有丁绪宝、徐佩璜两先生；化学教员，除王院长外，有王子培、刘云浦两先生（刘先生去年辞职后，一时尚未能聘到替人）。助教方面，有韦华服、石之琅、潘道皑、杨浩芳四先生。此外尚有金工技术员一人，木工职工一人，专司制作仪器之事。

三、设备

本司成立于抗战期间，物质建设，颇难进行。所幸理化课程之图仪，尚可应用物理化学两系之设备；而本系乃仅教学法及教学实习所必需之图仪设置之，余者则有待于抗战后之努力矣。

数年来本系所得之设备费，计有卅年度领得一千余元，购买金工工具，备制机器之用。卅一年度领得一万五千元，为购买五金材料及少许图书之用，而系中家具之费用，亦于其中焉。（实验桌、办公桌、仪器橱、通风橱、书架、椅、凳及工场桌，共用二千余元，皆自己购料，雇工自制者也。）卅二年秋，学校经费追加一六二万，本系分得设备费二万五千元，用于购买化学器具及五金材料。卅三年夏，部拨师院设备费三六万元，本系分得七万元，用于购买书籍及材料药品。自成立以来设备费总共不过十一二万元，一切建置，胥出于，此设备之简，固有由来也。

抗战期中，虽有经费，亦难购置，而况经费奇绌乎？本系之仪器，乃不得不设法自制，现已有物理仪器一三一件也，几全为自制者，化学仪器有二〇七件，金木工工具有六〇件，图书有一九〇册，其中有一部分，为毕业同学会捐赠。

自制仪器中，约有七十余件，拟不带回杭州，而赠与地方学校，以协助其理化之设备。即抗战胜利后，仪器之自制，亦仍照常进行，盖多造成一件，即多为地方尽一分协助义务，此亦本系辅导地方教育之素愿也。

本系房屋，于卅一年完成者，计八方有余。内各办公室，物理实验室，化学实验室，阅书室，课室，储藏室，金工场。卅二年冬，又添建草顶披屋一间，为木工场。以本系学生不多，而大部分实验，又在理学院上课，故区区之数间房庐，免可敷用。

四、课程

本系学生，须兼习物理化学两种科目，而其分量，几已包括理学院物理化学两系必修科目之全部，殊觉过重。本系成立之初，原有分组之议，但未邀部中核准。其后师院学生在校修业年限，缩短为四年，课程之调整，更属必要矣。前年教育部修订师院科目，卅三年九月颁布，对于此点，已经顾及。故于其中规定，以理论力学、电磁学、热学、光学及近世物理学五科目为一组；而以定性分析，定量分析，有机化学，理论化学，及工业化学为另一组。每一学生，须以一组科目为必修，而以另一组科目为选修。分组办法，已见诸规定矣。惟其选修办法，只规定于五科目中至少选习二种，似有使学生难窥全豹之缺点。本系对此，曾加研究，拟有修改办法，即物理组学生只习高等化学一科，化学组学生只习高等物理一科。高等化学包含上述五种化学，而分量只约及其五分之二；高等物理包含上述五种物理，分量亦约及其五分之二；均分两年习之。如是则学生以一组为主，而以另一组为辅，负担不重，而各门均能涉及，毕业后乃有教授两种科目之能力矣。此项办法，已于本年度起试行（高等化学，与高等物理，兼可为理学院物理化学两系学生所选修），并已呈部审核矣。

本系学生之物理化学课程，以往均随理学院上课，故其成绩，能合于理学院之标准，或谓师范生之程度低落者，殊非事实也，惟师范生课程之性质，究与别院不同，仍应单独开班施教。近年本系师资，日渐充实，此种理想，已逐渐实施矣。

本系之专业训练科目，如理化教材教法研究，及教学实习两种科目，一向皆由本系教员教授与指导。而本系对于此等科目之训练，尤特别注重，以期造就良好师资。例如在教法课程中，常领学生到附中课堂旁听，然后加以讨论，以资印证。而在于教学实习课程中，教师尤不惮烦琐，与数生以切实之指导与协助。每试教一课，必于事前为之计划，助其准备。然后于同班前预为演习，遇有疵点，随时纠正，俾试教时，方法合宜，错误减少。试教之后，又集合同班共同讨论，切实批评，并研究教法之改进。如此办法，耗时固多，但试教生之进步，殊为迅速也。

五、计划

本系在抗战期间，基础已立，今后应努力实现之计划，兹分述如左：

甲、图书　图书须力求充实；各国科学教育之资料。尤要广事搜罗，以资借镜。

乙、仪器　仪器需要大量增加；为能自制者，尤应尽量自制。除备自用以外，并可为本师范学院辅导区内各中等学校制造之。

丙、课程　课程应单独开班，分组尤应切实施行，以适合学生之需要。每一课程，应制成一套示范仪器，为有系统之表演以其理论与实验并重。

丁、教本之编辑　目下理化教本，适合师范生之用者甚少，编辑学生用书，应为本系之工作之一种。又为改进中等科学教育计，对于中学理化教本，亦应以最合科学教学原理，及适合我国环境原则编辑之。

戊、地方教育之辅导　我国科学教育，行之已数十年，而成绩仍鲜，实以教法不良，设备简陋之故。是以提倡科学教育，与辅导地方之科学教育，应为本系之首要任务。本系今后，除定期举行科学演讲及展览，以灌输民众科学知识外，尤应注重研究理化教法之改良。与如何制作最经济之仪器以供献于中等学校。而本系同仁，尤宜常赴辅导区内之各校，参观考察，与其理化教师，多多接触，互相切磋，互相合作，以鼓励期其教学之热心，与教法之改进而增进其教学之效率，是亦我国科学化运动中切要之图也。

以上各点，皆为本系今后工作之重要计划，吾人自当勉力以赴。亦望教育当局，及海内同志，尽量奖助，促其实现，科学教育之前途，实利赖焉。

民国三十五年三月于湄潭

（国立浙江大学师范学院同学会编：《八年来的浙大师范学院》，浙大师院同学会1946年，第5—7页。）

理化系在湄潭

卫

现在正是阳春三月的季节，湄江河畔，垂柳依依，郊野是一片金黄色的油菜花。要偶然风来，阵阵的香气，就会迎面吹来，那枝头的黄花，会奏起清脆悦耳的音乐，湄水静静地流过这恬美之环境，好像给我们安排了一个美丽舒适的场所。

我们这一群，在朱主任善培的领导下，在这恬美的环境里，很安适地生活着。因为我们所学的理化，目的在寻求自然界的一切真理，及能应用一切真理去获得最合理地利用万物的方法，以便将来从事百年树人的科学教育工作，更为着未来工作的艰巨，故应多方面的充实，始克担负。所以除了本系一切必修的学科外，还要选习理学院及文学院的许多课程。这样一来，功课繁忙极了。谁还敢偷懒呢？因此勤勉便成了我们普遍的现象。不管是在那令人困惫的炎夏与寒冬，和这春光明媚的星期假日，大家仍然是埋头苦干的在教室里或实验室里。

三年级的同学已开始在附中物理教学实习了，实习的步骤是先到附中旁听，学习一切授课的基本技能，和教室的管理方法，然后按序地轮流上堂讲课，每人平均都有一周实教的机会，在没有上课之先，要在系里的实验室内预先地来一次表演，有了充分的准备后，才敢正式临阵，这是因为对几十位求学的青年，不敢使他们失望和空费他们的宝贵光阴。当讲课时，系主任和原来在附中任教物理的罗聚源先生与系内助教韦华服先生，以及同学们，都在堂下细心地听察，将一切优劣的地方，各自的笔录下来，以便下课后再齐集实验室，互相检讨批评。罗先生和韦先生都是第一班毕业系友，所以检讨的时候，大家都很热诚的发言和恳挚的批评，同学们很虚心地接受，本来理论和实践是统一而不能分开的，因没有正确的理论，就不会有合理的实践，没有实践的反映，也不会有正确的理论，脱离了正确理论的实践，是盲目的实践。相反地，理论离开了实践，也是空洞的理论，我们所学习的是纯理和应用的物理和化学，故除了作学理的探讨外，还要印证理论以作正确的实践，所以我们的系主任，对这点是特别的注重，而对我们的实习，也就特别的认真。因此在批评的时候，就连讲述的语态和写黑板的步骤地位等一些小地方，都是很严肃的检讨和纠正。这种实事求是的精神，是我们在学为人师者所不可少呵。

也许是为了功课太忙，及人数太少的原因吧，在我们中间团体的课外活动是很少，然而我们互相间的感情却还好。

时光过得真快，不久，这学期就要结束了，但当桂子飘香凉秋九月的季节，将在更秀丽恬美的西子湖畔，相聚共究砥砺，同学们，更会尽最大的努力去充实自己，使将来能胜任教育工作，负担起以科学建国的伟大工作。

民国三十五年三月于湄潭

（国立浙江大学师范学院同学会编：《八年来的浙大师范学院》，浙大师院同学会1946年，第58页。）

抗战期间的浙大心理实验室

陈 立

八年抗战九年的流离迁徙，科学实验工作遭业了千磨百难，但我们并不短气，因为就在这生活维艰，设备残缺，而文化被封锁的时候，我们仍能依[因]陋就简维持着的实验的生活。抗战期中的浙大心理实验室一向是在艰苦中撑持着的。但是支持这一艰苦工作的黄羽仪教授可也在这一些的压力下被牺牲了。这是浙大的一个不可弥补的损失，也是中国心理学界一个不能弥补的损失。

在浙大中的实验室有两重任务，一种是教学，一种是研究。先就教学说。浙大每迁到一个新的地方，心理实验室的屋房老是最成问题的，新到一个地方，自然房屋缺乏，被人漠视的心理学，决不会有人想到安排好房子的。因此，每到一地便得先争一小块地方来安置仪器并安插同学的教学实验工作。心理实验需要隔离的环境，因此空间需要较大，这在缺乏房屋的抗战期间便常常是一个极麻烦的问题。对于一般人总以为既然如此麻烦，如此不方便，同学不用实验就是了。但是我们教心理学的以为心理学没有实验，我们便无法维持我们一些学程的精神，自己固然省些麻烦，但对于良心，对于职业的尊严与教学的理想，便感受着严重的损害。因此我们只好常常硬着头皮向这处争，那处吵，为的是我们深信实验是心理教学的核心任务。故心理实验工作在抗战期间能得以继续维持是一件煞费苦心的事。

抗战期间人力物力皆非常缺乏，但实验的需要则比战前增加了不止一倍。战前学生数目较少，而修习心理学的只文学院的教育系。在抗战以后，自从师范学院成立以来，除了教育系的学生必修心理学的各种课目外，师范学院全体间都必修学心理学，因此实验室的工作便比战前繁重几倍。在偏僻的内地，没有电气供给，仪器亦缺工厂承修，这更增加了实验的困难。我们既不能从外国购置新的仪器，而旧的仪器与用具又日在消耗损坏中，因此设备便一日感觉困难一日。我们如果要维持我们教学的水准，则心理实验用的教学仪器与一般设备的添置，便是复员以后最紧急的工作。

本校心理实验室所最可夸耀的是它所贮藏的书籍与各种心理学报。主要是英文心理学报，本校几乎全有。定期学报与专刊本校心理实验室共贮藏卅种之多（自第一卷齐全的有12种），在国内算是难能可贵的。而这些刊物经本室保管，凡有目录可稽者（即邮局递到及送去收藏者）虽经过几次的播迁与多年多人的翻阅，至今未发现有一册遗失过。这些工作我们不得不特别感谢朱宝璠及周淮水诸先生之勤［谨］慎周到。

一个大学的实验室除了教学任命外，尚有研究新知识的任命。换句话说。大学不仅在传授旧的知识，也在发现新的真理，使科学能够赶上时代而不固［故］步自封。心理学是一种幼稚的科学，它的研究便更为迫切。在抗战中，研究工作最受影响。第一则外国的学报不能如期到达，甚至好些时一本新的学报也看不到。再则即是十分简单的仪器制造修理都不容易，往往一年两年还不能到手，稽误时日，急煞恨煞。加上生活困苦，盐米劳神，洗扫屑事皆需躬亲，这更限制了研究的时间。但在这重重困难中，我们居然仍有些微成绩，自亦值得记录。

黄羽仪先生虽然在抗战结束的前一年谢世，可是他在抗战中所发表的工作远较其在抗战前为多。在抗战前他的工作都在儿童心理学的园地中，抗战后他竟去做那"吃力不讨好"的古典实验工作——心理物理学的实验工作。这种工作都是绞过前人许多脑汁的，要在这种工作中有新的发现，固然要有百折不回的毅力而亦要有过人的聪敏。黄先生既聪明又有毅力，主观的条件足够的，但是客观的条件总觉得太缺乏。所以黄先生虽然做了许多工作，可是他还没有完成其计划的十分之一。不过即就其所完成的说，关于这一方面的也有3篇在美国的心理学报中发表了，我们总希望在将来物质条件较完好时，有一二位有志的青年能够继续黄先生的工作做去，其收获是可预期的。关于黄羽仪先生的工作，作者在《思想与时代》第三十四期另有纪念文字，并已转载于本刊，不另赘。

羽仪先生除了自己的专题研究外，又曾指导下列诸同学（只指在抗战期间的）做过一些有意义的研究：

汤马伟：《无意习记时材料重选连接之效果》（得该年教育部心理论文首奖）

汪　湘：《儿童对于形色之选择》

张效孟：《无意记习材料又无组织时重获连续之效果》

李象伟：《儿童之泛生思想》

黄友松：《无意记习材料又无组织时之学习效果》

董服群：《无意记习材料又无组织时之学习效果》

魏春富：《无记习意向又无组织时之学习效果》

作者是在抗战二年后进入本校的，因为迁就客观的一般条件，历年来的工作都限于测验与统计的范围。虽然如此，但仍发现有不可克服的困难阻止研究工作的顺利进行。一具打算机整整修理了两年才能勉强应用。人力与工具的两重缺乏使这种繁重的计算工作进行像蜗牛一般的爬。无怪乎我国"卓越的天才数学家"罗庚先生要感慨地说："则我国工业化之日，即我国科学家疲于计算之时。"华先生也曾列举某一个电力问题计算费了108工，某一个物理问题计算已费400工但尚未完成（见《教育通讯》复刊第一期）。专门统计的问题计算的工便更多了。这里我便不得不感谢我的助理周淮水与曾明洲两位先生，他们曾为我花了穷年累月的时光于计算机与誊写数目上。我也得感谢许多同学为我在此方面所花费的时光。

作者研究的方法是近十年始大盛的因素分析法，研究的课题则不外两大类：一是智力测验，一为人格测验。智力测验方面的工作在确定智力作业的因素，并特别注重其发展的性质。人格测验一大部分时间用在类型学说的研究，而如何利用表现行为，即无所为而为的行为去间接的窥测人格的深奥处更是作者努力的一个中心。该两种工作已有报告四种送美发表，尚有二三篇在拟稿待发表中。

又因在抗战中的交通阻塞招生困难，教务处曾成立一种研究以审查成绩代替入学考试的机构与心理实验室发生直接的联系。该项工作略有成绩，审查成绩办法曾经本校数载采用，而其他大学亦有根据该项办法免除入学考试的。结果作者。另有报告二种。

历年来在作者指导下之专题研究有下列诸种：

佘以塭：《国文评分的因素分析》（载《教育研究》105期）

周淮水：《初中学生几种基本能力之因素分析》（得该年度教育部心理论文首奖）

应炯卓：《问题儿童之作业特征》

龙纪勺：《初中入学国文测验之分析研究》（未完成）

林荣曾：《智力测验与动机》

萧鑫钢：《刘里氏生活新量表与职业兴趣》

曾明洲：《生活型式新量表之因素分析》

贺　巩：《生活型式新量表之因素分析》

徐金镕：《小学四年级生的几种基本能力之因素分析》

宋景贤：《高中三等级英文拼音测验》

储笑天:《小学四年级学生之心理测量》

章汝骏:《大学成绩之预测》

吕　静:《刘里氏生活新量表之逐题分析》

此外本系另有心理学教授两人,一为潘渊(企莘)先生,一为朱希亮(习生)先生,但前者在龙泉分校,后者在湄潭分部,与本实验室距离过远,工作不明,无从报道。

本室在复兴后之工作除添置仪器外,当重在设法使原有之学报继续购置,纪念羽仪先生之专室能充实设备,培幼院望能恢复扩展,而更望有一位完形学派之儿童心理学专家主持其事以继羽仪先生之遗志。又因本校已成立法学院,且将成立医学院,社会心理、生理心理、变态心理等科皆将次第添授,以本室在复员后的发展实更为迫切,因望本校当局能给予本实验室应有的支持与注意。

（国立浙江大学师范学院同学会编:《八年来的浙大师范学院》,浙大师院同学会1946年，第7—9页。）

后 记

"近代浙江教师教育史料选编"是浙江师范大学"十四五"规划课题。该史料选编早在2021年夏天就已开始筹划，经过一年多的搜罗爬梳，终于基本定稿。

史料选编貌似简单实则繁琐费时又考验内功。在编选过程中，很多文章是繁体字且没有标点符号，需转成简体并加上标点进行断句。有时为了一篇短短的文章，需反复通读，不断琢磨，化上大半天才能完成。有些文章则因民国时期印刷品质不高，字迹模糊。为辨认一个字，经常须上下文阅读对照推敲猜测半天，当确认是某个字时，真有一种"众里寻他千百度，蓦然回首，那人却在灯火阑珊处"之感。有些文章则是从原文中截取了某一时段内浙江教师教育的相关内容，并需对截取部分编加题目。凡此种种，不一而足。面对浩如烟海的史料，既要考虑纵向发展逻辑，又要横向比较分析史料品质，努力撷取最能代表近代浙江教师教育曲折发展的史料。在爬罗剔抉的过程中，发现了很多珍贵的史料，当然一本书装不下所有史料，所以有些只能忍痛割爱，这也是比较遗憾的地方。但正如田正平教授在《浙江大学专题史料丛刊》的序言中所说："史料文献的收集整理是一个永远在路上的工程，只有起点，没有终点。"[1]我们也希望《近代浙江教师教育史料选编（1899—1949）》只是作为一

---

[1] 许高渝、傅天珍主编：《国立浙江大学龙泉分校史料·序》，杭州：浙江大学出版社2019年版，第2页。

个起点，一个开端，今后能对近代浙江教师教育的史料作一地毯式收集，分册成书，形成系列资料丛书，并在此基础上形成研究近代浙江教师教育的系列学术专著，这是后续努力的课题和方向。同时，也希望这本史料选编能够给有志于浙江教师教育研究的各界人士带来方便。

本书的出版，首先要感谢浙江师范大学党委副书记朱坚教授、宣传部长朱毅峰教授、教师教育学院院长周跃良教授对本人工作的支持和信任，让我有机会对近代浙江教师教育的资料进行系统的搜集和整理，得以重新认识了近代浙江教师教育所取得的成就和经验。在资料选编过程中，得到了我先生余骏的帮助，他经常利用周末和下班时间帮我校对史料，一字一字，一句一句，非常仔细。在我找寻《八年来的浙大师范学院》一书时，苏州大学的师弟金国博士毫不吝啬地就把资料发送给我，让人深为感动！还有我的研究生们：黄铃、奚文燕、应润苗、周成佳、邹海娟、姚佳波、张嘉运、高燕、郑晗吟等，他们在紧张的学习之余，帮我找寻打印资料。在此一并表示衷心感谢。

最后，我要特别感谢出版社邓金艳老师。当我发短信表示想出版《近代浙江教师教育史料选编（1899—1949）》一书，她马上打电话回复，并对我选编史料工作加以肯定和鼓励。我把稿子发给她后，回复邮件中的书稿已经标注了密密麻麻的修改意见；当我有不懂的地方请教时，邓老师马上予以专业回复。虽未跟邓老师谋面，但邓老师真诚的为人、严谨的态度给我留下了深深的印象。在此，向邓老师表示感谢和敬意。

感谢一路关心我、支持我的亲人和朋友！有你们，让我的学术之路在枯燥中有惊喜，在前进中有动力！

项建英
2022 年 10 月 8 日